U0607325

全 世 界 无 产 者 ， 联 合 起 来 ！

马 克 思 诞 辰 200 周 年 纪 念 版

马克思

资本论

Das Kapital

第二卷

中共中央 马克思 恩格斯 列 宁 斯大林 著作编译局编译

人 民 出 版 社

目　　录

第　二　册
资本的流通过程

第　一　篇
资本形态变化及其循环

第 二 篇
资 本 周 转

第三篇
社会总资本的再生产和流通

插　图

第二卷说明

本卷为《资本论》第二卷《资本的流通过程》。这一卷是马克思逝世后由恩格斯编辑的，于1885年7月在汉堡出版。

《资本论》第二卷共三篇二十一章，主要研究资本的流通过程和剩余价值的实现。在资本的整个运动过程中，资本的生产过程和资本的流通过程是统一的，资本的生产过程必须由资本的流通过程来补充。因此，《资本论》第二卷是第一卷理论逻辑的继续，用恩格斯的话来说，也是第三卷的内容的引言。

在第一篇中马克思研究了资本的形态变化及其循环。他阐述了产业资本循环的三个阶段：(1)拥有货币的资本家作为买者在市场上购买生产资料和劳动力；(2)资本家用购买的商品从事生产消费；(3)资本家作为卖者重新回到市场上出售已生产出来的商品。在这里，资本依次从一种形式过渡到另一种形式，形成一种运动，是一个经过各个不同阶段的循环过程，这个过程本身又包含循环过程的三种不同的形式。

马克思分别分析了资本的三种循环，即货币资本的循环、生产资本的循环和商品资本的循环。他指出，产业资本正常运行的条件是所有这三种循环保持统一，并且每一种形式都能顺畅地完成自己的循环。他从分析资本循环中得出重要的结论：第一，一切循环的共同点是价值增殖，这是资本主义生产的根本目的和动机；第二，只有在三个循环的统一中，才能实现总过程的连续性。但是，由于资本主义生产的对抗性质和无政府状态，这种连续性不断遭到破坏。马克思还分析了流通时间、流通费用、簿记和商品储备等问题。

在第二篇中马克思研究了资本周转，即单个资本的周而复始、不断往复的循环过程。他指出：资本主义生产的目的是榨取剩余价值，也就是使预付资本得到增殖，因此，要分析资本周转就必须分析预付资本的周转，即研究单个资本家总预付资本量的运动；资本周转的中心问题是周转速度，资本周转速度的快慢，对剩余价值的生产和实现有很大关系，在付出同样多的预付资本的情况下，资本周转速度越快，带来的剩余价值也就越多；资本周转时间包括生产时间和流通时间；按预付资本价值转移的不同方式，生产资本分为固定资本和流动资本两种形式，固定资本和流动资本的构成是影响资本周转速度的重要因素。马克思还指出：固定资本的寿命，固定资本的周期更新构成危机周期性的物质基础。

在第三篇中马克思研究了社会总资本的再生产和流通，阐明社会再生产是以什么形式和在哪些条件下不断反复进行的。这一篇在第二卷中占有中心地位。资本的再生产过程既包括资本的生产过程也包括资本周转或循环。它要求投入生产的货币最终回到它们的起点。马克思指出，撇开那些阻碍再生产按原有规模进行的干扰不说，再生产只能有两种情况：或者是再生产按原有的规模进行，或者是发生剩余价值的资本化，即积累。前者是简单再生产，后者是扩大再生产。简单再生产构成扩大再生产的基础和重要组成部分。在考察简单再生产的一般要素时，马克思得出结论：在每一场合，各部门之间必须保持一定的数量比例关系。因此，有支付能力的需求的下降必然导致生产下降，周期性的危机必然使生产规模缩减。

马克思在批判前人理论的基础上，得出了关于再生产的重要结论。他把社会总生产分为两大部类，第一部类为生产资料的生产，第二部类为消费资料的生产；指出研究社会总资本的流通过程，必须既分析价值方面的补偿，又分析物质方面的替换；不仅要分析资本如何从价值方面和物质方面来补偿和替换，也要分析工人和资本家的个人消费品如何从价值方面和物质方面来补偿和替换，并分析资本和个人消费品这两种补偿和替换的相互交错的关系。马克思考察了两大部类的关系，指出，社会生产两大部类中每一部类的年总产品的价值由消耗的不变资本、可变资本和生产出来的剩余价值组成；第一部类供给第二部类以生产资料并满足自己对生产资料的需要，第二部类供给第一部类以生活资料并满足自己对生活资料的需要。马克思为了在纯粹形态上分析资本主义的再生产，抽象掉了许多起干扰作用的现实因素，如假定只存在资本主义生产方式，资本有机构成不变，整个生产周期在一年内完成，不变资本在一年过程中全部消耗，不存在对外贸易等。在这些前提下，马克思分析了社会总产品全部得到实现的可能性和条件，指出简单再生产的条件是：第一部类的可变资本价值与剩余价值之和等于第二部类的不变资本价值；扩大再生产的条件是：第一部类的可变资本价值与剩余价值之和大于第二部类的不变资本价值。因此，马克思认为，从简单再生产过渡到扩大再生产，要求第一部类的生产即生产资料的生产优先增长。马克思对社会总资本再生产的分析表明，社会总产品是否能顺利实现，归根到底取决于各生产部门是否按客观的比例进行生产和交换。在资本主义条件下，由于私有制和生产的无政府状态，社会总资本的再生产是在资本主义周期性经济危机中实现的。

恩格斯在为《资本论》第二卷写的序言中简要地论述了剩余价值理论创立和发展的历史，驳斥了资产阶级经济学家对马克思的诋毁和攻击，阐明了马克思的剩余价值理论同前人的学说之间的根本区别，指出马克思创立的剩余价值理论好像晴天霹雳，震动了一切文明国家，使政治经济学发生了彻底的革命。

卡·马克思

资　本　论

政治经济学批判

第 二 卷

第二册：资本的流通过程

恩格斯编

序　　言

要完成《资本论》第二册[1]的付印工作，使本书既成为一部连贯的、尽可能完整的著作，又成为一部只是作者的而不是编者的著作，这不是一件容易的事情。留下的文稿很多，多半带有片断性质，所以要完成这个任务就更为困难。至多只有一稿（第Ⅳ稿）已经过彻底校订，可以照原样付印。但是，由于有了以后的文稿，这一稿的大部分也变得陈旧了。材料的主要部分，虽然在实质上已经大体完成，但是在文字上没有经过推敲，使用的是马克思写摘要时惯用的语句：不讲究文体，有随便的、往往是粗鲁而诙谐的措辞和用语，夹杂英法两种文字的术语，常常出现整句甚至整页的英文。这是按照作者当时头脑中发挥的思想的原样写下来的。有些部分作了详细的论述，而另一些同样重要的部分只是作了一些提示。用做例解的事实材料搜集了，可是几乎没有分类，更谈不上加工整理了。在有些章的结尾，由于急于要转入下一章，往往只写下几个不连贯的句子，表示这里的阐述还不完全。最后，还有大家知道的、连作者自己有时也辨认不出的字体。

我只是把这些手稿尽可能逐字地抄录下来；在文体上，仅仅改动了马克思自己也会改动的地方，只是在绝对必要而且意思不会引起怀疑的地方，才加进几句解释性的话和承上启下的字句。意思上只要略有疑难的句子，我就宁愿原封不动地编入。我所改写和插入的文句，总共还不到10个印刷页，而且只是形式上的改动。

只要列举一下马克思为第二册留下的亲笔材料，就可以证明，马克思在公布他的经济学方面的伟大发现以前，是以多么无比认真的态度，以多么严格的自我批评精神，力求使这些伟大发现达到最完善的程度。正是这种自我批评的精神，使他的论述很少能够做到在形式上和内容上都适应他的由于不断进行新的研究而日益扩大的眼界。这个材料包括以下几部分：

首先是1861年8月—1863年6月写的《政治经济学批判》手稿，四开纸1 472页，共23个笔记本。这是1859年以同一书名在柏林出版的第一分册[2]的续篇。从第1—220页（第I—V笔记本），然后再从第1159—1472页（第XIX—XXIII笔记本），是论述《资本论》第一册中从货币转化为资本一直到卷末所研究的各个题目，是该书现有的最早文稿。从第973—1158页（第XVI—XVIII笔记本），是论述资本和利润、利润率、商人资本和货币资本，即那些后来在第三册手稿中阐述的题目。但是，在第二册论述的题目和后来在第三册论述的许多题目，都还没有专门加以整理。它们只是附带地，特别是在手稿的主体部分，第220—972页（第VI—XV笔记本），即《剩余价值理论》里提了一下。这一部分包括政治经济学核心问题即剩余价值理论的详细的批判史，同时以同前人进行论战的形式，阐述了大多数后来在第二册和第三册手稿中专门地、在逻辑的联系上进行研究的问题。这个手稿的批判部分，除了许多在第二册和第三册已经包括的部分之外，我打算保留下来，作为《资本论》第四册出版。[3]这个手稿虽然很有价值，但是能够用于现在出版的第二册的地方并不多。

按照时间的顺序，接下去是第三册的手稿。这个手稿至少大部分写于1864年和1865年。马克思在基本上完成这个手稿之后，才

Das Kapital.

Kritik der politischen Oekonomie.

Von

Karl Marx.

Zweiter Band.

Buch II: Der Cirkulationsprocess des Kapitals.

Herausgegeben von Friedrich Engels.

Hamburg
Verlag von Otto Meissner.
1885.

《资本论》第二卷1885年德文版的扉页

着手整理1867年印行的第一册。我现在正在整理这个第三册手稿，以便付印。

以后一段时间，即在第一册出版之后，有供第二册用的一组对开纸手稿，计四份，马克思自己作了I—IV的编号。其中第I稿（150页），大概写于1865年或1867年，这是现在这样编排的第二册的最早的一个独立的、但多少带有片断性质的文稿。这个手稿也没有什么可以利用的。第III稿一部分是引文和马克思札记本的提示的汇编（多半和第二册第一篇有关），一部分是关于个别论点的文稿，特别是涉及对亚·斯密关于固定资本和流动资本以及关于利润源泉的见解的批判的文稿；此外，还有属于第三册范围的关于剩余价值率和利润率的关系的论述。提示没有提供多少新的东西；用于第二册和第三册的论述部分，由于有了后来的文稿，大部分也只好弃置不用。——第IV稿是第二册第一篇和第二篇前几章的已经可以付印的文稿，这部分已经在适当的地方采用了。这个手稿虽然比第II稿写得早，但是，因为形式上比较完整，所以可以在本书适当的地方很好地加以利用，只要把第II稿的一些内容补充进去就行了。——最后的这份手稿，是第二册的唯一相当完整的文稿，稿上注明的日期是1870年。下面马上就要提到的供最后修订时参考的笔记说得很清楚："第二个文稿必须作为基础。"

1870年以后，又有一个间歇期间，这主要是由马克思的病情造成的。他照例是利用这类时间进行各种研究。农学，美国的特别是俄国的土地关系，货币市场和银行业，最后，还有自然科学，如地质学和生理学，特别是独立的数学研究，成了这个时期的许多札记本的内容。1877年初，他感到健康已经恢复到可以进行原来的工作了。1877年3月底，他从上述四份手稿中作出提示和笔记，并以此作为重新写作第二册的基础。这一册的开头部分在第V稿（对开纸56页）中。这个手稿包括开头四章，还没有怎么加工。一些要点是放在正文下面的注释中来阐述的。材料与其说经过精心挑选，还不如说只是搜集在一起。但是，这个手稿是对第一篇的最重要部分的最后的完整的论述。——根据这份手稿整理出一份可以付印的手稿的第一次尝试，是第VI稿（写于1877年10月**以后**和1878年7月以前）；只有四开纸17页，包括第一章的大部分，第二次也就是最后一次尝试，是“1878年7月2日”写成的第VII稿，它只有对开纸7页。

看来，这时马克思已经明白了，如果他的健康状况不根本好转，他就决不能完成他的第二册和第三册的写作工作，使之达到自己满意的程度。事实上，第V—VIII稿已经够多地留下了他同折磨人的疾病进行顽强斗争的痕迹。第一篇最难的部分在第V稿重新改写了；第一篇其余的部分和整个第二篇（第十七章除外）没有什么重大的理论上的困难；但是第三篇，即社会资本的再生产和流通，在马克思看来，非重写不可。因为第II稿在论述再生产时，起初没有考虑到作为再生产中介的货币流通，后来考虑到这种货币流通就再一次作了论述。这种情况应当消除，全篇应当改写，以适应作者已经扩大的眼界。这样就产生了第VIII稿，这是一个只有四开纸70页的笔记本；只要对照一下现在印成的第三篇（采自第II稿的插入部分除外），就可以知道，马克思善于把多少东西压缩到这个篇幅中去。

这个手稿也只是对问题的初步考察；它的首要课题，是确定并且阐述那些对第II稿来说是新获得的观点，而对那些没有新东西可说的论点，就不加考虑了。与第三篇多少有关的第二篇第十七章的重要部分又被吸收了进来并作了扩展。逻辑的联系常常中断；有些地方的论述不完整，特别是结尾部分的论述完全是片断的。但是，马克思要说的话，在这里以这种或那种方式都说了。

这就是第二册的材料。马克思逝世前不久曾对他的女儿爱琳娜说，希望我根据这些材料“做出点什么”来。我在最有限的范围内接受了这种委托；我尽可能把我的工作限制在单纯选择各种文稿方面。因此，我总是把最后的文稿作为根据，并参照了以前的文稿。只有第一篇和第三篇出现了实际的、不仅仅是技术性的困难；而这种困难也不小。我总是设法完全根据作者的精神去解决这些困难。

本卷的引文，在用做事实例证的地方，或在每一个想探究问题的人都可以找到原文（例如亚·斯密著作的引文）的地方，大多数我都翻译出来了。只有第十章不能这样做，因为那里要直接批判英文原文。——摘自第一卷的引文，都注明了第二版即马克思生前付印的最后一版的页码。

第三册可用的材料，除了手稿《政治经济学批判》中最初的论述，除了第III稿中前面提到的部分和一些随手记入札记本的简短笔记，只有上述1864—1865年写的那个对开纸的手稿，它经过和第二册的第II稿大致同样充分的加工，最后，还有一本1875年的手稿，是论述剩余价值率和利润率的关系的，这是用数学的方法（用方程式）来说明的。第三册的付印准备工作正在迅速进行。根据我现在的判断，这一工作的困难主要只是技术性的，当然，某些极为重要的章节是例外。

在这里，我要驳斥对马克思的一种指责。这种指责，最初只是个别人暗地里进行的。现在，在马克思逝世以后，却由德国讲坛社会主义者—国家社会主义者[4]及其信徒，当做不容置疑的事实加以宣扬，说什么马克思剽窃了洛贝尔图斯。关于这件事，我已经在另一个地

方说了急需说的话(1)，但只有在这里，我才能提出有决定意义的证据。

据我所知，这种指责最初见于鲁·迈耶尔《第四等级的解放斗争》第43页：

> “**可以证明**，马克思从这些出版物〈指那些可以追溯到30年代后半期的洛贝尔图斯的著作〉中，汲取了他的批判的大部分。”

在得到进一步的证据以前，我尽可以认为，这种断言之所以全部“可以证明”，是因为洛贝尔图斯曾经向迈耶尔先生保证有这么一回事。——1879年，洛贝尔图斯亲自出场了[6]，他在写给J.采勒的信(1879年在蒂宾根出版的《一般政治学杂志》第219页)中，谈到他的《关于我国国家经济状况的认识》(1842年)一书时说：

> “您将会发现，这一点〔指书中展开的思路〕①已经十分巧妙地被马克思……利用了，当然他没有引证我的话”。

洛贝尔图斯遗稿的出版者泰·科扎克也毫不隐讳地重复了这种说法(洛贝尔图斯《资本》1884年柏林版，导言第XV页)。——最后，在1881年由鲁·迈耶尔出版的洛贝尔图斯-亚格措夫博士的《书信和社会政治论文集》[7]中，洛贝尔图斯直截了当地说：

> “我现在发现，谢夫莱和马克思**剽窃**了我，而没有提到我的名字”(第60封

(1)为卡尔·马克思《哲学的贫困。答蒲鲁东先生的〈贫困的哲学〉》(爱·伯恩施坦和卡·考茨基译成德文，1885年斯图加特版)一书写的序言。[5]

①1893年德文第二版中的方括号(恩格斯的改动或增补)，本卷用六角括号〔　〕。——编者注

信第134页)。

在另一个地方,洛贝尔图斯的奢望表达得更明确:

> "资本家的**剩余价值**是从哪里**产生**的,这个问题我已经在我的第三封社会问题书简中说明了,**本质上**和马克思**一样**,不过更简单、更明了。"(第48封信第111页)

所有这些关于剽窃的指责,马克思从来都是一无所知。他手边的一册《解放斗争》,只裁开了和"国际"有关的部分,其余的部分是在他逝世以后才由我裁开的。蒂宾根的杂志,马克思从来没有见到过。给鲁·迈耶尔的《书信》,他也毫无所知。说到"剽窃"的那个地方,只是到1884年,由迈耶尔博士先生自己好意地提起,才引起我的注意。不过,第四十八封信马克思是知道的。迈耶尔先生曾经好意地把原信交给马克思的小女儿。关于马克思的批判要在洛贝尔图斯那里寻找秘密源泉这样一些离奇的谣言,当然也传到了马克思的耳边。当时马克思把信给我看,并说,他在这里终于得到可靠的消息,知道洛贝尔图斯本人的奢望是什么。只要洛贝尔图斯不再说些别的什么,他,马克思,尽可以不予理睬;如果洛贝尔图斯认为他自己的叙述更简单、更明了,那就让他去享受这种乐趣。事实上,马克思认为,整个事情已经由洛贝尔图斯的这封信而了结了。

马克思完全可以这样想,因为正如我清楚地知道的,直到1859年前后,他对洛贝尔图斯的全部文字活动还是一无所知,而这时,他自己的政治经济学批判不仅在纲要上已经完成,而且在最重要的细节上也已经完成。1843年,他在巴黎开始研究经济学时,是从伟大的英国人和法国人开始的。在德国人当中,他只知道劳和李斯特,而有这两个人,对他说来也就够了。马克思和我以前都根本没有听说过洛贝尔图斯，直到1848年，当我们要在《新莱茵报》上批判洛贝尔图斯这位柏林议员的演说和他充任大臣的活动时[8]，我们才知道这个人。当时，我们对他什么也不了解，就去问莱茵省的议员，这个突然当了大臣的洛贝尔图斯究竟是什么人。然而那些议员也不能告诉我们洛贝尔图斯的经济学著作方面的任何东西。可是，当时马克思在没有洛贝尔图斯的任何帮助下，不仅已经非常清楚地知道"资本家的剩余价值"是从哪里"产生"的，而且已经非常清楚地知道它是**怎样**"产生"的。这一点，从1847年的《哲学的贫困》和1847年在布鲁塞尔所作的、1849年发表在《新莱茵报》第264—269号上的关于雇佣劳动与资本的讲演，可以得到证明。1859年前后，马克思才从拉萨尔那里知道还有洛贝尔图斯这样一个经济学家，后来他在英国博物馆看到了洛贝尔图斯的《第三封社会问题书简》。

实际情况就是这样。马克思从洛贝尔图斯那里"剽窃"的内容又是怎样的呢？洛贝尔图斯说：

> "资本家的剩余价值是从哪里产生的，这个问题我已经在我的第三封社会问题书简中说明了，和马克思一样，不过更简单、更明了。"

因此，核心问题是：剩余价值理论；事实上不能说，洛贝尔图斯还能从马克思那里把别的什么东西说成是他所有的。因此，洛贝尔图斯在这里自封为剩余价值理论的真正创始人，而马克思从他那里剽窃了剩余价值理论。

这个第三封社会问题书简又怎样向我们说明剩余价值的产生呢？只不过是这样：被他看做地租和利润之和的"租"所以产生，不是由于对商品价值的"价值追加"，而是

> "由于工资所受到的价值扣除，换句话说，由于工资仅仅构成产品价值的一

部分”，

并且在有足够的劳动生产率的情况下，

“工资不需要等于劳动产品的自然交换价值，以便后者还会留下一部分作为资本的补偿〈！〉和租”[9]。

这里没有告诉我们，如果从产品的“自然交换价值”中没有留下一部分作为“资本的补偿”，更确切些说，作为原料和工具磨损的补偿，那这是什么样的产品“自然交换价值”。

幸而我们还能够证实，洛贝尔图斯这个划时代的发现，对马克思产生了什么样的印象。在《批判》手稿[10]第X笔记本第445页及以下几页中，我们发现了《插入部分。洛贝尔图斯先生。新的租的理论》。在这里，马克思只是从这个观点来看待第三封社会问题书简的。马克思在下面一段话中驳倒了洛贝尔图斯的一般剩余价值理论，他用讽刺的口气说：“洛贝尔图斯先生首先研究在土地占有和资本占有还没有分离的国家中是什么情况，并且在这里得出**重要的**结论说：租（他所谓租，是指全部剩余价值）只等于无酬劳动，或无酬劳动借以表现的产品量。”

资本主义下的人，生产剩余价值已经有几百年了，他们渐渐想到剩余价值起源的问题。最早的见解是从商人的直接的实践中产生的：剩余价值产生于产品价值的加价。这种见解曾在重商主义者[11]中间占统治地位，但是詹姆斯·斯图亚特已经看到，在这种情况下，一人之所得必然是他人之所失。尽管如此，在很长一段时间，特别是在社会主义者中间，这种见解仍然阴魂不散。然而它被亚·斯密从古典科学中赶出去了。

斯密在《国富论》第一篇第六章中说：

"一旦资本在个人手中积累起来，其中某些人自然就利用它使勤劳者去劳动，向他们提供原料和生活资料，以便从他们的劳动产品的出售中，或者说，从**这些工人的劳动加到那些原料价值上的东西中**，取得**利润**……　工人**加到原料上的价值**，在这里分成**两部分**，一部分支付**工人的工资**，另一部分支付**雇主的利润**，作为他预付在原料和工资上的全部资本的报酬。"[12]

稍后，他又说：

"一旦一个国家的土地全部变成了私有财产，土地所有者也像所有其他人一样，喜欢在他们未曾播种的地方得到收获，甚至对土地的自然成果也索取地租……　工人……必须把用自己的**劳动**收集或生产的东西**让给**土地所有者**一部分**，这一部分，或者说，这一部分的价格，就构成**地租**。"[13]

对于这段话，马克思在上述《批判》手稿第253页中作了如下评注："可见，亚·斯密把剩余价值，即剩余劳动——已经完成并对象化在商品中的劳动**超过**有酬劳动即超过以工资形式取得自己等价物的劳动的余额——理解为**一般范畴**，而本来意义上的利润和地租只是这一般范畴的分支。"

其次，斯密在第一篇第八章中说：

"一旦土地成为私有财产，对劳动者在这块土地上所能生产和收集的几乎一切产品，土地所有者都要求得到一份。他的地租是对**耕种土地的劳动所生产的产品**的**第一个扣除**。但是，种地人在收获以前很少有维持自己生活的资金。他的生活费通常是从他的雇主即租地农场主的资本中预付的。如果租地农场主**不能从工人劳动的产品中得到一份**，或者说，如果他的资本不能得到补偿并带来利润，他就没有兴趣雇人了。这种利润是对耕种土地的劳动所生产的产品的**第二个扣除**。几乎所有其他劳动的产品都要作这样的扣除，来支付利润。在所有产业部门，大多数工人都需要雇主预付给他们原料以及工资和生活费，直到劳动完成的时候为止。这个雇主从**他们劳动的产品中得到一份**，或者说，从他们的劳动加到加工原料上的价值中得到一份，这一份也就是雇主的利润。"[14]

对于这段话，马克思的评注是（手稿第256页）："总之，亚·斯密在这里直截了当地把地租和资本的利润称为纯粹是工人产品中的**扣除部分**，或者说，是与工人加到原料上的劳动量相等的产品价值中的**扣除部分**。但是，正如亚·斯密自己在前面证明过的，这个扣除部分只能由工人加到原料上的、超过只支付他的工资或只提供他的工资等价物的劳动量的那部分劳动构成；因而这个扣除部分是由剩余劳动，即工人劳动的无酬部分构成。”

可见，亚·斯密已经知道“资本家的剩余价值是从哪里产生的”，以及土地所有者的剩余价值是从哪里产生的；马克思在1861年已经坦率地承认了这一点，而洛贝尔图斯和他的那伙在国家社会主义的温暖的夏雨中像蘑菇一样繁殖起来的崇拜者，看来已经把这一点忘得一干二净。

马克思接着说：“然而，斯密并没有把剩余价值本身作为一个专门范畴同它在利润和地租中所具有的特殊形式区别开来。斯密尤其是李嘉图在研究中的许多错误和缺点，都是由此而产生的。”[15]——这个论点可以一字不差地用在洛贝尔图斯身上。他的“租”只是地租＋利润之和；关于地租，他提出了一种完全错误的理论，关于利润，他盲目地接受了他的前辈的说法。——而马克思的剩余价值，却是生产资料所有者不付等价物就占有的价值额的**一般形式**。这个价值额，按照马克思首先发现的一些十分独特的规律，分割为利润和地租这样一些特殊的**转化**形式。这些规律将要在第三卷中加以阐述。在那里将第一次说明，从理解一般剩余价值到理解剩余价值转化为利润和地租，从而理解剩余价值在资本家阶级内部进行分配的规律，需要经过多少中间环节。

李嘉图比亚·斯密已经前进了一大步。李嘉图关于剩余价值的见解是建立在一种新价值理论的基础上的，这种理论在亚·斯密那里虽然已见萌芽，但在阐述中又几乎总是被他忘记，这种价值理论成了以后一切经济科学的出发点。李嘉图从商品价值由实现在商品中的劳动量决定，引申出由劳动加到原料中去的价值量在工人和资本家之间进行分配，也就是它分割为工资和利润（这里指剩余价值）。他论证了：无论这两部分的比例怎样变动，商品的价值总是不变，这个规律，他认为只有个别例外。他甚至确立了关于工资和剩余价值（在利润形式上理解的剩余价值）的相互关系的一些主要规律，尽管他的理解过于一般化（马克思《资本论》第一卷第十五章A[16]），他还指出，地租是在一定条件下产生的超过利润的余额。——在上述各点中，洛贝尔图斯没有任何一点超过李嘉图。李嘉图理论的内在矛盾——这些矛盾使李嘉图学派遭到破产——，要么洛贝尔图斯毫无所知，要么只是导致他提出一些乌托邦的要求（《认识》第130页），而不是寻求经济学上的解决。

然而李嘉图关于价值和剩余价值的学说，用不着等到洛贝尔图斯的《认识》出现，才用于社会主义的目的。在《资本论》第一卷第609页（第二版）[17]上，从《国民困难的原因及其解决办法。给约翰·罗素勋爵的一封信》（1821年伦敦版）这一著作中引用了“剩余产品或资本的占有者”这一说法。这一著作单凭“剩余产品或资本”这个说法本应该引起人们的重视，正是马克思使这本40页的小册子没有被埋没。在这一著作中说：

> “无论资本家得到的份额有多大〔从资本家的立场出发〕，他总是只能占有工人的剩余劳动，因为工人必须生活。”（第23页）

但是，工人**怎样**生活，从而资本家占有的剩余劳动能有多大，那是一个极其相对的量。

> “如果资本的价值不按照资本量增加的比例而减少，资本家就会超过工人能够维持生活所需要的最低限度从工人那里榨取每一个劳动小时的产品……资本家最后可以对工人说：你不应当吃面包，因为吃甜菜和马铃薯也可以过活；我们已经到了这个地步。”（第23、24页）“如果工人能够做到用马铃薯代替面包生活，那就毫无疑问，从他的劳动中可以榨取更多的东西。这就是说，如果靠面包生活，他要维持自己和他的家庭，他必须为自己**保留星期一和星期二的劳动**，如果靠马铃薯生活，他就只需要为自己保留**星期一的一半**。星期一的另一半和星期二的全部就可以**游离出来**，以使国家或**资本家**得利。”（第26页）“谁都承认，支付给资本家的利息，无论是采取地租、货币利息的形式，还是采取企业利润的形式，都是用别人的劳动来支付的。”（第23页）

可见，在这里所说的完全是洛贝尔图斯的“租”，只是用“利息”代替“租”罢了。

马克思对这段话作了如下的评注（《批判》手稿第852页）：“这本几乎没有人知道的小册子，是在‘不可相信的修鞋匠’麦克库洛赫[18]开始被人注意的时候出现的，它包含一个超过李嘉图的本质上的进步。它直接把剩余价值，或李嘉图所说的‘利润’（常常也把它叫做剩余产品，surplus produce），或这本小册子作者所说的利息，看做surplus labour，剩余劳动，即工人无偿地从事的劳动，也就是工人除了补偿他的劳动力价值的劳动量，即生产他的工资的等价物的劳动量以外而从事的劳动。把体现在**剩余产品**中的剩余价值归结为**剩余劳动**，同把**价值**归结为**劳动**是一样重要的。这一点其实**亚·斯密已经说过，并且成为李嘉图的阐述中的一个主要因素**。但是，他们从来没有以绝对的形式把它说出来并确定下来。”往下在手稿第859页上还说：“可是，这位作者为既有的经济范畴所束缚。就像李嘉图由于把剩余价值同利润混淆起来而陷入令人不快的矛盾一样，他也由于把剩余价值命名为资本利息而陷入同样的矛盾。诚然，他在以下方面超过了李嘉图：首先，他把一切剩余价值都归结为剩余劳动，其次，他虽然把剩余价值叫做资本利息，同时又强调指出，他把‘资本利息’理解为剩余劳动的一般形式，而与剩余劳动的特殊形式，地租、货币利息和企业利润相区别。但是，他还是把这些特殊形式之一的名称‘利息’，当做一般形式的名称。这就足以使他重新陷入经济学的费解的行话（手稿中用的是“slang”）中。”

最后这一段话，用在我们的洛贝尔图斯身上是再恰当不过了。他也为既有的经济范畴所束缚。他也用剩余价值转化成的一个分支形式——租——来称呼剩余价值，并使剩余价值成为一种极不确定的东西。这两个错误的结果是：他再度陷入经济学的费解的行话中，他比李嘉图前进了一步，但是他没有批判地把这种进步继续下去，反而使他的未完成的理论，在孵化出壳以前，就成为一种乌托邦的基础，可是，就乌托邦而论，他也像往常一样，来得太迟了。上述小册子于1821年问世，已经远远走在1842年洛贝尔图斯的“租”的前头了。

在20年代，在为无产阶级的利益而利用李嘉图的价值理论和剩余价值理论来反对资本主义生产，以及用资产阶级自己的武器来和资产阶级进行斗争的全部文献中，我们说到的这本小册子，不过是站在最前面的前哨。欧文的整个共产主义[19]在进行经济学论战时，是以李嘉图为依据的。但除了李嘉图还有许多著作家，马克思1847年在反驳蒲鲁东时（《哲学的贫困》第49页[20]），只引用了其中几个，如埃德蒙兹、汤普森、霍吉斯金等等，而且“还可以写上四页”。从这许许多多的著作中我只随便举出汤普森的一本著作：《最能促进人类幸福的财富分配原理的研究》（1850年伦敦新版）。该书写于1822年，1824年第一次出版。在这本书里也到处指出，非生产阶级所占有的财富，是对工人产品的扣除，而且措辞相当激烈。

"我们称之为社会的那种人总是力图通过欺骗或诱劝，通过威胁或强迫，使生产工人从事劳动，但只使他得到自己劳动的产品中尽可能小的部分。"(第28页)"为什么工人不应该得到他的劳动的所有全部产品呢？"(第32页)"资本家以地租或利润的名义向生产工人索取的报酬，是以后者使用了土地或其他物品为借口而要求取得的……　既然除了自己的生产能力一无所有的生产工人，他的生产能力在其中实现或借以实现的一切物质资料，全都归同他的利益相对立的其他人所有，他要进行活动先要取得这些人的同意，所以，他**从自己的劳动果实**中能够得到多大的**部分**作为这个劳动的报酬，岂不是取决于而且必须取决于资本家的恩典吗？"(第125页)"……和**扣除的产品**的量或比例，而不管这个产品量叫做租税，利润，还是叫做贼赃……这些被侵吞的东西"(第126页)等等。

我承认，我写这几行时，不免感到有些惭愧。尽管马克思在《哲学的贫困》中就已经直接提到20年代和30年代的英国反资本主义的文献，其中有些著作，如1821年出版的那本小册子，莱文斯顿、霍吉斯金等人的著作，还在《资本论》第一卷中多次引用过，可是在德国，人们对这些文献还是一无所知。这还可以容忍。但是，不仅那位在绝望中揪住洛贝尔图斯的衣角而"确实不学无术的"庸俗作家①，而且那位身居要职、"自炫博学"的教授②，也把自己的古典经济学忘记到这种程度，竟把那些在亚·斯密和李嘉图那里就可以读到的东西，煞有介事地硬说是马克思从洛贝尔图斯那里窃取来的，——这个事实就证明，官方的经济学今天已经堕落到何等地步。

那么，马克思关于剩余价值说了什么新东西呢？为什么马克思的剩余价值理论，好像晴天霹雳震动了一切文明国家，而所有他的包括洛贝尔图斯在内的社会主义前辈们的理论，却没有发生过什么作用呢？

---

①指鲁·迈耶尔。——编者注

②指阿·瓦格纳。——编者注

化学史上有一个例证可以说明这一点。

大家知道，直到前一世纪末，燃素说还处于支配的地位。根据这种理论，一切燃烧的本质都在于从燃烧物体中分离出一种另外的、假想的物体，即称为燃素的绝对燃烧质。这种理论曾足以说明当时所知道的大多数化学现象，虽然在某些场合不免有些牵强附会。但到1774年，普利斯特列析出了一种气体，

> “他发现这种气体是如此纯粹或如此不含燃素，以致普通空气和它相比显得污浊不堪”。

他称这种气体为无燃素气体。过了不久，瑞典的舍勒也析出了这种气体，并且证明它存在于大气中。他还发现，当一种物体在这种气体或普通空气中燃烧时，这种气体就消失了。因此，他称这种气体为火气。

> “从这些事实中他得出一个结论：燃素与空气的一种成分相结合时〔即燃烧时〕所产生的化合物，不外就是通过玻璃失散的火或热。”(2)

普利斯特列和舍勒析出了氧气，但不知道他们所析出的是什么。他们为“既有的”燃素说“范畴所束缚”。这种本来可以推翻全部燃素说观点并使化学发生革命的元素，在他们手中没有能结出果实。但是，当时在巴黎的普利斯特列立刻把他的发现告诉了拉瓦锡，拉瓦锡就根据这个新事实研究了整个燃素说化学，方才发现：这种新气体是一种新的化学元素；在燃烧的时候，并不是神秘的燃素从燃烧物体中**分离**出来，而是这种新元素与燃烧物体**化合**。这样，他才使过去在燃

---

(2)罗斯科和肖莱马《化学教程大全》1877年不伦瑞克版第1卷第13页和第18页。

素说形式上倒立着的全部化学正立过来了。即使不是像拉瓦锡后来硬说的那样，他与其他两人同时和不依赖他们而析出了氧气，然而真正**发现**氧气的还是他，而不是那两个人，因为他们只是**析出**了氧气，但甚至不知道自己所析出的是**什么**。

在剩余价值理论方面，马克思与他的前人的关系，正如拉瓦锡与普利斯特列和舍勒的关系一样。在马克思以前很久，人们就已经确定我们现在称为剩余价值的那部分产品价值的**存在**；同样也有人已经多少明确地说过，这部分价值是由什么构成的，也就是说，是由占有者不付等价物的那种劳动的产品构成的。但是到这里人们就止步不前了。其中有些人，即资产阶级古典经济学家，至多只研究了劳动产品在工人和生产资料所有者之间分配的数量比例。另一些人，即社会主义者，则发现这种分配不公平，并寻求乌托邦的手段来消除这种不公平现象。这两种人都为既有的经济范畴所束缚。

于是，马克思发表意见了，他的意见是和所有他的前人直接对立的。在前人认为已有**答案**的地方，他却认为只是**问题**所在。他认为，这里摆在他面前的不是无燃素气体，也不是火气，而是氧气；这里的问题不是在于要简单地确认一种经济事实，也不是在于这种事实与永恒公平和真正道德相冲突，而是在于这样一种事实，这种事实必定要使全部经济学发生革命，并且把理解全部资本主义生产的钥匙交给那个知道怎样使用它的人。根据这种事实，他研究了全部既有的经济范畴，正像拉瓦锡根据氧气研究了燃素说化学的各种既有的范畴一样。要知道什么是剩余价值，他就必须知道什么是价值。李嘉图的价值理论本身必须首先加以批判。于是，马克思研究了劳动形成价值的特性，第一次确定了**什么样的**劳动形成价值，为什么形成价值以及怎样形成价值，并确定了价值不外就是**这种**劳动的凝固，而这一点是洛贝尔图斯始终没有理解的。马克思进而研究商品和货币的关系，并且论证了商品和商品交换怎样和为什么由于商品内在的价值属性必然要造成商品和货币的对立。他的建立在这个基础上的货币理论是第一个详尽无遗的货币理论，今天已为大家所默认了。他研究了货币向资本的转化，并证明这种转化是以劳动力的买卖为基础的。他以劳动力这一创造价值的属性代替了劳动，因而一下子就解决了使李嘉图学派破产的一个难题，也就是解决了资本和劳动的相互交换与李嘉图的劳动决定价值这一规律无法相容这个难题。他确定了资本分为不变资本和可变资本，就第一个详尽地阐述了剩余价值形成的实际过程，从而说明了这一过程，而这是他的任何一个前人都没有做到的；因而，他确定了资本自身内部的区别，这个区别是洛贝尔图斯和资产阶级经济学家都完全不可能作出的，但是这个区别提供了一把解决经济学上最复杂的问题的钥匙，关于这一点，这第二册又是一个最令人信服的证明，以后我们会知道，第三册更是这样。马克思还进一步研究了剩余价值本身，发现了它的两种形式，即绝对剩余价值和相对剩余价值，并且证明，这两种形式在资本主义生产的历史发展中起了不同的然而都是决定性的作用。他根据剩余价值，阐明了我们现在才具有的第一个合理的工资理论，第一次指出了资本主义积累史的各个基本特征，并说明了资本主义积累的历史趋势。

而洛贝尔图斯呢？他读了这一切之后，却在其中——像任何有倾向的经济学家一样！——发现“对社会的入侵”[21]，发现他自己已经更简单得多、更明了得多地指出了剩余价值是从哪里产生的，最后，还发现这一切虽然适用于“今日的资本形式”，即适用于历史地存在的资本，然而不适用于“资本概念”，即不适用于洛贝尔图斯先生关于资本的乌托邦观念。这完全和至死坚持燃素，而不想对氧气有所理解的老普利斯特列一样。只是普利斯特列确实是最早析出氧气的人，而洛贝尔图斯在他的剩余价值中，或者更确切些说，在他的“租”中，只是重新发现了一种陈词滥调。但马克思和拉瓦锡的做法相反，他不屑于说，剩余价值存在的**事实**是他最早发现的。

洛贝尔图斯在经济学其他方面的成就，也是这个水平。他把剩余价值搞成乌托邦的做法，马克思在《哲学的贫困》中已经无意中进行了批判；关于这一点还要说的话，我已经在该书的德文译本的序言[5]中说到。他把商业危机的原因解释为工人阶级的消费不足，这种说法在西斯蒙第的《政治经济学新原理》第四卷第四章中已经可以看到。(3)只是西斯蒙第在这个问题上始终注意到世界市场，而洛贝尔图斯的眼界却没有超出普鲁士的国界。洛贝尔图斯关于工资来源于资本还是来源于收入的那些思辨议论，属于经院哲学的范围，并且已经在这个《资本论》第二册的第三篇中完全澄清了。他的地租理论仍然是他的唯一的财产，在马克思批判这一理论的手稿[22]出版以前，还可以安睡一会。最后，他关于旧普鲁士的土地所有权应该从资本压迫下解放出来的建议，又是彻头彻尾乌托邦的，这些建议回避了这里谈到的唯一实际问题：旧普鲁士的容克怎样能够做到每年收入比如说20 000马克，支出比如说30 000马克，而仍然不负债？

1830年左右，李嘉图学派在剩余价值问题上碰壁了。他们解决

(3)“可见，由于财富集中在少数所有者手中，国内市场就越来越缩小，工业就越来越需要到国外市场去寻找销路，但是在那里，它会受到更大的变革的威胁”（即下面接着说到的1817年危机）。《新原理》1819年版第1卷第336页。

不了的问题,他们的追随者,庸俗经济学,当然更不能解决。使李嘉图学派破产的,有以下两点:

第一,劳动是价值的尺度。但是,活劳动在和资本进行交换时,它的价值小于所交换的对象化劳动。工资,一定量活劳动的价值,总是小于同量活劳动所生产的产品的价值,或体现同量活劳动的产品的价值。这个问题这样提出,实际上是无法解决的。它由马克思正确地提出,因而得到了解答。不是劳动有价值。劳动作为创造价值的活动,不能有特殊的价值,正像重不能有特殊的重量,热不能有特殊的温度,电不能有特殊的电流强度一样。作为商品买卖的,不是劳动,而是劳动**力**。一旦劳动力成为商品,它的价值就决定于它作为社会产品所体现的劳动,就等于它的生产和再生产所需要的社会必要的劳动。因此,劳动力按照它的这种价值来买卖,是和经济学的价值规律决不矛盾的。

第二,按照李嘉图的价值规律,假定其他一切条件相同,两个资本使用等量的、有同样报酬的活劳动,在相同的时间内会生产价值相等的产品,也会生产相等的剩余价值或利润。但是,如果这两个资本所使用的活劳动的量不相等,那么,它们就不能生产相等的剩余价值,或如李嘉图学派所说的利润。但是情况恰恰相反。实际上,等额的资本,不论它们使用多少活劳动,总会在相同时间内生产平均的相等的利润。因此,这就和价值规律发生了矛盾。李嘉图已经发现了这个矛盾,但是他的学派同样没有能够解决这个矛盾。洛贝尔图斯也不能不看到这个矛盾,但是他不去解决它,却把它作为他的乌托邦的出发点之一(《认识》第131页)。马克思在《批判》手稿中,已经解决了这个矛盾;[23]按照《资本论》的计划,这个问题要在第三册来解决。[24]第三册的出版,还要过几个月。因此,那些想在洛贝尔图斯那里发现马克思的秘密源泉和把洛贝尔图斯看做马克思的一个卓越先驱者的经济学家们，在这里有机会可以表明，洛贝尔图斯的经济学到底能够提供什么。如果他们能够证明，相等的平均利润率怎样能够并且必须不仅不违反价值规律，而且反而要以价值规律为基础来形成，那么，我们就愿意同他们继续谈下去。不过他们最好是快一点。这个第二册的卓越的研究，以及这种研究在至今几乎还没有人进入的领域内所取得的崭新成果，仅仅是第三册的内容的引言，而第三册，将阐明马克思对资本主义基础上的社会再生产过程的研究的最终结论。等到这个第三册出版的时候，洛贝尔图斯这个经济学家，就用不着再提了。

马克思多次对我说过，《资本论》第二册和第三册是献给他的夫人的。

弗里德里希·恩格斯

1885年5月5日马克思的生日，于伦敦

第二版序言[①]

这里印出的第二版，基本上是按第一版原样翻印的。印刷错误改正了，若干文体上不讲究的地方纠正了，若干短的、内容重复的段落删掉了。

第三册虽然遇到完全料想不到的困难，但手稿现在也已大体整理就绪。只要我还健康，今年秋天就可以开始付印。

弗·恩格斯

1893年7月15日于伦敦

为了便于查阅，这里把所有采自第II—VIII稿的地方，简单综合如下：

第　一　篇

第31—32页采自第II稿。——第32—44页采自第VII稿。——第44—48页采自第VI稿。——第48—134页采自第V

①标题是德文版编者加的。——编者注

稿。——第134—137页采自读书摘要中的一个注。——第138页到本篇末采自第IV稿;其中第146—148页有几处采自第VIII稿;第151页和第158页的注采自第II稿。

第　二　篇

本篇开头第171—182页是第IV稿的结尾。——从这里开始到本篇末第388页全部采自第II稿。

第　三　篇

第十八章:(第389—397页)采自第II稿。

第十九章:第一节和第二节(第398—432页)采自第VIII稿。

第三节(第432—434页)采自第II稿。

第二十章:第一节(第435—438页)采自第II稿,仅最后一段采自第VIII稿。

第二节(第438—442页)主要采自第II稿。

第三节、第四节、第五节(第442—470页)采自第VIII稿。

第六节、第七节、第八节、第九节(第470—487页)采自第II稿。

第十节、第十一节、第十二节(第488—540页)采自第VIII稿。

第十三节(第540—550页)采自第II稿。

第二十一章:(第551—592页)全部采自第VIII稿。

第 二 册

资本的流通过程

第 一 篇

资本形态变化及其循环

第 一 章

货币资本的循环

资本的循环过程(1)经过三个阶段；根据第一卷的叙述，这些阶段形成如下的序列：

第一阶段：资本家作为买者出现于商品市场和劳动市场；他的货币转化为商品，或者说，经历G—W这个流通行为。

第二阶段：资本家用购买的商品从事生产消费。他作为资本主义商品生产者进行活动；他的资本经历生产过程。结果产生了一种商品，这种商品的价值大于它的生产要素的价值。

第三阶段：资本家作为卖者回到市场；他的商品转化为货币，或者说，经历W—G这个流通行为。

因此，货币资本循环的公式是：G—W…P…W′—G′。在这个公

---

(1)采自第II稿。

式中，虚线表示流通过程的中断，W′ 和G′ 表示由剩余价值增大了的W和G。

在第一册中，我们只是在为理解第二阶段即资本的生产过程所必要的范围内，对第一阶段和第三阶段进行过研究。因此，资本在不同阶段所具有的不同形式，它在反复循环中时而采取时而抛弃的不同形式，在那里没有加以考虑。现在它们就成为研究的直接对象了。

为了纯粹地理解这些形式，首先要把一切同形式变换和形式形成本身无关的因素撇开。因此，这里不但假定商品是按照它们的价值出售的，而且假定这种出售是在不变的情况下进行的。所以，也把在循环过程中可能发生的价值变动撇开不说。

I. 第一阶段　G—W(2)

G—W表示一个货币额转化为一个商品额；对买者来说，是他的货币转化为商品，对卖者来说，则是他们的商品转化为货币。使一般商品流通的这个行为同时成为单个资本的独立循环中一个职能上确定的阶段的，首先不是行为的形式，而是它的物质内容，是那些和货币换位的商品的特殊使用性质。这一方面是生产资料，另一方面是劳动力，即商品生产的物的因素和人的因素。它们的特性，自然要与所生产物品的种类相适应。如果我们用A表示劳动力，用Pm表示生产资料，那么所要购买的商品额W＝A＋Pm，或者简单地说，就

(2)以下是第VII稿，是1878年7月2日开始写的。

是$W<\genfrac{}{}{0pt}{}{A}{Pm}$①。因此，从内容来看，G—W是表现为$G—W<\genfrac{}{}{0pt}{}{A}{Pm}$；就是说，G—W分成G—A和G—Pm；货币额G分成两部分，其中一部分购买劳动力，另一部分购买生产资料。这两个购买序列属于完全不同的市场，一个属于真正的商品市场，另一个则属于劳动市场。

但是，$G—W<\genfrac{}{}{0pt}{}{A}{Pm}$除了表示G所要转化成的商品额有这种质的分割之外，还表示一种最具有特征的量的关系。

我们知道，劳动力的价值或价格，是以工资的形式，即作为一个包含剩余劳动的劳动量的价格，支付给把劳动力当做商品出卖的劳动力所有者的；例如，假定劳动力的日价值＝3马克，即5小时劳动的产物，那么，这个金额就会在买者和卖者之间的契约上，表现为比方说10小时劳动的价格或工资。如果这种契约是和50个工人订的，那么，他们在一日中一共要对买者提供500个劳动小时，其中二分之一，即250个劳动小时＝25个10小时的工作日，完全是由剩余劳动构成的。要购买的生产资料的数量和规模，必须足以使这个劳动量得到充分的利用。

因此，$G—W<\genfrac{}{}{0pt}{}{A}{Pm}$不仅表示一种质的关系：一定的货币额，比如说422镑，转化为互相适应的生产资料和劳动力；它还表示一种量的关系，即用在劳动力A上面的货币部分和用在生产资料Pm上面的货币部分的量的关系。这种量的关系一开始就是由一定数量的工人所要耗费的超额即剩余劳动的量决定的。

例如，一个纺纱厂50个工人的周工资等于50镑，如果由一

---

①根据恩格斯1888年4月27日给加·德维尔的信，图式正确的写法应为$W<\genfrac{}{}{0pt}{}{A}{Pm}$，目前这样的写法，是由德文第一版以来在排版印刷过程中造成的。——编者注

周3 000小时的劳动(其中1 500小时是剩余劳动)转化为纱的生产资料的价值是372镑,那就必须在生产资料上耗费372镑。

在不同的产业部门,对追加劳动的利用,需要追加多少生产资料形式的价值,是与这里的问题完全无关的。问题只是在于:耗费在生产资料上的货币部分,也就是在G—Pm中购买的生产资料,在任何情况下都必须是充分的,因此,必须一开始就估计到这一点,并按照适当的比例准备好。换句话说,生产资料的数量,必须足以吸收劳动量,足以通过这个劳动量转化为产品。如果没有充分的生产资料,买者所支配的超额劳动就不能得到利用;他对于这种超额劳动的支配权就没有用处。如果现有生产资料多于可供支配的劳动,生产资料就不能被劳动充分利用,不能转化为产品。

$G—W<\begin{matrix}A\\Pm\end{matrix}$ 一经完成,买者就不仅支配着生产一种有用物品所必需的生产资料和劳动力。他支配着一种比补偿劳动力价值所必需的劳动力使用权更大的劳动力使用权,或者说,支配着一个比补偿劳动力价值所必需的劳动量更大的劳动量;同时还支配着使这个劳动量实现或对象化所必需的生产资料。因此,他支配的各种因素所能生产的物品,比这种物品的生产要素有更大的价值,或者说,是一个包含剩余价值的商品量。因此,他以货币形式预付的价值,现在处在一种实物形式中,在这种形式中,它能够作为会生出剩余价值(表现为商品)的价值来实现。换句话说,它处在具有创造价值和剩余价值的能力的**生产资本**的状态或形式中。我们把这种形式的资本称为P。

但是,P的价值＝A＋Pm的价值＝转化为A和Pm的G。G和P是同一个资本价值,只是处在不同的存在方式上,就是说,G是货币状态或货币形式的资本价值——**货币资本**。

因此，$G—W < \begin{matrix} A \\ Pm \end{matrix}$ 或它的一般形式G—W，即商品购买的总和，这个一般商品流通的行为，作为资本的独立循环过程的阶段来看，同时又是资本价值由货币形式到生产形式的转化，或者简单地说，是由**货币资本**到**生产资本**的转化。可见，在这里首先考察的循环公式中，货币表现为资本价值的第一个承担者，因而货币资本表现为资本预付的形式。

作为货币资本，资本处在能够执行货币职能的状态中。在当前考察的场合，就是处在能够执行一般购买手段和一般支付手段的职能的状态中。（说它是支付手段，是因为劳动力固然要先购买，但要在发生作用之后才对它支付报酬。如果在市场上没有现成的生产资料，需要先订购，那么货币在G—Pm中同样是支付手段。）这种能力所以产生，不是由于货币资本是资本，而是由于货币资本是货币。

另一方面，货币状态的资本价值也只能执行货币的职能，不能执行别的职能。这种货币职能所以会成为资本职能，是因为货币职能在资本的运动中有一定的作用，从而也是因为执行货币职能的阶段和资本循环的其他阶段是有联系的。例如，拿我们首先考察的情况来说，货币转化为商品，这些商品的结合形成生产资本的实物形式，因而已经潜在地，在可能性上包含了资本主义生产过程的结果。

在$G—W < \begin{matrix} A \\ Pm \end{matrix}$ 中执行货币资本职能的货币的一部分，会由于这个流通本身的完成转而去执行一种职能，在这种职能上，它的资本性质消失了，但它的货币性质保留下来。货币资本G的流通分为G—Pm和G—A，即购买生产资料和购买劳动力。让我们单独考察一下后一个过程。G—A，从资本家方面看，是购买劳动力，从工人即劳动力的所有者方面看，是出卖劳动力——这里可以说是出卖劳动，因为是以工资形式为前提的。在这里，和任何一种购买一样，对买者来说

是G—W（＝G—A），对卖者（工人）来说是A—G（＝W—G），是出卖他的劳动力。这是商品的第一流通阶段或第一形态变化（第一册第三章第2节a）；从劳动的卖者方面看，就是他的商品转化为它的货币形式。工人把他由此获得的货币，逐渐地耗费在一个满足他的需要的商品额上，即耗费在消费品上。因此，他的商品的总流通表现为A—G—W，也就是说，首先表现为A—G（＝W—G），然后表现为G—W，也就是表现为简单商品流通的一般形式W—G—W。这里，货币只是充当转瞬即逝的流通手段，只是充当商品和商品进行交换的中介物。

G—A是货币资本转化为生产资本的一个具有特征性质的因素，因为它是以货币形式预付的价值得以实际转化为资本，转化为生产剩余价值的价值的本质条件。G—Pm所以必要，只是为了实现在G—A中购买的劳动量。本书第一册第二篇《货币转化为资本》，已经从这个观点对G—A作了说明。这个问题，在这里还要从另一个观点，即专门就货币资本是资本的表现形式这一方面加以考察。

G—A一般被看做是资本主义生产方式的特征。但是，绝不是由于上述的原因，即由于劳动力的购买是这样一种购买契约，按照这个契约，提供的劳动量，一定要大于补偿劳动力价格即工资所必需的量，也就是，一定要提供剩余劳动，——这是预付价值资本化或者说剩余价值生产的根本条件。相反，是由于它的形式，由于劳动是以工资的形式**用货币**购买的，而这一点被认为是货币经济的标志。

在这里，被当做特征的，也不是形式的不合理。相反，这种不合理正好被忽视了。这种不合理在于：作为价值形成要素的劳动本身不能具有价值，从而，一定量劳动也不能具有在它的价格上，在它和一定量货币的等价上表现出来的价值。但是我们知道，工资只是一个伪装的形式。在这个形式上，比方说，劳动力的一日的价格，表现为这个劳动力在一日中付出的劳动的价格，以致这个劳动力在6小时劳动内生产的价值，表现为这个劳动力12小时的工作或劳动的价值。

G—A被认为是所谓货币经济的特征或标志，是因为在这里劳动表现为它的所有者的商品，因而货币表现为买者——就是说，是因为有了这种货币关系（即人类活动的买卖）。但是，货币很早就已经作为所谓服务的买者出现了，而G并没有因此转化为货币资本，经济的一般性质也没有因此发生变革。

货币究竟转化为哪一种商品，对货币来说是完全没有关系的。货币是一切商品的一般等价形式，一切商品都已经用它们的价格表示出，它们在观念上代表一定的货币额，等待着向货币的转化，并且只有通过同货币的换位，它们才取得一种形式，使自己可以转化为自己的所有者的使用价值。因此，一旦劳动力作为它的所有者的商品出现于市场，它的出卖采取劳动报酬的形式或工资的形式，那么，它的买卖和任何其他商品的买卖相比，就没有什么更引人注目的了。成为特征的，并不是劳动力这种商品能够买卖，而是劳动力成为商品。

既然生产的物的因素和人的因素是由商品构成的，资本家就得通过$G—W<\begin{matrix}A\\Pm\end{matrix}$，通过货币资本到生产资本的转化，来完成这两个因素的结合。如果货币是第一次转化为生产资本，或者对它的所有者来说是第一次执行货币资本的职能，他就必须在购买劳动力之前，首先购买厂房、机器等等生产资料；因为劳动力一旦归他支配，他就必须具备生产资料，以便能够把劳动力当做劳动力来使用。

从资本家方面看，情况就是这样。

从工人方面看：他的劳动力，只有在通过出卖而和生产资料相结合的时候，才可能从事生产活动。因此，在出卖之前，劳动力是和生产资料，和它的活动的物的条件相分离的。在这种分离状态中，它既不能直接用来为它的所有者生产使用价值，也不能用来生产商品，使它的所有者能够依靠这种商品的出售而维持生活。但是，劳动力一经出卖而和生产资料相结合，它就同生产资料一样，成了它的买者的生产资本的一个组成部分。

因此，虽然在G—A行为中，货币占有者和劳动力占有者仅仅作为买者和卖者互相发生关系，仅仅作为货币占有者和商品占有者互相对立，因而就这方面来说，他们互相之间只是处在单纯的货币关系中，但是，买者一开始就同时是生产资料的占有者，而生产资料是劳动力的占有者对自己劳动力实行生产耗费的物的条件。换句话说，这种生产资料是作为他人的财产而和劳动力的占有者相对立的。另一方面，劳动的卖者是作为他人的劳动力而和它的买者相对立的。这种劳动力只有归它的买者支配，和买者的资本合并，才能使这种资本真正地作为生产资本来活动。因此，资本家和雇佣工人的阶级关系，当他们在G—A（从工人方面看是A—G）行为中互相对立时，就已经存在了，就已经作为前提肯定了。这是买和卖，是货币关系，但这种买和卖的前提是：买者是资本家，卖者是雇佣工人。而这种关系所以会发生，是因为劳动力实现的条件——生活资料和生产资料——已经作为他人的财产而和劳动力的占有者相分离了。

我们这里不谈这种分离是怎样产生的。在G—A进行的时候，这种分离已经存在了。我们这里关心的是，G—A表现为货币资本的一种职能，或者说，货币在这里表现为资本的存在形式，这决不只是因为货币在这里充当一种有用的人类活动或服务的支付手段，就是说，决不是因为货币有支付手段的职能。货币能以这样的形式支出，只是因为劳动力处在和它的生产资料（包括作为劳动力本身的生产资料的生活资料）分离的状态中，而要消除这种分离状态，就得把劳动力卖给生产资料的所有者，因而也使劳动力的使用权归属于买者。而使用这种劳动力的界限，和劳动力本身价格的再生产所必需的劳动量的界限，又决不是一致的。资本关系所以会在生产过程中出现，只是因为这种关系在流通行为中，在买者和卖者互相对立的不同的基本经济条件中，在他们的阶级关系中本来就已经存在。不是由于货币的性质产生了这种关系；相反，正是由于这种关系的存在，单纯的货币职能才能转化为资本职能。

对货币资本（我们对它的考察，暂时只限于它在我们这里所表现的一定的职能的范围）的理解，通常有两种平行的或彼此交叉的错误。第一，资本价值作为货币资本执行的各种职能，这些正是由于它处于货币形式而能够执行的职能，被错误地认为是从它的资本性质产生的。其实，这些职能只是来源于资本价值的货币状态，来源于它的货币表现形式。第二，正好相反，使货币职能同时成为资本职能的这种货币职能的特殊内容，被认为是从货币的本性产生的（因此，把货币和资本混为一谈了）。其实，货币要执行这种职能，例如这里完成G—A行为，需要一定的社会条件，而这种社会条件在简单商品流通和相应的货币流通中是根本不存在的。

奴隶的买卖，按其形式来说，也是商品的买卖。但是，如果没有奴隶制，货币就不能执行这种职能。有了奴隶制，货币才能用来购买奴隶。相反，买者手中的货币无论怎样充足，也不会使奴隶制成为可能。

出卖自己的劳动力（表现为出卖自己的劳动或表现为工资）要不成为孤立的现象，而成为社会范围的商品生产的决定性前提，从而货币资本要在社会范围内执行我们这里考察的职能$G—W<\begin{matrix}A\\Pm\end{matrix}$，就得先有一定的历史过程，把原来的生产资料和劳动力的结合分开。由于这些过程，不占有生产资料的人民大众，劳动者，和占有生产资料的非劳动者互相对立。至于这种结合在分开以前采取什么形式，是劳动者本身作为生产资料属于其他生产资料之列，还是他们自己就是生产资料的所有者，这和我们这里的问题是完全无关的。

因此，问题的实质，在这里作为$G—W<\begin{matrix}A\\Pm\end{matrix}$行为的基础的，是分配。所谓分配，不是通常意义上的消费资料的分配，而是生产要素本身的分配，其中物的因素集中在一方，劳动力则与物的因素相分离，处在另一方。

因此，在G—A行为能成为一般社会行为以前，生产资料即生产资本的物的部分，就必须已经作为生产资料，作为资本，和工人相对立。

我们以前已经看到[25]，资本主义生产一经确立，就会在它的发展中不仅使这种分离再生产出来，而且使之以越来越大的规模扩大，以致成为普遍占统治地位的社会状态。但是，问题还有另外一个方面。要使资本能够形成并且能够支配生产，需要商业发展到一定的阶段，因此也需要商品流通从而商品生产发展到一定的阶段；因为不是为了出售，即不是作为商品生产的物品，是不能作为商品进入流通的。但是，只有在资本主义生产的基础上，商品生产才表现为生产的标准的、占统治地位的性质。

俄国的地主，由于所谓农民解放[26]，现在用雇佣工人代替从事强制劳动的农奴来经营农业，他们抱怨两件事。第一，抱怨货币资本不足。例如，他们说，在出售农产品以前，必须对雇佣工人支付较大数量的金额，而这时缺少的正是现金这个首要的条件。要按照资本主义的方式进行生产，必须经常备有专供支付工资用的货币形式的资本。不过，地主们尽可以放心。时候一到，玫瑰花自然可以摘到，那时，产业资本家不仅拥有自己的货币，而且拥有别人的货币。

但是，更典型的是第二种怨言，这就是：即使有了货币，还是不能随时买到足够的可供支配的劳动力，因为俄国的农业劳动者由于农村公社实行土地公有，还没有完全和他们的生产资料相分离，从而还不是完全的“自由雇佣工人”。但是，后者的社会规模的存在，却是G—W即货币转化为商品能够表现为货币资本转化为生产资本的必不可少的条件。

因此，不言而喻，只有在已经发展的资本主义生产的基础上，货币资本循环的公式，G—W…P…W′—G′，才是资本循环的当然形式，因为它是以雇佣工人阶级的社会规模的存在作为前提的。我们已经知道，资本主义生产不仅生产商品和剩余价值；它还再生产并且以越来越大的规模再生产雇佣工人阶级，把绝大多数直接生产者变为雇佣工人。因此，既然实现G—W…P…W′—G′这一过程的首要前提是雇佣工人阶级的经常存在，所以，这个公式已经包含生产资本形式的资本，从而也包含生产资本的循环的形式。

II. 第二阶段　生产资本的职能

这里考察的资本循环，是以货币转化为商品的流通行为G—W即购买开始的。因此，这个流通必须以商品转化为货币这一相反的形态变化W—G即出售来补充。但是，$G—W < \begin{matrix} A \\ Pm \end{matrix}$ 的直接结果，是以货币形式预付的资本价值的流通的中断。通过从货币资本到生产资本的转化，资本价值取得了一种实物形式，这种形式的资本价值不能

继续流通，而必须进入消费，即进入生产消费。劳动力的使用，劳动，只能在劳动过程中实现。资本家不能再把工人当做商品出售，因为工人不是资本家的奴隶，并且资本家买到的仅仅是在一定时间内对他的劳动力的使用。另一方面，资本家只能这样来使用劳动力，就是通过劳动力把生产资料作为商品形成要素来使用。因此，第一阶段的结果是进入第二阶段，即资本的生产阶段。

运动表现为$G—W<\begin{matrix}A\\Pm\end{matrix}\cdots P$，这里的虚线表示：资本流通被中断，而资本的循环过程在继续，资本从商品流通领域进入生产领域。因此，第一阶段，从货币资本到生产资本的转化，只是表现为第二阶段即生产资本的职能的先导和先行阶段。

$G—W<\begin{matrix}A\\Pm\end{matrix}$的前提是：完成这个行为的个人不仅在某一使用形式上支配着价值，而且在货币形式上占有这些价值，他是货币所有者。但是，这种行为正好是要付出货币，他只有在付出货币这一行为本身包含着货币的回流时，才能够仍然是货币所有者。而货币只有经过商品的出售，才会流回到他手里。因此，这种行为的前提是：他是商品生产者。

G—A。雇佣工人只能靠出卖劳动力来过活。劳动力的维持，即工人自身的维持，要求每天进行消费。因此，必须每隔一个较短的时期付给他一次报酬，使他能够反复进行为维持自身所需的各种购买，反复进行A—G—W或W—G—W行为。因此，资本家必须不断作为货币资本家，他的资本必须不断作为货币资本，和雇佣工人相对立。另一方面，要使广大的直接生产者，广大的雇佣工人能完成A—G—W行为，必须不断有必要的生活资料以可买形式即商品形式和他们相对立。因此，这种情况要求产品作为商品的流通已经有了高度的发展，从而商品生产也已经有了广泛的规模。一旦依靠雇佣劳动进行的生产普遍化，商品生产就必然成为生产的普遍形式。商品生产普遍化了，它又使社会的分工不断增进，就是说，一个资本家作为商品生产的产品越来越专门化，互相补充的各个生产过程越来越分裂为独立的生产过程。因此，G—A发展到什么程度，G—Pm也发展到什么程度；就是说，生产资料的生产会按相同的规模，和那种用它们作生产资料的商品的生产相分离，于是生产资料会作为商品，和每一个不生产生产资料但为自己的特定的生产过程而购买生产资料的商品生产者自己相对立。生产资料来自那些完全和他的生产部门分离的独立经营的生产部门，作为商品进入他的生产部门，因而是必须购买的。商品生产的物的条件，会以越来越大的规模作为其他商品生产者的产品，作为商品，和他相对立。资本家也必须以相同的规模作为货币资本家出现，或者说，他的资本必须执行货币资本职能的规模将会扩大。

另一方面，那些造成资本主义生产的基本条件，即雇佣工人阶级的存在的情况，也促使一切商品生产过渡到资本主义的商品生产。资本主义的商品生产越发展，它对主要是直接满足自己需要而只把多余产品转化为商品的每一种旧生产形式，就越发生破坏和解体的作用。它使产品的出售成为人们关心的主要事情，它起初并没有显著地侵袭到生产方式本身，例如，资本主义的世界贸易对中国、印度、阿拉伯等国人民最初发生的影响就是如此。但是接着，在它已经扎根的地方，它就会把一切以生产者本人劳动为基础或只把多余产品当做商品出售的商品生产形式尽行破坏。它首先是使商品生产普遍化，然后使一切商品生产逐步转化为资本主义的商品生产。(3)

---

(3) 以上是第VII稿。以下是第VI稿。

不论生产的社会的形式如何，劳动者和生产资料始终是生产的因素。但是，二者在彼此分离的情况下只在可能性上是生产因素。凡要进行生产，它们就必须结合起来。实行这种结合的特殊方式和方法，使社会结构区分为各个不同的经济时期。在当前考察的场合，自由工人和他的生产资料的分离，是既定的出发点，并且我们已经看到，二者在资本家手中是怎样和在什么条件下结合起来的——就是作为他的资本的生产的存在方式结合起来的。因此，形成商品的人的要素和物的要素这样结合起来一同进入的现实过程，即生产过程，本身就成为资本的一种职能，成为资本主义的生产过程。而关于资本主义生产过程的性质，我们已经在本书第一册作了详细的阐述。商品生产的每一种经营都同时成为剥削劳动力的经营；但是，只有资本主义的商品生产，才成为一个划时代的剥削方式，这种剥削方式在它的历史发展中，由于劳动过程的组织和技术的巨大成就，使社会的整个经济结构发生变革，并且不可比拟地超越了以前的一切时期。

由于生产资料和劳动力在生产过程中对价值的形成，从而也对剩余价值的生产起着不同的作用，所以它们作为预付资本价值的存在形式，就区分为不变资本和可变资本。其次，作为生产资本的不同的组成部分，它们还有以下的区别：生产资料在它为资本家所有时，即使在生产过程之外，也仍然是他的资本，劳动力却只有在生产过程之内，才是单个资本的存在形式。如果说，劳动力只有在它的卖者即雇佣工人手中才是商品，那么相反，它只有在它的买者手中，即暂时握有它的使用权的资本家手中，才成为资本。生产资料本身，只有在劳动力作为生产资本的人的存在形式，能够和生产资料相合并时，才成为生产资本的物的形态或生产资本。因此，正如人类劳动力并非天然是资本一样，生产资料也并非天然是资本。只有在一定的历史发展条件下，生产资料才取得这种独特的社会性质，正如只有在一定的历史发展条件下，贵金属才获得货币的独特的社会性质，货币才获得货币资本的独特的社会性质一样。

生产资本在执行职能时，消耗它自己的组成部分，使它们转化为一个具有更高价值的产品量。因为劳动力仅仅作为生产资本的一个器官发生作用，所以，劳动力的剩余劳动所产生的产品价值超过产品形成要素价值的余额，也是资本的果实。劳动力的剩余劳动，是资本的无偿劳动，因而它为资本家形成剩余价值，一个无须他花费任何等价物的价值。因此，产品不只是商品，而且是包含着剩余价值的商品。它的价值＝P＋M，等于生产这种商品所耗费的生产资本的价值P，加上这个生产资本产生的剩余价值M。假定这宗商品是10 000磅纱，生产这些纱所消耗的生产资料的价值是372镑，所消耗的劳动力的价值是50镑。纺纱工人在纺纱过程中把通过他们的劳动而耗费的生产资料的价值372镑转移到纱上，同时又提供了一个相当于他们消耗的劳动的新价值，比如说，128镑。因此，10 000磅纱是一个500镑价值的承担者。

III. 第三阶段 W′—G′

商品，作为直接由生产过程本身产生的已经增殖的资本价值的职能存在形式，就成了**商品资本**。如果商品生产在它的整个社会范围内按资本主义的方式经营，那么，一切商品从一开始就是商品资本的要素，不论它们是生铁，还是布鲁塞尔的花边，是硫酸，还是雪茄烟。至于商品队伍中，由于属性不同，哪一类应升为资本，哪一类应列为普通商品，这个问题不过是烦琐经济学自己制造出来的一个可笑的难题罢了。

资本在商品形式上必须执行商品的职能。构成资本的物品，本来就是为市场而生产的，必须卖掉，转化为货币，也就是必须经历W—G运动。

假定资本家的商品是10 000磅纱。既然在纺纱过程中耗费的生产资料的价值是372镑，创造的新价值是128镑，那么，这些纱就有500镑的价值。这个价值表现在这些纱的同名的价格上。这个价格要通过出售W—G来实现。是什么使一切商品流通的这个简单行为同时成为一种资本职能呢？在这个行为内没有发生任何变化：商品的使用性质没有发生变化，因为商品是作为使用物品转到买者手中的；商品的价值也没有发生变化，因为这个价值没有发生任何量的变化，仅仅发生了形式变换。这个价值先存在于纱上，现在存在于货币上。因此，在第一阶段G—W和最后阶段W—G之间，出现了一种本质的区别。在前一个阶段上，预付的货币执行货币资本的职能，是因为它借助于流通而转化为各种具有特殊使用价值的商品。在后一个阶段上，商品能够执行资本的职能，只是由于在它的流通开始以前，它已经现成地从生产过程中取得了资本性质。在纺纱过程中，纺纱工人创造了128镑的纱价值。比如说，其中50镑，只是为资本家在劳动力上的耗费形成一个等价物，78镑（劳动力的剥削程度是156%）则形成剩余价值。因此，10 000磅纱的价值，第一，包含已经消耗的生产资本P的价值，其中不变部分＝372镑，可变部分＝50镑，二者之和＝422镑，＝8 440磅纱。但生产资本P的价值等于W，等于它的形成要素的价值，即在G—W阶段上处于卖者手中与资本家对立的商品的价值。——第二，这些纱的价值，还包含78

镑的剩余价值＝1 560磅纱。因此，作为10 000磅纱的价值表现的W＝W＋ΔW，W加上W的增殖额（＝78镑），我们把这个增殖额叫做w，因为现在它和原有价值W处在同一个商品形式上。10 000磅纱的价值＝500镑，也就是＝W＋w＝W′。使作为10 000磅纱的价值表现的W变成W′的，不是它的绝对价值量（500镑），因为它的绝对价值量，和作为任何另一个商品量的价值表现的任何另一个W一样，都是由其中对象化的劳动量决定的。使这个W变成W′的，是它的相对价值量，是和生产它所消耗的资本P的价值相比较的它的价值量。这个价值量包含生产它时所消耗的资本价值加上生产资本提供的剩余价值。它的价值大于这个资本价值，多了这个剩余价值w。10 000磅纱是已经增殖，已经添进一个剩余价值的资本价值的承担者，它之所以如此，是因为它是资本主义生产过程的产物。W′表示一种价值关系，表示商品产品的价值和生产它所消耗的资本的价值的关系，就是说，表示它的价值是由资本价值和剩余价值构成的。10 000磅纱是商品资本，是W′，只是因为它是生产资本P的转化形式，因而处在这样一种联系中，这种联系本来只是存在于这个单个资本的循环中，或者说，只是对那个已经用自己的资本生产了纱的资本家来说才存在着。可以说，使10 000磅纱这个价值承担者成为商品资本的，不是任何外部的关系，而仅仅是一种内部的关系。它带着的资本主义的胎痣，不是存在于它的价值的绝对量中，而是存在于它的价值的相对量中，即存在于和它所包含的生产资本在转化为商品以前原有的价值量相比较的它的价值量中。因此，如果这10 000磅纱按照它的价值500镑出售，那么，这个流通行为，就它本身考察，等于W—G，只是一个同样的价值由商品形式转化为货币形式。但是，同一个行为，作为这个单个资本循环的特殊阶段，就是商品所承担的资本价值422镑＋它所承担的剩余价值78镑的实现，也就是W′—G′，是商品资本由它的商品形式转化为货币形式。(4)

现在，W′的职能是一切商品产品的职能：转化为货币，卖掉，经历流通阶段W—G。只要现在已经增殖的资本保留商品资本的形式，停滞在市场上，生产过程就会停止。这个资本既不会作为产品形成要素起作用，也不会作为价值形成要素起作用。由于资本抛弃它的商品形式和采取它的货币形式的速度不同，或者说，由于卖的速度不同，同一个资本价值就会以极不相同的程度作为产品形成要素和价值形成要素起作用，再生产的规模也会以极不相同的程度扩大或者缩小。第一册已经指出，一个一定量资本的作用程度，是由生产过程的各种潜能规定的，而这些潜能在一定程度上是和资本本身的价值量无关的。[27]这里指出，流通过程推动了和资本的价值量无关的新的潜能，即资本的作用程度的新的潜能，资本的扩张和收缩的新的潜能。

商品量W′，作为已经增殖的资本的承担者，还必须全部经历形态变化W′—G′。在这里，出售商品的数量，成为决定性的事情。单个商品只是表现为总量的不可缺少的部分。500镑的价值存在于10 000磅纱中。如果资本家只能卖掉价值372镑的7 440磅纱，他就只补偿了他的不变资本的价值，即已消耗的生产资料的价值；如果卖掉8 440磅纱，他就只补偿了全部预付资本的价值量。要实现剩余价值，他就必须多卖一些；要实现全部剩余价值78镑（＝1 560磅纱），他就必须把10 000磅纱全部卖掉。因此，他在500

(4) 以上是第VI稿。以下是第V稿。

镑货币中获得的，只是和他所卖商品相等的价值；他在流通中所做的交易，是简单的W—G。如果他付给工人的工资不是50镑，而是64镑，那么，他的剩余价值就不是78镑，而只是64镑，剥削程度就不是156%，而只是100%；但是，他的纱的价值仍旧不变，只是纱的不同部分之间的比例改变了。流通行为W—G，仍然是10 000磅纱按照它的价值500镑出售。

W′＝W＋w（＝422镑＋78镑）。——W等于P的价值或生产资本的价值，这又等于在购买生产要素的G—W中预付的G的价值；用我们的例子来说＝422镑。如果商品总量按照它的价值出售，那么，W＝422镑，w＝78镑，即剩余产品1 560磅纱的价值。如果我们把用货币表现的w叫做g，那么，W′—G′＝（W＋w）－（G＋g），因此，G—W…P…W′—G′这一循环，用详细的形式表示，就是$G—W<\begin{matrix}A\\Pm\end{matrix}$…P…（W＋w）－（G＋g）。

在第一阶段，资本家从真正的商品市场和劳动市场取得了使用物品；在第三阶段，他把商品投回，但只是投回到**一个**市场，即真正的商品市场。而如果他通过他的商品从市场又取得了比他原来投入的价值更多的价值，那么，这只是因为他投入的商品价值大于他原来取得的商品价值。过去他投入价值G，取得相等的价值W；现在他投入W＋w，取得相等的价值G＋g。——用我们的例子来说，G等于8 440磅纱的价值；但他在市场上投入了10 000磅纱，因此，他投入市场的价值大于他从市场取得的价值。另一方面，他能够把这个已经增大的价值投入市场，只是因为他在生产过程中，通过剥削劳动力，生产了剩余价值（作为产品的一个部分，表现在剩余产品中）。这个商品量，只有作为这个过程的产物，才是商品资本，才是已经增殖的资本价值的承担者。由于W′—G′的完成，预付资本价值和剩余价值都得到了实现。二者的实现，是在商品总量的分批出售或整批出售中同时进行的，表现为W′—G′。但是，这同一个流通行为W′—G′，对资本价值和剩余价值来说是不同的：它对二者来说代表着它们各自流通的不同阶段，代表着它们在流通领域所要经过的形态变化序列中的不同阶段。剩余价值w只是在生产过程中产生的。因此，它是第一次在商品市场上出现，并且以商品形式出现；商品形式是它的第一流通形式，因此，w—g行为，也是它的第一流通行为或它的第一形态变化，因而还要由相反的流通行为或相反的形态变化g—w来补充。(5)

资本价值W在同一个流通行为W′—G′中完成的流通，却不是这样。这个流通行为，对资本价值来说，是流通行为W—G。这里，W＝P，等于原来预付的G。资本价值作为G，作为货币资本，开始它的第一流通行为，通过W—G行为回到相同的形式；因此，它已经经过两个互相对立的流通阶段：(1)G—W和(2)W—G，而又处在可以重新开始同一个循环过程的形式中。对剩余价值来说，是商品形式第一次转化为货币形式，对资本价值来说，则是回到或者再转化为它原来的货币形式。

货币资本通过$G—W<\begin{smallmatrix}A\\Pm\end{smallmatrix}$，变为一个价值相等的商品额A和Pm。这些商品不再执行商品即可售物品的职能。现在，它们的价值存在于买者即资本家手中，当做他的生产资本P的价值。而在P的职能中，即生产消费中，它们转化为一种在物质上和生产资料不同的

(5)不管我们用什么方式划分资本价值和剩余价值，这里所说的都是适用的。10 000磅纱含有1 560磅纱(＝78镑)的剩余价值，1磅纱(＝1先令)则含有2.496盎司(＝1.872便士)的剩余价值。

商品，转化为纱，在这种商品中，它们的价值不仅保存了，而且增大了，由422镑增加到500镑。由于这种现实的形态变化，那些在第一阶段G—W上从市场取得的商品，就由这种物质上和价值上都不相同的商品代替了。这种商品现在必须执行商品的职能，必须转化为货币，必须卖掉。因此，生产过程只是表现为资本价值的流通过程的中断，在这以前，资本价值只经过了流通过程的第一阶段G—W。在W在物质上和价值上发生变化之后，资本价值才经过第二阶段即终结阶段W—G。但是，就资本价值本身来考察，它在生产过程中只是发生了使用形式的变化。它以前是作为422镑的价值存在于A和Pm中，现在是作为422镑的价值存在于8 440磅纱中。因此，如果我们把资本价值中的剩余价值撇开，只考察资本价值的流通过程的两个阶段，那么资本价值所经过的，就是(1)G—W和(2)W—G，在这里，第二个W虽然和第一个W有不同的使用形式，但有相同的价值，所以是G—W—G。这个流通形式，由于商品的方向相反的两次换位，即由货币转化为商品和由商品转化为货币，就必然使以货币形式预付的价值回到它的货币形式：再转化为货币。

同一个流通行为W′—G′，对以货币形式预付的资本价值来说，是第二形态变化即终结形态变化，是回到货币形式；而对同时包含在商品资本中并通过商品资本转换成货币形式而一同实现的剩余价值来说，却是第一形态变化，由商品形式转化为货币形式，是W—G，是第一流通阶段。

因此，这里要指出两点。第一，资本价值最后再转化为它原来的货币形式，是商品资本的职能。第二，这种职能包含着剩余价值的第一形式转化，即剩余价值由原来的商品形式转化为货币。因此，在这里，货币形式起了双重作用。一方面，它是原来以货币预付的价值的复归形式，就是说，回到过程开始时的价值形式。另一方面，它又是原来以商品形式进入流通的价值的第一转化形式。如果构成商品资本的商品，像这里假定的那样，是按照它们的价值出售的，那么，W＋w就会转化为价值相等的G＋g。已经实现的商品资本，现在以G＋g（422镑＋78镑＝500镑）的形式存在于资本家手中。资本价值和剩余价值现在都是作为货币存在的，因而都处在一般等价物的形式中。

因此，资本价值在过程终结时，又处在它进入过程时的相同的形式中，因而能够重新作为货币资本开始并完成这个过程。正因为这个过程的开始形式和终结形式都是货币资本的形式（G），所以，我们就把这个循环过程的形式叫做货币资本的循环。在终结时发生变化的，不是预付价值的形式，而只是它的量。

G＋g不外是一定量的货币额，用我们的例子来说，是500镑。但是，作为资本循环的结果，作为已经实现的商品资本，这个货币额包含资本价值和剩余价值，而且它们已经不再像在纱里面那样交织在一起，它们现在是并列着的。它们的实现，使它们二者各自取得独立的货币形式。这个货币额的$\frac{211}{250}$是422镑的资本价值，$\frac{39}{250}$是78镑的剩余价值。商品资本的实现所引起的这种分离，不仅有形式上的意义（这一点，我们马上就要谈到）。它还会在资本的再生产过程中起重要作用，这要看g是全部追加到，部分追加到，还是根本不追加到G中去，就是说，要看它是否作为预付资本价值的组成部分继续执行职能。g和G所经过的流通也可以是完全不同的。

在G′中，资本又回到它原来的形式G，即货币形式；但这是它已经作为资本实现的形式。

首先，这里有一个数量上的差别。原来是G，是422镑；现在是

G′，是500镑，这个差别表现在循环的数量不同的两极G…G′中，循环运动本身只是用虚线…表示。G′＞G，G′－G＝M，即剩余价值。——但是，作为G…G′循环的结果，现在只有G′存在；它是这样一种产物，在这种产物中，它的形成过程已经消失。G′现在是独立存在的，和产生它的运动无关。运动已经完结，代替它的是G′。

但是，G′作为G＋g，500镑作为预付资本422镑加上它的增殖额78镑，同时还表示一种质的关系，虽然这种质的关系本身只是作为一个同名总额的各部分之间的关系，即作为量的关系而存在的。预付资本G现在又处于它原来的形式（422镑），但现在是作为已经实现的资本而存在的。它不仅保存下来了，而且作为资本实现了，因为它是作为资本和g（78镑）相区别的，对它来说，g是**它的**增长额，**它的**果实，是它自己所生出的增殖额。它作为资本实现，是因为它是作为一个已经生出价值的价值而实现的。G′是作为资本关系存在的；G已经不再是单纯的货币，而是明显地成了货币资本，它表现为一个已经自行增殖的价值，因而也具有自行增殖即比原有价值生出更多价值的属性。G所以成为资本，是由它对G′的另一个部分的关系决定的，后者是由它生出的，是它作为原因引起的，是它作为根据产生的结果。因此，G′是一个内部分化了的、自身在职能上（概念上）区别开来的、表现着资本关系的价值额。

但是，这里表现出的只是结果，而没有表现出造成这个结果的过程的中介。

价值的各部分本身是没有质的区别的，除非它们表现为不同物品即具体物的价值，就是说，表现在不同的使用形式上，因而表现为不同商品体的价值——这种区别并不是由于它们自身作为单纯的价值的各部分而产生的。在货币上，商品的一切差别都消失了，因为货币正是一切商品的共同的等价形式。一个500镑的货币额，是由完全同名的要素一镑构成的。因为在这个货币额的简单存在上，这个货币额借以产生的中介已经消失，因为不同的资本组成部分在生产过程中所具有的特殊差别的任何痕迹都已经消失，所以差别仅仅存在于本金（英文叫principal，=422镑预付资本）和超额价值额（78镑）的概念的形式上。例如，假定G′=110镑，其中100镑=本金G，10镑=剩余价值M。这个总额110镑的两个组成部分是完全同种的，因而在概念上是没有区别的。任何一个10镑，不论是预付本金100镑的$\frac{1}{10}$，或者是超过这个本金的余额10镑，始终是总额110镑的$\frac{1}{11}$。因此，本金和增长额，资本和剩余额，都可以表现为总额的分数；用我们的例子来说，$\frac{10}{11}$是本金或资本，$\frac{1}{11}$是剩余额。因此，已经实现的资本在这里，在过程终结时具有的货币表现，是资本关系的没有概念的表现。

当然，这也适用于W′（=W+w）。但是，有这样一种区别：W′——其中的W和w只是同一个同种商品总量的价值的相应部分——表示出它的起源P，它是P的直接产物，而G′却是直接由流通产生的形式，它和P的直接关系已经消失。

只要G′继续能动地作为货币资本执行职能，而不是相反地作为已经增殖的产业资本的货币表现固定下来，那么，G′在代表G…G′运动的结果时所包含的本金和增长额之间的这种没有概念的区别就会立即消失。货币资本的循环决不能从G′开始（虽然G′现在是作为G执行职能），而只能从G开始；就是说，决不能作为资本关系的表现，而只能作为资本价值的预付形式。只要这500镑重新作为资本预付出去，以便重新增殖价值，它们就不是复归点，而是出发点。现在预付的不是422镑的资本，而是500镑的资本。货币比以前多了，资本价值比以前大了，但两个组成部分之间的关系已经消失，就像原来就可以用500镑的总额，而不是用422镑的总额作为资本执行职能一样。

表现为G′，不是货币资本的能动的职能；相反，货币资本本身表现为G′，是W′的职能。就是在简单商品流通(1)W_1—G和(2)G—W_2中，G也只是在第二个行为G—W_2中才能动地执行职能；它表现为G，只是第一个行为的结果，只是借助这个行为，它才作为W_1的转化形式出现。G′所包含的资本关系，即其中作为资本价值的部分和其中作为它的价值增殖额的另一部分的关系，就下面一点来说当然具有职能的意义：在G…G′循环不断反复时，G′分成两个流通，资本流通和剩余价值流通，因而两个部分不仅在量上执行不同的职能，而且在质上执行不同的职能，G执行的职能不同于g。但是，就本身考察，G…G′形式并不包含资本家的消费，而显然只包含价值自行增殖和积累，因为积累首先表现为不断重新预付的货币资本的周期增长。

G′＝G＋g，虽然是资本的没有概念的形式，但只有它同时才是已经实现的形式的货币资本，是已经生出货币的货币。但是，这里要和第一阶段G—W$<\begin{matrix}A\\Pm\end{matrix}$中的货币资本的职能相区别。在第一阶段中，G是作为货币流通的。它作为货币资本执行职能，只是因为它只有在货币状态中才能够执行货币的职能，才能够转化为作为商品和它相对立的P的要素，即A和Pm。在这个流通行为中，它只是作为货币执行职能；但是因为这个行为是处于过程中的资本价值的第一阶段，所以，由于所买商品A和Pm的特殊的使用形式，这个行为同时又是货币资本的职能。相反，由资本价值G和它所产生的剩余价值g构成的G′，却是表现已经增殖的资本价值，资本总循环过程的

目的和结果，资本总循环过程的职能。G′以货币形式，作为已经实现的货币资本表现这个结果，并不是由于它是资本的货币形式，是**货币**资本，相反地，是由于它是货币**资本**，是货币形式的资本，是由于资本是以这种形式使过程开始的，是以货币形式实行预付的。我们已经知道，再转化为货币形式，是商品资本W′的职能，而不是货币资本的职能。至于G′和G的差额，那么，它(g)只是w即W的增殖额的货币形式。G′=G+g，仅仅因为W′已经=W+w。因此，这个差额以及资本价值和它生出的剩余价值的关系，在二者转化为G′以前，即转化为一个货币额——在其中，两个价值部分独立地彼此对立，并因而可以用于执行独立的互相区别的职能——以前，已经存在并表现在W′中了。

G′只是W′实现的结果。W′和G′二者只是已经增殖的资本价值的不同形式，商品形式和货币形式，二者有一个共同点：它们都是已经增殖的资本价值。二者都是已经实现的资本，因为在这里，资本价值本身是和那种与它不同的、由于它而取得的果实即剩余价值一起存在的，虽然这种关系只是表现在一个货币额或一个商品价值的两个部分之间的关系的没有概念的形式上。但是，作为一个和自己所产生的剩余价值互相关联而又互相区别的资本的表现，也就是说，作为一个已经增殖的价值的表现，G′和W′是同一个东西，表现着同一个东西，只是形式不同而已；它们不是作为货币资本和商品资本互相区别，而是作为货币和商品互相区别。既然它们都代表已经增殖的价值，都代表发挥了资本作用的资本，所以，它们都只是表现生产资本的职能即资本价值借以生出价值的唯一职能的结果。它们的共同点是，它们二者，货币资本和商品资本，都是资本的存在方式。一个是货币形式的资本，另一个是商品形式的资本。因此，使它们互相

《资本论》第二卷手稿的一页

区别的特有职能，只能是货币职能和商品职能之间的区别。商品资本，作为资本主义生产过程的直接产物，使人想起它的这种起源，因而，它在这种形式上比货币资本较为合理，不像货币资本那样没有概念，在货币资本中，资本主义生产过程的任何痕迹都已消失，正像在货币上商品的一切特殊的使用形式都消失一样。因此，只有在G′本身执行商品资本职能的地方，在它本身就是生产过程的直接产物而不是这个产物的转化形式的地方，就是说，在货币材料本身的生产上，它的奇怪的形式才会消失。例如，金的生产的公式就是：G—W＜$\begin{matrix}A\\Pm\end{matrix}$…P…G′(G＋g)，在这里，G′是商品产品，因为和在第一个G即货币资本中为金的生产要素预付的金相比，P会提供更多的金。因此，在这里，一个货币额的一部分成了同一货币额的另一部分的母体这样一种G…G′(G＋g)表现的不合理性就消失了。

IV. 总　循　环

我们已经看到，流通过程在完成第一阶段G—W＜$\begin{matrix}A\\Pm\end{matrix}$后，为P所中断，这时，在市场上购买的商品A和Pm，作为生产资本的物质组成部分和价值组成部分被消费；这种消费的产物是一个物质上和价值上发生了变化的新商品W′。中断的流通过程G—W，必须以W—G来补充。但是，作为流通的第二阶段即终结阶段的承担者出现的，是一个物质上和价值上与第一个W不同的商品W′。因此，流通序列表现为(1)G—W_1；(2)W'_2—G′。在第二阶段上，第一个商品W_1在由P的职能引起的中断中，也就是在用W的要素即生产资本

P的存在形式进行的W′的生产中，为另一个价值较大和使用形式不同的W'_2所代替。相反，资本出现在我们面前的第一个表现形式（第一册第四章第1节），G—W—G′（分解为（1）G—W_1；（2）W_1—G′），两次都表示同一个商品。在第一阶段货币转化为商品，在第二阶段商品再转化为更多的货币，两个阶段的商品是同一个商品。虽然有这种本质的差别，这两个流通却有共同点：它们都是在第一阶段由货币转化为商品，在第二阶段由商品转化为货币，也就是说，第一阶段支出的货币会在第二阶段再流回来。二者的共同点一方面是货币流回到它的起点，另一方面是流回的货币多于预付的货币。就这一点来说，G—W…W′—G′也已经包含在总公式G—W—G′中了。

这里又可以看到：在G—W和W′—G′这两个属于流通的形态变化中，每一次都是同样大的、同时存在的价值互相对立，互相代替。价值变化完全属于形态变化P即生产过程，因此，生产过程和流通的单纯形式上的形态变化不同，表现为资本的现实的形态变化。

现在让我们来考察总运动G—W…P…W′—G′，或它的详细形式G—W$<\begin{matrix}A\\Pm\end{matrix}$…P…W′（W＋w）－G′（G＋g）。在这里，资本表现为这样一个价值，它经过一系列互相联系的、互为条件的转化，经过一系列的形态变化，而这些形态变化也就形成总过程的一系列阶段。在这些阶段中，两个属于流通领域，一个属于生产领域。在每个这样的阶段中，资本价值都处在和不同的特殊职能相适应的不同形态上。在这个运动中，预付的价值不仅保存了，而且增长了，它的量增加了。最后，在终结阶段，它回到总过程开始时它原有的形式。因此，这个总过程是循环过程。

资本价值在它的流通阶段所采取的两种形式，是**货币资本**的形

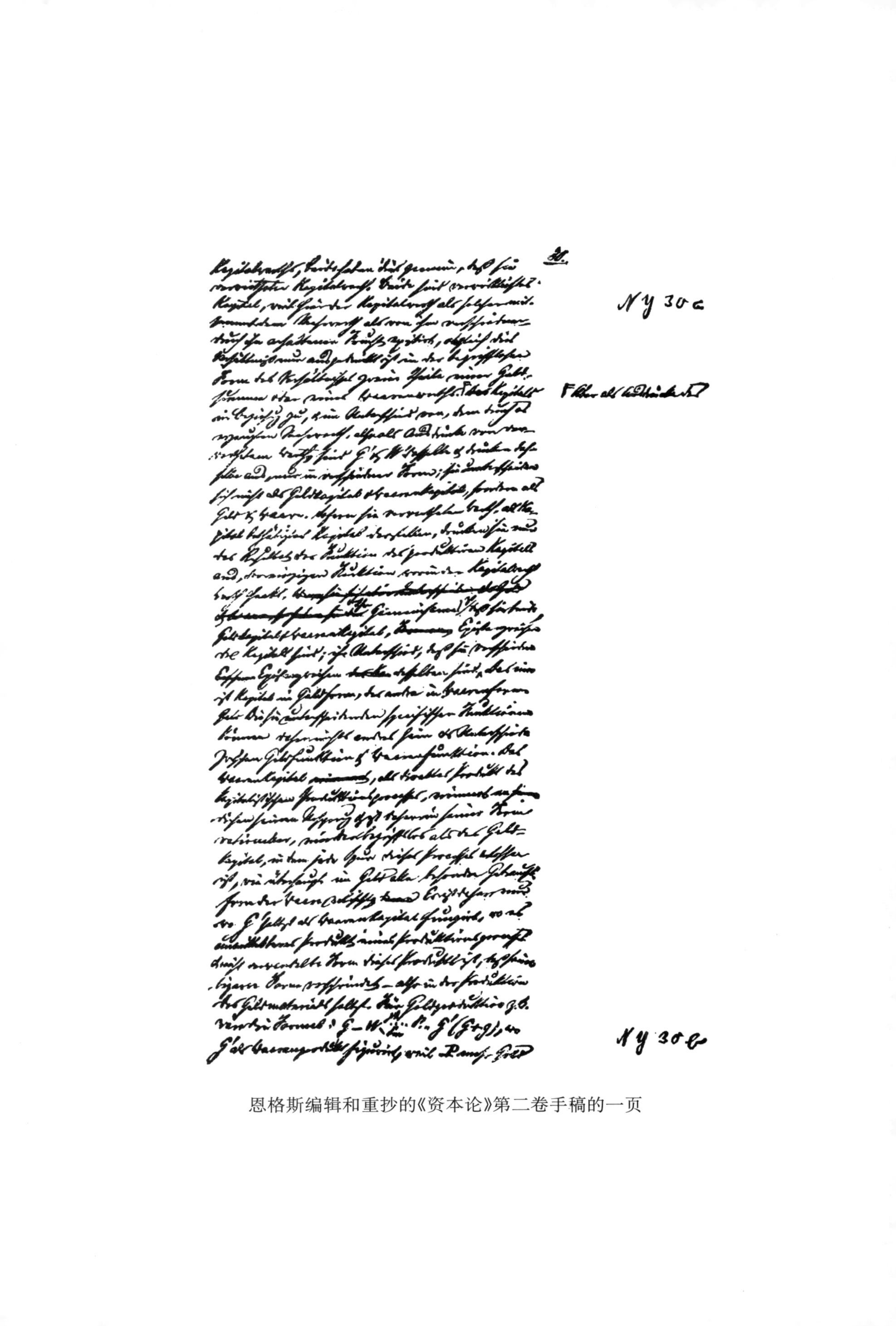

恩格斯编辑和重抄的《资本论》第二卷手稿的一页

式和**商品资本**的形式;它属于生产阶段的形式,是**生产资本**的形式。在总循环过程中采取而又抛弃这些形式并在每一个形式中执行相应职能的资本,就是**产业资本**。这里所说的产业,包括任何按资本主义方式经营的生产部门。

因此,在这里,货币资本,商品资本,生产资本,并不是指这样一些独立的资本种类,这些独立的资本种类的职能形成同样独立的、彼此分离的营业部门的内容。在这里,它们只是指产业资本的特殊的职能形式,产业资本是依次采取所有这三种形式的。

资本的循环,只有不停顿地从一个阶段转入另一个阶段,才能正常进行。如果资本在第一阶段G—W停顿下来,货币资本就会凝结为贮藏货币;如果资本在生产阶段停顿下来,一方面生产资料就会搁置不起作用,另一方面劳动力就会处于失业状态;如果资本在最后阶段W′—G′停顿下来,卖不出去而堆积起来的商品就会把流通的流阻塞。

另一方面,理所当然的是,循环本身又要求资本在各个循环阶段中在一定的时间内固定下来。在每一个阶段中,产业资本都被束缚在一定的形式上:货币资本,生产资本,商品资本。产业资本只有在完成一种和它当时的形式相适应的职能之后,才取得可以进入一个新的转化阶段的形式。为了清楚地说明这一点,在我们的例子中曾假定,生产阶段所生产的商品量的资本价值,和原来以货币形式预付的价值的总额相等,换句话说,以货币形式预付的全部资本价值,一起由一个阶段进入下一个阶段。但是,我们知道(第一册第六章),不变资本的一部分,真正的劳动资料(例如机器),是在同一个生产过程的次数多少不等的反复中不断地重新发挥作用的,因而,它的价值也只是一部分一部分地转移到产品中去的。至于这种情况会使资本的循环过程发生多大的变化，我们以后再说。这里只需要指出下面一点：用我们的例子来说，生产资本的价值（＝422镑）只包含厂房、机器等等的平均损耗，因而只包含它们在10 600磅棉花转化为10 000磅纱时转移到后者中去的那部分价值，即转移到一周60小时纺纱过程的产品中去的那部分价值。因此，在372镑预付不变资本转化成的生产资料中，厂房、机器等等劳动资料，就好像只是按每周支付租金的办法在市场上租进的。但是，这绝对不会改变事物的本质。我们只要把一周生产的10 000磅纱，同若干年内包含的周数相乘，就可以把所购买的并在这个期间消耗掉的劳动资料的全部价值转移到纱上。因此很明显，预付货币资本在能够作为生产资本P执行职能以前，必须先转化为这种资料，因而必须经过第一阶段G—W。用我们的例子来说，同样很明显，在10 000磅纱纺成以前，在生产过程中并入纱中的422镑资本价值额，不能作为10 000磅纱的价值组成部分进入流通阶段W′—G′。纱在纺成以前是不能出售的。

在总公式中，P的产品被看做是一个和生产资本的各种要素不同的物质的东西，是一个离开生产过程而独立存在的，并且具有和生产要素的使用形式不同的使用形式的物品。只要生产过程的结果是物品，即使产品的一部分又作为要素进入重新开始的生产，情况也总是这样。例如，谷物作为种子用来生产谷物；但是，产品只是谷物，因而具有和那些一起使用的要素——劳动力、工具、肥料——不同的形态。但是，有一些独立的产业部门，那里的生产过程的产品不是新的物质的产品，不是商品。在这些产业部门中，经济上重要的，只有交通工业，它或者是真正的客货运输业，或者只是消息、书信、电报等等的传递。

亚·楚普罗夫[6]关于这一点曾经说过：

“工厂主可以首先生产物品，然后寻找消费者。”

〔他的产品在作为成品离开生产过程之后，作为和生产过程分离的商品转入流通。〕

“因此，生产和消费表现为两个在空间上和时间上相分离的行为。但是，在不创造新产品而只载运旅客和货物的运输业中，这两种行为是合在一起的；服务〔场所的变动〕必须在它被生产的同一瞬间被消费。因此，铁路能够寻找顾客的范围，至多只是沿线两侧50俄里〈53公里〉的地方。”

不论是客运还是货运，结果都是客货所处的场所的变动，例如，现在纱不是在产地英国，而是在印度。

但是，运输业所出售的东西，就是场所的变动本身。它产生的效用，是和运输过程即运输业的生产过程不可分离地结合在一起的。旅客和货物是和运输工具一起运行的，而运输工具的运行，它的场所变动，也就是它所进行的生产过程。这种效用只能在生产过程中被消费；它不是一种和生产过程不同的，只有在生产出来之后才作为交易品执行职能，作为商品来流通的使用物。但是，这种效用的交换价值，和任何其他商品的交换价值一样，都是由其中消耗的生产要素（劳动力和生产资料）的价值加上运输工人的剩余劳动所创造的剩余价值决定的。至于这种效用的消费，它也是和其他商品完全一样的。如果它是个人消费的，那么，它的价值就和消费一起消失；如果它是生产消费的，从而它本身就是处于运输中的商品的一个生产阶段，那么，它的价值就作为追加价值转移到商品本身中去。因此，运输业的

(6) 亚·楚普罗夫《铁路业务》1875年莫斯科版第69—70页。

公式应该是$G—W<\begin{matrix}A\\Pm\end{matrix}\cdots P—G'$，因为被支付的和被消费的，是生产过程本身，而不是能和它分离的产品。因此，这个公式和贵金属生产的公式，在形式上几乎完全相同，只是在这里，G′是在生产过程中产生的效用的转化形式，而不是在生产过程中产生的并离开生产过程的金或银的实物形式。

产业资本是唯一的这样一种资本存在方式，在这种存在方式中，资本的职能不仅是占有剩余价值或剩余产品，而且同时是创造剩余价值或剩余产品。因此，产业资本决定了生产的资本主义性质；产业资本的存在，包含着资本家和雇佣工人之间的阶级对立的存在。随着产业资本支配社会的生产，技术和劳动过程的社会组织就会发生变革，从而社会的经济历史类型也会发生变革。那几种在产业资本以前，在已成过去的或正在衰落的社会生产状态中就已出现的资本，不仅要从属于产业资本，并且要改变其职能机制来和产业资本相适应，而且只能在产业资本的基础上运动，从而要和它们的这个基础同生死共存亡。货币资本和商品资本，在它们以其作为特殊营业部门的承担者的职能和产业资本并列出现时，也只是产业资本在流通领域时而采取时而抛弃的不同职能形式由于社会分工而独立化的和片面发展的存在形式。

一方面，G…G′循环和一般商品流通交织在一起，从那里出来，又进入那里，成为其中的一部分。另一方面，对单个资本家来说，这种循环又成为资本价值特有的独立的运动，这个运动一部分发生在一般商品流通之内，一部分发生在一般商品流通之外，但始终保持着它的独立性。因为，第一，它在流通领域内进行的两个阶段G—W和W′—G′，作为资本运动的阶段，具有职能上确定的性质；在G—W中，W在物质上被规定为劳动力和生产资料；在W′—G′中，资本价值＋剩余价值被实现了。第二，生产过程P包含着生产消费。第三，货币回到它的起点，使G…G′运动成了一个以自身作为终结的循环运动。

因此，一方面，任何单个资本在它的流通的两个阶段G—W和W′—G′中，都是一般商品流通的一个能动的因素，它不是作为货币就是作为商品在一般商品流通中执行职能，或者和一般商品流通连在一起，这样，它本身就是商品世界的一般形态变化序列中的一个环节。另一方面，它又在一般流通之内完成自己特有的独立的循环，在这个循环中，生产领域形成一个过渡阶段，资本以自己离开起点时的同一形式，回到它的起点。同时，资本还会在自己特有的循环中，即在包含着它在生产过程内的现实形态变化的循环中，变更它的价值量。它不仅是作为货币价值返回的，而且是作为已经增大、已经增长的货币价值返回的。

最后，如果我们把G—W…P…W′—G′作为和我们后面将要分析的其他形式并列的一种资本循环过程的特殊形式加以考察，它就有如下几个特征。

1. 这种循环表现为**货币资本的循环**，因为产业资本是以它的货币形式即作为货币资本形成自己总过程的出发点和复归点的。公式本身表明，货币在这里不是作为货币花掉，而只是预付，因而只是资本的货币形式，只是货币资本。它还表明，运动的决定目的本身，是交换价值，而不是使用价值。正因为价值的货币形态是价值的独立的可以捉摸的表现形式，所以，以实在货币为起点和终点的流通形式G…G′，最明白地表示出资本主义生产的动机就是赚钱。生产过程只是为了赚钱而不可缺少的中间环节，只是为了赚钱而必须干的倒霉事。〔因此，一切资本主义生产方式的国家，都周期地患一种狂想

病，企图不用生产过程作中介而赚到钱。〕

2. 在这个循环中，生产阶段，P的职能，形成了G—W…W′—G′流通的两个阶段之间的中断，而这个中断又只是简单流通G—W—G′的中介。生产过程在循环过程形式本身中所表现的，在形式上而且明显地就是它在资本主义生产方式中的情况：它只是预付价值增殖的手段，也就是说，发财致富本身才是生产的自身目的。

3. 因为这一系列阶段是以G—W开始的，所以流通的第二环节是W′—G′；因此，起点是G，即要增殖价值的货币资本，终点是G′，即价值已经增殖的货币资本G＋g。在这里，G连同它的分蘖g在一起表现为已经实现的资本。这就使G的循环，和其他两个循环，即P和W′的循环区别开来，而且是从两方面来区别的。一方面，是通过两极的货币形式；而货币是价值的独立的可以捉摸的存在形式，是商品使用价值所有痕迹都已消失的独立的价值形式上的产品价值。另一方面，P…P形式却不必变为P…P′（P＋p）；在W′…W′形式上，也完全看不出两极之间的价值差额。——因此，G…G′公式的特征是：一方面，资本价值是它的出发点，已经增殖的资本价值是它的复归点，因而资本价值的预付表现为整个行动的手段，已经增殖的资本价值则表现为整个行动的目的；另一方面，这种关系是表现在货币形式即独立的价值形式上，因此，货币资本也就表现为能够生出货币的货币了。从价值生出剩余价值，不仅表现为过程的开始和终结，而且明显地表现在金光闪闪的货币形式上。

4. 因为G′，已经实现的货币资本，作为G—W的补充阶段和终结阶段W′—G′的结果，是处于和它开始第一个循环时绝对相同的形式，所以，它一从这个循环出来，就能够作为已经增大（已经积累）的货币资本G′＝G＋g，又开始同样的循环。在G—G′形式中至少没有表现出，g的流通在循环重复时会和G的流通分开。因此，货币资本的循环，就它的一次形态，从形式上来考察，只是表现出价值增殖过程和积累过程。在这里，消费只是通过$\text{G—W}<\begin{matrix}\text{A}\\\text{Pm}\end{matrix}$表现为生产消费，而只有这种消费才包含在单个资本的这个循环中。G—A，从工人方面看是A—G或W—G，因而是对工人个人消费起中介作用的流通A—G—W（生活资料）的第一阶段。第二阶段G—W已不属于单个资本的循环，但它是由这个循环引起的，是这个循环的前提，因为工人要不断作为可供资本家剥削的材料出现在市场上，他首先就得活下去，就得通过个人的消费来维持自己。但是，在这里，把这种消费本身作为前提，只是因为这是资本对劳动力进行生产消费的条件，也就是说，只是因为工人通过他的个人消费，把自己作为劳动力来维持和再生产。而Pm，进入循环的真正商品，只是生产消费的食物。A—G行为是使工人得以进行个人消费，使生活资料得以转化成他的血肉的中介。当然，资本家为了要起资本家的作用，他也要存在，就是说，也要生活和消费。为了这个目的，他实际上只要像工人一样消费就够了。因此，在流通过程的这个形式上，不需要什么更多的前提。但是，在形式上连这一点也没有表示出来，因为公式是以G′作为终结的，也就是以这样一个结果为终结的，这个结果能立即再作为已经增大的货币资本执行职能。

在W′—G′中直接包含着W′的出售。但是一方的卖，W′—G′，就是另一方的买，G—W。人们购买商品，归根到底只是为了它的使用价值，以便使它进入消费过程（撇开转卖不说），——要么是个人消费，要么是生产消费，这要看所购物品的性质。但是，这种消费不会进入以W′为产品的单个资本的循环，这个产品正是作为待售的商品，从这个循环中排出去的。这个W′显然是供他人消费的。因此，我们在重商主义[11]体系(这个体系以G—W…P…W′—G′公式作为基础)的辩护人那里,发现了这样冗长的说教:资本家个人只应该和工人一样消费,资本家国家应该把它们的商品让给其他比较愚昧的国家去消费和进行消费过程,而相反地应该把生产消费当做自己的终生事业。这种说教在形式上和内容上往往使人想起教父们类似的禁欲戒条。

可见,资本的循环过程是流通和生产的统一,包含二者在内。因为G—W和W′—G′这两个阶段都是流通行为,所以资本流通是一般商品流通的一部分。但是,作为不仅属于流通领域而且属于生产领域的资本循环的职能上确定的段落、阶段,资本是在一般商品流通之内完成自己特有的循环的。一般商品流通,在第一阶段,使资本取得能够执行生产资本职能的形态;在第二阶段,使它抛弃它不能重新进行循环的商品职能,同时为它创造一种可能,使它自己特有的资本循环同资本中增加的剩余价值的流通分离开来。

因此,货币资本的循环,是产业资本循环的最片面,从而最明显和最典型的表现形式;产业资本的目的和动机——价值增殖,赚钱和积累——表现得最为醒目(为贵卖而买)。因为第一阶段是G—W,所以也表明生产资本的组成部分来自商品市场,同样也表明资本主义生产过程都受流通、商业制约。货币资本的循环不仅是商品生产;这种循环本身只有通过流通才能进行,它是以流通为前提的。这一点已经很清楚,因为属于流通的形式G是预付资本价值的最初的纯粹的形式,而在其他两种循环形式中则不是这样。

只要货币资本的循环始终包含着预付价值的价值增殖,它就始终是产业资本的一般的表现。在P…P中,资本的货币表现,只是作为生产要素的价格，因而只是作为以计算货币表示的价值而出现的，并且是以这种形式登记入账的。

只要新出现的资本初次作为货币预付，并以同一形式收回，不论这是发生在产业资本由一个营业部门转移到其他营业部门时，还是发生在产业资本退出营业时，G…G′都成为产业资本循环的特殊形式。这也包括初次以货币形式预付的剩余价值的资本职能，在剩余价值不是在产生它的营业部门而是在别的营业部门执行这种职能的时候，这一点表现得最明显了。G…G′可以是一个资本的最初循环；它可以是最终循环；它可以看做是社会总资本的形式；它是新投入的资本的形式，不论是以货币形式新积累的资本，还是为了由一个生产部门转移到另一生产部门而全部转化为货币的旧资本。

货币资本作为一切循环始终包含的形式来完成这个循环，正是为了生产剩余价值的那部分资本即可变资本。预付工资的正常形式是支付货币；这个过程必须每隔一个较短的时间就进行一次，因为工人是挣一文吃一文的。因此，资本家必须不断作为货币资本家，他的资本必须不断作为货币资本和工人相对立。在这里，不能像生产资料的购买或所生产商品的出售那样直接或间接地互相抵账（如果这样，货币资本的较大的数量实际上只以商品的形式出现，货币只以计算货币的形式出现，最后只是为了平衡差额，才以现金出现）。另一方面，由可变资本产生的剩余价值的一部分被资本家花费在私人消费上，这属于零售商业。不管怎样迂回曲折，这一部分总是以现金，以剩余价值的货币形式花费的。不管剩余价值的这个部分多大，情况都是一样。可变资本不断地重新表现为用在工资上的货币资本（G—A），而g则表现为满足资本家的私人需要而花费的剩余价值。因此，作为预付可变资本价值的G和作为它的增殖额的g，都必须保持货币形式，以便以这个形式花费。

以G′＝G＋g为结果的公式G—W…P…W′—G′，在形式上具有欺骗性，带有一种虚幻的性质，这是由预付的价值和增殖的价值都以货币这个等价形式存在而产生的。这个公式强调的不是价值的增殖，而是这个过程的**货币形式**，强调的是最终从流通中取出的货币形式的价值，大于原来预付到流通中去的货币形式的价值，也就是说，强调的是资本家所有的金银数量的增加。所谓货币主义[28]，不过是G—W—G′这个没有概念的形式的表现，不过是这样一个运动的表现，这个运动仅仅在流通中进行，因此只能这样来说明这两个行为(1)G—W(2)W—G′：W在第二个行为中是高于它的价值出售的，因此，从流通中取出的货币，多于在购买时投入流通的货币。但是，把G—W…P…W′—G′肯定为唯一的形式，它就成了更为发展的重商主义体系的基础，因为在重商主义体系那里，不仅商品流通，而且商品生产，也表现为必要的要素。

只要把G—W…P…W′—G′肯定为一次性的形式而不是流动的，不断更新的形式；从而只要把这种形式不是当做循环形式的一种，而是当做唯一的循环形式，它的虚幻的性质以及与它相适应的虚幻的解释就会存在。但是，它本身已经指出其他的形式。

第一，整个这一循环是以生产过程本身的资本主义性质为前提的，因而是以这个生产过程以及由它决定的特殊的社会状态为基础的。G—W＝G—W$<\begin{matrix}A\\Pm\end{matrix}$；但G—A要以雇佣工人为前提，因而要以生产资料作为生产资本的一部分为前提，因而要以劳动过程和价值增殖过程为前提，即要以已经作为资本职能的生产过程为前提。

第二，如果G…G′反复进行，那么货币形式的复归，就和第一阶段的货币形式一样，是转瞬即逝的。G—W消失，让位给P。货币的不断反复预付，和这种预付作为货币不断复归一样，本身都表现为只是循环中转瞬即逝的要素。

第三，

G—W…P…W′—G′. G—W…P…W′—G′. G—W…P…等等。

当循环第二次进行时，在G的第二次循环完成以前，P…W′—G′.G—W…P循环就已经出现；这样一来，此后的一切循环都可以看做是以P…W′—G—W…P形式进行的，因而G—W作为第一次循环的第一阶段，只是生产资本不断反复的循环的转瞬即逝的准备，在产业资本第一次以货币资本形式投入时，实际上情况就是这样。

另一方面，在P的第二次循环完成以前，第一次W′—G′. G—W…P…W′（简称W′…W′）循环，即商品资本的循环，已经完成了。因此，第一个形式已经包含着其他两个形式；因而，货币形式也就会消失，如果它不是单纯的价值表现，而是等价形式上即货币上的价值表现。

最后，如果我们考察一个新出现的，第一次完成G—W…P…W′—G′循环的单个资本，那么，G—W就是这个单个资本所经过的第一次生产过程的准备阶段，先行阶段。因此，G—W这个阶段并不是作为前提存在，相反地，却是生产过程所引起或决定的。但是，这只适用于这个单个资本。只要资本主义生产方式是作为前提存在，也就是说，处在由资本主义生产决定的社会状态中，那么，产业资本循环的一般形式就是货币资本的循环。因此，资本主义生产过程是早已作为前提存在的，如果这不是在新投入的产业资本的第一个货币资本循环内，那么，就是在这个循环以外。资本主义生产过程的经常存在要以不断更新的P…P循环为前提。在第一阶段G—

$W < \begin{matrix} A \\ Pm \end{matrix}$，这个前提本身就已经出现，因为一方面它要以雇佣工人阶级的存在为前提；另一方面，对生产资料的买者来说的第一阶段G—W，就是对生产资料的卖者来说的W′—G′，也就是说，在W′中包含的前提是商品资本，从而是作为资本主义生产的结果的商品本身，从而也是生产资本的职能。

第 二 章

生产资本的循环

生产资本循环的总公式是：P…W′—G′—W…P。这个循环表示生产资本职能的周期更新，也就是表示再生产，或者说，表示资本的生产过程是增殖价值的再生产过程；它不仅表示剩余价值的生产，而且表示剩余价值的周期再生产；它表示，处在生产形式上的产业资本不是执行一次职能，而是周期反复地执行职能，因此，过程的重新开始，已由起点本身规定了。W′的一部分（在某些场合，在产业资本的某些投资部门内）可以直接再作为生产资料，进入把它当做商品生产出来的同一劳动过程；这样，它的价值就不用转化为实在货币或货币符号，或者它的价值的转化只是取得计算货币这种独立表现。这部分价值不进入流通。这样，有的价值不进入流通过程，但进入生产过程。W′中被资本家作为剩余产品部分以实物形式消耗的那一部分，也是这样。不过，这种情况对于资本主义生产来说并不重要，最多在农业上值得注意。

在这个形式上，有两点是显而易见的。

第一，在第一种形式G…G′中，生产过程，即P的职能，使货币资本的流通中断，只是表现为G—W和W′—G′这两个阶段之间的中介；而在这里，产业资本的总流通过程，它在流通阶段的全部运动，只是作为始极使循环开始的生产资本，和作为终极以同一形式即以循环重新开始的形式使循环结束的生产资本这二者之间的中断，从而只是二者之间的中介。真正的流通，只是表现为周期更新的和通过更新而连续进行的再生产的中介。

第二，总流通表现的形式和它在货币资本循环中具有的形式相反。在货币资本的循环中，撇开价值规定不说，总流通的形式是G—W—G（G—W. W—G）；在生产资本的循环中，同样撇开价值规定不说，总流通的形式却是W—G—W（W—G. G—W），所以是简单商品流通的形式。

I. 简单再生产

我们首先考察P…P二极之间在流通领域内进行的过程：W′—G′—W。

这个流通的起点是商品资本W′＝W＋w＝P＋w。商品资本的职能W′—G′（这既是商品资本中包含的资本价值＝P的实现，也是商品资本中包含的剩余价值的实现，P在这里就是商品组成部分W，剩余价值就是同一商品量中价值等于w的那一组成部分），已经在循环的第一种形式中考察过了。但是在那里，它形成被中断的流通的第二阶段和整个循环的结束阶段。在这里，它形成循环的第二阶段，但又形成流通的第一阶段。第一次循环以G′告终；因为G′和原来的G一样，可以重新作为货币资本开始第二次循环，所以包含在G′中的G和g（剩余价值）是继续在同一条轨道上运行，还是走上不同的轨道，起初没有必要作进一步的研究。假如我们进一步探讨第一次循环怎样更新，那就有必要来研究这个问题了。但是在生产资本的循环中，这一点是必须确定的，因为它的第一次循环的性质就要取决于这一点，而且在这个循环中，W′—G′表现为流通的第一阶段，这个阶段要由G—W来补足。这个公式代表简单再生产还是代表规模扩大的再生产，就取决于这一点是怎样确定的。因此，循环的性质随着这种确定而变化。

现在，我们首先考察生产资本的简单再生产。在这里，和在第一章一样，假定一切条件不变，又假定商品是按照它们的价值买卖的。根据这些假定，全部剩余价值进入资本家的个人消费。商品资本W′一旦转化为货币，货币总额中代表资本价值的那一部分就在产业资本的循环中继续流通；另一部分，即已经转化为金的剩余价值，则进入一般的商品流通，这是以资本家为起点的货币流通，不过是在他的单个资本的流通之外进行的。

用我们的例子来说。商品资本W′是10 000磅纱，价值500镑。其中422镑是生产资本的价值，它作为8 440磅纱的货币形式，使那个由W′开始的资本流通继续进行下去；78镑的剩余价值，即商品产品的超额部分1 560磅纱的货币形式，则退出这个流通，而在一般商品流通内走一条分离的轨道。

$$W'\left\{\begin{array}{c}W\\+\\w\end{array}\right\}\text{—}G'\left\{\begin{array}{c}G\\+\\g\end{array}\right\}\begin{array}{l}\text{—}W<\begin{array}{l}A\\Pm\end{array}\\ \\ \text{—}w\end{array}$$

g—w是一系列用货币进行的购买。资本家或是用这个货币购买真正的商品，或是用来支付他自己的尊体或家庭的服务费用。这种购买是分散的，是在不同期间进行的。因此，这种货币暂时采取专供日常消费之用的货币储备或贮藏货币的形式，因为流通中断的货币就处在贮藏货币的形式上。这种货币的流通手段职能——也包含货币暂时充当贮藏货币的形式——不进入货币形式G上的资本的流通。这种货币不是预付的，而是花掉的。

我们曾经假定，预付的总资本总是全部由一个阶段转到另一个阶段。在这里，我们也假定，P的商品产品代表生产资本P的总价值422镑＋生产过程中创造的剩余价值78镑。在我们的例子中，我们考察的是一种可分离的商品产品，按照我们的例子，剩余价值以1 560磅纱的形式存在；以一磅纱作单位计算，就是以2.496盎司纱的形式存在。相反，如果商品产品比如说是一台价值500镑并具有同样价值构成的机器，那么，虽然这台机器的价值的一部分＝78镑是剩余价值，但是这78镑只存在于总机器中；它不可能分成资本价值和剩余价值，除非把机器敲碎，而这样就连同它的使用价值一起把它的价值也毁掉了。因此，价值的两个组成部分只能观念地用商品体的各个组成部分来表示，而不像每一磅纱都是10 000磅纱的可分离的独立的商品要素那样，表现为商品W′的互相独立的要素。在机器的场合，总商品，商品资本，机器必须全部卖出，g才能进入它的特殊流通。在纱的场合，只要资本家卖出8 440磅纱，其余1 560磅纱的出售就以w（1 560磅纱）—g（78镑）—w（消费品）的形式，表现剩余价值的一个完全分离的流通。但是产品10 000磅纱的每一部分的价值要素，可以像表现在总产品上那样，表现在产品的各个部分上。10 000磅纱可以分为：不变资本价值（c），纱7 440磅，价值372镑；可变资本价值（v），纱1 000磅，价值50镑；剩余价值（m），纱1 560磅，价值78镑。同样，每一磅纱也可以分为：c＝纱11.904盎司，价值8.928便士；v＝纱1.600盎司，价值1.200便士；m＝纱2.496盎司，价值1.872便士。资本家也可以在10 000磅纱的逐次出售中，逐次消费包含在逐个部分中的剩余价值要素，并由此逐次实现c＋v之和。但是，这种做法的前提归根到底是要把10 000磅纱全部卖出，从而要由8 440磅纱的出售来补偿c＋v的价值（第一册第七章第2节）。

不管怎样，W′中包含的资本价值和剩余价值，通过W′—G′总会分开，分成不同的货币额；在这两种场合，G和g实际都是价值的转化形式，这个价值原来在W′中只是具有商品价格这种独特的仅仅观念上的表现。

w—g—w是简单的商品流通。它的第一阶段w—g包含在商品资本的流通W′—G′中，从而包含在资本的循环中；相反，它的补足阶段g—w却在这个循环之外，成为同这一循环相分离的一般商品流通的行为。W和w即资本价值和剩余价值的流通，在W′转化为G′之后分开了。由此可见：

第一，当商品资本由W′—G′＝W′—(G＋g)而实现时，在W′—G′中还是共同进行并由同一商品量承担的资本价值和剩余价值的运动，就变成可以分离的运动，因为现在二者都是货币额，具有独立的形式。

第二，如果发生这种分离，就是说g作为资本家的收入花掉，而G作为资本价值的职能形式继续沿着它的由循环决定的轨道运行，那么，第一个行为W′—G′和相继发生的行为G—W和g—w联系起来看，就可以表现为两个不同的流通：W—G—W和w—g—w；就一般形式来说，这两个流通序列都属于普通商品流通。

此外，就不可分割的具有连续性的商品体来说，它的价值的各个组成部分实际上是观念地分割开来的。以伦敦的建筑业为例，这种营业大部分依靠信用经营，建筑业主依照房屋建造的各个阶段取得垫款。其中任何一个阶段都不是整座房屋，而只是将要建成的房屋的一个现实存在的部分。因此，不管这个部分多么现实，也只是整座房屋的一个观念上的部分。但是，作为取得追加垫款的保证，它已经是足够现实的了。(关于这一点，可参看后面的第十二章[①]。)

第三，如果在W和G中还是共同进行的资本价值和剩余价值的运动，只是部分地分离(以致剩余价值的一部分不是作为收入花掉)，或者根本不分离，那么，资本价值本身还在它的循环中，还在它的循环完成以前就发生一种变化。用我们的例子来说，生产资本的价值等于422镑。假定这个资本以480镑或500镑继续通过G—W，它就作为一个比原来价值增长58镑或78镑的价值，通过循环的后面各个阶段。这种变化同时还可能和资本价值构成的变化结合在一起。——

W′—G′，在循环I(G…G′)中是流通的第二阶段和这个循环的终结阶段；在现在这个循环中，却是这个循环的第二阶段和商品流通的第一阶段。因此，从流通来看，它必须用G′—W′来补足。但是，W′—G′不仅发生在价值增殖过程(在这里是P执行职能，是第一阶段)之后，而且是价值增殖过程的结果，商品产品W′也已经实现。因此，资本的价值增殖过程和体现了已经增殖的资本价值的商品产品的实现，都是以W′—G′结束的。

我们已经假定是简单再生产，也就是假定g—w和G—W完全分开。由于w—g—w和W—G—W这两个流通就一般形式来说都属于商品流通的范围(因此，也没有表示出两极之间的价值差别)，所以很容易像庸俗经济学那样，把资本主义的生产过程看做单纯的商

①见本卷第260—261页。——编者注

品生产，看做用于某种消费的使用价值的生产，而资本家生产这些商品，照庸俗经济学的错误论断，不过是为了用具有别种使用价值的商品来代替或者交换这些商品。

W′从一开始就是作为商品资本出现的，而全部过程的目的，发财致富（价值增殖），决不排斥资本家的消费量随着剩余价值量（从而也随着资本量）而增大，倒是正好包含这种增大。

实际上，在资本家的收入的流通中，生产出的商品w（或商品产品W′中在观念上相当于w的部分）的作用不过是使收入先转化为货币，再由货币转化为一系列可供私人消费的其他商品。但是，在这里，我们不要忽略这件小事：w是资本家没有付出任何代价就得到的一个商品价值，是剩余劳动的化身，因此，它原来就是作为商品资本W′的一个组成部分出场的。所以，这个w本身按它的存在来说，就和处在过程中的资本价值的循环联结在一起。循环一旦停顿或受到某种干扰，那时不仅w的消费，而且一系列用来代替w的商品的销售，都会受到限制，甚至完全停止。当W′—G′不能完成或者W′中只有一部分能卖出时，情形就是这样。

我们讲过，w—g—w，作为资本家的收入的流通，只有在w是W′这个处于商品资本职能形式的资本的一个价值部分的时候，才进入资本的流通；但是，收入的流通一旦通过g—w，用完整的形式来说就是通过w—g—w而独立出来，就不会进入资本家所预付的资本的运动，虽然它是从这种运动中出来的。它和这种运动联系起来，是由于资本的存在以资本家的存在为前提，而资本家的存在又以他消费剩余价值为条件。

在一般流通中，W′（例如纱）只是执行商品的职能；但是作为资本流通的要素，它是执行**商品资本**——资本价值交替采取和抛弃的一种形态——的职能。纱卖给商人以后,就离开把它生产出来的那个资本的循环过程,尽管如此,它还是作为商品继续处在一般流通的范围内。同一个商品量在继续流通,虽然这个流通不再是纺纱厂主的资本的独立循环中的要素。因此,资本家投入流通的商品量的现实的最终的形态变化,W—G,商品量的最后进入消费,可以在时间和空间上同这个商品量作为资本家的商品资本执行职能时所经历的形态变化完全分离开来。在资本流通中完成的同一个形态变化,还要在一般流通的领域内继续完成。

如果纱再进入另一个产业资本的循环,事情也不会有所改变。一般的流通既包括社会资本各个不同独立部分的循环的互相交错,即各个单个资本的总体,也包括那些不作为资本投入市场而进入个人消费的价值的流通。

作为一般流通的一个部分的资本循环和作为一个独立循环的环节的资本循环之间的关系,以后在我们考察G′=G+g的流通时就可以看到。G,作为货币资本,使资本循环继续进行。g,作为收入花掉(g—w),则进入一般流通,而退出资本循环。只有执行追加货币资本职能的那一部分,才进入资本循环。在w—g—w中,货币只执行铸币的职能;这个流通的目的是资本家的个人消费。庸俗经济学把不进入资本循环的流通,即价值产品中作为收入消费的那个部分的流通,说成是资本特有的循环,这就典型地说明他们是多么痴呆。

在第二阶段G—W中,资本价值G=P(即在这里开始了产业资本循环的生产资本的价值)又出现了,不过已经和剩余价值分离,因此,它的价值量也和它在货币资本循环第一阶段G—W中一样大。尽管位置不同了,但现在由商品资本转化成的货币资本的职能还是一样:转化为Pm和A,生产资料和劳动力。

可见，资本价值在商品资本的职能W′—G′中，和w—g同时经过W—G阶段，然后出现在补足的阶段G—W$<\begin{matrix}A\\Pm\end{matrix}$中；因此，它的总流通是W—G—W$<\begin{matrix}A\\Pm\end{matrix}$。

第一，在形式Ⅰ(G…G′循环)中，货币资本G以资本价值预付时的原有形式出现；在这里，它从一开始就是商品资本在第一流通阶段W′—G′中转化成的货币额的一部分，所以它从一开始就表示，生产资本P已通过商品产品的出售转化成货币形式。在这里，货币资本从一开始就不是作为资本价值的原有形式和结束形式而存在，因为只有再抛弃货币形式，那个使W—G阶段结束的G—W阶段才能够完成。因此，G—W中那个同时又是G—A的部分，现在也不再表现为购买劳动力时的单纯的货币预付，而是表现为这样一种预付：把劳动力创造的商品价值中的一部分，价值50镑的1 000磅纱，以货币形式预付给劳动力。这里预付给工人的货币，只是工人自己生产的商品价值的一部分转化成的等价形式。因此，G—W行为，就它是G—A行为来说，已经不仅是用使用形式的商品代替货币形式的商品，而且包含其他一些与一般商品流通本身无关的因素。

G′表现为W′的转化形式，W′本身又是P即生产过程过去执行的职能的产物；因此，货币总额G′是过去劳动的货币表现。用我们的例子来说，纺纱过程的产物10 000磅纱＝500镑；其中7 440磅纱＝预付的不变资本c＝372镑；1 000磅纱＝预付的可变资本v＝50镑；1 560磅纱＝剩余价值m＝78镑。假定G′中只有原有的资本422镑重新预付，在其他条件不变的情况下，那么下周在G—A中预付给工人的，只是工人本周生产的10 000磅纱的一部分(1 000磅纱的货币价值)。货币，作为W—G的结果，总是过去劳动的表现。如果补足的行为G—W立即在商品市场上完成，G和市场上现存的商品相交换，那仍然是过去劳动由一种形式（货币）转化为另一种形式（商品）。但是从时间上说，G—W和W—G是不同的。这两种行为，在例外情况下，也可以同时发生。例如，完成G—W的资本家和把这一行为作为W—G来完成的资本家，同时互相交付商品，而G只是用来平衡差额时，情形就是这样。W—G和G—W的实现在时间上可以有相当显著的差异。虽然G作为W—G行为的结果，是代表过去劳动，但是对于G—W行为来说，G可以代表在市场上还根本没有出现，将来才会出现的商品的转化形式，因为G—W要到W重新生产出来以后才进行。G还可以代表这样一些商品，这些商品和以G为货币表现的W是同时生产出来的。例如，在G—W交换（购买生产资料）中，煤炭在开采出来之前，就可以被买去。在g不是作为收入花掉而是作为货币积累时，它可以代表要在明年才生产出来的棉花。在资本家花费他的收入即g—w时，也有这种情形。50镑工资A也是这样；这个货币不仅是工人过去劳动的货币形式，同时还是取得正在实现的同时劳动或将来实现的未来劳动的凭证。工人可以用这个货币购买一件要到下周才制成的上衣。一生产出来要马上消费才不致坏掉的大多数必要生活资料，特别是这样。因此，工人在作为工资付给他的货币上得到的，是他自己的或其他工人的未来劳动的转化形式。资本家用工人过去劳动的一部分，作为工人取得自己未来劳动的凭证付给工人。工人自己的同时劳动或未来劳动，形成还不存在的储备，对工人过去劳动就是用这种储备支付的。在这里，储备形成的概念完全消失了。

第二，在W—G—W$<\begin{array}{l}A\\Pm\end{array}$流通中，同一个货币两次变换位置；资本家先作为卖者得到货币，然后再作为买者付出货币；商品转化为货币形式，只是为了由货币形式再转化为商品形式；因此，资本的货币

形式，它作为货币资本的存在，在这种运动中，只是一个转瞬即逝的因素；或者说，只要运动是通畅的，货币资本充当购买手段时就只表现为流通手段；在资本家互相购买，因而只须结清支付差额时，它才表现为真正的支付手段。

第三，货币资本不论是充当单纯的流通手段，还是充当支付手段，它的职能只是充当中介，使A和Pm来代替W，也就是使纱的各种生产要素来代替纱这种由生产资本生产出来的商品产品（除掉用做收入的剩余价值），从而使资本价值从它的商品形式再转化为这个商品的各种形成要素；因此，归根到底，货币资本的职能只是商品资本再转化为生产资本的中介。

循环要正常进行，W′就必须按它的价值全部卖掉。其次，W—G—W不仅是一种商品由另一种商品代替，而且是按同一价值比例来代替。我们假定这里的情况就是这样。但是生产资料的价值实际上是会变动的；劳动生产率的不断变动是资本主义生产的特征，因此，价值比例的不断变动，正好是资本主义生产的固有现象。关于生产要素的价值变动，我们以后[①]再论述，这里只是提一下。生产要素转化为商品产品，P转化为W′，是在生产领域进行的，W′再转化为P，则是在流通领域进行的。这种再转化是以简单的商品形态变化为中介的。但它的内容是作为整体来看的再生产过程的一个要素。W—G—W，作为资本的流通形式，包含一种职能上确定的物质变换。其次，W—G—W这样一个交换，要求W和商品量W′的各种生产要素相等，并要求这些生产要素互相之间维持原有的价值比例；这就是假定，商品不仅按照它们的价值购买，而且在循环中不发生价值

①见本卷第316—325页。——编者注

变动；不然的话，过程就不能正常进行。

在G…G′中，G是资本价值的原有形式，资本价值抛弃这种形式，是为了再取得这种形式。在P…W′—G′—W…P中，G只是在过程中取得的形式，还在过程中就又被抛弃。货币形式在这里只表现为资本的转瞬即逝的独立的价值形式；作为W′的资本，渴望取得这种形式，而作为G′的资本，一蛹化为这种形式就渴望放弃它，以便再转化为生产资本的形式。资本只要停留在货币形态上，就不执行资本的职能，从而不增殖价值；这个资本就闲置起来。在这里，G是起流通手段的作用，但是，它是起资本的流通手段的作用。[①]资本价值的货币形式在它的循环的第一种形式（货币资本循环）中具有的独立性这种外观，在这第二种形式中消失了，因此，这第二种形式就是对形式Ⅰ的批判，并且把它归结为不过是一个特殊的形式。如果第二形态变化G—W遇到障碍（例如市场上缺乏生产资料），循环，再生产过程的流，就会中断，这和资本凝结在商品资本形式上的情形一样。但有一个区别：资本在货币形式上，比在易逝的商品形式上，能坚持较长的时间。资本如果不执行货币资本的职能，它仍然可以是货币；但资本如果过久地停留在商品资本的职能上，它就不再成为商品，甚至不再成为使用价值。其次，资本在货币形式上能够不采取它原有的生产资本的形式，而采取另一种形式，但作为W′，则根本不能离开原位。

W′—G′—W只是对W′来说，就它的形式来看，包含作为它的

---

①在马克思的手稿中这里有一个注："驳图克"。马克思批判图克的内容见《资本论》第3卷第23章《利息和企业主收入》（本书第3卷第415—439页）。——编者注

再生产的要素的各种流通行为；但是，要完成W′—G′—W，就要有W′所要转化成的W的现实的再生产；而这种再生产又要以W′所代表的单个资本的再生产过程之外进行的一些再生产过程为条件。——

在形式Ⅰ中，$G—W<\begin{smallmatrix}A\\Pm\end{smallmatrix}$ 只是准备了由货币资本到生产资本的第一个转化；在形式Ⅱ中，它准备了由商品资本到生产资本的再转化；也就是说，只要产业资本的投资不变，就是准备了商品资本到把它生产出来的各种相同的生产要素的再转化。因此，它在这里和在形式Ⅰ中一样，表现为生产过程的准备阶段；不过，它是表现为生产过程的复归，生产过程的更新，从而表现为再生产过程的先导，也就是反复进行的价值增殖过程的先导。

这里要再次指出，G—A不是简单的商品交换，而是购买可用来生产剩余价值的商品A，同样，G—Pm只是为实现这个目的在物质上所不可缺少的一种手续。

$G—W<\begin{smallmatrix}A\\Pm\end{smallmatrix}$ 完成时，G再转化为生产资本P，循环又重新开始。

因此，P…W′—G′—W…P的详细形式是：

$$P\cdots W'\left\{\begin{matrix}W\\+\\w\end{matrix}\right\}\begin{matrix}—\\ \\—\end{matrix}\left\{\begin{matrix}G\\+\\g\end{matrix}\right\}\begin{matrix}—W<\begin{smallmatrix}A\\Pm\end{smallmatrix}\cdots P\\ \\—w\end{matrix}$$

货币资本转化为生产资本，就是为生产商品而购买商品。只有消费是这种生产消费，它才进入资本本身的循环；而这种消费的条件是，通过这样消费掉的商品生产出剩余价值。这和以维持生产者的生存为目的的生产，甚至商品生产，是很不相同的。这样一种由剩余价值的生产所决定的用商品代替商品，和本来的产品交换（只是以货币为中介）完全不同。可是，经济学家们竟以此证明生产过剩是没有可能的。

除了转化为A和Pm的G的生产消费，循环还包含第一个环节G—A。这个环节对于工人来说，就是A—G＝W—G。在A—G—W这一包含工人消费在内的工人的流通中，只有作为G—A结果的第一个环节进入资本的循环。第二个行为G—W不进入单个资本的流通，虽然它是从单个资本的流通中出来的。不过，对于资本家阶级来说，工人阶级的经常存在是必要的，因此，以G—W为中介的工人的消费，也是必要的。

要使资本价值的循环继续下去，要使资本家消费剩余价值，W′—G′行为所要求的只是W′转化为货币，被卖掉。当然，W′被购买，只是因为这种物品是一种使用价值，可供某种生产消费或个人消费。但是如果W′继续流通，比如在购买纱的商人手中继续流通，那对于把纱生产出来并卖给商人的单个资本的循环的继续进行，起初也不会有什么影响。整个过程继续进行，与此同时，由此决定的资本家和工人的个人消费也继续进行。这一点在考察危机时很重要。

W′一旦卖出，转化为货币，就可以再转化为劳动过程的从而再生产过程的各种现实因素。因此，W′是由最后的消费者购买，还是由想转卖的商人购买，这都没有什么直接的影响。资本主义生产所生产出的商品量的多少，取决于这种生产的规模和不断扩大生产规模的需要，而不取决于需求和供给、待满足的需要的预定范围。在大量生产中，直接购买者除了别的产业资本家外，只能是大商人。在一定的界限内，尽管再生产过程生产出的商品还没有实际进入个人消费或生产消费，再生产过程还可以按相同的或扩大的规模进行。商品的消费不进入这个商品从中出来的资本循环。例如，纱一旦卖出，不论卖出的纱起初变成什么，纱所代表的资本价值的循环便可以重新开始。产品只要卖出，在资本主义生产者看来，一切就都正常。他所代表的资本价值的循环就不会中断。如果这种过程扩大了——这包括生产资料的生产消费的扩大——，那么随着资本的这种再生产，工人的个人消费(需求)也可能扩大，因为这个过程是以生产消费为先导和中介的。这样，剩余价值的生产，从而资本家的个人消费，可以增长起来，整个再生产过程可以处在非常繁荣的状态中，但商品的一大部分只是表面上进入消费，实际上是堆积在转卖者的手中没有卖掉，事实上仍然留在市场上。这时，商品的潮流一浪一浪涌来，最后终于发现，以前涌入的潮流只是表面上被消费吞没。商品资本在市场上互相争夺位置。后涌入的商品，为了卖掉只好降低价格出售。以前涌入的商品还没有变成现金，支付期限却已经到来。商品持有者不得不宣告无力支付，或者为了支付不得不给价就卖。这种出售同需求的实际状况绝对无关。同它有关的，只是**支付的需求**，只是把商品转化为货币的绝对必要。于是危机爆发了。它不是表现在消费需求，即个人消费需求的直接缩减上，而是表现在资本对资本的交换，即资本再生产过程的缩减上。——

G要完成它作为货币资本，作为要再转化为生产资本的资本价值的职能，就要转化为商品Pm和A。如果这些商品要在不同的时期购买或支付，因而G—W是代表一系列相继进行的购买和支付，那么，当G的一部分完成G—W行为时，它的另一个部分就停留在货币状态中，只是到由过程本身的条件所规定的时期才用于完成那些同时进行或相继进行的G—W行为。G的这个部分暂时从流通退出，只是为了到一定的时候发生作用，执行职能。在这种情况下，它的贮存本身就是一种由它的流通并且为了流通而规定的职能；它作为购买基金和支付基金的存在，它的运动的中止，它的流通中断状态，就是货币作为货币资本借以执行货币的一种职能的状态。它是作为货币资本，因为这里暂时处于静止状态的货币本身，就是货币资本G（G′－g＝G）的一部分，是商品资本中同作为循环起点的生产资本价值P相等的那部分价值的一部分。另一方面，一切从流通退出的货币，都是处在贮藏货币的形式中。因此，货币的贮藏形式在这里成了货币资本的职能，正如在G—W中货币作为购买手段或支付手段的职能成为货币资本的职能一样，这是因为资本价值在这里是以货币形式存在，货币状态在这里是由循环的联系所规定的、产业资本在它的一个阶段上所采取的状态。但在这里，同时再一次证明了，货币资本在产业资本的循环中，除执行货币职能外，不执行其他任何职能，并且这些货币职能只是由于它们和这种循环的其他阶段的联系，才同时具有资本职能的意义。

G′表现为g对G的关系，表现为资本关系，直接地说，不是货币资本的职能，而是商品资本W′的职能；商品资本W′本身，作为w和W的关系，又只是表示生产过程的结果，只是表示资本价值在生产过程中自行增殖的结果。

如果流通过程的继续进行遇到障碍，G由于市场状况等等这类外部情况而不得不中止它的G—W职能，因而在一个或长或短的期间停留在货币状态中，这时货币便又处于贮藏货币状态。这种贮藏货币状态在简单商品流通中，当由W—G到G—W的转变因外部情况而发生中断时也会发生。这是非自愿的货币贮藏。因此在我们考察的场合，货币具有闲置的、潜在的货币资本的形式。不过，我们现在不来进一步研究这个问题。

但是，在两种场合，货币资本停留在货币状态中，都是运动中断的结果，不管这种运动中断是合乎目的的还是违反目的的，是自愿的还是非自愿的，是与职能相适应的还是与职能相违背的。

II. 积累和规模扩大的再生产

生产过程可能扩大的比例不是任意规定的，而是技术上规定的，因此，已经实现的剩余价值虽然要资本化，但往往要经过若干次循环的反复，才能增长到（也就是积累到）它能实际执行追加资本的职能的规模，即能进入处在过程中的资本价值的循环的规模。因此，这个剩余价值凝结为贮藏货币，并在这一形式上形成潜在的货币资本。这种货币资本所以是潜在的(6[a])，因为在它停留于货币形式时，不能作为资本发生作用。可见，在这里，货币贮藏表现为一种包含在资本主义积累过程中，随着它发生，但同时又和它有本质区别的要素。因为潜在的货币资本的形成并不使再生产过程本身扩大。正好相反，潜在的货币资本在这里形成，倒是因为资本主义生产者不能直接扩大他的生产的规模。如果他把他的剩余产品卖给一个把新的金或银投入流通的金或银的生产者，或者——结果是一样的——卖给一个用一部分本国剩余产品从外国换进追加的金或银的商人，那么，他的潜在的货币资本就在本国金或银的贮藏中形成一个增长额。在所有其他场合，例如，原来在买者手中充当流通手段的78镑，现在在资本家手中则只是取得贮藏货币的形式；就是说，只是本国的金或银

(6[a])“latent”（潜在）一词，是从潜热这个物理学概念借用来的。这个概念现在差不多已为能量转化理论代替了。因此，马克思在第三篇（晚些时候的文稿）中采用了“potentiell”（可能的）这个从“potentielle Energie”（位能）这一概念中借用来的名词；或者仿效达兰贝尔的“virtuelle Geschwindigkeit”（虚速度），称做“virtuelles Kapital”。——弗·恩·

的贮藏在分配上发生了变化。

如果货币在我们这个资本家的交易中执行支付手段的职能(也就是商品要经过或长或短的时期才由买者支付),那么,要资本化的剩余产品就不转化为货币,而转化为债权,也就是对买者或许已经到手或许可望到手的等价物的所有权证书。这个货币和投在有息证券等等上面的货币一样,不进入循环的再生产过程,虽然它可以进入其他单个产业资本的循环。

资本主义生产的全部性质,是由预付资本价值的增殖决定的,就是说,首先是由生产尽可能多的剩余价值决定的;其次(参看第一册第二十二章)是由资本的生产,即由剩余价值到资本的转化决定的。积累或规模扩大的生产,是剩余价值生产不断扩大,从而资本家发财致富的手段,是资本家的个人目的,并且包含在资本主义生产的一般趋势中,但是后来,如第一册指出的,由于资本主义生产的发展,它对于任何单个资本家都成为一种必要。他的资本的不断增大,成为保存他的资本的条件。不过以前已经说明的问题,我们不再重复。

我们先考察简单再生产,假定全部剩余价值作为收入花掉。实际上,剩余价值在正常情况下总要有一部分作为收入花掉,另一部分则资本化,至于一定期间内生产的剩余价值是否有时全部消费掉,有时全部资本化,这是完全没有关系的。从运动的平均情况——总公式也只能代表这个平均情况——来看,这两种情形都会发生。为了不使公式复杂化,最好还是假定剩余价值全部积累起来。公式 $P\cdots W'—G'—W'<{A \atop Pm}\cdots P'$ 表示:按更大的规模,以更大的价值被再生产出来的生产资本,并且又作为已经增大的生产资本,开始它的第二次循环,或者说,更新它的第一次循环。一旦这第二次循环开始,P就又成为起点;不过,这个P,和第一个P相比,已经是一个更大的生产

资本。正如在G…G′公式中当G′开始第二次循环时，G′是作为G，作为一定量的预付货币资本执行职能；它和用来开始第一次循环的货币资本相比，是一个更大的货币资本，但是，一旦它作为预付货币资本执行职能，它由剩余价值资本化而增大的一切关系便都消失了。这个起源在它用来开始循环的货币资本的形式中消失了。一旦P′作为一个新循环的起点执行职能，情形也是这样。

我们拿P…P′和G…G′即第一种循环比较一下，就会发现，二者的含义完全不同。G…G′作为一个孤立的循环来看，不过表示：货币资本（即作为货币资本进行循环的产业资本）G是会生出货币的货币，会生出价值的价值，它会生出剩余价值。而在P的循环中，价值增殖过程本身在第一阶段即生产过程结束时已经完成，在第二阶段（流通的第一阶段）W′—G′完成之后，资本价值＋剩余价值就已经作为实现了的货币资本，作为G′存在了，而G′在第一种循环中是作为终极出现的。剩余价值被生产出来，在前面考察的P…P形式（参看第47页的详细公式①）中，由w—g—w表示出来，w—g—w的第二阶段不属于资本流通，而表示作为收入的剩余价值的流通。因此，在全部运动由P…P表示，因而两极之间不存在价值差额的这个形式中，预付价值的增殖，即剩余价值的生产，是和在G…G′中一样被表示出来的；不过，W′—G′行为在G…G′中是表现为最终阶段，在P…P中则表现为循环的第二阶段，流通的第一阶段。

在P…P′中，P′所表示的，不是剩余价值被生产出来，而是生产出来的剩余价值已经资本化，就是说，资本已经积累，因此，P′和P不同，它是由原有的资本价值加上在这个资本价值的运动中积累起来

①见本卷第87页。——编者注

的资本的价值构成的。

作为G…G′的单纯终结的G′，以及在这一切循环中出现的W′，就其自身来看，不是表现运动，而是表现运动的结果，即以商品形式或货币形式实现的资本价值的增殖，因而是把资本价值表现为G+g或W+w，表现为资本价值和它的幼仔剩余价值的关系。G′以及W′把这个结果表现为已经增殖的资本价值的不同的流通形式。但是不论在W′形式上，还是在G′形式上，所发生的价值增殖本身，既不是货币资本的职能，也不是商品资本的职能。作为与产业资本的特殊职能相适应的不同的特殊形式或存在方式，货币资本只能完成货币的职能，商品资本只能完成商品的职能，二者的区别只是货币和商品的区别。同样，生产资本形式的产业资本，也和任何别一种形成产品的劳动过程一样，只能由这样的要素构成：一方面是物的劳动条件（生产资料），另一方面是生产地（有目的地）发挥作用的劳动力。产业资本在生产领域只能存在于和一般生产过程，从而也和非资本主义的生产过程相适应的构成中，同样，它在流通领域也只能存在于两种和流通领域相适应的形式，即商品形式和货币形式中。但是，由于劳动力是他人的劳动力，资本家要从劳动力所有者那里购买劳动力，就像要从其他商品所有者那里购买生产资料完全一样，所以各种生产要素的总和从一开始就表现为生产资本，因而生产过程本身也表现为产业资本的生产职能，同样，货币和商品也表现为同一产业资本的流通形式，因而，它们的职能也表现为产业资本的流通职能，这些职能或者是生产资本的职能的先导，或者是从生产资本的职能产生。在这里，货币职能和商品职能所以同时又是货币资本的职能和商品资本的职能，只是由于它们作为产业资本在循环过程不同阶段上所要完成的职能的形式是互相联系的。因此，企图从货币和商品的资本性质得出表明货币所以是货币，商品所以是商品的特征的那些特有属性和职能，是错误的；反过来，企图从生产资本采取的生产资料这一存在方式得出生产资本的属性，同样是错误的。

一旦G′或W′作为G＋g或W＋w固定下来，即作为资本价值和它的分蘖剩余价值的关系固定下来，这种关系就会在两种形式上表示出来，一次是在货币形式上，一次是在商品形式上，不过这不会使问题本身发生改变。因此，这种关系既不是来源于货币本身所有的属性和职能，也不是来源于商品本身所有的属性和职能。在这两个场合，表明资本特征的属性，即资本是生出价值的价值，只表现为结果。W′始终是P的职能的产物，G′始终只是W′在产业资本循环中的转化形式。因此，已经实现的货币资本，只要重新开始执行它作为货币资本的特殊职能，就不再表现那种包含在G′＝G＋g中的资本关系。当G…G′已经完成，G′重新开始循环时，G′中所包含的剩余价值即使全部资本化了，G′也不是作为G′，而是作为G出现。用我们的例子来说，第一次循环是用422镑的货币资本开始，第二次循环则用500镑开始。开始第二次循环的货币资本比从前增大78镑；这种区别是在一次循环和另一次循环相比较时才存在的；但是，这种比较在任何一次循环内部都是不存在的。作为货币资本预付的500镑，虽然其中有78镑以前是剩余价值，但是所起的作用同另外一个资本家用来开始第一次循环的500镑没有什么不同。生产资本的循环也是这样。已经增大的P′在重新开始时是作为P出现，和简单再生产P…P中的P没有什么两样。

在$G'—W'<\begin{matrix}A\\Pm\end{matrix}$阶段上，已经增大的量只是由W′表示出来，而不是由A′和Pm′表示出来。因为W是A和Pm之和，所以W′已经表示出，其中包含的A和Pm之和大于原来的P。其次，如果使用

A′和Pm′这样的符号，那是错误的，因为我们知道，在资本增大时，资本的价值构成也会发生变化，随着这种变化，Pm的价值增大，A的价值总是相对地减少，甚至往往是绝对地减少。

III. 货 币 积 累

g这个转化为金的剩余价值，能否立即再加入处在过程中的资本价值，从而和资本G一起，形成G′量而进入循环过程，这要取决于一些和g的单纯存在无关的情况。如果g作为货币资本投入与第一个企业并存的另一个独立的企业，那很明显，它只有达到这个企业所需要的最低限量时，才能用于这个企业。如果它是用来扩大原有的企业，P的各种物质要素的比例和它们的价值比例，也要求g具有一定的最低限量。在这个企业中所使用的一切生产资料，不仅互相间有质的关系，而且有一定的量的关系，一种比例量。加入生产资本的各种要素的这些物质比例，以及它们所承担的价值比例，规定了一个最低限量，g必须达到这个最低限量，才能作为生产资本的增长部分转化为追加的生产资料和劳动力，或者只转化为前者。可见，纺纱业者不同时购置相应数量的梳棉机和粗纺机，就不能增加纱锭的数目，且不说企业的这种扩大还要求增加棉花和工资的支出。因此，要实行企业的这种扩大，剩余价值必须已经达到相当的数额（通常是每新安装一个纱锭按一镑计算）。在g没有达到这种最低限量以前，资本的循环必须多次反复，直到由资本逐次生产出的g的总额能够和G合在一起执行职能，就是说，在$G'—W' < \begin{matrix} A \\ Pm \end{matrix}$中执行职能。哪怕发生细小的变化，例如在纺纱机上发生使这种机器的效率更高的细小变

化，就会需要有更多的支出用于纺纱材料，增加粗纺机，等等。因此，g就在这个间歇期间积累起来，这种积累，不是g本身的职能，而是P…P反复进行的结果。g本身的职能是停留在货币状态中，直到它由价值增殖的反复循环即由外部得到充分的追加，达到它为了能动地执行职能而必须具有的最低限量。g只有达到这种最低限量，才能实际作为货币资本，在这里就是作为正在执行职能的货币资本G的积累部分，同G一道执行职能。在这个间歇期间，它积累着，只是存在于一个正在形成、正在增长的贮藏货币的形式中。因此，货币积累，货币贮藏，在这里表现为随着现实积累即产业资本作用规模的扩大而暂时发生的过程。这个过程所以是暂时发生的，是因为贮藏货币只要停留在贮藏状态中，就不执行资本的职能，不参加价值增殖过程，它仍然是一个货币额，这个货币额所以会增大，只是因为那种没有它的作用而存在的货币被投到同一个钱柜中去。

贮藏货币形式只是不处在流通中的货币的形式，这种货币的流通中断了，因此就保存在货币形式上。至于货币贮藏的过程本身，它是一切商品生产所共有的，而只有在不发达的、资本主义以前的商品生产形式中，才为贮藏货币而贮藏货币。而在这里，贮藏货币表现为货币资本的形式，货币贮藏表现为随着资本积累暂时发生的过程，这是因为而且只是因为货币在这里充当**潜在的货币资本**；这是因为，货币贮藏，即以货币形式存在的剩余价值的贮藏状态，是一个在资本循环之外完成的、为使剩余价值转化为实际执行职能的资本所进行的职能上确定的预备阶段。可见，它由于它的这种使命而成为潜在的货币资本；因而，它为了进入过程而必须达到的数量，每一次都是由生产资本的价值构成决定的。但只要它停留在贮藏状态中，它就还不是执行货币资本的职能，而是闲置的货币资本；不是像前面所说的那种职能中断的货币资本，而是还不能执行职能的货币资本。

我们这里考察的货币积累，是它的本来的实在的形式，是实际的货币贮藏。货币积累也能存在于出售W′的资本家的单纯的贷款即债权的形式上。这种潜在的货币资本，在间歇期间还会以会生出货币的货币的形态而存在，例如成为银行的有息存款，换成某种票据或有价证券，不过这些形式不属于这里研究的范围。在货币上实现的剩余价值，在那种场合，是在产生这一剩余价值的产业资本的循环之外，执行着某些特殊的资本职能；这些职能，首先和这个循环本身无关，其次，是以一些和产业资本职能不同的、这里还没有阐述的资本职能为前提的。

Ⅳ. 准　备　金

在以上考察的形式上作为剩余价值存在形式的贮藏货币，是货币积累基金，是资本积累暂时具有的货币形式，并且就这一点来说，它本身是资本积累的条件。不过，这种积累基金还可以完成特殊的附带的职能，也就是可以进入资本的循环过程，而并没有使这个过程具有P…P′的形式，即没有使资本主义的再生产扩大。

如果W′—G′过程超出了正常时间，商品资本不正常地停滞在它向货币形式转化的过程中；或者，在这种转化完成之后，比如说，货币资本必须转化成的生产资料的价格上涨，超过了循环开始时的水平，这种起着积累资金作用的贮藏货币，就可以用来代替货币资本或它的一部分。这样，货币积累基金就充当准备金，来消除循环中出现的干扰。

它作为这样的准备金，和我们在P…P循环中看到的购买手段或支付手段的基金是不同的。这种购买手段和支付手段是执行职能的货币资本的一部分（因而是处在过程中的资本价值的一部分的存在形式），这个资本的各部分只是在不同的时期相继执行职能。在生产过程连续进行中，准备货币资本不断形成，因为今天收进货款，以后才需要再把它支出；今天卖出大量商品，以后才需要再买进大量商品；因此，在这期间，流动资本的一部分不断以货币形式存在。相反，准备金不是执行职能的资本的组成部分，确切地说，不是执行职能的货币资本的组成部分，而是处在积累的预备阶段中的资本的组成部分，是还没有转化为能动资本的剩余价值的组成部分。此外，不言而喻，资本家在急需的时候会不顾他手中的货币的规定职能，而动用他拥有的一切，来保证他的资本的循环过程照常进行。例如，用我们的例子来说，G＝422镑，G′＝500镑。如果422镑资本中有一部分是作为支付手段和购买手段的基金，作为货币储备而存在，那么，它是被打算用来在条件不变的情况下全部加入循环，而为此它也足够用了。准备金却是78镑剩余价值的一部分；它只有在422镑资本的循环不是在条件不变的情况下进行时，才能进入这个循环过程；因为它是积累基金的一部分，而它在这里的作用并没有使再生产的规模扩大。

货币积累基金已经是潜在的货币资本的存在；从而，已经是货币到货币资本的转化。

把简单再生产和规模扩大的再生产总括在内的生产资本循环的总公式是：

$$P\cdots\overset{1}{\overbrace{W'—G'}}.\overset{2}{\overbrace{G—W}}<{}^{A}_{Pm}\cdots P(P')$$

如果P＝P，（2）项的G就＝G′－g；如果P＝P′，（2）项的G就

大于G′－g；这就是说，g是全部或部分地转化为货币资本。

生产资本的循环是古典经济学用来考察产业资本循环过程的形式。

第 三 章

商品资本的循环

商品资本循环的总公式是：

W′—G′—W…P…W′。

W′不仅表现为前面两种循环的产物，而且表现为它们的前提，因为，只要生产资料本身至少有一部分是另一些处在循环中的单个资本的商品产品，一个资本的G—W就已经包含另一个资本的W′—G′。例如，用我们的例子来说，煤炭、机器等等，就是采矿业主、资本主义机器制造业主等等的商品资本。其次，我们在第一章第四节已经指出，还在G…G′第一次反复时，还在货币资本第二个循环完成之前，不仅P…P循环，而且W′…W′循环就已作为前提存在了。

如果再生产按扩大的规模进行，终点的W′就大于起点的W′，因此，终点的W′应当用W″来表示。

第三个形式和前两个形式的区别如下：第一，在这里，是以包含两个对立阶段的总流通来开始循环，而在形式I中，流通为生产过程所中断，在形式II中，包含两个互相补充阶段的总流通，只表现为再生产过程的中介，因此是P…P之间的中介运动。在G…G′中，流通形式是G—W…W′—G′=G—W—G。在P…P中则相反，流通形式却是W′—G′. G—W = W—G—W。在W′…W′中，流通形式与后一个形式相同。

第二，在循环Ⅰ和Ⅱ的反复中，即使终点的G′和P′是更新的循环的起点，它们产生时的形式也会消失。G′=G+g和P′=P+p重新作为G和P开始新的过程。但是在形式Ⅲ中，即使循环以相同的规模更新，起点W也必须用W′来表示，而这是由于下面的原因。在形式Ⅰ中，只要G′本身开始新的循环，它就作为货币资本G，作为以货币形式预付的待增殖的资本价值执行职能。预付的货币资本的量由于在第一个循环中实行的积累而增加，变得更大了。但不论预付的货币资本的量是422镑还是500镑，都不会改变它表现为单纯的资本价值这种情况。G′不再作为已经增殖的即包含剩余价值的资本，不再作为资本关系而存在。它要在过程中才自行增殖。P…P′也是这样；P′总是要作为P，作为要生产剩余价值的资本价值继续执行职能，使循环更新。——相反，商品资本的循环不是以资本价值开始，而是以商品形式上增大了的资本价值开始，因而它一开始就不仅包含存在于商品形式中的资本价值的循环，而且包含剩余价值的循环。因此，如果简单再生产以这种形式进行，在终点就会出现一个和起点上一样大的W′。如果一部分剩余价值进入资本循环，在终点出现的虽然不是W′，而是W″，一个更大的W′，但下一个循环会再次以W′开始，不过和前一个循环相比，那是一个更大的W′，它用更大的已经积累的资本价值，因此也是用较大的新生产的剩余价值，开始它的新的循环。在所有情况下，W′总是作为一个商品资本（=资本价值+剩余价值）来开始循环。

在一个单个的产业资本的循环中作为W的W′，不是这个资本的形式，而是另一个生产生产资料的产业资本的形式。第一个资本的G—W（即G—Pm）行为，对这第二个资本来说，就是W′—G′。

在流通行为$G—W<\begin{matrix}A\\Pm\end{matrix}$中，A和Pm有相同之处：它们都是卖者即出卖劳动力的工人和出卖生产资料的生产资料所有者手中的商品。对于在这里把货币作为货币资本执行职能的买者来说，只要他还没有购买它们，只要它们还是作为他人所有的商品，和他的货币形式的资本相对立，它们就只执行商品的职能。在这里，Pm和A的区别只在于：如果Pm是卖者的资本的商品形式，Pm在它的卖者手中就＝W′，就能成为资本；而A对工人来说却始终只是商品，要到买者手中，作为P的组成部分，才成为资本。

因此，W′决不能作为单纯的W，作为资本价值的单纯商品形式来开始循环。作为商品资本，它总是一个二重物。从使用价值的观点看，它是P执行职能的产物，在这里是纱，而作为商品来自流通的P的要素，即A和Pm，只是作为这种产品的产品形成要素发生作用。第二，从价值的观点看，它是资本价值P加上P执行职能时产生的剩余价值m。

只有在W′本身的循环中，W（＝P＝资本价值）才能够并且必须和W′中的剩余价值借以存在的部分，即包含剩余价值的剩余产品分离，而不管这两部分实际上是能够分离，如纱，还是不能够分离，如机器。一旦W′转化为G′，它们就总是可以分离的。

如果全部商品产品，同例如我们的10 000磅纱一样，能够分割为独立的、同类的部分产品，从而W′—G′行为能够表现为一系列依次完成的售卖，那么，商品形式的资本价值就能够在剩余价值实现之前，因而在W′全部实现之前，作为W发挥作用，从W′中分离出来。

在价值500镑的10 000磅纱中，8 440磅的价值＝422镑＝同剩余价值分离的资本价值。如果资本家先卖掉价值422镑的8 440磅纱，这8 440磅纱就代表W，即商品形式的资本价值。

W′中除此以外包含的剩余产品1 560磅纱＝78镑剩余价值，在以后才进入流通；资本家能够在剩余产品的流通w—g—w进行之前，完成W—G—W$<\begin{matrix}A\\Pm\end{matrix}$。

或者，如果他先卖掉价值372镑的7 440磅纱，然后卖掉价值50镑的1 000磅纱，他就能够用W的第一个部分补偿生产资料（不变资本部分c），用W的第二个部分补偿可变资本部分v即劳动力，然后照上面一样进行。

但是，如果这样逐次出卖，循环的各种条件又允许这样做，资本家就可以不把W′分为c＋v＋m，而在W′的任何部分上进行这种分割。

例如，作为W′（10 000磅纱＝500镑）的一部分，代表不变资本部分的7 440磅纱＝372镑，本身可以再分为：价值276.768镑的5 535.360磅纱，这部分纱只补偿不变部分，即补偿7 440磅纱中消费掉的生产资料的价值；价值37.200镑的744磅纱，只补偿可变资本；价值58.032镑的1 160.640磅纱则作为剩余产品，成为剩余价值的承担者。因此，在卖出的7 440磅中，他可以用按价格313.968镑卖出的6 279.360磅纱补偿7 440磅中包含的资本价值，而把剩余产品1 160.640磅的价值＝58.032镑作为收入花费。

资本家还同样能够把1 000磅纱（＝50镑＝可变资本价值）分割开来，并按照同样的方法卖出去：价值37.200镑的744磅纱代表1 000磅纱中的不变资本价值；价值5.000镑的100磅纱代表其中的可变资本部分；因此，价值42.200镑的844磅纱补偿1 000磅纱中所包含的资本价值。最后，价值7.800镑的156磅纱，代表其中包含的剩余产品，并可以作为剩余产品消费。

最后，他还能把余下的价值78镑的1 560磅纱，在卖出以后，照如下方式分割开来：用卖出的价值58.032镑的1 160.640磅纱，补偿1 560磅纱中所包含的生产资料的价值，用卖出的价值7.800镑的156磅纱，补偿可变资本的价值。合计1 316.640磅纱＝65.832镑，补偿全部资本价值；最后，243.360磅剩余产品＝12.168镑留做收入花费。

正如纱中存在的每一个要素c，v，m都能再分割为相同的各个组成部分一样，价值1先令＝12便士的每一磅纱也可以分割为：

c＝0.744	磅纱＝	8.928 便士
v＝0.100	磅纱＝	1.200 便士
m＝0.156	磅纱＝	1.872 便士
c＋v＋m＝1	磅纱＝12	便士

把上述三部分出售的结果加起来，就和一次把10 000磅纱卖掉的结果一样。

不变资本：

第一次卖：	5 535.360 磅纱＝	276.768 镑
第二次卖：	744.000 磅纱＝	37.200 镑
第三次卖：	1 160.640 磅纱＝	58.032 镑
合　计	7 440　磅纱＝	372　镑

可变资本：

第一次卖：	744.000 磅纱＝	37.200 镑
第二次卖：	100.000 磅纱＝	5.000 镑
第三次卖：	156.000 磅纱＝	7.800 镑
合　计	1 000　磅纱＝	50　镑

剩余价值：

第一次卖：	1 160.640 磅纱＝	58.032 镑

第二次卖：	156.000 磅纱 =	7.800 镑
第三次卖：	243.360 磅纱 =	12.168 镑
合　计	1 560 磅纱 =	78 镑

总计：

不变资本：	7 440 磅纱 =	372 镑
可变资本：	1 000 磅纱 =	50 镑
剩余价值：	1 560 磅纱 =	78 镑
合　计	10 000 磅纱 =	500 镑

W′—G′本身不过是10 000磅纱的出售。这10 000磅纱和其他一切纱一样是商品。买者关心的是每磅一先令或10 000磅500镑的价格。如果他在交易时注意价值的构成，那只是因为他怀着诡谲的企图，想证明每磅可以按低于一先令的价格来卖，而卖者仍然可以获得很高的利润。但是他所买的量，是取决于他的需要；例如，如果他是织布业者，那就是取决于他自己的在织布厂内执行职能的资本的构成，而不是取决于卖纱给他的纺纱业者的资本的构成。W′一方面要补偿制造它用掉的资本(或者这种资本的不同组成部分)，另一方面要充当剩余产品，用于剩余价值的消费，或者用于资本积累；二者的比例只存在于用10 000磅纱作为商品形式的资本的循环中。这种比例与卖本身无关。此外，我们在这里假定，W′是按照它的价值出卖，因此，这里涉及的只是它由商品形式到货币形式的转化。对于W′来说，即对于在这个单个资本的循环中生产资本必须由以补偿的职能形式来说，出卖时价格和价值是否不一致并且在什么程度上不一致，当然具有决定的意义，但是在这里考察单纯形式区别时，这个问题与我们无关。

在形式Ⅰ即G…G′中，生产过程出现在资本流通的两个互相补充又互相对立的阶段的中间；在终结阶段W′—G′出现以前，它已经过去了。货币作为资本先是预付在各种生产要素上，由这些生产要素转化为商品产品，这种商品产品再转化为货币。这是一个完全的营业周期，其结果是可以用于一切东西的货币。因此，新的开始只是有了可能。G…P…G′可以是在一个单个资本从营业退出时，结束这个资本的职能的最后的循环，也可以是一个新执行职能的资本的最初的循环。在这里，一般的运动是G…G′，即由货币到更多的货币。

在形式II即P…W′—G′—W…P(P′)中，总流通过程跟随在第一个P的后面，发生在第二个P的前面；但它的顺序和形式I中相反。第一个P是生产资本，它的职能是生产过程，即随之而来的流通过程的先决条件。相反，结束的P不是生产过程，它不过是产业资本在生产资本形式上的再存在。而且它是资本价值在最后流通阶段转化为A＋Pm，转化为主观因素和客观因素的结果，这两种因素结合起来就是生产资本的存在形式。资本不论是P还是P′，终结时会再次出现在必须重新执行生产资本职能，完成生产过程的形式上。运动的一般形式P…P是再生产的形式，它与G…G′不同，不表示价值增殖是过程的目的。因此，这个形式使古典经济学更加容易忽视生产过程的确定的资本主义形式，而把生产本身说成是过程的目的，好像目的就是要尽可能多和尽可能便宜地进行生产，要使产品去交换尽可能多样的其他产品，一部分用于生产的更新(G—W)，一部分用于消费(g—w)。在这里，由于G和g只是转瞬即逝的流通手段，所以，货币和货币资本的特性都可能被忽视，全部过程也显得简单和自然，也就是说，具有浅薄的理性主义的自然性。同样，在考察商品资本时，利润有时被忘记，在说到作为总体的生产循环时，商品资本不过作为商品出现；而在说到价值的组成部分时，商品资本则作为商品资本出现。当然，积累也是用和生产一样的方式来表达的。

在形式III即W′—G′—W…P…W′中，循环由流通过程的两个阶段开始，并且和形式II P…P中的顺序相同；然后出现的是P，并且它和形式I中一样执行职能，即进行生产过程；循环以生产过程的结果W′结束。在形式II中，循环以生产资本单纯的再存在P结束，同样，在这里，循环以商品资本的再存在W′结束；在形式II中，资本在它的结束形式P上，必须使过程作为生产过程重新开始，同样，在这里，在产业资本以商品资本形式再出现时，循环也必须用流通阶段W′—G′重新开始。循环的这两个形式都没有完成，因为它们都不是用G′即已经再转化为**货币**的、已经增殖的资本价值来结束。所以，二者都必须继续进行，因而都包含着再生产。形式III的总循环是W′…W′。

第三种形式和前两种形式的区别在于：只有在这种循环中，表现为资本价值增殖的起点的，是已经增殖的资本价值，而不是原来的有待增殖的资本价值。在这里，W′作为资本关系是起点，并且作为这种关系，对整个循环起决定性的作用，因为这个循环还在自己的第一阶段就既包含资本价值的循环，也包含剩余价值的循环，而剩余价值，即使不是就每一个循环来说，而是就平均来说，必须有一部分作为收入花掉，经过w—g—w流通，有一部分作为资本积累的要素发挥作用。

在W′…W′形式中，全部商品产品的消费是资本本身循环正常进行的条件。全部个人消费包括工人的个人消费和剩余产品中非积累部分的个人消费。因此，消费是全部——个人的消费和生产的消费——作为条件进入W′的循环。生产消费（其实也包括工人的个人消费，因为在一定界限之内，劳动力是工人个人消费的不断的产物）

是由每个单个资本自己进行的。个人消费——除了资本家个人生存所必需的消费——只是被看做社会的行为，而决不是作为单个资本家的行为。

在形式Ⅰ和形式Ⅱ中，总运动都表现为预付资本价值的运动。在形式Ⅲ中，表现为全部商品产品的已经增殖的资本成为起点，并具有运动着的资本即商品资本的形式。只是在这个商品资本转化为货币以后，这个运动才分成资本的运动和收入的运动。在这个形式上，社会总产品的分配已经包含在资本的循环中，它同任何单个商品资本的产品的特殊分配一样，一方面分为个人消费基金，另一方面分为再生产基金。

在G…G′中，包含有循环扩大的可能，这要看进入更新的循环的g的量而定。

在P…P中，P能够用相同的，也许更小的价值来开始新的循环，但还是代表规模扩大的再生产；例如，各种商品要素由于劳动生产率提高而变得便宜时就是这样。反之，价值增大的生产资本也可以代表物质规模缩小的再生产，例如各种生产要素变得昂贵时就是这样。这对W′…W′也是适用的。

在W′…W′中，商品形式的资本是生产的前提；在这个循环中的第二个W上，它重新表现为前提。如果这个W还没有生产或再生产出来，循环就被阻止；这个W必须再生产出来，大部分必须作为另一个产业资本的W′再生产出来。在这个循环中，W′是作为运动的起点、经过点和终点，因此，它总是存在着。它是再生产过程的经常性的条件。

W′…W′还由于另一个要素而同形式Ⅰ和形式Ⅱ相区别。这三种循环的共同点是：资本开始循环过程的形式，就是它结束循环过程的形式，因此它又处在开端的形式上，重新开始同一个循环。开端的形式G、P、W′，总是资本价值（在形式III中还包含它的增大的部分即剩余价值）进行预付的形式，因而对循环来说是资本价值原有的形式；结束的形式G′、P、W′，总是循环中的前一个与原有形式不同的职能形式的转化形式。

因此，I的G′是W′的转化形式；II终点上的P是G的转化形式（在I与II中，这种转化都是由商品流通的简单行为，由商品和货币的形式换位引起的）；III的W′是生产资本P的转化形式。不过在III中，第一，这种转化不仅关系到资本的职能形式，而且也关系到它的价值量；第二，这种转化不是属于流通过程的单纯形式换位的结果，而是生产资本各个商品组成部分的使用形式和价值在生产过程中完成的现实转化的结果。

始极的形式G、P、W′，是各相应的循环I、II、III的前提；在终极上复归的形式，是由循环本身的形态变化序列所引起的，因而是受它制约的。W′作为一个单个产业资本的循环的终点，只是以该产业资本的不属于流通的形式P为前提，而它就是这个P的产品。G′，作为I的终点，作为W′的转化形式（W′—G′），以买者手中的G为前提，G存在于G…G′循环之外，由W′的出售引入这个循环，变成这个循环自己的结束形式。同样，II的终点P以存在于循环之外并通过G—W作为结束的形式并入这个循环的A和Pm（W）为前提。但是，撇开终极不说，在单个货币资本和单个生产资本的循环中，前者的循环不是以货币资本一般的存在为前提，后者的循环也不是以生产资本的存在为前提。在形式I中，G可以是历史舞台上出现的第一个货币资本，在形式II中，P也可以是历史舞台上出现的第一个生产资本，但是形式III

$$W'\begin{cases} W— \\ —G' \\ w— \end{cases}\!\!\begin{cases} G—W<\begin{matrix}A\\Pm\end{matrix}\cdots P\cdots W' \\ \\ g—w\end{cases}$$

以W两次存在于循环之外为前提。一次是在$W'—G'—W<\begin{matrix}A\\Pm\end{matrix}$循环中。这个W，只要它由Pm构成，就是卖者手中的商品；只要它是资本主义生产过程的产物，它本身就是商品资本；即使不是，它也在商人手中表现为商品资本。另一次是w—g—w中的第二个w，它也必须作为商品存在，以便能被人购买。总之，A和Pm不管是不是商品资本，都和W′一样是商品，并且互相作为商品发生关系。w—g—w中的第二个w，也是如此。因此，如果W′＝W(A＋Pm)，它就有商品作为自己的形成要素，并且必须在流通中用同样的商品来补偿；w—g—w中的第二个w，也必须在流通中用另一些同样的商品来补偿。

此外，在资本主义生产方式占统治地位的基础上，卖者手中的一切商品都必然是商品资本。它们在商人手中仍旧是商品资本，或者，如果原来不是商品资本，到商人手中也就变成商品资本。或者，它们，例如输入品，必然是补偿原有商品资本的商品，因而只是给了原有商品资本另一种存在形式。

构成生产资本P的商品要素A和Pm，作为P的存在形式，具有和它们在不同的商品市场上被搜集时不同的形态。它们现在结合起来了，在这种结合中，它们就能够执行生产资本的职能。

只有在这个形式III中，W才在循环自身之内表现为W的前提，因为起点就是商品形式的资本。循环是由W′（只要它执行资本价值的职能，那就不管它是否由于剩余价值的加入而增大）转化为各种形成它的生产要素的商品而开始的。但这种转化包括全部流通过程W—G—W(＝A＋Pm)，并且是它的结果。在这里，W是在两极上，但这个由外部从商品市场通过G—W取得W形式的第二极，不是循环的终极，而只是循环的最初两个包含流通过程的阶段的终极。流通过程的结果是P，然后P执行职能，即进行生产过程。W′不是作为流通过程的结果，而只是作为生产过程的结果，才表现为循环的终结，具有和始极W′相同的形式。相反，在G…G′和P…P中，终极G′和P却是流通过程的直接结果。因此，这里的前提只是，处在终点上的一个场合的G′和另一个场合的P已经在别人手中。既然循环是在两极之间进行，一个场合的G和另一个场合的P——G作为他人所有的货币存在，P则作为他人的生产过程存在——都不表现为循环的前提。而W′…W′却以W(＝A＋Pm)是他人所有的、他人手中的商品为前提，这些商品由作为先导的流通过程引入循环，转化为生产资本，然后W′作为生产资本执行职能的结果，再成为循环的结束形式。

但是，正因为W′…W′循环在进行中要以另一个在W(＝A＋Pm)形式上的产业资本为前提(并且Pm包括各种其他资本，用我们的例子来说，包括机器、煤炭、润滑油等等)，所以，这个循环本身就要求我们不仅把它看做循环的**一般**形式，即能够用来考察每一个单个产业资本(第一次投资的场合除外)的社会形式，因而不仅看做一切单个产业资本共有的运动形式，而且同时看做各单个资本的总和即资本家阶级的总资本的运动形式，在这个运动中，每一个单个产业资本的运动，都只表现为一个部分运动，和其他部分运动交织在一起，并且受它们制约。例如，如果我们考察一个国家的全部年商品产品，分析其中一部分补偿一切单个企业的生产资本，另一部分进入不同阶级的个人消费的运动，那么，我们就把W′…W′看做社会资本和由这个社会资本产生的剩余价值或剩余产品的运动形式。社会资本＝单个资本(包括股份资本；如果政府在采矿业、铁路等等上面使用生产的雇佣劳动，起产业资本家的作用，那也包括国家资本)之和，社会资本的总运动＝各单个资本的运动的代数和，这一事实并不排除：这个运动，作为一个孤立的单个资本的运动来看，和同一个运动，作为社会资本总运动的一部分来看，即和社会资本的其他部分的运动联系起来看，会表现出不同的现象；同时，这个运动还会解决这样一些问题，这些问题在考察一个单独的单个资本的循环时必须事先已经解决，而不是要由这种考察去解决。

W′…W′是唯一的这样的一个循环，在这个循环中，原来预付的资本价值只形成运动始极的一部分，因而运动一开始就表明是产业资本的总和运动，既是补偿生产资本的那部分产品的运动，又是形成剩余产品的那部分产品(通常部分作为收入花掉，部分要用做积累要素)的运动。只要剩余价值作为收入花掉已包含在这个循环中，个人的消费也就包含在这个循环中了。其次，个人的消费包含在内，还由于起点的商品W，是作为某种使用物品存在着；而每一种按资本主义方式生产的物品，不论它的使用形式决定它要用于生产的消费，还是要用于个人的消费，还是要用于二者，都是商品资本。G…G′只表明价值方面，表明预付资本的价值增殖是全部过程的目的；P…P(P′)表明资本的生产过程是用相同的或增大的生产资本(即积累)来进行的再生产过程；W′…W′既然在它的始极上已经表明是资本主义商品生产的形态，所以一开始就把生产消费和个人消费包括在内；生产消费和其中包含的价值增殖，不过表现为W′…W′运动的一个分支。最后，因为W′可以在不能再进入任何一个生产过程的使用形式上存在，所以，这一开始就已经表明：W′的由各个产品部分表现的各个价值组成部分，要看W′…W′是作为社会总资本的运动的形式，还是作为一个单个产业资本的独立运动，而必然占有不同的位置。这个循环的所有这些特征，都表明这个循环已经超出它作为一个单纯单个资本的孤立循环的范围。

在W′…W′公式上，商品资本即按资本主义方式生产的总产品的运动，既是单个资本的独立循环的前提，又受这种循环的制约。因此，要把握住这个形式的特征，仅仅指出，W′—G′和G—W这两个形态变化，一方面是资本形态变化中职能上确定的阶段，另一方面又是一般商品流通的环节，就已经不够了。还必须弄清楚一个单个资本的形态变化同其他单个资本的形态变化的错综关系，以及一个单个资本的形态变化同总产品中用于个人消费的部分的错综关系。因此，在分析单个产业资本的循环时，我们主要是用前两个形式作为基础。

W′…W′循环也表现为一个单独的单个资本的形式，例如在农业中就是这样，在那里，是从收成计算到收成。公式II是由播种出发，公式III则是由收成出发，或如重农学派所说，前者是由“预付”(avances)出发，后者是由“回收”(reprises)出发。在形式III中，资本价值的运动，一开始就只表现为总产品量的运动的一部分，而在形式I和II中，W′的运动却只是一个孤立资本的运动中的一个因素。

在公式III中，市场上的商品是生产过程和再生产过程的经常性的前提。因此，如果专门注意这个公式，生产过程的一切要素就好像都是来自商品流通，只是由商品构成。这种片面的看法忽视了生产过程的那些与商品要素无关的要素。

因为在W′…W′中总产品(总价值)是起点，所以这里表明，在生产率不变的情况下，规模扩大的再生产(撇开对外贸易)只有在剩余产品的待资本化的部分已经包含追加生产资本的物质要素时才能进行；因而也表明，既然一年的生产是下年的生产的前提，或者说，既然规模扩大的再生产能够在一年之内和简单的再生产过程同时进行，所以剩余产品就立即在那种能使它作为追加资本执行职能的形式上被生产出来。提高了的生产率只能增加资本物质，而不增大资本价值；但以此它也就为价值增殖形成追加的材料。

W′…W′是魁奈《经济表》的基础。他选用这个形式，而不选用P…P形式，来和G…G′（重商主义体系孤立地坚持的形式）相对立，这就显示出他的伟大的正确的见识。

第四章

循环过程的三个公式

如果用Ck代表总流通过程，这三个公式可以表示如下：

（Ⅰ）G—W…P…W′—G′

（Ⅱ）P…Ck…P

（Ⅲ）Ck…P（W′）。

如果我们对这三个形式进行概括，那么，过程的所有前提都表现为过程的结果，表现为过程本身所产生的前提。每一个因素都表现为出发点、经过点和复归点。总过程表现为生产过程和流通过程的统一；生产过程成为流通过程的中介，反之亦然。

所有这三个循环都有一个共同点：价值增殖是决定目的，是动机。在形式Ⅰ中，这一点已经在形式上表现出来了。形式Ⅱ是以P即价值增殖过程本身开始的。在形式Ⅲ中，即使运动以同样规模反复进行，循环也是以已经增殖的价值开始，而以重新增殖的价值结束的。

就W—G从买者方面看是G—W，G—W从卖者方面看是W—G来说，资本的流通只是表示普通的商品形态变化，而我们在考察这个形态变化时（第一册第三章第2节）阐明的关于货币流通量的规律在这里也是适用的。但是，如果我们不是停留在这个形式方面，而是考察不同的单个资本的形态变化的实际联系，就是说，如果我们实际地考察各单个资本的循环的联系即社会总资本的再生产过程的各个部分运动的联系，那么，这种联系就不能用货币和商品的单纯形式变换来说明了。

在一个不断回转的循环中，每一点都同时是出发点和复归点。如果把这种回转中断，那就不是每一个出发点都是复归点了。我们已经知道，不仅每一个特殊的循环都把其他的循环作为前提（包含在内），而且一种形式的循环的反复，已经包含着其他形式的循环的进行。因此，全部区别表现为单纯形式上的区别，或者说，表现为单纯主观上的、只对考察者才存在的区别。

如果把任何一种循环都看做不同的单个产业资本所处的特殊的运动形式，那么，这种区别也始终只是作为一种个别的区别而存在。但是实际上，任何一个单个产业资本都是同时处在所有这三种循环中。这三种循环，三种资本形态的这些再生产形式，是连续地并列进行的。例如，现在作为商品资本执行职能的资本价值的一部分，转化为货币资本，但同时另一部分则离开生产过程，作为新的商品资本进入流通。因此，W′…W′循环形式不断地进行着；其他两个形式也是如此。资本在它的任何一种形式和任何一个阶段上的再生产都是连续进行的，就像这些形式的形态变化和依次经过这三个阶段是连续进行的一样。可见，在这里，总循环是资本的三个形式的现实的统一。

我们的考察曾经假定，资本价值是按照它的价值总量全部作为货币资本，或作为生产资本，或作为商品资本出现的。例如，我们假定422镑首先是全部作为货币资本，然后全部转化为生产资本，最后又全部作为商品资本，即价值500镑（其中有78镑剩余价值）的纱。在这里，各个不同阶段会分别形成中断。例如，当422镑保持货币形式时，也就是说，在购买行为G—W(A+Pm)完成以前，全部资本只是作为货币资本存在并执行职能。一旦它转化为生产资本，它就既不作为货币资本，也不作为商品资本执行职能了。它的总流通过程就会中断，另一方面，一旦它处在两个流通阶段的一个阶段上，不论是作为G还是作为W′执行职能，它的总生产过程也同样就会中断。这样一来，P…P循环不仅表现为生产资本的周期更新，而且在流通过程完成以前，同样表现为它的职能即生产过程的中断；生产将不是连续地进行，而是痉挛状地进行，只有经过一段由流通过程的这两个阶段完成得快慢所决定的长短不定的时间，生产才能重新进行。例如，中国的手工业者就是这样，他只是为私人顾客劳动，如果没有新的订货，他的生产过程就会停顿。

实际上，以上所说适用于处在运动中的资本的每一个部分，并且资本的所有部分都要依次经过这种运动。假定10 000磅纱是一个纺纱业主的一周的产品。这10 000磅纱要全部从生产领域转到流通领域；其中包含的资本价值必须全部转化为货币资本，并且只要资本价值保持货币资本的形式，它就不能重新进入生产过程；它必须先进入流通，并重新转化为生产资本的要素A+Pm。资本的循环过程是不断的中断，是离开一个阶段，进入下一个阶段；是抛弃一种形式，存在于另一种形式；其中每一个阶段不仅以另一个阶段为条件，而且同时排斥另一个阶段。

但是，连续性是资本主义生产的特征，是由资本主义生产的技术基础所决定的，虽然这种连续性并不总是可以无条件地达到的。让我们来看看实际情况是怎样的。例如，在10 000磅纱作为商品资本进入市场，并转化为货币（不论是支付手段，还是购买手段，甚至只是计算货币）时，新的棉花、煤炭等等则代替纱出现于生产过程，也就是说，已经由货币形式和商品形式重新转化为生产资本的形式，从而开始执行生产资本的职能；在第一个10 000磅纱转化为货币的同时，以前的10 000磅纱则已经进行它的流通的第二阶段，由货币重新转化为生产资本的要素。资本的所有部分都依次经过循环过程，而同时处在循环过程的不同阶段上。这样，产业资本在它的循环的连续进行中，就同时处在它的一切循环阶段以及与这些阶段相适应的不同的职能形式上。对第一次由商品资本转化为货币的部分来说，W′…W′循环才开始，而对作为运动中的整体的产业资本来说，W′…W′循环则已经完成。货币是一手预付出去，另一手收进来。G…G′循环在一点上的开始，同时就是它在另一点上的复归。生产资本也是如此。

因此，产业资本的连续进行的现实循环，不仅是流通过程和生产过程的统一，而且是它的所有三个循环的统一。但是，它之所以能够成为这种统一，只是由于资本的每个不同部分能够依次经过相继进行的各个循环阶段，从一个阶段转到另一个阶段，从一种职能形式转到另一种职能形式，因而，只是由于产业资本作为这些部分的整体同时处在各个不同的阶段和职能中，从而同时经过所有这三个循环。在这里，每一部分的相继进行，是由各部分的并列存在即资本的分割所决定的。因此，在实行分工的工厂体系内，产品不断地处在它的形成过程的各个不同阶段上，同时又不断地由一个生产阶段转到另一个生产阶段。因为单个产业资本代表着一定的量，而这个量又取决于资本家的资金，并且对每个产业部门来说都有一定的最低限量，所以资本的分割必须按一定的比例数字进行。现有资本的量决定生产过程的规模，而生产过程的规模又决定同生产过程并列执行职能的商品资本和货币资本的量。但是，决定生产连续性的并列存在之所以可能，只是由于资本的各部分依次经过各个不同阶段的运动。并列存在本身只是相继进行的结果。例如，如果对资本的一部分来说W′—G′停滞了，商品卖不出去，那么，这一部分的循环就会中断，它的生产资料的补偿就不能进行；作为W′继续从生产过程中出来的各部分，在职能变换中就会被它们的先行部分所阻止。如果这种情况持续一段时间，生产就会受到限制，整个过程就会停止。相继进行一停滞，就使并列存在陷于混乱。在一个阶段上的任何停滞，不仅会使这个停滞的资本部分的总循环，而且会使整个单个资本的总循环发生或大或小的停滞。

过程采取的下一个形式，是各个阶段相继进行的形式，因而，资本过渡到一个新阶段，是由它离开另一个阶段所决定的。因此，每一个特殊循环都有资本的一种职能形式作为出发点和复归点。另一方面，总过程实际上又是三个循环的统一，这三个循环是过程的连续性借以表现的不同形式。总循环对资本的每一种职能形式来说，都表现为它的特有的循环，并且每一个这种循环都决定着总过程的连续性；一种职能形式的循环运动决定着另一种职能形式的循环。总生产过程同时就是再生产过程，从而是总生产过程的每一个要素的循环——这对总生产过程来说，特别是对社会资本来说，是一个必要的条件。资本的各个不同部分依次经过各个不同的阶段和职能形式。因此，每一种职能形式虽然其中表现出来的总是资本的另一个部分，但都和其他职能形式同时经过它自己的循环。资本的一部分，一个不断变动、不断再生产出来的部分，作为要转化为货币的商品资本而存在；另一部分作为要转化为生产资本的货币资本而存在；第三部分则作为要转化为商品资本的生产资本而存在。所有这三种形式的经常存在，正是由总资本经过这三个阶段的循环为中介而造成的。

因此，资本作为整体是同时地、在空间上并列地处在它的各个不同阶段上。但是，每一个部分都不断地依次由一个阶段过渡到另一个阶段，由一种职能形式过渡到另一种职能形式，从而依次在一切阶段和一切职能形式中执行职能。因此，这些形式都是流动的形式，它们的同时性是以它们的相继进行为中介的。每一种形式都跟随在另一种形式之后，而又发生在它之前，因而，一个资本部分回到一种形式，是由另一个资本部分回到另一种形式而决定的。每一个部分都不断进行着它自己的循环，然而处在这种形式中的总是资本的另一个部分，而这些特殊的循环只是形成总过程的各个同时存在而又依次进行的要素。

只有在三个循环的统一中，才能实现总过程的连续性，而不致发生上述的中断。社会总资本始终具有这种连续性，而它的过程始终是三个循环的统一。

就各个单个资本来说，再生产的连续性有时或多或少地会发生中断。第一，价值总量在不同的时期往往以不等的部分分配在各个不同阶段和职能形式中。第二，这些部分可以按照所生产的商品的性质，即按照资本投入的特殊的生产领域，进行不同的分配。第三，在有季节性的生产部门，不论是由于自然条件（如农业、捕鲱鱼等），还是由于习惯（例如在所谓季节劳动上），连续性可能或多或少地发生中断。在工厂和矿山中，过程是最规则地、最划一地进行的。但是，各生产部门之间的这种差别，不会引起循环过程的一般形式的差别。

资本作为自行增殖的价值，不仅包含着阶级关系，包含着建立在劳动作为雇佣劳动而存在的基础上的一定的社会性质。它是一种运动，是一个经过各个不同阶段的循环过程，这个过程本身又包含循环过程的三种不同的形式。因此，它只能理解为运动，而不能理解为静止物。那些把价值的独立化看做是单纯抽象的人忘记了，产业资本的运动就是这种抽象的实现。在这里，价值经过不同的形式，不同的运动，在其中它保存自己，同时使自己增殖，增大。因为我们在这里研究的首先是单纯的运动形式，所以对资本价值在它的循环过程中可能发生的革命就不去考虑了；但是很明显，尽管发生各种价值革命，资本主义生产只有在资本价值增殖时，也就是在它作为独立化的价值进行它的循环过程时，因而只有在价值革命按某种方式得到克服和抵消时，才能够存在和继续存在。资本的运动所以会表现为产业资本家个人的行动，是因为他作为商品和劳动的买者，作为商品的卖者和作为生产的资本家执行职能，因而通过他的活动来促成这种循环。如果社会资本的价值发生价值革命，他个人的资本就可能受到这一革命的损害而归于灭亡，因为它已经不能适应这个价值运动的条件。价值革命越是尖锐，越是频繁，独立化的价值的那种自动的、以天然的自然过程的威力来发生作用的运动，就越是和资本家个人的先见和打算背道而驰，正常的生产过程就越是屈服于不正常的投机，单个资本的存在就越是要冒巨大的危险。因此，这些周期性的价值革命证实了它们似乎应该否定的东西，即证实了价值作为资本所经历的、通过自身的运动而保持和加强的独立化。

处在过程中的资本的这个形态变化序列，包含着在循环中变化了的资本价值量和原有价值的不断比较。如果说与形成价值的力量即劳动力相对立的价值的独立化是在G—A行为(劳动力的购买)中开始的，并在剥削劳动力的生产过程中得到实现，那么，价值的这种独立化就没有在这个循环中再表现出来，在这个循环中，货币、商品和生产要素只是处在过程中的资本价值的互相交替的形式，过去的价值量是和现在的已经变化的资本价值量相比较的。

贝利否定作为资本主义生产方式特征的价值独立化，而把它看做是某些经济学家的幻想，他说：

“价值是同时期的商品之间的关系，因为只有这样的商品能够互相交换”29。

他这样说，是为了反对对不同时期的商品价值进行比较，这种比较，只要把每个时期的货币价值固定下来，就仅仅是在不同时期为生产同一种商品所需要的劳动消耗的比较。他的这种看法是由他的总的误解产生的。他认为，交换价值＝价值，价值形式就是价值本身；因此，如果商品价值不是能动地作为交换价值执行职能，从而在实际上不能互相交换，那么，它们就是不能互相比较的。这样，他就丝毫没有觉察到，只有价值在自己循环的不同阶段（决不是同时存在的，而是相继进行的）保持着它自身的同一性，并且和它自身进行比较，它才作为资本价值或资本执行职能。

为了纯粹地考察循环公式，仅仅假定商品按照价值出售是不够的，还必须假定这是在其他条件不变的情况下进行的。以P…P形式为例，我们把生产过程范围内会使某个资本家的生产资本贬值的一切技术革命撇开不说；把生产资本的各种价值要素的变动对现有商品资本价值所产生的一切反作用（如果有商品资本的储备，它的价值会因此提高或降低）也撇开不说。假定W′，10 000磅纱，按照它的价值500镑出售了；8 440磅＝422镑，补偿W′所包含的资本价值。但是，如果棉花、煤炭等等的价值提高了（我们这里把单纯的价格波动撇开不说），那么，要全部补偿生产资本的要素，这422镑也许就不够了，而必须有追加的货币资本，货币资本就被束缚起来。如果这些东西的价格跌落了，情况就会相反，货币资本就被游离出来。只有在价值关系保持不变时，过程才能完全正常地进行；只有各种干扰在循环反复中被排除，过程才能够在事实上正常进行；干扰越大，产业资本家就必须持有越是大量的货币资本，才有可能等到干扰被排除；因为随着资本主义生产的进展，每一单个生产过程的规模会扩大，预付资本的最低限量也会随之增加，所以除了其他情况外，又加上这个情况，使产业资本家的职能越来越转化为各自独立或互相结合的大货币资本家的垄断。

这里要附带指出：生产要素的价值一有变动，G…G′形式同P…P和W′…W′形式之间就会显示出差别。

在G…G′这一最初作为货币资本出现的、新投入的资本的公式中，如果原料、辅助材料等等生产资料的价值降低了，那么，开办一个具有一定规模的企业需要花费的货币资本，就会比价值降低以前少，因为生产过程的规模（在生产力的发展不变的情况下）取决于一定量劳动力所能掌握的生产资料的数量和规模，而不是取决于这种生产资料的价值，也不是取决于劳动力的价值（劳动力的价值只会影响价值增殖的量）。反过来说，如果形成生产资本要素的商品的生产要素的价值提高了，那么，开办一个具有这样规模的企业，就需要较多的货币资本。在这两个场合，受影响的只是新要投入的货币资本的量；如果新的单个产业资本在某一生产部门照常增加，那么，在第一个场合，货币资本就会过剩，在第二个场合，货币资本就会被束缚。

P…P和W′…W′循环，只有在P和W′的运动同时就是积累时，也就是说，只有在追加的货币g转化为货币资本时，才表现为G…G′。如果撇开这点不说，生产资本的要素的价值变动对上述两个循环的影响，就会不同于对G…G′的影响。在这里，我们再把这种价值变动对于已经处在生产过程中的资本的组成部分的反作用撇开不说。在这里，受到直接影响的，不是原来花费的资本，而是处在再生产过程中、不是处在第一次循环中的产业资本，因而是$W'\cdots W<\genfrac{}{}{0pt}{}{A}{Pm}$，即商品资本向它的由商品组成的生产要素的再转化。在价值降低（或价格降低）时，可能有三种情况：再生产过程以相同的规模继续进行，这时，原有货币资本的一部分被游离出来，从而发生了货币资本的积累，但没有发生现实的积累（规模扩大的生产），即没有发生先于和伴随这种积累的由g（剩余价值）到积累基金的转化；或者是，再生产过程以大于过去的规模扩大，如果技术的比例允许这样做；或者是，原料等等有更多的储备。

在补偿商品资本的要素的价值提高时，情况则相反。这时，再生产就不能再以正常的规模进行（例如工作时间会缩短）；或者为了维持原有的规模，就必须使用追加的货币资本（货币资本的束缚）；或者如果有积累的货币基金，那它就全部或部分地用来维持原有规模的经营，而不是用来扩大再生产过程。这也是货币资本的束缚，不过在这里，追加的货币资本不是来自外部，来自货币市场，而是来自产业资本家自己的资金。

但是，在P…P和W′…W′中，可能发生会引起变化的情况。例如，我们的棉纺业主存有大量棉花（就是说，他的生产资本的一大部分是棉花储备），他的生产资本的一部分就会因棉花价格跌落而贬值，相反，在棉花价格上涨时，他的生产资本的这个部分的价值就会提高。另一方面，如果他把大量资本固定在商品资本的形式上，例如固定在棉纱上，那么在棉花跌价时，他的商品资本的一部分，从而一般来说，他的处在循环中的资本的一部分就会贬值。在棉花价格上涨时，情况则相反。最后，在$W'—G—W<\genfrac{}{}{0pt}{}{A}{Pm}$过程中会发生如下的情况：如果W′—G即商品资本的实现发生在W的要素的价值变动

之前，那么，资本就只会按照第一种情况中所考察的方式受到影响，也就是在第二流通行为$G—W<\begin{matrix}A\\Pm\end{matrix}$中受到影响；但是，如果价值变动发生在W′—G完成之前，那么在其他条件不变的情况下，棉花价格的跌落就会引起棉纱价格相应的跌落，反之，棉花价格的上涨就会引起棉纱价格的上涨。投入同一生产部门的不同的单个资本所处的情况不同，它们所受的影响也可以极不相同。——货币资本的游离和束缚，同样可以由流通过程持续时间不同，也就是由流通速度不同引起。但是，这是在考察周转时所要研究的问题。我们这里关心的，只是在生产资本的要素的价值变动时G…G′和循环过程其他两个形式之间所显示的实际区别。

在资本主义生产方式已经发展，已经占统治地位的时代，在$G—W<\begin{matrix}A\\Pm\end{matrix}$流通阶段中，构成生产资料Pm的商品的很大一部分本身是他人的执行职能的商品资本。因此，从卖者的观点来看，就发生了W′—G′，即商品资本转化为货币资本。但是，这并不是绝对的。相反，在产业资本或者作为货币或者作为商品执行职能的流通过程内，产业资本不论作为货币资本还是作为商品资本的循环，是和各种极其不同的社会生产方式的商品流通交错在一起的，只要这些生产方式同时是商品生产。不论商品是建立在奴隶制基础上的生产的产品，还是农民的产品（中国人，印度的佃农），还是公社的产品（荷属东印度），还是国家生产的产品（如在俄罗斯历史早期出现的以农奴制为基础的国家生产），还是半开化的狩猎民族的产品等等，它们都作为商品和货币，同表现产业资本的货币和商品相对立，既进入产业资本的循环，在剩余价值作为收入花掉时，也进入商品资本所包含的剩余价值的循环，也就是说，进入商品资本的两个流通部门。作为它们来源的生产过程的性质如何是没有关系的；它们作为商品在市场上

执行职能，作为商品进入产业资本的循环和商品资本所包含的剩余价值的流通。因此，商品来源的全面性，市场作为世界市场的存在，是产业资本流通过程的特点。以上就外国商品而言的，也同样适用于外国货币。正像商品资本对外国货币只是执行商品职能一样，外国货币对商品资本也只是执行货币职能；在这里，货币是执行世界货币的职能。

但是，这里必须指出两点。

第一，G—Pm行为一旦完成，商品（Pm）就不再是商品了，而成为产业资本在它作为生产资本P的职能形式上的存在方式之一。但是，商品的来源因此也就消失了；它们只是作为产业资本的存在形式而存在，并且合并到产业资本中去。不过，为了补偿它们，就必须再生产它们，就这一点来说，资本主义生产方式受到在它的发展阶段以外的生产方式的制约。但是，资本主义生产方式的趋势是尽可能使一切生产转化为商品生产；它实现这种趋势的主要手段，正是把一切生产卷入它的流通过程；而发达的商品生产本身就是资本主义的商品生产。产业资本的侵入，到处促进这种转化，同时又促使一切直接生产者转化为雇佣工人。

第二，进入产业资本流通过程的商品（也包括可变资本在付给工人之后为了再生产劳动力而转化成的必要的生活资料），不管其来源如何，不管生产它们的生产过程的社会形式如何，已经以商品资本的形式，以商品经营资本或商人资本的形式，出现在产业资本面前；而商人资本，按它的性质来说，包括一切生产方式的商品。

资本主义生产方式以大规模的生产为前提，同样也必须以大规模的出售为前提；因此是以出售给商人，而不是出售给消费者个人为前提。如果这种消费者自己就是生产消费者，是产业资本家，也就是说，如果一个生产部门的产业资本为其他生产部门提供生产资料，那么，也会发生一个产业资本家（以订货等形式）直接出售给其他许多产业资本家的情况。如果是这样，每个产业资本家就是直接的出售者，本人就是自己的商人；在出售给商人的时候，也是这样。

作为商人资本的职能的商业，是资本主义生产的前提，并且随着资本主义生产的发展而日益发展。因此，我们在解释资本主义流通过程的某些方面时，有时假定商业存在，但在对资本主义流通过程作一般分析时，我们假定是直接出售，没有商人作中介，因为商人的中介会把运动的各种因素隐蔽起来。

我们来看看西斯蒙第，他对这个问题的说明有些天真：

"商业动用的资本是相当可观的，但乍一看来似乎并不构成我们曾详细论述其运动的资本的任何部分。在呢绒商栈房中堆积的呢绒的价值，初看起来似乎和年生产中富者为使贫者劳动而付给贫者的工资部分无关。然而，这种资本只是补偿我们前面讲的另一个资本。为了清楚地理解财富的发展，我们已经从财富的创造一直谈到财富的消费。例如，生产呢绒所用的资本在我们看来总是一样的；在和消费者的收入进行交换时，它只是分成两个部分：一部分以利润的形式，成了工厂主的收入，另一部分则以工人生产新呢绒时的工资的形式，成了工人的收入。

但是，我们立即发现，为了大家的利益，最好使这个资本的各个不同部分可以互相补偿，假如10万埃巨足以保证工厂主和消费者之间的全部流通，最好把这10万埃巨在工厂主、批发商和零售商之间平分。工厂主只要拥有三分之一的资本，就能进行他拥有全部资本时才能进行的活动，因为他现在把产品制造出来以后，可以比他寻找消费者时快得多地找到商人来购买。批发商的资本也可以快得多地用零售商的资本来补偿……　预付的工资总额和最后消费者的购买价格之间的差额，应成为资本的利润。自从工厂主、批发商和零售商分别执行他们的职能以来，这个利润就在他们中间进行分配了，而完成的工作是一样的，虽然需要三个人，而不是一个人，需要三个资本部分，而不是一个资本"（《政治经济学新原理》第1卷第139、140页）。——"一切〈商人〉都是间接参加生产；因为，既然生产的目的是消费，那就只有在把产品送到消费者手里之后，生产才能算完成”(同上,第137页)。[30]

在考察循环的一般形式时,总的说来,在这整个第二册中,我们所说的货币,是指金属货币,不包括象征性的货币,即只是某些国家所特有的单纯价值符号,也不包括尚未阐明的信用货币。第一,这是历史的进程;在资本主义生产的初期,信用货币还不起作用或只起很小的作用。第二,这个进程的必然性,在理论上由以下的事实得到了证明:图克等人过去对信用货币的流通所作的一切批判性的说明,迫使他们不得不再三回过去考察在单纯金属流通的基础上事情是什么样的。但是,我们不要忘记,金属货币既能执行购买手段的职能,也能执行支付手段的职能。为了简便起见,我们在这第二册中一般只谈它的前一种职能形式。

只是作为产业资本单个循环过程的一部分的产业资本的流通过程,如果只代表一般商品流通范围内的一个行为序列,那它是由以前(第一册第三章)已经阐明的一般规律所决定的。货币的流通速度越大,也就是说,每个单个资本经过它的商品或货币的形态变化序列越快,同一货币量(比如500镑)就越是使更多的产业资本(或商品资本形式的单个资本)相继进入流通。因此,货币越是作为支付手段执行职能,也就是说,例如,在一个商品资本由它的生产资料补偿时越是只需要支付抵账后的差额,支付期(例如工资的支付期)越短,同量资本价值的流通所需要的货币量就会越小。另一方面,假定流通速度和其他一切条件不变,必须作为货币资本流通的货币量,就由商品的价格总额(价格乘以商品总量)决定,或者,假定商品的总量和价值已定,就由货币本身的价值决定。

但是,一般商品流通的规律,只有在资本流通过程形成简单流通行为的序列时，才是适用的，而在简单流通行为的序列形成单个产业资本循环的职能上确定的阶段时，却是不适用的。

为了清楚地说明这一点，我们最好考察具有不间断联系的流通过程，这样的流通过程表现为以下两个形式：

$$(\mathrm{II})\quad P\cdots W'\left\{\begin{array}{l} W\text{—} \\ \qquad \text{—}G' \\ w\text{—} \end{array}\right.\left\{\begin{array}{l} G\text{—}W<\begin{array}{l}A\\ Pm\end{array}\cdots P(P') \\ \\ g\text{—}w \end{array}\right.$$

$$(\mathrm{III})\qquad W'\left\{\begin{array}{l} W\text{—} \\ \qquad \text{—}G' \\ w\text{—} \end{array}\right.\left\{\begin{array}{l} G\text{—}W<\begin{array}{l}A\\ Pm\end{array}\cdots P\cdots W' \\ \\ g\text{—}w \end{array}\right.$$

作为一般的流通行为的序列，流通过程（不论是W—G—W，还是G—W—G）只是代表商品形态变化的两个相反的序列，其中每一个形态变化又包含着他人的商品方面的或和这个商品相对立的他人的货币方面的相反的形态变化。

商品占有者方面的W—G就是买者方面的G—W；商品在W—G中的第一形态变化，就是表现为G的商品的第二形态变化。在G—W中则相反。因此，既然资本家执行商品的买者和卖者的职能，从而他的资本对他人的商品来说执行货币的职能，或者对他人的货币来说执行商品的职能，那么，关于一个商品在一个阶段上的形态变化和另一个商品在另一个阶段上的形态变化的交错所作的说明，对于资本流通也是适用的。但是，这种交错并非同时就是资本的形态变化交错的表现。

第一，我们知道，G—W（Pm）可以代表不同单个资本的形态变化的交错。例如，棉纱业主的商品资本棉纱有一部分要由煤炭来补偿。他的资本的一部分处于货币形式，要由货币形式转化为商品形式，而生产煤炭的资本家的资本却处于商品形式，因而要转化为货币形式；同一个流通行为在这里表示两个（属于不同生产部门的）产业资本的相反的形态变化，也就是表示这两个资本的形态变化序列的交错。但是，我们知道，G转化成的Pm，不必是绝对意义上的商品资本，也就是说，不必是产业资本的职能形式，不必是资本家生产出来的东西。这里总是一方面的G—W，另一方面的W—G，但并不总是资本形态变化的交错。其次，G—A，劳动力的购买，决不是资本形态变化的交错，因为劳动力固然是工人的商品，但只有卖给了资本家，才变为资本。另一方面，在W′—G′过程中，G′不必是转化了的商品资本；它可以是商品劳动力转化成的货币（工资），或者是独立劳动者、奴隶、农奴或公社所生产的产品转化成的货币。

第二，即使我们假定世界市场的全部生产都是按资本主义方式经营的，对于在一个单个资本流通过程内发生的任何形态变化所起的职能上确定的作用来说，也决不要求这种形态变化代表另一个资本的循环上的相应的相反形态变化。例如，在P…P循环中，W′转化成的货币G′，从买者方面看，可以只是他的剩余价值转化成的货币（如果商品是消费品）；或者在G′—W′ $< \begin{matrix} A \\ Pm \end{matrix}$ 中（因而，这里进入的是已积累的资本），对Pm的卖者来说，G′可以仅仅作为他的预付资本的补偿而进入他的资本流通，或者在它被当做收入被花掉时根本不再进入他的资本流通。

因此，社会总资本——单个资本在社会总资本中只是独立执行职能的组成部分——的各个不同组成部分在流通过程中怎样互相补偿的问题（无论说的是资本还是剩余价值），不能从商品流通的简单的形态变化的交错得到说明，这种交错是资本流通行为和其他一切商品流通所共有的，这里需要用另一种研究方式。在这个问题上，直到现在为止人们还是满足于使用一些空洞的词句，只要仔细分析一下，这些词句不过是包含一些不确定的观念，这些观念只是从一切商品流通所具有的形态变化交错中套用来的。

产业资本循环过程从而资本主义生产的最明显的特征之一就是：一方面，生产资本的形成要素必须来自商品市场，并且不断从这个市场得到更新，作为商品买进来；另一方面，劳动过程的产品则作为商品从劳动过程产生出来，并且必须不断作为商品重新卖出去。例如，我们把苏格兰低地的现代租地农场主和欧洲大陆的旧式小农比较一下。前者出售他的全部产品，因而必须在市场上补偿它的全部要素，甚至包括种子；后者则是直接消费他的产品的绝大部分，尽量少买少卖，只要有可能，就自己造工具、做衣服等等。

据此，人们把自然经济、货币经济和信用经济作为社会生产的三个具有特征的经济运动形式而互相对立起来。

第一，这三个形式并不代表对等的发展阶段。所谓信用经济本身只是货币经济的一种形式，因为这两个名词都表示生产者自身间的交易职能或交易方式。在发达的资本主义生产中，货币经济只表现为信用经济的基础。因此，货币经济和信用经济只适应于资本主义生产的不同发展阶段，但决不是和自然经济对立的两种不同的独立的交易形式。人们根据同样的理由，似乎也可以把自然经济的各种极不相同的形式，作为对等的东西，和这两种经济对立起来。

第二，因为人们在货币经济和信用经济这两个范畴上强调的并且作为特征提出的，不是经济，即生产过程本身，而是不同生产当事人或生产者之间的同经济相适应的交易方式，所以，在考察第一个范畴时,似乎也应该这样做。因此,似乎应该是交换经济,而不是自然经济。像秘鲁印加国[31]那样完全闭关自守的自然经济,就不属于这些范畴中任何一个范畴了。

第三,货币经济是一切商品生产所共有的,产品在各种各样的社会生产机体中表现为商品。这样,标志资本主义生产的特征的,似乎只是产品以怎样的规模作为交易品,作为商品来生产,从而,产品本身的形成要素以怎样的规模必须作为交易品,作为商品再进入产生它的经济中去。

实际上,资本主义生产是作为生产的普遍形式的商品生产,但是,它之所以如此,在它的发展中之所以越来越如此,只是因为在这里,劳动本身表现为商品,因为工人出卖劳动,即他的劳动力的职能,并且如我们所假定的,是按照由它的再生产费用决定的它的价值出卖的。劳动越变为雇佣劳动,生产者就越变为产业资本家;因而,资本主义生产(从而商品生产)只有在直接的农业生产者也是雇佣工人的时候,才充分地表现出来。在资本家和雇佣工人的关系上,货币关系,买者和卖者的关系,成了生产本身所固有的关系。但是,这种关系的基础是生产的社会性质,而不是交易方式的社会性质;相反,后者是由前者产生的。然而,不是把生产方式的性质看做和生产方式相适应的交易方式的基础,而是反过来,这是和资产阶级眼界相符合的,在资产阶级眼界内,满脑袋都是生意经。(7)

———

资本家以货币形式投入流通的价值,小于他从流通中取出的价

(7)以上是第V稿。——以下至本章末,是1877年或1878年一个笔记本上的读书摘要中的一个注。

值，这是因为他以商品形式投入流通的价值，大于他以商品形式从流通中取出的价值。既然他只是作为资本的人格化，只是作为产业资本家执行职能，他供给的商品价值，总是大于他需求的商品价值。如果在这一方面他的供给和需求相抵，那就是他的资本没有增殖；他的资本就没有执行生产资本的职能；生产资本就转化为没有生出剩余价值的商品资本；它在生产过程中就没有从劳动力取得商品形式的剩余价值，也就是说，根本没有执行资本的职能。他实际上必定是“贱买贵卖”，但是，他所以能够做到这一点，只是因为他通过资本主义生产过程，把他所购买的价值较小因而较廉价的商品，转化为价值较大因而较贵的商品。他之所以卖得贵，不是因为高于他的商品价值出售，而是因为所卖商品的价值大于它的生产组成部分的价值总额。

资本家的供给和需求的差额越大，就是说，他所供给的商品价值越是超出他所需求的商品价值，资本家的资本增殖率就越大。他的目的，不在于使二者相抵，而是尽可能使它们不相抵，使他的供给超出他的需求。

就单个资本家来说是如此，就资本家阶级来说也是如此。

就资本家仅仅是产业资本的人格化来说，他自己的需求就只是对生产资料和劳动力的需求。他对Pm的需求，从价值方面看，小于他的预付资本；他所买的生产资料的价值，小于他的资本的价值，因而，比他所供给的商品资本的价值还要小得多。

至于他对劳动力的需求，从价值方面看，是由他的可变资本对他的总资本的比，即＝v∶C决定的，因此，在资本主义生产中，按比例来看，这种需求同他对生产资料的需求相比，增长得较少。他对Pm的购买越来越大于对A的购买。

既然工人把他的工资几乎全部转化为生活资料，并且最大部分转化为必要的生活资料，所以，资本家对劳动力的需求，同时间接地也就是对进入工人阶级消费的消费资料的需求。但是，这个需求＝v，丝毫也不会更多（如果工人把他的一部分工资储蓄起来——在这里，我们必须撇开一切信用关系——，那就是说，他把他的一部分工资转化为贮藏货币，就这部分来说，他不作为需求者即买者出现）。资本家需求的最大界限＝C＝c＋v，但他的供给＝c＋v＋m；因此，如果他的商品资本的构成是80c＋20v＋20m，他的需求就＝80c＋20v，因而从价值上看，比他的供给小$\frac{1}{5}$。他所生产的m量的百分比（利润率）越大，他的需求同他的供给相比就越小。虽然资本家对劳动力从而间接地对必要生活资料的需求，随着生产的发展，同他对生产资料的需求相比越来越小，但是另一方面不要忘记，按每日计算，他对Pm的需求总比他的资本小。因此，他对生产资料的需求，在价值上必然总是小于用等量资本并且在相同条件下从事生产、向他提供这些生产资料的资本家的商品产品。至于向他提供生产资料的资本家不是一个资本家，而是许多资本家，这并不会使事情发生变化。假定他的资本是1 000镑，其中不变部分＝800镑，那么，他对所有这些资本家的需求＝800镑；这些资本家用每1 000镑（不论他们每人各占多少，也不论他们每人所有的量在他的总资本中占多大部分）总共提供的生产资料的价值，在利润率不变时，总是1 200镑；因此，他的需求只是抵消他们的供给的$\frac{2}{3}$，而他自己的总需求，从价值量来看，只是＝他自己的供给的$\frac{4}{5}$。

现在，我们还必须附带提前考察一下资本的周转。假定资本家的总资本为5 000镑，其中4 000镑为固定资本，1 000镑为流动资本；按照上面的假定，这1 000镑＝800c＋200v。他的流动资本必须每年周转五次，他的总资本才会每年周转一次；这时，他的商品产品＝6 000镑，比预付资本大1 000镑，由此又得出了和上面一样的剩余价值的比例：

5 000C∶1 000m＝100(c＋v)∶20m。可见，这种周转不会改变他的总需求对他的总供给的比例，前者仍然比后者小$\frac{1}{5}$。

假定他的固定资本每10年要更新一次。因此，他每年要提出$\frac{1}{10}$＝400镑作为折旧费。这样，经过一年，他还有3 600镑固定资本＋400镑货币的价值。如果需要修理，并且这种修理不超出平均程度，那么，修理费用不过是他以后才进行的投资。我们可以这样来看，好像他在确定他的进入年商品产品中的投资价值时已经预先把这种修理费用计算在内，因而已经包含在$\frac{1}{10}$的折旧费中了。(如果事实上他的修理需要在平均程度以下，那就会成为他的利益；如果这种修理需要在平均程度以上，那就会成为他的损失。但是，这种得失对从事同一个产业部门的资本家整个阶级来说，是会互相抵消的。)总之，虽然在他的总资本一年周转一次时他每年的需求仍然＝5 000镑，等于他原来预付的资本价值，但是，这种需求对流动资本部分来说是增大了，对固定资本部分来说则是不断减少。

现在我们来谈再生产。假定资本家把剩余价值g全部花掉，只把原来的资本量C再转化为生产资本。这时资本家的需求和供给在价值上是相等的。但是，从他的资本的运动来说，就不是如此；作为资本家，他的需求只相当于他的供给的$\frac{4}{5}$(按照价值量)；$\frac{1}{5}$是他作为非资本家花掉的，不是花在他作为资本家的职能上，而是花在他的私人需要或享受上。

因此，他的计算用百分比表示如下：

作为资本家，	需求＝100	供给＝120
作为享受者，	需求＝ 20	供给＝ —
合计	需求＝120	供给＝120

这个假定等于假定资本主义生产不存在，从而假定产业资本家本身不存在。因为只要假定发挥作用的动机是享受，而不是发财致富本身，资本主义就从根本上被废除了。

但是，这个假定在技术上也是不可能的。资本家不仅必须形成一个准备资本，以应付价格的变动并等待买卖上最有利的行情；他必须积累资本，以扩大生产，并把技术进步合并到他的生产机体中去。

为了积累资本，他首先就要从流通中取出从流通中流到他手里的货币形式的剩余价值的一部分，使它作为贮藏货币去增加，直至它达到扩大旧企业或分设新企业所需要的数量。只要货币贮藏继续进行，它就不会增加资本家的需求；货币停止流通；他为提供的商品从商品市场中取出了货币等价物，但并没有为这个货币等价物从商品市场中取出商品形式的等价物。

这里撇开信用不说，例如，资本家随着货币的积累，把货币作为有息的活期存款存入银行，这就是属于信用范围的问题。

第五章

流通时间[8]

我们已经知道，资本是按照时间顺序通过生产领域和流通领域两个阶段完成运动的。资本在生产领域停留的时间是它的生产时间，资本在流通领域停留的时间是它的流通时间。所以，资本完成它的循环的全部时间，等于生产时间和流通时间之和。

生产时间当然包含劳动过程期间，但劳动过程期间并不包含全部生产时间。首先我们记得，一部分不变资本存在于机器、建筑物等等劳动资料中。它们会在不断重新反复的同一劳动过程中起作用，直到寿命终结为止。劳动过程的周期性中断，例如在夜间，虽然会使这些劳动资料的职能中断，但劳动资料仍然留在生产场所。劳动资料不仅在执行职能时属于生产场所，在它不执行职能时也是属于生产场所。另一方面，资本家必须储备一定量的原料和辅助材料，以便生产过程在或长或短的时间内，按照预定的规模进行，而不受每日市场供应的偶然情况的影响。原料等等的这种储备，只是逐渐地在生产中消费掉。因此，在它的生产时间[9]和职能时

(8)以下是第IV稿。

(9)生产时间这个名词在这里要在能动的意义上去理解。在这里，生产资料的生产时间，不是指生产生产资料所需的时间，而是指生产资料参加一个商品产品的生产过程的时间。——弗·恩·

间之间，就产生差别。因此，生产资料的生产时间一般包括：1. 生产资料作为生产资料执行职能，也就是在生产过程中起作用的时间；2. 生产过程中断，从而并入生产过程的生产资料的职能中断的休止时间；3. 生产资料作为过程的条件虽已准备好，即已经代表生产资本，但尚未进入生产过程的时间。

以上所说的那种差别，都是指生产资本停留在生产领域内的时间和它停留在生产过程内的时间之间的差别。但是，生产过程本身也会使劳动过程从而使劳动时间发生中断，在这个间歇期间，劳动对象听任物理过程对它发生作用，而没有人类劳动参加进去。在这种场合，虽然劳动过程从而生产资料作为劳动资料的职能中断了，但生产过程从而生产资料的职能却继续下去。例如，播在地里的谷种，藏在窖中发酵的葡萄酒，许多制造厂（例如制革厂）中听任化学过程发生作用的劳动材料，就是这样。在这里，生产时间比劳动时间长。二者的差，就是生产时间超过劳动时间的部分。这个超过部分总是由以下的事实产生的：生产资本**潜在地**处在生产领域内，但不在生产过程本身中执行职能；或者在生产过程中执行职能，但不处在劳动过程中。

只是作为生产过程的条件而准备好的那部分潜在生产资本，如纺纱厂的棉花、煤炭等等，既不起产品形成要素的作用，也不起价值形成要素的作用。它是闲置的资本，虽然它的闲置是使生产过程连续不断进行的一个条件。为保存生产储备（潜在资本）而必需的建筑物、装置等等，是生产过程的条件，从而也是预付生产资本的组成部分。它们的职能，是在预备阶段保存生产的各个组成部分。如果在这个阶段上劳动过程是必要的，它就使原料等等变贵，但它是生产劳动，并且形成剩余价值，因为这种劳动同一切其他的雇佣劳动一样，有一部分是没有报酬的。在整个生产过程的正常中断期间，即生产资本不执行职能的间歇期间，既不生产价值，也不生产剩余价值。由此就产生了使工人在夜间也劳动的欲望。(第一册第八章第4节)——劳动对象在生产过程本身中必须经历的劳动时间的间歇，既不形成价值，也不形成剩余价值；但它促进产品的完成，成为产品生涯的一部分，是产品必须经过的一个过程。装置等等的价值，与它们执行职能的全部时间成比例地转移到产品中去；产品是由劳动本身安置在这个阶段中的，这些装置的使用是生产的条件，正如一部分棉花变成棉屑，不加入产品，但仍把自己的价值转移到产品中去，是生产的条件一样。另一部分潜在资本，如建筑物、机器等等，即那些只是由于生产过程有规则的休止才中断自身职能的劳动资料——由生产的缩减、危机等等引起的不规则的中断，是纯粹的损失——，只加进价值，不加入产品的形成；这部分资本加到产品中的全部价值，由它的平均寿命决定；它在执行职能时和不执行职能的时间里，都会因丧失使用价值而丧失价值。

最后，即使劳动过程中断，但继续留在生产过程中的不变资本部分的价值，会在生产过程的结果中再现。各种生产资料在这里被劳动本身安置在某些条件下，让它们自己经过一定的自然过程，其结果是产生某种有用的效果或改变它们的使用价值的形式。当劳动把它们作为生产资料实际有目的地消费时，总是把它们的价值转移到产品中去。在这里，不论劳动必须借助劳动资料不断作用于劳动对象，以产生这种效果，还是劳动只需给个推动力，把生产资料安置在一定条件下，使生产资料由于自然过程的作用，无须再加劳动，自己发生预想的变化，情况都是如此。

不管生产时间超过劳动时间的原因是什么——或者是各种生产

资料只形成潜在的生产资本，就是说还处在现实生产过程的预备阶段；或者是它们本身的职能在生产过程中因生产过程休止而中断；最后，或者是生产过程本身造成劳动过程的中断，——无论在哪一种情况下，生产资料都不起劳动吸收器的作用。它们不吸收劳动，也就不吸收剩余劳动。因此，当生产资本处在超过劳动时间的那一部分生产时间时，即使价值增殖过程的完成和它的这种休止是不可分离的，生产资本还是不会增殖。显然，生产时间和劳动时间越吻合，在一定期间内一定生产资本的生产效率就越高，它的价值增殖就越大。因此，资本主义生产的趋势，是尽可能缩短生产时间超过劳动时间的部分。不过，资本的生产时间虽然可以和它的劳动时间不一致，但前者总是包含后者，而且超过的部分本身就是生产过程的条件。因此，生产时间总是指这样的时间，在这个时间内，资本生产使用价值并自行增殖，因而执行生产资本的职能，尽管它也包含这样的时间，在这个时间内，资本是潜在的，或者也进行生产但并不自行增殖。

在流通领域中，资本是作为商品资本和货币资本存在的。资本的两个流通过程是：由商品形式转化为货币形式，由货币形式转化为商品形式。商品转化为货币在这里同时就是包含在商品中的剩余价值的实现，货币转化为商品同时就是资本价值转化为，或再转化为它的各种生产要素的形态，这种情况丝毫也不影响如下的事实：这些过程，作为流通过程，是简单的商品形态变化的过程。

流通时间和生产时间是互相排斥的。资本在流通时间内不是执行生产资本的职能，因此既不生产商品，也不生产剩余价值。如果我们考察循环的最简单形式，也就是总资本价值每次都是一下子由一个阶段进到另一个阶段，那就很清楚，在资本流通时间持续的时候，生产过程就中断，资本的自行增殖也就中断；并且生产过程的更新根据资本流通时间的长短而或快或慢。相反，如果资本的不同部分是相继通过循环的，也就是总资本价值的循环是在资本的不同部分的循环中依次完成的，那就很清楚，资本的各组成部分在流通领域不断停留的时间越长，资本在生产领域不断执行职能的部分就必定越小。因此，流通时间的延长和缩短，对于生产时间的缩短或延长，或者说，对于一定量资本作为生产资本执行职能的规模的缩小或扩大，起了一种消极限制的作用。资本在流通中的形态变化越成为仅仅观念上的现象，也就是说，流通时间越等于零或近于零，资本的职能就越大，资本的生产效率就越高，它的自行增殖就越大。例如，假定有一个资本家按订货生产，因此他在提供产品时就得到支付，又假定支付给他的是他自己需要的生产资料，那么，流通时间就接近于零了。

因此，资本的流通时间，一般说来，会限制资本的生产时间，从而也会限制它的价值增殖过程。限制的程度与流通时间持续的长短成比例。而这种持续时间的增加或减少的程度可以极不相同，因而对资本的生产时间限制的程度也可以极不相同。但是政治经济学看到的是**表面的**现象，也就是流通时间对资本增殖过程的作用。它把这种消极的作用理解为积极的作用，因为这种作用的结果是积极的。并且，因为这种假象似乎证明了资本有一个神秘的自行增殖的源泉，它来源于流通领域，与资本的生产过程，从而与劳动的剥削无关，所以，政治经济学就更是抓住这个假象不放。我们以后会看到，甚至科学的经济学也不免受这种假象迷惑。以后也会表明，这种假象由于下述各种现象而根深蒂固：1. 资本主义的利润计算方法。按照这种方法，消极的原因被当做积极的原因，因为对于那些处在只是流通时间不同的各种投资领域的资本来说，较长的流通时间成了价格提高的原因，简单地说，就是成了利润平均化的原因之一。2. 流通时间只是周转时间的一个要素；而周转时间包含生产时间或再生产时间。由周转时间引起的事情，好像是由流通时间引起的。3. 商品要转变为可变资本（工资），先要转化为货币。这样，在资本积累上，商品转变为追加可变资本是在流通领域内，在流通时间中发生的。因此，由此产生的积累，好像也是由流通时间引起的。

资本在流通领域内，不管按这个序列还是那个序列，总是要通过W—G和G—W这两个对立的阶段。因此，资本的流通时间也分成两个部分，即商品转化为货币所需要的时间，和货币转化为商品所需要的时间。我们在分析简单商品流通（第一册第三章）时已经知道，W—G即卖，是资本形态变化的最困难部分，因此，在通常的情况下，也占流通时间较大的部分。作为货币，价值处在随时可以转化的形式。作为商品，它必须先转化为货币，才取得这种可以直接交换，从而随时可用的形态。可是，问题在于：在资本流通过程的G—W阶段上，资本要转化成在一定投资场所形成生产资本的一定要素的商品。生产资料也许在市场上还没有，还必须生产出来，或者要取自远方市场，或者它们的通常供给出现了障碍，价格发生了变动等等，总之，发生了许多这样的情况，这些情况在G—W这个简单形式变换中看不出来，但会使流通阶段的这个部分耗费的时间时而较长，时而较短。像W—G和G—W可以在时间上分离一样，W—G和G—W也可以在空间上分离，购买市场和销售市场可以是空间上不同的市场。例如就工厂来说，采购者和推销者甚至往往是不同的人。在商品生产中，流通和生产本身一样必要，从而流通当事人也和生产当事人一样必要。再生产过程包含资本的两种职能，因而也包含这两种职能有人代表的必要性，不管是由资本家自己代表，还是由雇佣工人，即由资本家的代理人代表。然而，这并不是把流通当事人和生产当事人混淆起来的理由，正如不是把商品资本和货币资本的职能同生产资本的职能混淆起来的理由一样。流通当事人必须由生产当事人支付报酬。不过，如果说互相买卖的资本家，通过这种行为，既不创造产品，也不创造价值，那么，即使他们的营业规模使他们能够或必须把这种职能转交给别人，这种情况也不会发生任何变化。在有些营业中，采购者和推销者的报酬，是用利润分成的办法支付的。他们的报酬是由消费者支付的说法是不能说明问题的。消费者只有作为生产当事人给自己生产了商品形式的等价物，或者要么凭法律证书（例如作为生产当事人的股东等），要么靠个人服务，从生产当事人那里占有了这种等价物，他才能支付这种报酬。

W—G和G—W之间存在一种区别，这种区别与商品和货币之间的形式区别无关，而是由生产的资本主义性质产生的。不论是W—G，还是G—W，就它们本身看，都只是一定价值由一种形式到另一种形式的转化。但是，W′—G′同时是W′所包含的剩余价值的实现。G—W则不是这样。因此，卖比买更为重要。G—W，在正常条件下，对于表现为G的价值的增殖来说，是必要的行为，但它不是剩余价值的实现；它是剩余价值生产的导论，而不是它的补遗。

商品本身的存在形式，商品作为使用价值的存在，使商品资本的流通W′—G′受到一定的限制。商品会自然变坏。因此，如果商品没有按照它们的用途，在一定时期内，进入生产消费或个人消费，换句话说，如果它们没有在一定时间内卖掉，它们就会变坏，并且在丧失它们的使用价值的同时，也就丧失作为交换价值承担者的属性。商品中包含的资本价值，资本价值中增长的剩余价值，都将丧失。使用价值只有不断更新，不断再生产，也就是由同种或别种新的使用价值来补偿，才是长久保存而自行增殖的资本价值的承担者。而使用价值以完成的商品形式出售，从而由此进入生产消费或个人消费，是它们的再生产不断更新的条件。它们必须在一定时间内变换它们的旧的使用形式，以便在一种新的使用形式上继续存在。交换价值只有通过使用价值的躯体的这种不断更新才能够保存自己。不同商品的使用价值变坏的快慢程度不同；因此，在使用价值的生产和消费之间的间隔时间，可以长短不等；因此，它们能够以长短不等的时间，作为商品资本停留在W—G流通阶段，作为商品经受长短不等的流通时间，而不致消灭。由商品体本身会变坏所决定的商品资本流通时间的界限，就是流通时间的这一部分或商品资本作为商品资本能够经过的流通时间的绝对界限。一种商品越容易变坏，因而生产出来越要赶快消费，也就是越要赶快卖掉，它能离开产地的距离就越小，它的空间流通领域就越狭窄，它的销售市场就越带有地方性质。因此，一种商品越容易变坏，它的物理性能对于它作为商品的流通时间的绝对限制越大，它就越不适于成为资本主义生产的对象。这种商品只有在人口稠密的地方，或者随着地域的距离由于运输工具的发展而缩短时，才能成为资本主义生产的对象。而一种物品的生产集中在少数人手里和人口稠密的地点，甚至能够为这样一类产品，如大啤酒厂、牛奶厂生产的产品，造成较大的市场。

第 六 章
流 通 费 用

I. 纯粹的流通费用

1. 买 卖 时 间

资本由商品到货币和由货币到商品的形式转化，同时就是资本家的交易，即买卖行为。资本完成这些形式转化的时间，从主观上，从资本家的观点来看，就是买卖时间，就是他在市场上执行卖者和买者的职能的时间。正像资本的流通时间是资本再生产时间的一个必要部分一样，资本家进行买卖，在市场上奔走的时间，也是他作为资本家即作为人格化的资本执行职能的时间的一个必要部分。这是他的经营时间的一部分。

〔因为我们假定商品按照它们的价值买卖，所以，这些行为只是指同一价值由一种形式转化为另一种形式，即由商品形式转化为货币形式和由货币形式转化为商品形式，只是指一种状态变化。如果商品按照它们的价值出售，买者和卖者手里的价值量都不发生变化；发生变化的只是它的存在形式。如果商品不是按照它们的价值出售，转化了的价值的总额仍旧不变；一方面的增加，就是另一方面的减少。

但是，形态变化W—G和G—W，是买者和卖者之间进行的交易；他们达成交易是需要时间的，尤其是因为在这里进行着斗争，每一方都想占对方的便宜，生意人碰在一起，就像“希腊人遇到希腊人就发生激战”[32]一样。状态的变化花费时间和劳动力，但不是为了创造价值，而是为了使价值由一种形式转化为另一种形式。在这里，事情并不因双方都想借此机会占有超额的价值量而发生变化。这种劳动由于双方的恶意而增大，但并不创造价值，正像花费在诉讼程序上的劳动并不增加诉讼对象的价值量一样。这种劳动对于作为总体的资本主义生产过程来说，即对于包含着流通或被包含在流通中的资本主义生产过程来说，是一个必要的因素，但它同比如说燃烧一种生热用的材料时花费的劳动一样。这种燃烧劳动，虽然是燃烧过程的一个必要的因素，但并不生热。例如，要把煤炭当做燃料来用，我就必须使它同氧气化合，为此，必须使它由固体状态转化为气体状态（因为在燃烧的结果碳酸气中，煤炭处于气体状态），也就是使煤炭的存在形式或状态发生物理变化。在进行新的化合之前，结合为固体的碳分子必须分离，碳分子本身必须分解为单个的原子。这需要消耗一定的能量，这种能量的消耗不转化为热，而是热的一种扣除。因此，如果商品占有者不是资本家，而是独立的直接生产者，那么，买卖所费的时间，就是他们的劳动时间的一种扣除，因而，他们总是（在古代和中世纪）力图把这种事情留到节日去做。

当然，资本家手里的商品交易具有的规模，不会使那种并不创造价值而只是为价值的形式变换作中介的劳动，转化为创造价值的劳动。即使职务转移了，就是说，产业资本家并不亲自从事那种“燃烧劳动”，而把它变为由他们付酬的第三者的专业，也不可能出现这种变体的奇迹。这些第三者当然不是因为爱上资本家的美丽的眼睛而让他们支配自己的劳动力。一个地主的收租人或一个银行的差役的劳动不会使他们所收的租或成袋地运往另一银行的金币增加分毫，这对他们来说也是没有关系的。〕(10)

对于使别人为自己劳动的资本家来说，买卖成了一种主要职能。因为他按巨大的社会的规模占有许多人的产品，所以，他也得按同样的规模出售这些产品，然后重新把货币转化为各种生产要素。和以前一样，买卖时间并不创造价值。错觉是从商人资本的职能产生的。但是，在这里，即使对这个问题不作进一步的考察，事情本来就很清楚：如果一种职能本身是非生产的，然而是再生产的一个必要的因素，现在这种职能由于分工，由多数人的附带工作变为少数人的专门工作，变为他们的特殊行业，那么，这种职能的性质本身并不会改变。**一个**商人（在这里只是看做商品的形式转化的当事人，只是看做买者和卖者）可以通过他的活动，为**许多**生产者缩短买卖时间。因此，他可以被看做是一种机器，它能减少力的无益消耗，或有助于腾出生产时间。(11)

---

(10)括号里的几段采自第VIII稿末尾的一个注。

(11)“商业费用虽属必要，但应看做是一种繁重的负担。”（魁奈《经济表分析》，载于德尔编《重农学派》，1846年巴黎版第1部第71页）——在魁奈看来，商人之间的竞争带来的“利润”，即竞争迫使他们“降低的他们的报酬或收入……严格地说，不外就是直接出售者和消费购买者的**损失的减少**。但是，无论我们把商业本身简单地看做是与运输费用无关的交换，还是把它看做是和运输费用结合在一起的交换，商业费用损失的减少，并不是**现实产品**，或者并不是由商业引起的财富的增长”（第145、146页）。“如果没有什么中介费用，商业费用总是由得到买者支付的全部价格的产品出售者负担。”（第163页）“土地所有者和生产者是工资的支付人，商人是工资的领取人。”（魁奈《关于商业和手工业者劳动的问答》，载于德尔编《重农学派》，1846年巴黎版第1部第164页）33

为了简便起见（因为我们以后才考察作为资本家的商人和商人资本），我们假定，这种买卖的当事人是出卖自己劳动的人。他在W—G和G—W活动上，耗费自己的劳动力和劳动时间。因此，他以此为生，就像别人靠纺纱或制药丸为生一样。他执行一种必要的职能，因为再生产过程本身包含非生产职能。他和别人一样劳动，不过他的劳动的内容既不创造价值，也不创造产品。他本身属于生产上的非生产费用。他的作用，不是使一种非生产职能转化为生产职能，或使非生产劳动转化为生产劳动。如果这种转化能够通过职能的这种转移来完成，那真是奇迹了。他的作用宁可说是使社会的劳动力和劳动时间只有更少一部分被束缚在这种非生产职能上。不仅如此。我们不妨假定，他只是一个雇佣工人，他的报酬尽可比较优厚。不管他的报酬怎样，他作为一个雇佣工人，总有一部分时间是无偿地劳动的。他也许每天干了10小时而得到8个劳动小时的价值产品。他从事的两小时剩余劳动，和他的8小时必要劳动一样不生产价值，虽然由于这8小时必要劳动，社会产品有一部分转移给他了。第一，和以前一样，从社会的观点看，一个劳动力在10小时内耗费在这个单纯的流通职能上。它不能用于别的目的，不能用于生产劳动。第二，社会对这两小时的剩余劳动没有支付报酬，虽然这种剩余劳动已经由完成这种劳动的这个人耗费了。社会并没有因此占有任何超额的产品或价值。但是，这个人所代表的流通费用减少了$\frac{1}{5}$，由10小时减为8小时。社会对以他为当事人的这一现实的流通时间的$\frac{1}{5}$，没有支付等价物。但是，既然这个当事人是由资本家使用的，资本家会由于未对这两小时支付报酬而减少**他的**资本的流通费用，而这种费用是对他的收入的扣除。对资本家来说，这是一种积极的收入，因为他的资本在价值增殖上所受的消极限制缩小了。当独立的小商品生产者把他们的一部分时间耗费在买卖上的时候，这种时间或者只是在他们的生产职能的间歇期间耗费的时间，或者是他们的生产时间的损失。

无论如何，用在买卖上的时间，是一种不会增加转化了的价值的流通费用。这种费用是价值由商品形式转变为货币形式所必要的。如果资本主义的商品生产者是流通当事人，那么，他同直接的商品生产者的区别只是在于，他的买卖规模较大，因而他作为流通当事人执行职能的范围较大。一旦他的营业范围使他必须购买或者能够购买（雇用）作为雇佣工人的他的流通当事人，事情的本质也不会发生变化。劳动力和劳动时间必须以某种程度耗费在流通过程（就它只是形式转化来说）上。但是，现在这种耗费表现为追加的资本支出；可变资本的一部分必须用来购买这种仅仅在流通中执行职能的劳动力。资本的这种预付，既不创造产品，也不创造价值。它相应地缩小预付资本生产地执行职能的范围。这就好像是把产品的一部分转化为一种机器，用来买卖产品的其余部分。这种机器是产品的一种扣除。它虽然能够减少在流通中耗费的劳动力等等，但不参加生产过程。它只是流通费用的一部分。

2. 簿　　记

劳动时间除了耗费在实际的买卖上外，还耗费在簿记上；此外，簿记又耗费对象化劳动，如钢笔、墨水、纸张、写字台、事务所费用。因此，在这种职能上，一方面耗费劳动力，另一方面耗费劳动资料。这里的情况和买卖时间完全一样。

资本作为它的循环中的统一体，作为处在过程中的价值，无论是在生产领域还是在流通领域的两个阶段，首先只是以计算货币的形态，观念地存在于商品生产者或资本主义商品生产者的头脑中。这种运动是由包含商品的定价或计价(估价)在内的簿记来确定和监督的。这样，生产的运动，特别是价值增殖的运动，——在这里，商品只是价值的承担者，只是这样一种物品的名字，这种物品的观念的价值存在固定为计算货币，——获得了反映在观念中的象征形象。在单个商品生产者仅仅用头脑记账(例如农民；只有资本主义农业，才产生使用簿记的租地农场主)，或者仅仅在他的生产时间之外附带地把收支、支付日等等记载下来的时候，很明显，他的这种职能和他执行这种职能所消耗的劳动资料，如纸张等等，都是劳动时间和劳动资料的追加消耗。这种消耗是必要的，但是既要从他能生产地消耗的时间中扣除，又要从那种在现实生产过程中执行职能的、参加产品形成和价值形成的劳动资料中扣除。(12)不论这种职能集中在资本主义商品生产者手中，不再是许多小商品生产者的职能，而是**一个**资本家的职能，是一个大规模生产过程内部的职能，从而获得了巨大的规模；还是这种职能不再是生产职能的附带部分，而从生产职能中分离出来，独立化为特殊的、专门委托的当事人的职能，——这种职能本

(12)在中世纪，我们只在修道院中发现农业的账簿。但是，我们知道(第1册第343页[34])，在远古的印度公社中，已经有一个农业记账员。在那里，簿记已经独立为一个公社官员的专职。由于这种分工，节约了时间、劳力和开支，但是，生产和记载生产的簿记，终究是两回事，就像给船装货和装货单是两回事一样。充当记账员的那一部分公社劳动力，是从生产中抽出来的。他执行职能所需的各种费用，不是由他自己的劳动来补偿，而是由公社产品的扣除来补偿的。只要作些适当的修改，资本家的簿记人员的情况，就和印度公社的记账员的情况相同。(采自第II稿)

身的性质都不会改变。

如果一种职能就其本身来说，也就是在它独立化以前，不形成产品和价值，那么，分工，这种职能的独立化，并不会使这种职能形成产品和价值。如果一个资本家新投入资本，他就必须把一部分资本投在雇用记账员等等和簿记用品上。如果他的资本已经执行职能，处在不断的再生产过程中，那么，他就必须使他的商品产品的一部分，通过转化为货币，不断再转化为记账员、事务员等等。这部分资本是从生产过程中抽出来的，它属于流通费用，属于总收益的扣除部分。（专门用于这一职能的劳动力本身也包括在内。）

但是，簿记所产生的各种费用，或劳动时间的非生产耗费，同单纯买卖时间的费用，毕竟有一定的区别。单纯买卖时间的费用只是由生产过程的一定的社会形式而产生，是由这个生产过程是商品的生产过程而产生。过程越是按社会的规模进行，越是失去纯粹个人的性质，作为对过程的监督和观念上的总括的簿记就越是必要；因此，簿记对资本主义生产，比对手工业和农民的分散生产更为必要，对公有生产，比对资本主义生产更为必要。但是，簿记的费用随着生产的积聚而减少，簿记越是转化为社会的簿记，这种费用也就越少。

我们这里谈的，只是由单纯形式上的形态变化所产生的流通费用的一般性质。这里用不着考察这些流通费用的各种详细形式。但是，这些属于价值的纯粹的形式转化的、从而产生于生产过程的一定社会形式的形式，在单个商品生产者那里只是转瞬即逝的、几乎觉察不到的要素，是同他的生产职能并行或交织在一起的；而这些形式在表现为巨额的流通费用时，却可以令人触目惊心，在单纯的货币收支上，一旦这种业务独立化为银行等等或单个企业的出纳员的专门职能并且大规模集中，我们就看到这一点。要牢记的是，这些流通费用不会因形态的变化而改变其性质。

3. 货　　币

不管一种产品是不是作为商品生产的，它总是财富的物质形态，是要进入个人消费或生产消费的使用价值。作为商品，它的价值观念地存在于价格中，这个价格丝毫不改变它的现实使用形态。但是，某些商品，如金和银，执行货币的职能，并且作为货币专门留在流通过程（也作为贮藏货币、准备金等等留在流通领域，虽然是以潜在的形式），这纯粹是生产过程的一定社会形式即商品生产过程的产物。因为在资本主义生产的基础上，商品成为产品的一般形态，绝大部分产品是作为商品生产的，从而必须取得货币形式，因为商品总量，即社会财富中执行商品职能的部分不断增大，所以，执行流通手段、支付手段、准备金等等职能的金银量也不断增大。这些执行货币职能的商品，既不进入个人消费，也不进入生产消费。这是固定在充当单纯的流通机器的形式上的社会劳动。除了社会财富的一部分被束缚于这种非生产的形式之外，货币的磨损也要求不断得到补偿，或要求把更多的产品形式的社会劳动转化为更多的金和银。这种补偿费用，在资本主义发达的国家是很可观的，因为一般说来被束缚在货币形式上的财富部分是巨大的。金和银作为货币商品，对社会来说，是仅仅由生产的社会形式产生的流通费用。这是商品生产的非生产费用，这种费用，随着商品生产，特别是随着资本主义生产的发展而增大。它是社会财富中必须为流通过

程牺牲的部分。(13)

II. 保 管 费 用

由价值的单纯形式变换，由观念地考察的流通产生的流通费用，不加入商品价值。就资本家来考察，耗费在这种费用上的资本部分，只是耗费在生产上的资本的一种扣除。我们现在考察的那些流通费用的性质则不同。它们可以产生于这样一些生产过程，这些生产过程只是在流通中继续进行，因此，它们的生产性质完全被流通的形式掩盖起来了。另一方面，从社会的观点看，它们又可以是单纯的费用，是活劳动或对象化劳动的非生产耗费，但是正因为这样，对单个资本家来说，它们可以起创造价值的作用，成为他的商品出售价格的一种加价。这种情况已经来源于以下事实：这些费用在不同的生产领域是不同的，在同一生产领域，对不同的单个资本来说，有时也是不同的。这些费用追加到商品价格中时，会按照各个资本家分担这些费用的比例进行分配。但是，一切追加价值的劳动也会追加剩余价值，并且在资本主义基础上总会追加剩余价值，因为劳动形成的价值取决于劳动本身的量，劳动形成的剩余价值则取决于资本家付给劳动的报酬额。因此，使商品变贵而不追加商品使用价值的费用，对社会来说，属于生产上的非生产费用，对单个资本家来说，则可以成为发财致富的源泉。

(13)"一国内流通的货币，是该国资本的一定部分，这部分完全从生产用途中抽出来，以便促进或提高其他部分的生产率；因此，为了使金充当流通手段，必须有一定量的财富，这就好像为了制造一台机器，以促进任何另一种生产，必须有一定量的财富一样。"(《经济学家》第5卷第520页)

另一方面，既然这些费用加到商品价格中去的这种加价，只是均衡地分配这些费用，所以这些费用的非生产性质不会因此而消失。例如，保险公司把单个资本家的损失在资本家阶级中间分配。尽管如此，就社会总资本考察，这样平均化的损失仍然是损失。

1. 储备形成一般

在产品作为商品资本存在或在产品停留在市场上时，也就是，在产品处在它从中出来的生产过程和它进入的消费过程之间的间隔时间内，产品形成商品储备。商品资本，作为市场上的商品，从而具有储备形态的商品，在每个循环中出现两次：一次是作为我们正在考察其循环的、处在过程中的资本本身的商品产品；另一次相反是作为另一个资本的商品产品，这种产品必须出现在市场上，以便被购买，并转化为生产资本。当然，后面这种商品资本可能只是根据订货生产的。如果这样，在它被生产出来以前，就会发生中断。然而，生产过程和再生产过程的不断进行，要求相当数量的商品(生产资料)不断处在市场上，也就是形成储备。生产资本还包括对劳动力的购买，在这里，货币形式只是生活资料的价值形式，这种生活资料的大部分，工人必须在市场上找到。我们在本节的论述中还要详细说明这个问题。在这里，下面这一点已经清楚了。如果我们的出发点是处在过程中的资本价值，这个资本价值已经转化为商品产品，现在必须出售或再转化为货币，因而现在在市场上执行商品资本的职能，那么，商品资本形成储备的状态，是市场上的一种违反目的的非自愿的停滞状态。出售越迅速，再生产过程就越流畅。W′—G′这一形式转化的停滞，会妨碍要在资本循环中进行的现实的物质变换，妨碍资本进一步作为生产资本执行职能。另一方面，对G—W来说，商品不断存在于市场，即商品储备，却是再生产过程不断进行的条件，是投入新资本或追加资本的条件。

商品资本要作为商品储备停留在市场上，就要有建筑物，栈房、储藏库、货栈，也就是要支出不变资本，还要对把商品搬进储藏库的劳动力付给报酬。此外，商品会变坏，会受有害的自然因素的影响。为了保护商品不受这些影响，要投入追加的资本，一部分投在劳动资料上，即物的形式上，一部分投在劳动力上。(14)

可见，资本在商品资本形式上从而作为商品储备的存在，产生了费用，因为这些费用不属于生产领域，所以算做流通费用。这类流通费用同第一节所说的流通费用的区别在于：它们在一定程度上加入商品价值，因此使商品变贵。在任何情况下，用于保存和保管这种商品储备的资本和劳动力，总是从直接的生产过程抽出来的。另一方面，这里使用的资本，包括作为资本组成部分的劳动力，必须从社会产品中得到补偿。因此，这些资本的支出所产生的影响，就像劳动生产力降低一样，因而，要获得一定的效用，就需要更大量的资本和劳动。这是**非生产费用**。

如果形成商品储备所需要的流通费用，只是产生于现有价值由商品形式转化为货币形式的时间，就是说，只是产生于生产过程的一定

---

(14)据柯贝特对1841年9个月期间小麦储存费用的计算，数量的损失占$\frac{1}{2}$%，小麦价格的利息占3%，仓库租金占2%，筛选和运输的费用占1%，卸货的费用占$\frac{1}{2}$%，共计占7%，或者说，在每夸特小麦价格50先令中占3先令6便士。(托·柯贝特《个人致富的原因和方法的研究》1841年伦敦版[第140页])[35]按照利物浦市商人向铁道委员会提出的证词，1865年谷物储存的(纯)非生产费用，每月为每夸特2便士，或每吨9—10便士。(《皇家铁道委员会。证词》1867年版第19页第331号)

的社会形式(只是由于产品是作为商品生产的,因此必须转化为货币),那么,这些流通费用和第一节所列举的流通费用的性质就完全相同。另一方面,商品价值在这里被保存或者增加,只是因为使用价值,产品本身,被置于一定的、需要有资本支出的物的条件下,并且必须经历那些有追加劳动作用于使用价值的操作。相反,商品价值的计算,记载这一过程的簿记,买卖交易,却不会在商品价值借以存在的使用价值上发生作用。这些事情只是同商品价值的形式有关。因此,虽然在我们假定的场合,花费在储备(在这里是非自愿的)上的非生产费用只是产生于形式转化的停滞和必要性,但是,这些费用和第一节所说的非生产费用仍然不同,这些费用的目的本身不是价值的形式转化,而是价值的保存,而价值存在于作为产品,作为使用价值的商品中,因而只有通过产品的保存,使用价值本身的保存,价值才能得到保存。在这里,使用价值既没有提高,也没有增加,反而减少了。但是,它的减少受到了限制,它被保存下来。在这里,商品中存在的预付价值,也没有增加。但是,加进了新的劳动——对象化劳动和活劳动。

现在要进一步研究,这种非生产费用在什么程度内,产生于一般商品生产和普遍绝对形式的商品生产即资本主义商品生产的特有性质;另一方面,又在什么程度内,为一切社会生产所共有,而在这里,在资本主义生产中,只是取得一种特殊的形态,一种特殊的表现形式。

亚·斯密曾提出一种荒诞的见解,认为储备只是资本主义生产所特有的现象。(15)相反,现代经济学家,例如莱勒,则断言储备将随着资本主义生产的发展而减少[37]。西斯蒙第甚至认为这是资本主义生产的一个缺陷。[38]

---

(15)第二卷序论。[36]

实际上，储备有三种形式：生产资本的形式，个人消费基金的形式，商品储备或商品资本的形式。虽然就绝对量来说，三种形式的储备可以同时增加，但是一种形式的储备会在另一种形式的储备增加时相对地减少。

不言而喻，在生产是直接为了满足自身需要，只有很小一部分是为了交换或出售的地方，也就是说，在社会产品全部不采取商品形式，或者只有很小的部分采取商品形式的地方，商品形式的储备或商品储备只是财富的很小的、微小的部分。但是，消费基金，特别是真正的生活资料的消费基金，在这里相对地说却是很大的。我们只要看一下古代的农民经济。在那里，产品的绝大部分正因为留在它的所有者手中，所以不形成商品储备，而直接转化为备用的生产资料或生活资料。它不采取商品储备的形式，并且正因为这样，亚·斯密就认为，以这种生产方式为基础的社会，不存在储备。亚·斯密把储备的形式同储备本身混淆起来了，并且以为，社会历来就是干一天吃一天，或者等到明天去碰运气。(16)这是一种幼稚可笑的误解。

---

(16)储备的形成，并不是像亚当·斯密想象的那样，只是由于产品转化为商品，消费品储备转化为商品储备而产生的，恰恰相反，这种形式变换，在为自身需要的生产过渡到商品生产的时期，引起了生产者的经济的非常剧烈的危机。例如，在印度，直到最近，还保存着“大量储存丰年很贱的谷物的习惯”(《答复。孟加拉和奥里萨的饥荒。下院1867年》第1部分第230、231页第74号)。美国南北战争[39]所引起的对棉花、黄麻等等的需求的突然增大，使印度许多地方稻田的面积大大缩小，米价上涨，生产者纷纷出售过去的存米。加上1864—1866年稻米向澳大利亚、马达加斯加等地的空前输出。因此，就产生了1866年的大饥荒。这次饥荒单是在奥里萨省就夺去100万人的生命。(同上，第174、175、213、214页，以及第3部分《关于比哈尔饥荒的文件》第32、33页，这个报告强调过去的存米的外流是造成饥荒的原因之一。)〔采自第II稿〕

生产资本形式的储备，是以生产资料的形式存在的，这些生产资料或者已经处于生产过程，或者至少已经在生产者手中，也就是已经潜在地处于生产过程。我们在前面已经看到，随着劳动生产率的发展，从而，随着资本主义生产方式（它比一切以前的生产方式更加发展了劳动的社会生产力）的发展，那种以劳动资料形式一下子全部并入过程，并在一个或长或短的时期内在过程中不断反复执行职能的生产资料（建筑物、机器等等）的量，不断增大，并且这种生产资料的增大，既是劳动的社会生产力发展的前提，又是它的结果。这种形式的财富不仅绝对增加而且相对增加的事实（参看第一册第二十三章第2节[40]），最能说明资本主义生产方式的特征。但是，不变资本的物质存在形式，生产资料，不仅由这种劳动资料构成，而且还由各加工阶段上的劳动材料以及辅助材料构成。随着生产规模的扩大，随着劳动生产力由于协作、分工、机器等等而提高，逐日进入再生产过程的原料、辅助材料等等的量也会增加。这些要素必须预先在生产场所准备好。因此，这种以生产资本形式存在的储备的规模是绝对增大的。要使生产过程流畅地进行——不管这种储备可以逐日更新，还是只能在一定时期内更新——，就总是要在生产场所准备好更多的原料等等，比如说要多于一天或一周的消耗量。过程的连续性，要求它的各种条件的存在不致因为在逐日购买上可能遇到中断而受影响，也不致因为商品产品逐日逐周出售，从而只能不规则地再转化为它的各种生产要素而受影响。不过，生产资本显然可以以极不相同的规模潜在地存在或形成储备。例如，纺纱业者必须准备好够用三个月的，还是只够用一个月的棉花或煤炭，就有很大的差别。我们看到，这种储备虽然绝对地增大了，但是可以相对地减少。

这要取决于各种条件，而这一切条件实质上不外就是，要使必要数量的原料能够更迅速地、更有规则地、更有保证地不断得到供应，而不致发生任何中断。这些条件越不具备，从而供应越没有保证，越不规则，越缓慢，生产资本的潜在部分，即生产者手中等待加工的原料等等的储备就必然越大。这些条件同资本主义生产的发展水平，因而同社会劳动的生产力的发展水平成反比。因此，这种形式的储备也是这样。

这里表现为储备减少的现象（如莱勒所看到的），部分地说，只是商品资本形式的储备即真正商品储备的减少；因此，只是同一个储备的形式变换。例如，如果本国每天生产的煤炭量，从而煤炭生产的规模和能力很大，纺纱业者用不着储存大量煤炭，就可以保证他的生产连续进行。煤炭供应的不断的有保证的更新，使这种储备成为不必要。第二，一个过程的产品能够以什么样的速度作为生产资料进入另一个过程，取决于交通运输工具的发展。在这方面，运费的低廉有很大的作用。例如，如果从矿山一次又一次地不断向纺纱厂运输煤炭，那么，所需的费用就会比利用较便宜的运输为较长时期供应较大量煤炭所需的费用更贵。以上考察的这两种情况，都发生在生产过程本身。第三，信用制度的发展也有影响。纺纱业者在棉花、煤炭等等的储备的更新上越不依赖于他的纱的直接出售——信用制度越发展，这种直接依赖性就越小——，为保证既定规模的连续的棉纱生产不受棉纱出售上偶然情况的影响而需要的这种储备的相对量，就可以越小。第四，许多原料、半成品等等需要有较长的生产时间，农业提供的一切原料，尤其是这样。因此，要使生产过程不致中断，就要在新产品还不能代替旧产品的整个时期，储备一定量这样的原料、半成品。如果在产业资本家手中这种储备减少了，那不过表明，它在商人手中以商品储备的形式增加了。例如，运输工具的发展，使存放在港口的进口棉花可以迅速从利物浦运到曼彻斯特，这样，工厂主就可以根据需要以相对较小的规模更新它的棉花储备。不过，这时作为商品储备存放在利物浦商人手中的棉花的数量就要相应地增大。因此，这只是储备的形式变换，而莱勒等人却看不到这一点。而就社会资本来考察，储备形式的产品量，现在仍然和以前一样多。对于一个国家来说，必须为比如说一年准备好的储备量，会随着运输工具的发展而减少。如果有大批轮船、帆船往来于美英之间，英国的棉花储备更新的机会就会增多，因而必须在英国国内存放的棉花平均储备量就会减少。世界市场的发展，从而同种物品供应来源的增多，会产生同样的结果。物品会从不同国家和在不同时期一批一批地运来。

2. 真正的商品储备

我们已经知道，在资本主义生产的基础上，商品成为产品的一般形式，而资本主义生产在广度和深度上越是发展，情况就越是这样。因此，不管和以前的各种生产方式相比，还是和发展水平较低的资本主义生产方式相比，即使生产规模相同，产品中大得不可比拟的部分是作为商品存在的。但是，任何商品——从而任何商品资本，它们只是商品，不过是作为资本价值存在形式的商品——，只要它不是从生产领域直接进入生产消费或个人消费，因而在这个间歇期间处在市场上，它就是商品储备的要素。因此，商品储备本身（即产品的商品形式的独立和固定），即使在生产规模不变的情况下，也会随着资本主义生产的发展而增大。我们已经知道，这只是储备的形式变换，也就是说，在这一方面，商品形式的储备所以增大，是因为在那一方面，它在直接的生产储备和消费储备形式上减少了。这只是储备的社会形式的变化。如果商品储备同社会总产品相比，不仅它的相对量增大，而且它的绝对量也同时增大，那么，这是因为总产品的量随着资本主义生产的发展而增大了。

随着资本主义生产的发展，生产的规模在越来越小的程度上取决于对产品的直接需求，而在越来越大的程度上取决于单个资本家支配的资本量，取决于他的资本的价值增殖欲以及他的生产过程连续进行和不断扩大的必要性。因此，每一个特殊生产部门中作为商品出现在市场上或寻找销路的产品量，必然增大。在较短或较长时期固定在商品资本形式上的资本量也增大。因此，商品储备也增大。

最后，社会上绝大部分人变为雇佣工人，他们靠挣一文吃一文过活，他们的工资按周领取，逐日花掉，因此，他们必须找到作为储备的生活资料。不管这种储备的单个要素的流动性有多大，其中一部分总要不断地停留下来，以便储备可以始终处于流动状态。

所有这些因素，都来源于生产的形式和它所包含的、产品在流通过程中所必须经历的形式转化。

不管产品储备的社会形式如何，保管这种储备，总是需要费用：需要有贮存产品的建筑物、容器等等；还要根据产品的性质，耗费或多或少的生产资料和劳动，以便防止各种有害的影响。储备越是社会地集中，这些费用相对地就越少。这些支出，总是构成对象化形式或活的形式的社会劳动的一部分——因而，在资本主义形式上，这些支出就是资本的支出——，它们不进入产品形成本身，因此是产品的一种扣除。它们作为社会财富的非生产费用是必要的。它们是社会产品的保存费用，不管社会产品只是由于生产的社会形式即商品形式及其必要的形式转化才成为商品储备的要素，也不管我们把商品储备只是看做一切社会所共有的产品储备的一种特殊形式；它们是社会产品的保存费用，即使产品储备不具有**商品**储备形式这种属于流通过程的产品储备形式。

现在要问，这些费用在多大程度上加入商品价值。

如果资本家已经把他预付在生产资料和劳动力上的资本转化为产品，转化为一定量现成的待售商品，而这些商品还堆在仓库里，没有卖出去，那么，在这个期间不仅他的资本的价值增殖过程会停滞，为保存这种储备而用于建筑物、追加劳动等方面的支出，也会形成直接的损失。如果这个资本家说，我的商品存放了六个月没有卖出去，在这六个月期间，为了保存这些商品，不仅使我的这样多的资本闲置起来，而且使我花掉了x量的非生产费用，那么，最后的买者就会嘲笑他。买者会说，这算您倒霉！除了您以外，还有另一个卖者，他的商品前天刚生产出来。您的商品是陈货，放了那么久，不免多少有些损坏。因此，您应该比您的对手卖得便宜些。——不管商品生产者是他的商品的实际生产者，还是商品的资本主义生产者，也就是说，实际上只是商品的实际生产者的代表，都丝毫不会改变商品的生活条件。他必须把他的物品转化为货币。他由于把物品固定在商品形式上而支出了非生产费用，这只是他个人的冒险行为，和商品的买者无关。买者不会对他的商品的流通时间实行支付。在发生现实的或设想的价值革命的时候，资本家会有意把他的商品从市场上抽回来，即使在这种情况下，他能不能捞回那笔追加的非生产费用，要看这种价值革命是否出现，看他投机是否成功。但是，价值革命并不是他的非生产费用所造成的结果。因此，如果储备的形成就是流通的停滞，由此引起的费用就不会把价值加到商品上。另一方面，没有流通领域内的停滞，没有资本在商品形式上的或长或短的停留，就不会有储备；也就是说，没有流通的停滞，就不会有储备，就像没有货币准备金，就不会有货币流通一样。因此，没有商品储备，就没有商品流通。如果这种必要性对资本家来说不是出现在W′—G′上，那对他来说则是出现在G—W上；不是出现在他的商品资本上,但出现在另一些为他生产生产资料并为他的工人生产生活资料的资本家的商品资本上。

不管储备的形成是自愿的还是非自愿的,也就是说,不管商品生产者是有意保持储备,还是因为流通过程本身的状况阻碍商品的出售,使他的商品形成储备,问题的实质好像不会有什么改变。不过,弄清自愿储备和非自愿储备的区别,对于解决这个问题是有益的。非自愿储备是由流通停滞造成的,或者同它是一回事,而这种停滞是商品生产者无法知道的,是违背他的意志的。自愿储备的特征是什么呢?和以前一样,卖者力图尽快地使自己的商品脱手。他不断把产品当做商品来兜售。如果他把产品留着不卖,这个产品也只是商品储备的可能的而不是现实的要素。对他来说,商品本身仍旧只是商品的交换价值的承担者,并且只有抛弃商品形式,取得货币形式,然后才能起这种承担者的作用。

商品储备必须有一定的量,才能在一定时期内满足需求量。这里要把买者范围的不断扩大计算在内。为了满足比如一天的需要,市场上的商品必须有一部分不断保持商品形式,另一部分则流动着,转化为货币。在其他部分流动时停滞的部分,会和储备量本身的减少一样不断减少,直至最后完全卖掉。因此,在这里,商品停滞要看做是商品出售的必要条件。其次,储备量要大于平均出售量或平均需求量。不然,超过这个平均量的需求就不能得到满足。另一方面,储备因为不断消耗,所以要不断更新。这种更新归根到底只能从生产中得到,只能从商品的供应中得到。这些商品是否来自国外,是与问题无关的。更新以商品再生产所需要的时间为转移。在这个期间,商品储备必须够用。至于储备不是留在原来的生产者手中,而是经过了从大商人一直到零售商的各种各样的储藏库,这仅仅改变了现象，而并不改变事情本身。从社会的观点看，只要商品没有进入生产消费或个人消费，资本的一部分就仍旧处于商品储备的形式。生产者本身为了使自己不直接依赖于生产，为了保证自己有一批老顾客，总想保持一批与平均需求相适应的存货。购买期限是适应于生产期间的，商品在它能够由同种新商品替换以前，在一个或长或短的期间内形成储备。只是由于有了这种储备，流通过程从而包含流通过程在内的再生产过程的不断连续进行，才得到保证。

必须记住，对W的生产者来说，W′—G′可以已经完成，虽然W仍然在市场上。如果生产者本人想在他自己的商品卖给最后的消费者之前把它保存在仓库内，他就必须使二重的资本发生运动，一次是作为商品的生产者，另一次是作为商人。对商品本身来说——无论是作为单个商品来看，还是作为社会资本的组成部分来看——，储备的费用不管是由生产者自己负担还是由从A到Z的一系列商人负担，事情是不会发生变化的。

既然商品储备不外就是储备的商品形式，这种储备在一定规模的社会生产中如果不是作为商品储备存在，就是作为生产储备（潜在的生产基金）或者作为消费基金（消费资料的储存）存在，所以，维持这种储备所需要的费用，也就是储备形成的费用，即用于这方面的对象化劳动或活劳动，不过是社会生产基金或社会消费基金的维持费用的一种变形。由此引起的商品价值的提高，只是把这种费用按比例分配在不同商品上，因为这种费用对不同种商品来说是不同的。储备形成的费用仍然是社会财富的扣除，虽然它是社会财富的存在条件之一。

只有在商品储备是商品流通的条件，甚至是商品流通中必然产生的形式时，也就是，只有在这种表面上的停滞是流动本身的形式，就像货币准备金的形成是货币流通的条件一样时，这种停滞才是正常的。相反，一旦留在流通蓄水池内的商品，不让位给后面涌来的生产浪潮，致使蓄水池泛滥起来，商品储备就会因流通停滞而扩大，就像在货币流通停滞时，贮藏货币会增加一样。在这里，不论这种停滞是发生在产业资本家的仓库内，还是发生在商人的栈房内，情况都是一样的。这时，商品储备已经不是不断出售的条件，而是商品卖不出去的结果。费用仍旧是一样的，但是，因为它现在完全是由形式产生，也就是由于必须把商品转化为货币而产生，并且是由于这种形态变化发生困难而产生，所以它不加入商品价值，而成为在价值实现时的扣除，即价值损失。因为储备的正常形式和不正常形式，从形式上是区分不出来的，而且二者都是流通的停滞，所以，这些现象可以互相混同，加上对生产者来说，虽然他的已经转移到商人手中的商品的流通过程发生了停滞，但他的资本的流通过程仍然能够畅通，所以，这些现象更可以使生产当事人本身感到迷惑。如果生产和消费的规模扩大了，在其他条件不变的情况下，商品储备的规模也会扩大。商品储备会同样迅速地被更新和被吸收，但是它的规模更大。因此，商品储备的规模由于流通停滞而扩大的现象，会被误认为是再生产过程扩大的征兆，特别是在现实的运动由于信用制度的发展而变得神秘莫测时，更是这样。

储备形成的费用包含：1. 产品总量的数量减损（例如，储存面粉时就是这样）；2. 质量变坏；3. 维持储备所需的对象化劳动和活劳动。

III. 运 输 费 用

在这里，我们不必考察流通费用的一切细目，如包装、分类等等。

一般的规律是：**一切只是由商品的形式转化而产生的流通费用，都不会把价值追加到商品上**。这仅仅是实现价值或价值由一种形式转变为另一种形式所需的费用。投在这种费用上的资本（包括它所支配的劳动），属于资本主义生产上的非生产费用。这种费用必须从剩余产品中得到补偿，对整个资本家阶级来说，是剩余价值或剩余产品的一种扣除，就像对工人来说，购买生活资料所需的时间是损失掉的时间一样。但是，运输费用起很重要的作用，因此在这里必须简短地加以考察。

社会劳动的物质变换，是在资本循环和构成这个循环的一个阶段的商品形态变化中完成的。这种物质变换可以要求产品发生场所的变换，即产品由一个地方到另一个地方的实际运动。但是，没有商品的物理运动，商品也可以流通；没有商品流通，甚至没有直接的产品交换，产品也可以运输。A卖给B的房屋，是作为商品流通的，但是它并没有移动。棉花、生铁之类可以移动的商品价值，经过许多流通过程，由投机者反复买卖，但还是留在原来的货栈内。(17)这里实际运动的，是物品的所有权证书，而不是物品本身。另一方面，例如在印加国[31]，虽然社会产品不作为商品流通，也不通过物物交换来进行分配，但是运输业起着很大的作用。

因此，虽然运输业在资本主义生产基础上表现为产生流通费用的原因，但是，这种特殊的表现形式并不会改变事情的本质。

产品总量不会因运输而增大。产品的自然属性因运输而引起的变化，除了若干例外，不是预期的效用，而是一种不可避免的祸害。但是，物品的使用价值只是在物品的消费中实现，而物品的消费可以

(17)施托尔希把这种流通称为虚假的流通。

使物品的位置变化成为必要,从而使运输业的追加生产过程成为必要。因此,投在运输业上的生产资本,会部分地由于运输工具的价值转移,部分地由于运输劳动的价值追加,把价值追加到所运输的产品中去。后一种价值追加,就像在一切资本主义生产下一样,分为工资补偿和剩余价值。

在每一个生产过程中,劳动对象的位置变化,以及这种变化所必需的劳动资料和劳动力——例如,棉花由梳棉车间运到纺纱车间,煤炭由井下运到地面——,都起着重要的作用。完成的产品作为完成的商品从一个独立的生产场所转移到相隔很远的另一个生产场所,只是在较大的规模上表示同样的现象。在产品从一个生产场所运到另一个生产场所以后,接着还有完成的产品从生产领域运到消费领域。产品只有完成这个运动,才是现成的消费品。

以前讲过,商品生产的一般规律是:劳动生产率和劳动的价值创造成反比。这个规律,像适用于其他任何产业一样,也适用于运输业。在一定距离内运输商品所需要的劳动量——死劳动量和活劳动量——越小,劳动生产力就越大;反之亦然。(18)

在其他条件不变的情况下,由运输追加到商品中去的绝对价值

---

(18)李嘉图引用萨伊的话,萨伊认为商业由于运输费用而使产品变贵或提高价值,是商业的一种天惠。萨伊说:“商业使我们能够在商品的产地取得商品,并把它运往另一个消费地点;因此,它使我们能够按前一个地方和后一个地方的价格之间的全部差额增加商品的价值。”[41]李嘉图对这段话评论说:“确实如此,但是这个追加价值是怎样加到商品上去的呢?是在生产成本中首先加上运费,然后再加上商人预付的资本的利润。这种商品价值的增加,和任何其他商品价值的增加一样,只是因为它在被消费者购买以前在生产和运输上已经耗费更多的劳动。这决不能算做是商业的一种好处。”(李嘉图《政治经济学原理》1821年伦敦第3版第309—310页)

量,和运输业的生产力成反比,和运输的距离成正比。

在其他条件不变的情况下,由运输费用追加到商品价格中去的相对价值部分,和商品的体积和重量成正比。但是,引起变化的情况是很多的。例如,根据物品容易破碎、腐烂和爆炸的相对程度不同,在运输上就需要采取程度不同的防护措施,因而需要耗费多少不等的劳动和劳动资料。在这里,铁路大王们在幻想的物种形成上,比植物学家或动物学家展现了更大的天才。例如,英国铁路的货物分类繁多,按其总的原则来说是建立在这样一种倾向上的:把货物繁杂的自然属性,变为同样多种多样的运输上的困难和理所当然的骗人借口。

"玻璃从前是每一克列特〈一定容积的包装箱〉值11镑,现在由于产业进步和玻璃税的废除,只值2镑,但是,运费还是和以前一样贵,如果由运河运输,那就更贵了。铅细工使用的玻璃和玻璃商品在以伯明翰为中心的50英里的地区内的运费,从前每吨是10先令。现在,在玻璃有破碎危险的借口下,运输价格提高了两倍。但是,玻璃真的弄破了,铁路公司并不赔偿。"(19)

其次,运输费用追加到一个物品中去的相对价值部分和该物品的价值成反比,这成了铁路大王们按照和物品价值成正比对物品收费的特别理由。产业家和商人对这一点的怨言,在上述报告每一页的证词中可以反复看到。

资本主义生产方式,由于交通运输工具的发展,由于运输积聚(规模扩大),使单个商品的运输费用减少。它使耗费在商品运输上的那部分社会劳动——活劳动和对象化劳动——增加,首先因为把一切产品的绝大多数转化为商品,其次又因为远方的市场代替了当

(19)《皇家铁道委员会》第31页第630号。

地的市场。

商品在空间上的流通，即实际的移动，就是商品的运输。运输业一方面形成一个独立的生产部门，从而形成生产资本的一个特殊的投资领域。另一方面，它又具有如下的特征：它表现为生产过程**在**流通过程**内**的继续，并且**为了**流通过程而继续。

第 二 篇

资 本 周 转

第 七 章

周转时间和周转次数

我们已经知道，一定资本的总流通时间，等于它的流通时间和它的生产时间之和。这就是从资本价值以一定的形式预付时起，直到处在过程中的资本价值以同一形式返回时止的一段时间。

资本主义生产的决定目的，总是预付价值的增殖，不管这个预付价值以它的独立的形式即货币形式预付，还是以商品形式预付，在后一个场合，它的价值形式在预付商品的价格中只具有观念上的独立性。在这两个场合，这个资本价值在它循环时都要经过不同的存在形式。这个资本价值自身的同一性，是在资本家的账簿上或在计算货币的形式上得到证实的。

无论我们是考察G…G′形式，还是考察P…P形式，这两个形式都包含：1. 预付价值已经作为资本价值执行职能，并且已经增殖；2. 预付价值通过它的过程之后，又回到它开始过程时的形式。预付价值G的增殖和与此同时资本又回到这个形式（货币形式），这在G…G′形式中是一目了然的。不过在第二个形式中情形也是一样。因为起点P是生产要素即具有一定价值的商品的存在。这个形式包含这个价值的增殖（W′和G′）和回到原来的形式，因为在第二个P中，预付价值重新取得了生产要素的形式，即它原来预付时的形式。

以前我们已经知道，“生产具有资本主义的形式，再生产也就具有同样的形式。在资本主义生产方式下，劳动过程只表现为价值增殖过程的一种手段，同样，再生产也只表现为把预付价值作为资本即作为自行增殖的价值来再生产的一种手段。”（第一册第二十一章第588页[42]）

（I）G…G′、（II）P…P和（III）W′…W′这三个形式有如下的区别：在形式II（P…P）中，过程的更新，即再生产过程，表现为现实的，而在形式I中，只表现为可能的。但是二者和形式III相区别的是：预付的资本价值——无论它采取货币的形式，还是采取物质的生产要素的形式——是出发点，因而也是复归点。在G…G′中，复归点是G′＝G＋g。如果过程以同一规模更新，G就重新成为出发点，g则不进入过程，而只是表示G作为资本已经自行增殖，已经生产了一个剩余价值g，但是把它抛开了。在P…P形式中，以生产要素P形式预付的资本价值同样是出发点。这个形式包含预付资本价值的增殖。如果进行简单再生产，同一资本价值就以同一形式P重新开始它的过程。如果进行积累，P′（按价值量＝G′＝W′）就作为已经增大的资本价值开始过程。但是，资本价值虽然比以前大了，过程仍然以原来形式的预付资本价值开始。相反，在形式III中，开始过程的资本价值不是预付的资本价值，而是已经增殖的资本价值，是处在商品形式上的总财富，预付资本价值只是其中的一部分。这最后一个形式对第三篇来说是很重要的，因为在那里，各单个资本的运动要和社会总资本的运动联系起来加以考察。但是在考察资本周转时，这个形式是不适用的，因为资本的周转总是以货币形式或商品形式的资本价值的预付开始，并且总是使循环中的资本价值回到它预付时的形式。至于循环I和循环II，那么，在主要是研究周转对剩余价值的形成的影响时，我们应该抓住前者；而在主要是研究周转对产品的形成的影响时，我们就应该抓住后者。

经济学家们既不区分不同的循环形式，也不分别考察它们和资本周转的关系。他们通常是考察G…G′形式，因为这个形式主宰着单个资本家并对他的计算有用，即使货币只是在计算货币的形式上成为出发点。另一些人则从生产要素形式上的支出出发，一直考察到收回，但是对收回的形式是商品还是货币则闭口不谈。例如：

"经济周期……即整个生产进程，是从支出时起，直到收回时为止。在农业中，播种期是它的开端，收获是它的终结。"（赛·菲·纽曼《政治经济学原理》安多弗—纽约版第81页）43

另一些人则从W′（形式III）开始：

"生产交往的世界，可以看做是在我们称为经济周期的循环中运转的，一旦企业完成它相继进行的交易，又回到它的起点，每次的循环就完成了。起点可以从资本家得到收入，从而收回资本的时候算起；从这时起，他重新着手做以下的事情：招雇工人，并以工资的形式分给他们生活资料，或者确切地说，分给他们获得生活资料的权力；从他们那里取得他所经营的制成的物品；把这种物品送到市场去，在那里把它们卖掉，在货款中收回全部投资，而结束这一系列运动的循环。"（查默斯《论政治经济学》1832年格拉斯哥第2版第85页）44

单个资本家投在任何一个生产部门的总资本价值，在完成它的运动的循环后，就重新处在它的原来的形式上，并且能够重复同一过程。这个价值要作为资本价值永久保持和增殖，就必须重复这个过程。单个循环在资本的生活中只形成一个不断重复的段落，也就是一个周期。在G…G′这个周期的末尾，资本重新处在货币资本的形式上，这个货币资本重新通过包括资本再生产过程或价值增殖过程在内的形式转化序列。在P…P这个周期的末尾，资本重新处在生产要素的形式上，这些生产要素形成资本的更新的循环的前提。资本的循环，不是当做孤立的过程，而是当做周期性的过程时，叫做资本的周转。这种周转的持续时间，由资本的生产时间和资本的流通时间之和决定。这个时间之和形成资本的周转时间。因此，资本的周转时间计量总资本价值从一个循环周期到下一个循环周期的那段时间，计量资本生活过程经历的周期，或者说，计量同一资本价值的增殖过程或生产过程更新、重复的时间。

把可以加速或缩短单个资本的周转时间的个别冒险行为撇开不说，资本的周转时间在不同的投资部门是不同的。

正如工作日是劳动力职能的自然计量单位一样，年是处在过程中的资本的周转的自然计量单位。这个计量单位的自然基础是，在温带这个资本主义生产的祖国，最重要的农产品都是一年收获一次。

假定我们用U表示周转时间的计量单位——年，用u表示一定资本的周转时间，用n表示资本的周转次数，那么$n=\frac{U}{u}$。举例来说，如果周转时间u等于3个月，那么$n=\frac{12}{3}=4$；资本在一年中完成4次周转，或者说，周转4次。如果u＝18个月，那么$n=\frac{12}{18}=\frac{2}{3}$，或者说，资本在一年内只完成它的周转时间的$\frac{2}{3}$。如果资本的周转时间等于几年，那么，它就要用一年的倍数来计算。

对资本家来说，他的资本的周转时间，就是他必须预付他的资本，以便使它增殖并回到它原有形态的时间。

在进一步研究周转对生产过程和价值增殖过程的影响以前，我们要考察两种新的形式，这两种新形式是资本由流通过程得到的，并且会对资本周转的形式发生影响。

第八章
固定资本和流动资本

I. 形式区别

我们在第一册第六章已经看到,45一部分不变资本和它帮助形成的产品相对立,保持着它进入生产过程时的一定的使用形式。因此,它在一个或长或短的期间内,在不断反复的劳动过程中,总是反复地执行着相同的职能。例如厂房、机器等,总之,凡是称做**劳动资料**的东西,都是这样。这部分不变资本,按照它在丧失自身的使用价值时丧失掉自身的交换价值的比例,把价值转给产品。这种生产资料把多少价值转给或转移到它帮助形成的产品中去,要根据平均计算来决定,即根据它执行职能的平均持续时间来计量。这个持续时间,从生产资料进入生产过程时起,到它完全损耗,不能使用,而必须用同一种新的物品来替换或再现出来时为止。

因此,这部分不变资本——真正的劳动资料——的特征是:

一部分资本是以不变资本的形式即生产资料的形式预付的。生产资料在它保持着进入劳动过程时的独立使用形式的期间,作为劳动过程的因素执行职能。完成的产品,从而已经转化为产品的产品形成要素,脱离生产过程,作为商品从生产领域转移到流通领域。相反，劳动资料一进入生产领域，就不再离开。它的职能把它牢牢地限制在那里。一部分预付资本价值，被**固定**在这个由劳动资料在过程中的职能所决定的形式上。在劳动资料执行职能并因而损耗时，劳动资料的一部分价值转移到产品中，另一部分则仍旧固定在劳动资料中，因而仍旧固定在生产过程中。这样固定的价值不断地减少，一直到劳动资料不能再用；因此它的价值在一个或长或短的期间内，分配在由一系列不断反复的劳动过程产生的一批产品中。但是，只要它还起劳动资料的作用，就是说，只要它还不需要由同一种新的物品来替换，就总是有不变资本价值固定在它里面，而与此同时另一部分原来固定在它里面的价值则转移到产品中，从而作为商品储备的组成部分进行流通。劳动资料越耐用，它的损耗越缓慢，不变资本价值固定在这个使用形式上的时间就越长。但是，不管耐用的程度如何，劳动资料转移的价值份额总是和它的全部职能时间成反比。如果有两台价值相等的机器，一台五年磨损掉，另一台十年磨损掉，那么，前者在同一时间内转移的价值就是后者的两倍。

固定在劳动资料上的这部分资本价值，和其他任何部分一样要进行流通。我们曾经一般地说过，全部资本价值是处在不断流通之中，因此从这个意义上说，一切资本都是流动资本。但这里考察的这个资本部分的流通是独特的流通。首先，这个资本部分不是在它的使用形式上进行流通，进行流通的只是它的价值，并且这种流通是逐步地、一部分一部分地进行的，和从它那里转移到作为商品进行流通的产品中去的价值相一致。在它执行职能的全部时间内，它的价值总有一部分固定在它里面，和它帮助生产的商品相对立，保持着自己的独立。由于这种特性，这部分不变资本取得了**固定资本**的形式。在生产过程中预付的资本的其他一切物质组成部分，则与此相反，形成流动资本。

一部分生产资料——即这样一些辅助材料，它们在劳动资料执行职能时由劳动资料本身消费掉，例如煤炭由蒸汽机消费掉；或者对过程只起协助作用，例如照明用的煤气等等——在物质上不加入产品。不过它们的价值形成产品价值的一部分。产品在它本身的流通中，也使这部分生产资料的价值流通。在这一点上，它们和固定资本是相同的。但是，它们在所参加的每一个劳动过程中被全部消费掉，因此对每一个新的劳动过程来说，必须全部用同一种新的物品来替换。它们在执行职能时不保持自己的独立的使用形式。因此，在它们执行职能时，资本价值没有任何部分固定在它们的旧的使用形式即实物形式上。这部分辅助材料在物质上不加入产品，只是按照它们的价值加入产品的价值，成为产品价值的一部分；因此，这种材料的职能被牢牢地限制在生产领域之内，——这种情况曾经使像拉姆赛这样的经济学家（他同时还混淆了固定资本和不变资本）错误地把这部分生产资料列入固定资本的范畴。[46]

在物质上加入产品的那部分生产资料，即原料等等，有一部分由此取得了以后能够作为享受资料进入个人消费的形式。真正的劳动资料，即固定资本的物质承担者，只被生产地消费，不能进入个人消费，因为它不加入它帮助形成的产品或使用价值，相反，它与产品相对立，在它完全损耗以前一直保持独立的形式。运输工具则例外。运输工具在它执行生产职能、从而停留在生产领域时产生的那种有用效果即场所变更，同时可以进入个人消费，例如旅客的个人消费。这时，旅客使用运输工具就像使用其他消费资料一样，也要支付报酬。我们说过，例如在化学工业中，原料和辅助材料彼此是分不清的。[47]劳动资料、辅助材料、原料之间也是如此。例如在农业中，为改良土壤而投下的物质，就有一部分作为产品的形成要素加入植物产品。另一方面，这些物质会在较长的时期如四五年内发挥作用。因此，其中一部分会在物质上加入产品，同时也就把它的价值转移到产品中去；另一部分则保持它原有的使用形式，把它的价值固定在这种形式上。它继续作为生产资料存在，因而取得固定资本的形式。牛作为役畜，是固定资本。如果它被吃掉，它就不是作为劳动资料，从而也不是作为固定资本执行职能了。

决定一部分投在生产资料上的资本价值具有固定资本性质的，只是这个价值的独特的流通方式。这种特别的流通方式，是由劳动资料把它的价值转移到产品中去，或者说，在生产过程中充当价值形成要素的特殊方式产生的。而这种方式本身，又是由劳动资料在劳动过程中执行职能的特殊方式产生的。

我们知道，同一个使用价值既作为产品来自一个劳动过程，又作为生产资料进入另一个劳动过程。[48]一种产品之所以变为固定资本，只是由于它在生产过程中作为劳动资料执行职能。而产品本身刚离开过程时，决不是固定资本。例如，一台机器，作为机器制造业者的产品或商品，属于他的商品资本。它只有在它的买者手里，即在生产上使用它的资本家手里，才成为固定资本。

在其他一切条件相同的情况下，劳动资料固定性的程度随着劳动资料的耐久性的增加而增加。固定在劳动资料上的资本价值和这个价值量中由劳动资料在反复进行的劳动过程中转给产品的部分之间的差额，就是由这种耐久性决定的。这种价值转移进行得越慢——而价值是在同一个劳动过程的每次反复中由劳动资料转移出去的——，固定化的资本就越大，生产过程中使用的资本和生产过程中消费的资本之间的差额也就越大。这个差额一旦消失，劳动资料的寿命就完结了，它的价值也就和它的使用价值一同丧失。它不再是价值的承担者了。因为劳动资料和不变资本的其他任何物质承担者一样，只是按照它在丧失使用价值时丧失价值的程度，把它的价值转给产品，所以很清楚，它的使用价值丧失得越慢，它在生产过程中越耐用，不变资本价值固定在劳动资料上的期间就越长。

有的生产资料，例如辅助材料、原料、半成品等等，不是本来意义上的劳动资料，但从价值转移来看，因而从它的价值的流通方式来看，是和劳动资料一样的，因此，它们也是固定资本的物质承担者即存在形式。上面说过的土壤改良就是这样。这种改良把化学成分加到土壤中去，它的作用会延续若干个生产期间或若干年。在这里，价值中仍有一部分继续以它的独立形式或固定资本的形式存在于产品之外，价值的另一部分则转给产品，因而和产品一起流通。在这个场合，不仅固定资本价值的一部分加入产品，而且这个价值部分借以存在的使用价值，即实体，也加入产品。

撇开把固定资本和流动资本的范畴混同于不变资本和可变资本的范畴这一根本错误不说，经济学家们迄今为止在概念规定上所以陷入混乱，首先是由于下述原因：

他们把劳动资料在物质上具有的某些属性，看成固定资本的直接属性，例如像房屋具有的物体不动性。但是我们也很容易证明，其他一些本身也是固定资本的劳动资料具有相反的属性，例如像船舶具有的物体可动性。

或者，他们把那种由价值流通引起的经济的形式规定性，和物质的属性混同起来，好像那些就本身说根本不是资本，只是在一定社会关系内才成为资本的东西，**就它们本身说**天生就可以是具有一定形式的资本——固定资本或流动资本。我们在第一册第五章说过[49]，不管劳动过程在什么样的社会条件下进行，每一个劳动过程中的生产资料都分为劳动资料和劳动对象。但是，二者只有在资本主义生产方式下才成为资本，成为前一篇所说的“生产资本”。这样，劳动资料和劳动对象这个以劳动过程的性质为基础的区别，就以固定资本和流动资本的新形式的区别再现出来。只是因为如此，那种执行劳动资料职能的东西，才成为固定资本。如果按照物质属性，它除了执行劳动资料的职能之外，还能执行别的职能，那么它是不是固定资本，就要根据它的职能的不同来决定。牲畜作为役畜，是固定资本；作为肥育的牲畜，则是原料，它最后会作为产品进入流通，因此不是固定资本，而是流动资本。

有的生产资料较长期地固定在一些反复进行的、但是互相联结的、连续不断的、因此形成一个生产期间——即制成一个产品所需的全部生产时间——的劳动过程中，单是这种较长期的固定存在，就和固定资本一样，要求资本家进行相当长期的预付，但是并不能使他的资本变成固定资本。例如，种子不是固定资本，而只是原料，它差不多要有一年固定在生产过程中。一切资本在执行生产资本的职能时，都固定在生产过程中，因而生产资本的一切要素，不管它们的物质形式、职能和价值流通方式如何，也都是如此。由于生产过程的种类不同或预期的有用效果不同，资本的这种固定存在，在时间上是长短不等的，但这并不造成固定资本和流动资本的区别。[(20)]

一部分劳动资料，包括一般劳动条件在内，一旦作为劳动资料进入生产过程，或准备执行生产职能，就固定在一定的地点，例如机器；

---

(20)由于给固定资本和流动资本下一个定义有困难，洛伦茨·施泰因先生就认为，这样加以区别只是为了说明上的方便。

或者一开始就在这种不动的、同所在地点不能分开的形式上被生产出来，例如土壤改良、厂房、高炉、运河、铁路等等。在这里，劳动资料在它们执行职能的生产过程中的持续固定存在，同时也由它们的可感觉的存在方式所决定。另一方面，一种劳动资料，也可以在物体上不断变更位置，不断运动，然而却不断处在生产过程中，例如机车、船舶、役畜等等。在一个场合，不动性不会使劳动资料取得固定资本的性质，在另一个场合，可动性也不会使它丧失这种性质。不过，劳动资料固定在一个地点，把根牢牢扎在地里这个事实，使这部分固定资本在国民经济中具有一种独特的作用。它们不能被运往国外，不能作为商品在世界市场上流通。这种固定资本的所有权证书却可以变换，可以买卖，就这一点说，可以观念地流通。这种所有权证书，甚至可以在国外市场上流通，例如以股票的形式。但是，这一类固定资本的所有主的人身变换，不会使一个国家财富中不动的、物质上固定的部分和可动的部分之比发生变化。(21)

固定资本的独特的流通，引起独特的周转。固定资本因损耗而在实物形式上丧失的那部分价值，作为产品的一部分价值来流通。产品通过流通由商品转化为货币；从而劳动资料中被产品带入流通的那部分价值也变为货币，而且随着这种劳动资料在多大程度上不再是生产过程中的价值承担者，它的价值也就在多大程度上从流通过程中作为货币一滴一滴地落下来。因此，这种劳动资料的价值这时获得双重存在。其中一部分仍然束缚在它的属于生产过程的使用形式或实物形式上，另一部分则作为货币，脱离这个形式。在劳动资料执行职能的过程中，它的以实物形式存在的那部分价值不断减少，

(21)以上是第IV稿。以下是第II稿。

而它的转化为货币形式的那部分价值则不断增加，一直到它的寿命完结，它的全部价值和它的尸体脱离，转化为货币为止。在这里，生产资本的这个要素在周转上的特征显露出来了。它的价值转化为货币，是和作为它的价值承担者的商品蛹化为货币同时进行的。但是，它由货币形式再转化为使用形式，是和商品再转化为商品的其他生产要素相分离的，确切地说，是由它本身的再生产期间决定的，即由这样一段时间决定的，在这段时间内，劳动资料已经损耗掉，必须用同一种新的物品替换。假定一台价值10 000镑的机器执行职能的期间是10年，原来预付在这台机器中的价值的周转时间也就是10年。在这10年内，它不需要更新，而以它的实物形式继续发生作用。在这个期间，它的价值一部分一部分地，作为用它不断生产出的商品的一部分价值而流通，这样逐渐转化为货币，最后直到10年结束时，全部转化为货币，并由货币再转化为一台机器，也就是完成它的周转。在这个再生产时间到来之前，它的价值先以货币准备金的形式逐渐积累起来。

生产资本其余的要素，一部分是由存在于辅助材料和原料上的不变资本要素构成，一部分是由投在劳动力上的可变资本构成。

对劳动过程和价值增殖过程的分析（第一册第五章）表明，这些不同的组成部分，作为产品形成要素和价值形成要素，是完全不同的。由辅助材料和原料构成的那部分不变资本的价值——和由劳动资料构成的那部分不变资本的价值完全一样——，是作为仅仅转移的价值，再现在产品的价值中，而劳动力则通过劳动过程，把它的价值的等价物追加到产品中去，或者说，实际上把它的价值再生产出来。其次，一部分辅助材料，如充做燃料的煤炭、用于照明的煤气等等，在劳动过程中消费掉，但不会在物质上加入产品，而另一部分辅助材料以物体加入产品，并成为产品实体的材料。不过，这一切差异，对流通来说，从而对周转的方式来说，是没有关系的。只要辅助材料和原料在形成产品时全部消费掉，它们就把自己的全部价值转移到产品中去。因此，这个价值也全部通过产品而流通，转化为货币，并由货币再转化为商品的生产要素。它的周转不像固定资本的周转那样被中断，而是不断地通过它的各种形式的全部循环，因此，生产资本的这些要素不断地在实物形式上更新。

至于生产资本中投在劳动力上的可变组成部分，那么，劳动力是按一定时间购买的。一旦资本家购买了劳动力并把它并入生产过程，它就构成他的资本的一个组成部分，即资本的可变组成部分。它每天在一定的时间内发生作用，在这个时间内，它不仅把它一天的全部价值，而且还把一个超额剩余价值，追加到产品中去；在这里，我们暂且把这个超额剩余价值撇开不说。在劳动力比如说按一周购买并且发生作用之后，这种购买必须按习惯的期限不断更新。劳动力在执行职能时把它的价值的等价物追加到产品中去，这个等价物随着产品的流通转化为货币。要使连续生产的循环不致中断，这个等价物就必须不断地由货币再转化为劳动力，或者说，不断地经过它的各种形式的完整的循环，就是说，必须不断地周转。

因此，预付在劳动力上的那部分生产资本的价值，全部转移到产品中去（我们在这里总是撇开剩余价值不说），同产品一起经过流通领域的两个形态变化，并通过这种不断的更新，不断并入生产过程。所以，在另一场合，即就价值的形成来说，不管劳动力和不变资本中形成**非固定**资本的组成部分多么不同，它的价值的这种周转方式却和这些部分相同，而与固定资本相反。生产资本的这两个组成部分——投在劳动力上的价值部分和投在形成非固定资本的生产资料上的价值部分——由于它们在周转上的这种共同性，便作为**流动**资本与固定资本相对立。

我们以前讲过[50]，资本家为使用劳动力而支付给工人的货币，实际上只是工人必要生活资料的一般等价形式。就这一点说，可变资本在物质上是由生活资料构成的。但是在这里，在我们考察周转时，问题却在于形式。资本家购买的，不是工人的生活资料，而是工人的劳动力本身。形成他的资本的可变部分的，不是工人的生活资料，而是工人的发挥作用的劳动力。资本家在劳动过程中生产地消费的，是劳动力本身，而不是工人的生活资料。是工人自己把出卖劳动力所得的货币转化为生活资料，以便把生活资料再转化为劳动力，以维持自己的生命；这和下述情况完全一样：为取得货币而出售商品的资本家，把商品中的剩余价值的一部分转化为他自己的生活资料，但是不能因此就说，购买他的商品的人是用生活资料向他支付的。即使工人的一部分工资是用生活资料，即用实物支付的，但在今天来说，这是第二步的交易。工人按一定的价格出卖劳动力，并且双方约定，他以生活资料的形式取得这个价格的一部分。这只改变支付的形式，但不会改变他实际出卖的是他的劳动力这个事实。这个第二步的交易不再是在工人和资本家之间进行，而是在作为商品的买者的工人和作为商品的卖者的资本家之间进行；在第一步的交易中，工人是商品（他的劳动力）的卖者，资本家则是商品的买者。这种情况，和资本家用另一种商品来替换他的商品，例如用铁来替换他卖给铸铁厂的机器完全一样。因此，和固定资本相对立而取得流动资本的规定性的，不是工人的生活资料，也不是工人的劳动力，而是生产资本投在劳动力上的那部分价值。这部分价值，由于它的周转形式，取得了这种和不变资本某些组成部分相同，但和它的另一些组成部分相对立的性质。

投在劳动力和生产资料上的流动资本的价值，只是按制成产品所需要的时间而预付的，它要和由固定资本的大小所决定的生产规模相适应。这个价值全部加入产品，因此通过产品的出售又全部从流通中返回，并且能够重新预付。流动资本组成部分借以存在的劳动力和生产资料，按照形成和出售成品所需要的量，从流通中被取出，但它们必须不断地通过再购买，通过由货币形式到生产要素的再转化，而被替换和更新。和固定资本要素相比，它们一下子从市场上被取出的量比较小，但也就要更加频繁地一再被取出，并且投在它们上面的资本预付的更新所需要的期间比较短。这种不断的更新，是通过把它们的全部价值带入流通的产品的不断出售来进行的。最后，它们不仅在它们的价值上，而且在它们的物质形式上，不断地完成形态变化的全部循环；它们不断地由商品再转化为同种商品的生产要素。

劳动力在把它自己的价值加进产品的同时，还不断地把剩余价值，即无酬劳动的化身，追加到产品中去。因此，剩余价值也和成品的其余价值要素一样，不断地被成品带入流通并转化为货币。不过在这里，我们要研究的首先是资本价值的周转，而不是和它一起同时周转的剩余价值的周转，所以，暂且撇开后者不说。

综上所述，我们可以得出如下的结论：

1. 固定资本和流动资本的形式规定性之所以产生，只是由于在生产过程中执行职能的资本价值或**生产资本**有不同的周转。而周转之所以不同，又是由于生产资本的不同组成部分是按照不同的方式把它们的价值转移到产品中去的，而不是由于它们在产品价值的生产中有不同的作用，或它们在价值增殖过程中各有独特的作用。最后，价值转给产品的方式——从而这个价值通过产品而流通的方式和通过产品的形态变化而以原来的实物形式更新的方式——之所以有差别，又是由于生产资本借以存在的物质形态有差别，这个物质形态的一部分在形成单个产品时全部消费掉，另一部分只是逐渐消耗掉。因此，只有生产资本能够分为固定资本和流动资本。相反，这种对立，对产业资本的其他两种存在方式来说，也就是，不论对商品资本还是对货币资本来说，都是不存在的。它也不是这两种资本和生产资本之间的对立。这种对立只有**对生产资本并且在生产资本之内**才是存在的。不管货币资本和商品资本怎样执行资本的职能，怎样顺畅地流通，它们只有转化为生产资本的流动组成部分，才能够变为和固定资本相对立的流动资本。但是，因为资本的这两种形式存在于流通领域，所以，正如我们以后会看到的，亚·斯密以来的经济学错误地把它们和生产资本的流动部分一起列入流动资本这个范畴。它们事实上是与生产资本相对立的流通资本，但不是与固定资本相对立的流动资本。

2. 固定资本组成部分的周转，从而它的必要的周转时间，包括流动资本组成部分的多次周转。在固定资本周转一次的时间内，流动资本周转多次。生产资本的一个价值组成部分，只是由于它借以存在的生产资料在产品制成并作为商品离开生产过程的时间未被全部消耗掉，才取得固定资本的形式规定。它的价值的一部分必须仍旧束缚在继续保存下来的旧的使用形式上；另一部分则被完成的产品带入流通，而完成的产品的流通，却同时会把流动资本组成部分的全部价值带入流通。

3. 投在固定资本上的那部分生产资本的价值，是为构成固定资本的那一部分生产资料执行职能的整个期间全部一次预付的。因此，这个价值是由资本家一次投入流通的；但它只是通过固定资本一部分一部分地加进商品的价值部分的实现，而一部分一部分地、逐渐地再从流通中取出的。另一方面，一部分生产资本借以固定的生产资料本身，则一次从流通中取出，在它们执行职能的整个期间并入生产过程，不过在同一时间之内，不需要由同一种新的物品替换，不需要再生产。它们在一个或长或短的时间内，继续参加投入流通的商品的形成，但并不从流通中取出自身更新的要素。因此，在这个时间内，它们也不要求资本家重新预付。最后，投在固定资本上的资本价值，在它借以存在的生产资料执行职能的期间，不是在物质上，而只是在价值上经过它的各种形式的循环，并且这也只是一部分一部分地、逐渐地进行的。这就是说，它的价值不断地有一部分作为商品的价值部分而流通，并转化为货币，但不由货币再转化为它原来的实物形式。这种由货币到生产资料的实物形式的再转化，要到生产资料执行职能的期间结束，即生产资料完全不能用的时候，才会发生。

4. 要使生产过程连续进行，流动资本的各种要素就要和固定资本的各种要素一样，不断地固定在生产过程中。不过这样固定下来的流动资本要素，要不断地在实物形式上更新（生产资料是通过同一种新的物品，劳动力是通过不断更新的购买）；而固定资本的各种要素，在它们存在的整个期间内，本身既不更新，它们的购买也不需要更新。原料和辅助材料不断存在于生产过程中，但是当旧的原料和辅助材料在完成的产品的形成上用掉时，总是用同一种新的物品来更新。劳动力也不断存在于生产过程中，但这只是由于劳动力的购买的不断更新，而且往往有人员的变动。相反地，同一建筑物、机器等等，却在流动资本反复周转时，在反复进行的相同的生产过程中继续执行职能。

II. 固定资本的组成部分、补偿、修理和积累

在同一个投资中，固定资本的各个要素有不同的寿命，从而也有不同的周转时间。例如就铁路来说，铁轨、枕木、土建结构物、车站建筑物、桥梁、隧道、机车和车厢，各有不同的执行职能的期间和再生产时间，从而其中预付的资本也有不同的周转时间。建筑物、站台、水塔、高架桥、隧道、地道和路基，总之，凡是在英国铁路上称为技术工程的东西，多年都不需要更新。最易磨损的东西是轨道和车辆。

最初修建现代铁路的时候，有一种看法很流行，并得到最优秀的有实际经验的工程师的赞同。按照这种看法，一条铁路可以百年不坏，铁轨的磨损极不明显，以致从财政和实用两方面都不必加以注意；当时估计，好的铁轨的寿命为100—150年。但不久表明，铁轨的寿命平均不超过20年，当然这要取决于机车的速度、列车的重量和通过的次数、铁轨本身的厚度以及其他许多次要因素。在某些火车站，在大的交通中心，铁轨甚至每年都有磨损。大约在1867年，开始采用钢轨，费用比铁轨约大一倍，而耐用时间却长一倍多。枕木的寿命为12—15年。至于车辆，货车的磨损要比客车的磨损大得多。机车的寿命，按1867年的计算，是10—12年。

磨损首先是由使用本身引起的。一般说来，铁轨的磨损和列车通过的次数成正比（R. C.第17645号）[22]。速度增加时，磨损增加

(22)凡引语标有R. C.字样的，都是摘自《皇家铁道委员会。委员们听取的证词记录。提交议会两院》1867年伦敦版。——问答有编号。编号也附在这里了。

的比例大于速度增加比例的平方；就是说，列车的速度增加到两倍时，磨损则增加到四倍以上（R. C. 第17046号）。

其次，磨损是由于自然力的影响造成的。例如枕木不仅受到实际的磨损，而且由于腐朽而损坏。

> "铁路养路费的多少，主要不是取决于铁路交通引起的磨损，而是取决于暴露在大气中的木、铁、砖、石等物的质量。严寒冬季一个月给铁路造成的损害，比整整一年的铁路交通所造成的损害还要严重。"（理·普·威廉斯《铁路的保养。在土木工程师协会的报告》，1867年秋。）[51]

最后，在这里和在大工业的各个部门一样，无形损耗也起着作用。原来值40 000镑的同量车厢和机车，10年之后，通常可以用30 000镑买到。因此，即使使用价值没有减少，也必须把这些物资的市场价格的25％的贬值计算在内。（拉德纳《铁路经济》［第120页］）

> "涵洞桥不会按它们现在的形式更新。"

（因为现在这种桥的形式已经改良。）

> "对它们进行普通的修理，去掉和替换某些部分，是不适宜的。"（威·布·亚当斯《公路和铁路》1862年伦敦版［第136页］）

劳动资料大部分都因为产业进步而不断变革。因此，它们不是以原来的形式，而是以变革了的形式进行补偿。一方面，大量固定资本投在一定的实物形式上，并且必须在这个形式上达到一定的平均寿命，这一点就成了只能逐渐采用新机器等等的一个原因，从而就成了迅速普遍采用改良的劳动资料的一个障碍。另一方面，竞争斗争，特别是在发生决定性变革的时候，又迫使旧的劳动资料在它们的自然寿命完结之前，用新的劳动资料来替换。迫使企业设备提前按照更大的社会规模实行更新的，主要是大灾难即危机。

损耗（无形损耗除外）是指固定资本被消耗而逐渐转移到产品中去的价值部分。这种转移是按照固定资本丧失使用价值的平均程度进行的。

这种损耗有一部分是这样的：固定资本有一定的平均寿命；它为这段时间而全部预付；过了这段时间，就要全部替换。就活的劳动资料来说，例如马，再生产时间是由自然本身规定的。它们作为劳动资料的平均寿命是由自然规律决定的。这段时间一过，损耗掉的头数就必须用新的来替换。一匹马不能一部分一部分地替换，只能用另一匹马来替换。

固定资本的另一些要素，可以周期地或局部地更新。在这里，必须把这种局部的或周期的补偿与营业的逐渐扩大区别开来。

固定资本有一部分是由同一种组成部分构成的，但这种组成部分耐用时间不一样，因而要在不同期间一部分一部分地更新。例如，车站上的铁轨要比别处的铁轨替换得快些。枕木也是这样。按照拉德纳的计算，在50年代，比利时铁路上的枕木每年更新8%，因而在12年内全部更新了。[52]因此，这里的情形是这样：一个金额比如说以10年为期预付在一定种类的固定资本上。这笔投资是一次完成的。但是，这个固定资本的一定部分，其价值加入了产品的价值，并且和这个产品价值一起转化为货币，因而这一部分每年都要以实物形式进行补偿，另一部分则继续保持原来的实物形式。投资是一次进行的，实物形式上的再生产只是一部分一部分进行的，——正是这一点使这种资本作为固定资本而与流动资本区别开来。

固定资本的其他部分，是由不同的组成部分构成的，它们在不同期间内损耗掉，因而必须在不同期间内进行补偿。机器的情形特别是这样。前面我们关于一个固定资本的不同组成部分具有不同的寿命所说的，在这里对于作为这个固定资本的一部分执行职能的同一台机器的不同组成部分的寿命来说，也是适用的。

关于在局部更新的过程中企业的逐渐扩大问题，我们要指出如下几点。虽然固定资本，如上所述，继续以实物形式在生产过程中发生作用，但它的价值的一部分，按照平均损耗，已经和产品一起进入流通，转化为货币，成为货币准备金的要素，以便在资本需要以实物形式进行再生产时来补偿资本。固定资本价值中这个转化为货币的部分，可以用来扩大企业，或改良机器以提高机器效率。这样，经过一段或长或短的时间，就有了再生产，并且从社会的观点看，是规模扩大的再生产。如果生产场所扩大了，就是在外延上扩大；如果生产资料效率提高了，就是在内涵上扩大。这种规模扩大的再生产，不是由积累——剩余价值转化为资本——引起的，而是由从固定资本的本体分出来、以货币形式和它分离的价值再转化为追加的或效率更大的同一种固定资本而引起的。一个企业能够在什么程度上，以多大规模进行这种逐渐的追加，因而也就是说，为了能够以这种方式再投入企业，准备金必须积累到多大数量，这又需要多长时间，所有这些，当然都部分地取决于该企业的特殊性质。另一方面，现有机器的局部改良能够达到什么程度，当然取决于改良的性质和机器本身的构造。例如在铁路建筑上，一开始就很注意这一点，这可以用亚当斯的话来证明：

“全部构造必须符合蜂房构造的原理，这就是要具有无限扩张的能力。一切过于牢固的、本来就很匀称的结构都是不好的，在扩张时非拆毁不可”（第123页）。

在大多数情况下，这取决于可以利用的空间。有些建筑物可以加高几层；有些建筑物必须横向扩张，这就要有更多的地皮。在资本主义生产中，一方面有许多资财被浪费掉，另一方面，在企业逐渐扩大时，又有许多这种不恰当的横向扩张（部分地说对劳动力有害），因为一切都不是按照社会的计划进行的，而是取决于单个资本家从事经营活动的千差万别的环境、资财等等。由此就产生了生产力的巨大浪费。

货币准备金（即再转化为货币的那部分固定资本）这样一部分一部分地再投入企业，在农业中实行起来最容易。在这里，有一定空间的生产场所，能够最大限度地逐渐地吸收资本。在进行自然再生产的地方也是这样，例如畜牧业。

固定资本需要有各种特别的维持费用。固定资本的维持，部分地是依靠劳动过程本身；固定资本不在劳动过程内执行职能，就会损坏。（见第一册第六章第196页和第十三章第423页[53]：机器由于不使用而引起的磨损。）因此，英国的法律把那种不按国内习惯耕种租地的行为明确地当做破坏行为来看待。（W. A.霍尔兹沃思律师《关于地主和租户的法律》1857年伦敦版第96页）这种在劳动过程中通过使用而得到的保存，是活劳动的无偿的自然恩惠。而且劳动的保存力是二重的。一方面，它保存劳动材料的价值，是通过把这一价值转移到产品中去；另一方面，它保存劳动资料的价值，是通过保存劳动资料的使用价值，通过劳动资料在生产过程中发挥作用，即使它并不把劳动资料的价值转移到产品中去。

但是固定资本的维持，还要求有直接的劳动支出。机器必须经常擦洗。这里说的是一种追加劳动，没有这种追加劳动，机器就会变得不能使用；这里说的是对那些和生产过程不可分开的有害的自然影响的单纯预防，因此，这里说的是在最严格的意义上把机器保持在能够工作的状态中。不言而喻，固定资本的正常寿命，是以它在这个期间内正常执行职能的各种条件已经具备为前提的，正像说人平均活30年时已经把洗脸洗澡也考虑在内一样。这里说的，也不是对机器所包含的劳动的补偿，而是使用机器所必需的不断的追加劳动。这里说的不是机器所做的劳动，而是加于机器的劳动，在这种劳动中，机器不是生产的当事人，而是原料。投在这种劳动上的资本，虽然不进入作为产品来源的真正的劳动过程，但是属于流动资本。这种劳动在生产中必须不断地耗费，因而它的价值也必须不断地由产品价值来补偿。投在这种劳动上的资本，属于流动资本中要弥补一般非生产费用的部分，这个部分要按年平均计算，分摊到价值产品中去。我们说过[54]，在真正的工业中，这种擦洗劳动，是工人利用休息时间无偿地完成的，正因为这样，也往往是在生产过程中进行的，这就成了大多数事故的根源。这种劳动不计算在产品的价格中。从这个意义上说，消费者是无代价地得到了它。另一方面，资本家也由此节省了机器的维持费用。这种费用是由工人用自己的身体来支付的，这是资本自我维持的秘密之一。事实上，这些秘密造成工人对于机器的法律要求权，甚至从资产阶级的法律观点看，也使工人成为机器的共有者。但是，在有些生产部门，机器必须离开生产过程才能擦洗，因此，擦洗不能附带地进行，例如机车就是这样。在这些生产部门，这种维持劳动列入经常费用，因而成为流动资本的要素。一台机车至多行驶三天就要回车库进行擦洗；锅炉必须冷却后再进行擦洗，以免损坏（R. C. 第17823号）。

真正的修理或修补劳动，需要支出资本和劳动。这种支出不包括在原来预付的资本内，因此，它至少并不总是能通过固定资本的逐渐的价值补偿而得到补偿和弥补。例如，假定固定资本的价值=10 000镑，它的全部寿命=10年，那么，10年后全部转化为货币的这10 000镑，只补偿原来投下的资本的价值，而并不补偿这期间在修理上新追加的资本或劳动。这是追加的价值组成部分，它也不是一次预付的，而是根据需要分别预付的，它的不同的预付时间自然是偶然的。任何固定资本都需要事后在劳动资料和劳动力上一点一滴地支出这种追加资本。

机器等等的个别部分所受的损伤，自然是偶然的，因而由此造成的修理也是偶然的。但是从这中间可以分出两类修理劳动，它们都多少具有固定的性质，并且是在固定资本寿命中不同的时期进行的。这就是幼年期的故障和中年期以后更多得多的故障。例如，一台机器的构造在进入生产过程时不管怎样完美无缺，但在实际使用时会出现一些缺陷，必须用补充劳动来纠正。另一方面，机器越是超过它的中年期，因而正常的磨损越是增多，构成机器的材料越是消耗和衰老，为维持机器直到它的平均寿命结束所需要的修理劳动就越频繁，越重要。正像一个老年人，为了防止不到时候就死去，必须比一个年轻力壮的人支付更多的医药费。因此，修理劳动虽然有偶然的性质，但仍然会不均衡地分配在固定资本寿命的不同时期。

根据以上所述以及机器修理劳动的其他方面的偶然性质，可以得出如下的结论：

一方面，用在修理上的劳动力和劳动资料的实际支出，和造成这种修理的必要性的情况本身一样，是偶然的；必要修理量在固定资本寿命的不同时期分配的情况是不同的。另一方面，在估计固定资本的平均寿命时，必须把下述情况考虑在内，这就是有的通过擦洗（包括清扫场地），有的通过每有必要时进行的修理始终把固定资本保持在工作状态中。由固定资本损耗而引起的价值转移，是按固定资本的平均寿命计算的，而确定这个平均寿命本身，又是以维修所需要的追加资本的不断预付为前提的。

另一方面，同样很清楚，通过资本和劳动的这种追加支出而追加的价值，不能随实际支出而同时加入到商品价格中去。例如，一个纺纱业主不能因为这个星期坏了一个轮盘或断了一根皮带，就在这个星期以高于上个星期的价格来出售纱。纺纱的一般费用，不会因为一个工厂发生这种事故而起任何变化。在这里，和在所有的价值决定上一样，起决定作用的是平均数。经验会告诉人们，投在一定生产部门的固定资本在平均寿命期间遇到的这种事故和所需要的维修劳动的平均量会有多大。这种平均支出被分配在平均寿命期间，并以相应的部分加进产品的价格，从而通过产品的出售得到补偿。

这样得到补偿的追加资本也属于流动资本范围，虽然支出的方法不规则。因为立即排除机器的故障是一件非常重要的事，所以每一个较大的工厂，除了真正的工厂工人，还雇有工程师、木匠、机械师、钳工等人员。他们的工资是可变资本的一部分，他们的劳动的价值分配在产品中。另一方面，在生产资料上需要的支出，也按平均计算决定，并按照这个计算，不断形成产品的价值部分，虽然这种支出实际上是在不规则的期间内预付的，从而也是在不规则的期间内加入产品或固定资本中去的。这种投在真正修理上的资本，从某些方面看，形成一种独特的资本，既不能列入流动资本，也不能列入固定资本，但作为一种经常支出，宁可算做流动资本。

当然，簿记的方法改变不了账簿所记事物的实际联系。但重要的是指出，在许多生产部门，常常把修理费用和固定资本的实际损耗按以下方法合在一起计算。假设预付的固定资本为10 000镑，它的寿命为15年；每年的损耗为$666\frac{2}{3}$镑。但现在损耗只按10年计算，就是说，每年有1 000镑，而不是$666\frac{2}{3}$镑，作为固定资本的消耗加到所生产的商品的价格中去；这就是说，为修理劳动等项保留了$333\frac{1}{3}$镑。（10年和15年都只是为举例而假定的。）因此，要使固定资本经用15年，就要在修理上平均支出这样多的金额。这种计算方法，当然不会妨碍固定资本和投在修理上的追加资本形成不同的范畴。根据这种计算方法，例如，人们曾假设，轮船的维持和补偿的最低预算费用每年为15%，从而再生产时间$=6\frac{2}{3}$年。在60年代，英国政府每年按16%补偿半岛东方公司这笔费用，与此相当的再生产时间是$6\frac{1}{4}$年。在铁路上，一台机车的平均寿命为10年，但加上修理费用，每年的磨损则规定为$12\frac{1}{2}$%，寿命因此减为8年。客车和货车，每年的磨损按照9%计算，因此寿命规定为$11\frac{1}{9}$年。

在房屋及其他对所有者说来是固定资本并作为固定资本出租的物品的租约中，法律都承认正常损耗和临时性修理的区别。前者是由时间、自然影响和正常使用本身引起的，通常由所有者负担；后者是在房屋正常寿命和正常使用期间为了保持房屋完好而不时需要的，通常由承租人负担。修理还分小修和大修。大修是固定资本在实物形式上的局部更新，所以在租约没有明确的相反规定时，也由所有者负担。例如按照英国法律：

“按年租赁房屋的承租人，只承担无须大修就能做到的保持建筑物不透风雨的义务，一般说来，只负责可以称之为小修的修理。甚至在这方面，也还要考虑到开始租赁时建筑物有关部分的已使用的年限和一般的状态，因为承租人没有义务用新的材料去替换旧的已经损耗的材料，也没有义务赔偿由于时间和正常使用而引起的不可避免的贬值。”（霍尔兹沃思《关于地主和租户的法律》第90—91页）

同异常的自然现象，火灾、水灾等等引起的破坏相关连的**保险**，则和损耗的补偿以及维修劳动完全不同。保险必须由剩余价值补偿，是剩余价值的一种扣除。或者，从整个社会的观点来看，必须不断地有超额生产，也就是说，生产规模必须大于单纯补偿和再生产现有财富所必要的规模——完全撇开人口的增长不说——，以便掌握一批生产资料，来弥补偶然事件和自然力所造成的异乎寻常的破坏。

事实上，用于补偿的必要资本，只有极小部分是货币准备金。这个资本的最重要部分，是用于生产规模本身的扩大，这种扩大部分地是现实的扩大，部分地是属于生产固定资本的各生产部门的正常范围内的事情。例如，一个机器制造厂在作安排时要考虑到，主顾的工厂每年在扩大，而且总有一部分工厂需要全部或局部加以再生产。

按照社会平均数来确定损耗和修理费用时，必然会产生很大的差距，甚至对于同一生产部门中数量相同、所处的其他条件也相同的投资来说，也是如此。在实践中，一个资本家的机器等等的使用超过平均寿命，另一个达不到平均寿命。一个资本家的修理费用高于平均数，另一个资本家的修理费用低于平均数，如此等等。但是，由损耗和修理费用决定的商品加价，却是一样的，都是由平均数决定的。因此，一个资本家由这种价格追加得到的，比他实际追加的要多，另一个资本家则要少。这种情况，和造成同一生产部门的不同资本家在劳动力剥削相等时获得不等利润的一切其他情况一样，使人们难于理解剩余价值的真正性质。

真正的修理和补偿之间、维持费用和更新费用之间的界限，带有一定的伸缩性。因此，例如在铁路上，关于某些支出属于修理还是属于补偿，应当算在经常性支出内还是算在基本投资内，总是争论不休。把修理费用记入资本账户，不记入收入账户，是铁路公司管理层

人为地提高股息的人所共知的手段。但在这方面,经验也已经提供非常重要的依据。例如,在铁路建成初期追加的劳动

"不算做修理,而必须看做是铁路建筑的重要组成部分,因而应该记入资本账户,因为这种追加劳动,不是由磨损或者运行的正常影响造成的,而是由铁路建筑原来存在的不可避免的缺点引起的"(拉德纳《铁路经济》第40页)。

"相反,唯一正确的方法,是把那种为获得收入必然会产生的贬值记入每年的收入账户,而不管这个数额实际上是否支出。"(喀里多尼亚铁路调查委员菲兹莫里斯上校的论文,发表于1868年《货币市场评论》。)55

在农业上,至少在还没有采用蒸汽作业时,要区分固定资本的补偿和维持,实际上是不可能的,也是毫无意义的。

"在现有器具〈各种必要的农具、其他工具和经营器具〉颇为完备但不是特别多的地方,人们常常根据所处情况的不同,按原始资本15%—25%的比率,来大致平均地估算器具每年的磨损**和**维持。"(基尔霍夫《农业经营学手册》1852年德绍版第137页)

拿铁路的车辆来说,修理和补偿是根本分不开的。

"我们保持着车辆的总数。不管有多少台机车,我们都保持这个数目。如果有一台机车由于时间太久不能使用了,而新造一台比较有利,我们就动用收入来制造一台新的。旧机器剩下的材料的价值,我们当然记入收入账户……　剩下的东西总是相当多的……　车轮、车轴、锅炉等等,总之,旧机车留下许多东西。"(丹·古奇,大西铁路公司董事长,R. C.第17327、17329号)——"修理就是更新;对我来说,'替换'这个名词是不存在的……　一个铁路公司既然买进一节车厢或一台机车,就应当把它修理成永远可以使用的东西。"(第17784号)"机车的费用,我们按每英里$8\frac{1}{2}$便士计算。我们用这$8\frac{1}{2}$便士就永远维持住机车。我们补偿我们的机器。如果你们要购置一台新机器,那么,你们花费的钱就比必须花费的要多……　在旧机器上总会有几个车轮,一个车轴,或别的可以利用的零件,使我们可以更便宜地制造出一台和全新机器一样好的机器。"(第17790号)"我现在每周生产一台新机车,就是说,和新机车一样好的机车,

因为它的锅炉、汽缸和车身都是新的。”（阿奇博尔德·斯特罗克，大北铁路公司机务处主任，R. C.1867年第17823号）

客车也是这样：

“随着时间的推移，旧有的机车和车厢不断地更新；有时安装一个新轮，有时新添一个车身。承受运动的、因而磨损得最厉害的部分，会逐渐地更新；这样，机车和车厢可以进行一系列这样的修理，以致有些机车和车厢一点旧材料的痕迹也没有留下来……　甚至在旧车厢或机车完全不能再修理的时候，也还有一些部分可以用在别的车厢或机车上，从来不会从铁路上完全消失。因此，活动的资本是处在不断的再生产中；在整条铁路重新铺设时，对路基来说必须在一定时间内一次完成的事情，对车辆来说，却是年复一年地逐渐完成的。车辆的存在是常年不断的，因为它处在不断的除旧布新之中。”（拉德纳《铁路经济》第115、116页）

拉德纳在这里以铁路为例所说明的这个过程，对单个工厂说来是不适用的，但它可以形象地说明，在某一整个产业部门之内，或者，从社会规模来看，甚至在整个生产之内，固定资本的再生产，是怎样不断地、一部分一部分地、和修理互相交错地进行的。

这里有一个证据，可以说明狡猾的经理们为了获得股息，可以在怎样广阔的界限之内玩弄修理和补偿这两个概念。按照以上引证的理·普·威廉斯的报告，英国各个铁路公司多年以来按平均计算，曾从收入账户扣除如下的金额，作为路基和建筑物的维修费用（按每年每英里铁路计算）：

伦敦—西北线……………………………370 镑
米德兰线…………………………………225 镑
伦敦—西南线……………………………257 镑
大北线……………………………………360 镑
兰开夏郡—约克郡线……………………377 镑

东南线……………………………………263 镑

布赖顿线…………………………………266 镑

曼彻斯特—设菲尔德线…………………200 镑

这些差额只有极小极小的部分产生于实际支出的差别；它们几乎完全是由计算方法的不同造成的，有的把各项支出记在资本账户，有的记在收入账户。威廉斯直截了当地指出：

“之所以记入较小的支出数字，是因为只有这样才能得到高股息；之所以记入较大的支出数字，是因为已经有了较大的收入，能够负担这种开支。”[51]

在若干场合，损耗，从而它的补偿，实际上是一个小到近于零的量，所以，只有修理费用需要计算。下面引证的拉德纳关于铁路上的技术工程的一段话，一般也适用于运河、船坞、铁桥和石桥等一切这类坚固耐久的工程。——

“比较坚固的工程经过时间的缓慢的影响也会引起损耗，但这种损耗在较短时间内几乎是看不见的；然而，经过很长时间以后，例如数百年，甚至那些最坚固的建筑物，也必须进行全部的或局部的更新。这种看不见的损耗和铁路其他部分的较易察觉的损耗相比较，类似天体运动中的长期差和周期差。时间对于桥梁、隧道、高架桥等等相当坚固的铁路建筑的影响，可以作为长期损耗的例子。较快的和较为明显的、可以在较短期间内通过修理或替换而恢复的损坏，则与周期差相似。即使相当耐久的建筑物的表面，有时也会遭到偶然的损伤。对这种损伤进行的修补，也包括在常年的修理费用中。但除开这种修理不说，这些建筑物也不会不受年龄的影响；总有一天，它们的状况会使重建成为必要，尽管这个时间还很遥远。诚然，从财政和经济方面来说，这个时间也许离得太远了，不必在实际上加以考虑。”（拉德纳《铁路经济》第38、39页）

这里所说的，适用于所有这类非常耐久的工程，就这种工程说，预付在它们上面的资本不能按损耗逐渐地补偿，而只能把维修的年平均费用转移到产品价格中去。

我们已经讲过，为补偿固定资本的损耗而流回的货币，大部分都是每年，或者甚至在更短的时间内，就再转化为它的实物形式。尽管如此，对每个资本家来说，仍然必须设置折旧基金，以用于经过若干年才一朝达到其再生产期限，从而要全部补偿的那部分固定资本。固定资本中相当大的一部分，由于它们的性质，不可能一部分一部分地进行再生产。此外，在再生产一部分一部分地进行，使已经损坏的部分在较短时间内更新的地方，在这种补偿能够实行之前，必须根据生产部门的特殊性质，事先积累一笔或大或小的货币。为了这个目的，不是拥有随便一个货币额就行，而是必须拥有一定数量的货币额。

如果我们只在简单货币流通的前提下考察这个问题，完全不考虑以后才加以阐述的信用制度[56]，那么，运动的机制就是这样的：第一册（第三章第3节a）已经指出，社会现有的货币总有一部分作为贮藏货币闲置不用，另一部分则执行流通手段或直接流通的货币的直接准备金的职能，而货币总额分为贮藏货币和流通手段的比例会不断地变化。用我们的例子来说，那种必须作为贮藏货币大量积累在一个大资本家手中的货币，在购入固定资本时一次投入流通。这笔货币本身在社会上又分为流通手段和贮藏货币。固定资本的价值，按照它的损耗的程度，以折旧基金的形式流回到它的起点。通过这种折旧基金，流通货币的一部分，又在一个或长或短的时间内，在那个曾经为购置固定资本把贮藏货币转化为流通手段并使它离开自己的资本家手中，形成贮藏货币。这是社会现有贮藏货币的一种不断交替变化的分配，它交替地充当流通手段和贮藏货币，在执行流通手段的职能后又作为贮藏货币离开流通货币的总量。随着信用制度的发展——它的发展必然是同大工业和资本主义生产的发展并行的——，这种货币不再执行贮藏货币的职能，而是执行资本的职能，不过不是在它的所有者手中，而是在另一些使用这种货币的资本家手中。

第 九 章

预付资本的总周转。周转的周期

我们知道，生产资本的固定组成部分和流动组成部分，是按不同的方式，以不同的期间周转的；我们又知道，同一企业的固定资本的不同组成部分，根据它们的不同的寿命，从而不同的再生产时间，又各有不同的周转期间。（关于同一企业的流动资本的不同组成部分周转上的实际差别和表面差别，见本章末的第6点。）

1. 预付资本的总周转，是它的不同组成部分的平均周转；计算方法见后。如果问题只涉及不同的期间，那么，计算它们的平均数当然是再简单不过了。但是：

2. 这里不仅有量的差别，而且有质的差别。

进入生产过程的流动资本，把它的全部价值转移到产品中去，因此，要使生产过程不间断地进行，它就必须通过产品的出售，不断用实物来补偿。进入生产过程的固定资本，只把它的一部分价值（损耗）转移到产品中去，尽管有损耗，但它继续在生产过程中执行职能；因此，固定资本要经过一段或长或短的时间，才需要用实物来补偿，但这种补偿无论如何不像流动资本那样频繁。补偿的这种必要性，再生产的期限，对固定资本的不同组成部分来说，不仅有量的差别，而且如前所述，一部分寿命较长、能使用多年的固定资本，能一年或不到一年补偿一次，以实物形式加到旧的固定资本中去，而具有其他性能的固定资本，其补偿只能在其寿命终结时一次进行。

因此，必须把固定资本不同部分的特殊周转化为周转的同种形式，使它们只有量的差别，即只有周转时间上的差别。

如果我们用P…P即连续性生产过程的形式作为起点，这种质的同一性是不会发生的。因为P的某些要素必须不断用实物来补偿，另一些要素则不必如此。但G…G′形式无疑会提供周转的这种同一性。例如有一台价值10 000镑的机器，寿命为10年，因而每年有$\frac{1}{10}$=1 000镑再转化为货币。这1 000镑在一年之间，由货币资本再转化为生产资本和商品资本，又由商品资本再转化为货币资本。它像我们在这个形式下考察的流动资本一样，回到它原来的货币形式，而这1 000镑货币资本，年终是否再转化为一台机器的实物形式，是没有关系的。因此，在计算预付生产资本的总周转时，我们把它的全部要素固定在货币形式上，这样，回到货币形式就是周转的终结。我们总是把价值看做是以货币预付的，甚至在价值的这种货币形式只是以计算货币形式出现的连续性生产过程中，也是如此。这样，我们就可以计算出平均数。

3. 由此可见：即使预付生产资本的极大部分，是由其再生产时间从而周转时间形成一个持续多年的周期的那种固定资本构成，但是，由于流动资本在一年内反复周转，一年内周转的资本价值还是能够大于预付资本的总价值。

假定固定资本＝80 000镑，它的再生产时间＝10年，这样每年有8 000镑回到货币形式，或者说，固定资本每年完成它的周转的$\frac{1}{10}$。假定流动资本＝20 000镑，每年周转5次。这样，总资本＝100 000镑。周转的固定资本＝8 000镑；周转的流动资本＝5×

20 000 = 100 000镑。因此，一年内周转的资本 = 108 000镑，比预付资本大8 000镑。周转的是资本的$1 + \frac{2}{25}$。

4. 因此，预付资本的**价值周转**，是和它的实际再生产时间，或者说，和它的各种组成部分的现实周转时间相分离的。假定一个4 000镑的资本每年周转5次。这样，周转的资本是5 × 4 000 = 20 000镑。但每次周转终结时流回而被重新预付的，是原来预付的4 000镑资本。它的量，不会因为它借以重新执行资本职能的各个周转期间的数目而改变。（把剩余价值撇开不说。）

因此，用第3点的例子来说，按照假定，年终回到资本家手中的有：（a）一个20 000镑的价值额，它重新用做资本的流动组成部分；（b）一个8 000镑的价值额，它由于损耗从预付固定资本价值中分出，同时，这个固定资本仍然存在于生产过程中，不过价值已经不是80 000镑，而是减为72 000镑了。生产过程还要继续9年，直到预付固定资本结束自己的寿命，不能再作为产品形成要素和价值形成要素执行职能，而必须替换。因此，预付资本价值必须完成一个包含多次周转的周期，例如在上述场合，就是一个包含10个年周转的周期，而这个周期是由所使用的固定资本的寿命决定的，从而是由它的再生产时间或周转时间决定的。

所使用的固定资本的价值量和寿命，会随着资本主义生产方式的发展而增加，与此相适应，每个特殊的投资部门的产业和产业资本的寿命也会延长为持续多年的寿命，比如说平均为10年。一方面，固定资本的发展使这种寿命延长，而另一方面，生产资料的不断变革——这种变革也随着资本主义生产方式的发展而不断加快——又使它缩短。因此，随着资本主义生产方式的发展，生产资料的变换也加快了，它们因无形损耗而远在有形寿命终结之前就要不断补偿的必要性也增加了。可以认为，大工业中最有决定意义的部门的这个生命周期现在平均为10年。但是这里的问题不在于确切的数字。有一点是很清楚的：这种由一些互相联结的周转组成的长达若干年的周期（资本被它的固定组成部分束缚在这种周期之内），为周期性的危机造成了物质基础。在周期性的危机中，营业要依次通过松弛、中等活跃、急剧上升和危机这几个时期。虽然资本投入的那段期间是极不相同和极不一致的，但危机总是大规模新投资的起点。因此，就整个社会考察，危机又或多或少地是下一个周转周期的新的物质基础。(22[a])

5. 关于周转的计算方法，我们听一位美国经济学家是怎样说的。[58]

“在一些生产部门内，全部预付资本在一年内周转或流通多次；在另一些生产部门内，预付资本一部分在一年内周转一次以上，另一部分则没有这么频繁。资本家必须按照他的全部资本经过他的手或周转一次所需要的平均期间，来计算他的利润。假定某人把资本投入某种营业时，一半投在建筑物和机器上，10年更新一次；$\frac{1}{4}$投在工具等等上，两年更新一次；其余$\frac{1}{4}$投在工资和原料上，一年周转两次。他的全部资本为50 000美元。在这种情况下，他每年的支出如下：

$$\frac{50\,000}{2}=25\,000\text{美元(10年)}=2\,500\text{美元(1年)}$$

$$\frac{50\,000}{4}=12\,500\text{美元(2年)}=6\,250\text{美元(1年)}$$

$$\frac{50\,000}{4}=12\,500\text{美元}(\tfrac{1}{2}\text{年})=25\,000\text{美元(1年)}$$

$$\text{1年}=33\,750\text{美元}$$

因此，他的全部资本周转一次的平均时间是16个月[59]……　假设有另一种情

(22[a])“城市的生产被束缚在日周转中，农村的生产则被束缚在年周转中。”（弥勒《治国艺术原理》1809年柏林版第3册第178页）[57]这就是浪漫主义者关于工业和农业的天真的观念。

形：总资本50 000美元的$\frac{1}{4}$是10年流通一次，$\frac{1}{4}$是1年流通一次，其余$\frac{1}{2}$是1年流通两次。在这种情况下，每年的支出如下：

$$\frac{12\,500}{10} = \ 1\,250\text{美元}$$

$$12\,500 = 12\,500\text{美元}$$

$$25\,000 \times 2 = 50\,000\text{美元}$$

$$1\text{年的周转额} = 63\,750\text{美元。”}$$

（斯克罗普。见阿朗索·波特尔编《政治经济学》1841年纽约版第142、143页）

6. 资本的不同部分的周转上的实际差别和表面差别。——同一个斯克罗普在同一处[第141页]还说：

“工厂主，农场主，或商人用于支付工资的资本流通得最快，因为如果他对工人每周支付一次，这种资本就可能由于他每周的卖货或付账而获得的进款每周周转一次。投在原料和成品储备上的资本流通得没有这样快，它每年或许周转两次或四次，这要看买进原料和卖出成品的间隔时间而定，这里假定资本家是以相同的信用期限进行买和卖的。投在工具和机器上的资本流通得更慢，因为它平均也许要五年或十年才周转一次，也就是才消费掉，才被更新，虽然有不少工具经过一系列操作之后，就已经不能使用了。投在例如工厂、店铺、栈房、谷仓等建筑物和投在道路、灌溉工程等上的资本，看来几乎是根本不流通的。但实际上，这些设施完全和上述各项一样，会在它们协助进行生产的时候消耗掉，并且必须再生产出来，以便生产者的活动能够继续下去。差别只在于：它们比其他各项消费得慢些，也再生产得慢些……投在它们上面的资本也许要20年或50年才周转一次。”

在这里，斯克罗普把那种对单个资本家来说由支付期限和信用关系而在流动资本某些部分的流动中引起的差别，和那种由资本性质引起的周转混为一谈。他说，工资必须每周用每周的卖货或付账所得的进款来支付。首先这里要指出，就工资本身来说，也存在着差别，因为支付期限有长有短，即工人不得不给予资本家的信贷的时间有长有短，也就是工资的支付期限有一周的、一个月的、三个月的、半年的，等等。这里也适用我们以前已经阐明的规律："必需的支付手段量（也就是要一次预付的货币资本量），与支付期限的长短成正比①。"（见第一册第三章第3节b第124页60）

其次，加入每周产品的，不仅有在生产产品时由一周劳动加进的新价值的总量，而且有在一周产品上所消耗的原料和辅助材料的价值。产品中包含的这个价值，和产品一起流通。通过这个产品的出售，它获得货币形式，并且必须重新转化为同一些生产要素。这一点既适用于劳动力，也适用于原料和辅助材料。但我们已经知道（第六章第II节1），生产的连续性要求有生产资料的储备，这种储备在不同生产部门是不相同的，在同一生产部门，就流动资本的这个要素的不同组成部分（例如煤炭和棉花）来说，也是不相同的。因此，虽然这些材料必须不断用实物来补偿，但是不需要不断重新购买。重新购买的次数多少，要看现有储备量的大小，要看储备可用多久。至于劳动力，这样的储备是没有的。投在劳动上的资本部分和投在辅助材料和原料上的资本部分，是一起再转化为货币的。但是，货币一方面向劳动力和另一方面向原料的再转化，是分开进行的，因为这两个组成部分的购买期限和支付期限是不同的。其中一个组成部分，即生产储备，在较长的时期购买一次；另一个组成部分，劳动力，在较短的时期例如一周购买一次。另一方面，资本家除了生产储备之外，还必须有成品的储备。撇开销售上的困难等等不说，有一定量商品比如说是要按订货生产的。当下一批商品正在生产的时候，先前制成的部分则堆在仓库内，直到订货全部制成。只要流动资本的某些要素在生产过程的准备阶段（例如木材的干燥）上应比其他要素停留得久

①第一版和第二版中是：反比。——编者注

些，就会在流动资本的周转上又造成差别。

斯克罗普这里提到的信用制度，和商业资本一样，对单个资本家来说，会使周转发生变化。就社会范围来说，信用制度只有在不仅加速生产，而且也加速消费的情况下，才会使周转发生变化。

第 十 章

关于固定资本和流动资本的理论。重农学派和亚当·斯密

在魁奈那里，固定资本和流动资本的区别表现为"原预付"和"年预付"。他正确地把这种区别说成是生产资本即并入直接生产过程的资本内部的区别。在他看来，农业上使用的资本即租地农场主的资本是唯一的实际的生产资本，所以，这种区别也只是对于租地农场主的资本来说才是存在的。因此，他也就认为，资本一部分是每年周转一次，另一部分是多年（10年）周转一次。重农学派在发展过程中，也曾偶然把这种区别应用于其他种类的资本，应用于一般产业资本。年预付和多年预付的区别对社会来说非常重要，所以许多经济学家，甚至在斯密以后，还是要回到这个规定上来。

这两种预付的区别，只有在预付货币转化为生产资本的要素时才产生。这种区别唯一地只是存在于生产资本中。所以，魁奈不把货币算在原预付内，也不把它算在年预付内。作为生产预付，即作为生产资本，这两种预付是同货币和市场上的商品相对立的。其次，在魁奈那里，生产资本的这两种要素的区别，被正确地归结为它们加入成品价值的不同方式，从而归结为它们的价值随产品价值而流通的不同方式，并从而归结为它们的补偿或再生产的不同方式，因为一种

要素的价值是一年全部补偿的，而另一种要素的价值是在较长期间内一部分一部分地补偿的。(23)

亚·斯密的唯一进步是把上述范畴普遍化。在他那里，这种区别已经不仅涉及一种特殊形式的资本，即租地农场主的资本，而且涉及每一种形式的生产资本。因此，不言而喻：从农业中得出的年周转和多年周转的区别，被周转时间的不同这个一般的区别所代替，因而，固定资本的一次周转，总是包含流动资本一次以上的周转，而不管流动资本的周转时间是多少，是一年，一年以上，还是不到一年。这样，在斯密那里，“年预付”就成为流动资本，“原预付”就成为固定资本了。但是，他的进步只限于范畴的这种普遍化。他所作的说明是远远落在魁奈后面的。

斯密一开始研究就采用的粗浅的经验主义方法，立即产生了糊涂观念：

> “一个资本可以有两种不同的使用方法，都会给它的所有者提供收入或利润。”（《国富论》1848年阿伯丁版第2篇第1章第185页）

---

(23)参看魁奈《经济表分析》(德尔编《重农学派》1846年巴黎版第1部)。例如，那里说：“年预付是由每年在耕作劳动上的支出构成的；这种预付必须和代表农业创办基金的原预付相区别。”(第59页)——晚一辈的重农学派已经时常把“预付”直接叫做“资本”：“资本或预付”，见杜邦·德奈穆尔《魁奈医生的学说，或他的社会经济学原理概述》(德尔，第1部第391页)。其次，勒特罗纳写道：“由于劳动产品的耐久程度不同，一个国家就拥有不以每年再生产为转移的一个可观的财富储备，这个储备代表长期以来积累的**资本**，它原来是用产品支付的，是不断保存和增加的。”(德尔，第2部第928—929页)——杜尔哥已经更经常地用“资本”一词代替“预付”，更彻底地把“工厂主”的“预付”和租地农场主的“预付”等同起来。(杜尔哥《关于财富的形成和分配的考察》1766年版)[61]

作为资本执行职能并给资本的所有者带来剩余价值而投入价值的方式，也和资本投入的部门一样，是各不相同和多种多样的。这是资本可以投入不同生产部门的问题。如果问题这样提出，那就还会进一步引申。它包含着这样一个问题：价值即使不作为生产资本投入，怎样能够对它的所有者执行资本的职能，例如，执行生息资本、商人资本等等的职能。因此，在这里，我们已经离开分析的真正对象十万八千里了。这里的问题只是：把不同的投资部门撇开不说，**生产**资本分割为不同的要素，对这些要素的周转有什么影响。

亚·斯密紧接着说：

"第一，一个资本可以用于耕种、制造或购买，再把由此得到的货物卖掉而取得利润。"

在这里，斯密只是告诉我们，资本可以用于农业、制造业和商业。因而，他只是谈到不同的投资部门，并且谈到像商业这样的部门，在这些部门，资本不并入直接生产过程，因而不作为生产资本执行职能。这样，他就把重农学派在阐明生产资本的区别和它们对周转的影响时所依据的那个基础抛弃了。他甚至立即以商人资本作为例子来说明问题，虽然这里的问题只是关于**生产**资本在产品形成过程和价值形成过程中的区别，而这种区别本身又引起资本的周转和再生产中的区别。

他接着说：

"这样使用的资本，在仍然保留在它的所有者手中或保持原状时，不会给它的所有者提供收入或利润。"

这样使用的资本！不过，斯密说的是投入农业，投入工业的资本，并且他以后还告诉我们，这样投入的资本分为固定资本和流动资本！因此，用这种方式投入资本，既不会使资本变为固定资本，也不会使它变为流动资本。

或者，他想说的是：用来生产商品并把这种商品卖掉而取得利润的资本，在转化为商品之后必须卖掉，并且通过出售，第一，必须由卖者所有转为买者所有，第二，必须由它作为商品的实物形式转化为它的货币形式，因而，如果它仍然保留在它的所有者手中或——对他——保持原状，它就会对它的所有者毫无用处？但是，这样一来，问题就不过是：同一资本价值，从前是以生产资本的形式，以属于生产过程的形式执行职能，现在却是作为商品资本和货币资本，以两个属于流通过程的形式执行职能，因此，已经既不是固定资本，也不是流动资本了。这里所说的，既适用于由原料和辅助材料即流动资本加入的价值要素，也适用于由劳动资料的消耗即固定资本加入的价值要素。因此，我们在阐明固定资本和流动资本的区别方面没有前进一步。

接着又说：

> “商人的货物在没有卖掉而换得货币以前，不会给他提供收入或利润；而货币在没有再换得货物以前，也是如此。他的资本不断地以一种形态离开他，以另一种形态回到他那里，并且只有通过这样的流通或连续的交换，才能给他提供利润。因此，这种资本可以非常恰当地称为流动资本。”

亚·斯密在这里规定为流动资本的东西，就是我要称之为**流通资本**的东西。这种资本处在属于流通过程的形式上，即处在属于以交换（物质的变换和所有者的变换）为中介的形式变换的形式上，因而是处在商品资本和货币资本的形式上，而同它的属于生产过程的形式即生产资本的形式相对立。这不是产业资本家用来划分他的资本的两种特殊种类，而是同一预付资本价值在它的生活过程的循环中不断重新依次采取和抛弃的不同形式。亚·斯密把这一点和下述这样一些形式区别混为一谈,——这同重农学派相比是一个巨大的退步,——这些形式区别,是在资本价值处于**生产**资本形式时,在资本价值的流通中,在资本价值依次经过各种形式的循环中产生的,并且正是由于生产资本的不同要素按不同的方式参加价值形成过程,按不同的方式把价值转移到产品上而产生的。我们以后将会看到,把生产资本和处于流通领域的资本(商品资本和货币资本),同固定资本和流动资本根本混同起来,会引起什么样的后果。预付在固定资本上的资本价值,和预付在流动资本上的资本价值一样,都通过产品来流通,都通过商品资本的流通而转化为货币资本。区别只是产生于这个事实:固定资本的价值是一部分一部分地流通的,因此,必须一部分一部分地在或短或长的时间内补偿,以实物形式再生产出来。

亚·斯密在这里所说的流动资本不过是流通资本,是处在属于流通过程的形式上的资本价值(商品资本和货币资本),这由他非常拙劣地选择的例子就证明了。他所用的例子是那种根本不属于生产过程,而仅仅留在流通领域,仅仅由流通资本构成的资本,即商人资本。

用一种根本不是执行生产资本职能的资本作为例子来开始,是多么荒谬,这由他自己的话就立即说明了:

> “一个商人的资本完全是流动资本。”

但是,流动资本和固定资本的区别,正像他以后告诉我们的,是一种由生产资本本身内部的本质区别产生的区别。在亚·斯密的头脑里,一方面是重农学派所说的区别,另一方面是资本价值在它的循环中所经过的形式的区别。这二者杂乱无章地混在一起。

但是，货币和商品的形式变换，价值从这两个形式中的一个形式到另一个形式的单纯转化，怎么会产生利润，这是绝对不可想象的。说明这一点，也是绝对不可能的，因为他在这里是以仅仅在流通领域内运动的商人资本开始的。我们回头再谈这一点；我们先听他关于固定资本是怎么说的：

> “第二，它〈资本〉可以用来改良土地，用来购买有用的机器和劳动工具，或者用来购买这一类东西，这些东西不必更换所有者或进一步流通，就可以提供收入或利润。因此，这种资本可以非常恰当地称为固定资本。行业不同，它们所使用的固定资本和流动资本之间的比例也极不相同……　每个手工业主或工厂主的资本的一定部分必须固定在他的劳动工具上。可是，这个部分在一些行业中是很小的，在另一些行业中是很大的……　但是，一切这样的手工业主〈如裁缝业主，制鞋业主，织布业主〉的资本的更大得多的部分，或者作为他们的工人的工资，或者作为他们的原料的价格来流通，而且由制成品的价格偿付，并取得利润”。

把他对利润的源泉所下的幼稚的定义撇开不说，弱点和混乱立即从下面一点暴露出来：例如，对一个机器制造厂的厂主来说，机器是产品，会作为商品资本来流通，因此，用亚·斯密的话来说是

> “会卖掉，会更换所有者，会进一步流通”。

因此，按照他自己的定义，机器似乎不是固定资本，而是流动资本了。这种混乱仍然产生于斯密把下面两种区别混为一谈：一种是由生产资本不同要素的不同流通方法产生的固定资本和流动资本的区别，另一种是同一个资本在生产过程内作为生产资本执行职能，在流通领域内却作为流通资本（即商品资本和货币资本）执行职能所经历的形式区别。因此，在亚·斯密看来，同样的东西，按照它们在资

本生活过程中所处的地位，既能够作为固定资本（即劳动资料，生产资本的要素）执行职能，又能够作为“流动”资本，商品资本（即离开生产领域，转入流通领域的产品）执行职能。

但是，亚·斯密一下子就改变了他区分资本的全部基础，这是和他前几行开始全部研究时所说的话相矛盾的，特别是和这样的论点相矛盾的：

“一个资本可以有两种不同的使用方法，都会给它的所有者提供收入或利润”，

就是说，作为流动资本或作为固定资本来使用。因此，按照这个说法，这里是互相独立的不同资本的不同的使用方法，例如，资本可以或者用于工业或者用于农业。——但是他又说：

“行业不同，它们所使用的固定资本和流动资本之间的比例也极不相同。”

现在，固定资本和流动资本不再是不同的独立的投资，而是同一生产资本的不同部分，这些不同部分在不同投资部门形成这个资本总价值的不同份额。因此，这种区别是由**生产**资本本身的适当的分割产生的，因而也只适用于生产资本。但是，商业资本只是作为流动资本同固定资本相对立的说法，又是和这一点相矛盾的，因为亚·斯密自己说：

“一个商人的资本完全是流动资本”。

其实，这种资本是仅仅在流通领域内执行职能的资本，并且作为这样的资本总是同生产资本，即同并入生产过程的资本相对立，而正因为这样，它不能作为生产资本的流动部分，同生产资本的固定部分相对立。

在斯密所举的例子中，他把“劳动工具”规定为固定资本，把投在工资和原料（包括辅助材料）上的资本部分规定为流动资本（由制成品的价格偿付，并取得利润）。

因此，他的出发点首先只是劳动过程的不同组成部分：一方面是劳动力（劳动）和原料，另一方面是劳动工具。但是，它们是资本的组成部分，因为在它们上面已经耗费了一个要作为资本执行职能的价值额。就这一点来说，它们是**生产**资本即在生产过程中执行职能的资本的物质要素，存在方式。为什么把一部分称做固定的呢？因为

“资本的一定部分必须固定在劳动工具上”。

但是，另一部分也会固定在工资和原料上。而机器和

“劳动工具……这一类东西……不必更换所有者或进一步流通，就可以提供收入或利润。因此，这种资本可以非常恰当地称为固定资本”。

以采矿业为例。采矿业是完全不用原料的，因为劳动对象，例如铜，是一种只有通过劳动才能占有的自然产物。这种只能去占有的铜，这种作业过程的产物，以后才作为商品或商品资本流通，不是生产资本的要素。生产资本价值的任何部分都没有投在这种铜上。另一方面，生产过程的其他要素，劳动力和辅助材料（例如煤炭、水等等），也同样没有在物质上加入产品。煤炭被完全消费掉，只有它的价值加入产品，正如机器等等的一部分价值加入产品一样。最后，工人和机器一样，仍然独立于产品铜之外。只有工人通过他的劳动生产出来的价值，现在是铜价值的组成部分。因此，在这个例子中，生产资本的任何组成部分都没有转手（“更换所有者”），或者都没有进一步流通，因为它们都没有在物质上加入产品。因此，在这里，还有什么流动资本呢？按照亚·斯密自己的定义，在采铜业上使用的全

部资本只是由固定资本构成的。

相反，我们以另一种产业为例。这种产业使用原料，原料形成产品的实体，还使用辅助材料，它也在物体上加入产品，而不像燃烧的煤炭那样只在价值上加入产品。构成产品例如棉纱的原料，棉花，会和产品棉纱一起转手，并从生产过程进入消费过程。但是，只要棉花作为生产资本的要素执行职能，所有者就不会把它卖掉，而是对它加工，把它纺成棉纱。他不会把棉花脱手。或者用斯密的极其错误而又浅薄的话来说，他不会“通过卖掉，通过更换所有者，或者通过流通”而获取任何利润。他不让他的材料流通，就像不让他的机器流通一样。这些材料完全和纺纱机、厂房一样固定在生产过程中。当然，生产资本的一部分，也必须不断固定在煤炭、棉花等形式上，就像固定在劳动资料的形式上一样。区别只是在于：比如一周棉纱生产所需要的棉花、煤炭等，会不断地在一周产品的生产中完全消费掉，因此必须由新的棉花、煤炭等来补偿；就是说，生产资本的这些要素虽然总是同一种类的，但是要不断地由同一种新的物品组成，而同一台纺纱机，同一座厂房，却会在许多周的生产上继续发挥作用，无须由同一种新的物品来替换。作为生产资本的要素，生产资本的一切组成部分不断地固定在生产过程中，因为没有它们，生产过程是不能进行的。而生产资本的一切要素，无论是固定的或流动的，作为生产资本，同样都与流通资本即商品资本和货币资本相对立。

劳动力也是这样。生产资本的一部分必须不断固定在劳动力上，不论在什么地方，同样一些劳动力，和同一些机器一样，在较长的时间内是由同一个资本家使用的。在这里，劳动力和机器的区别，并不是在于机器一次全部买下（在分期付款时，情形也不是这样），工人不是一次买下，而是在于工人耗费的劳动全部加入产品价值，机器的价值却只是一部分一部分地加入产品价值。

斯密在说明和固定资本相对立的流动资本时，把不同的规定混同起来：

> “这样使用的资本，在仍然保留在它的所有者手中或保持原状时，不会给它的所有者提供收入或利润。”

他把产品即商品资本在流通领域中经历的、对商品的转手起中介作用的纯粹形式上的商品形态变化，同生产资本的不同要素在生产过程中经历的物体上的形态变化相提并论。在这里，他不分青红皂白地把商品转化为货币和货币转化为商品，即卖和买，同生产要素转化为产品混为一谈。他举的流动资本的例子，是由商品转化为货币和由货币转化为商品的商人资本，是属于商品流通的形式变换W—G—W。但是，流通中的这种形式变换，对执行职能的产业资本来说，具有这样的意义：货币再转化成的商品是生产要素（劳动资料和劳动力），因此，这种形式变换对产业资本的职能的连续性起中介作用，使生产过程成为连续的生产过程，即再生产过程。整个这种形式变换是在**流通**中进行的；正是这种形式变换的中介作用使商品实际上由一个人手里转到另一个人手里。相反，生产资本在它的生产过程中经历的形态变化，却是属于**劳动过程**的形态变化，它是生产要素转化为预期的产品所必需的。亚·斯密停留在这个事实上：一部分生产资料（真正的劳动资料）在劳动过程中发生作用（用他的错误说法：“给它们的所有者提供利润”），并不改变它们的实物形态，只是逐渐损耗，而另一部分生产资料（材料）却发生变化，并且正是通过这种变化来完成它们作为生产资料的使命。但是，生产资本的各种要素在劳动过程中的不同作用，只是固定资本和非固定资本的区别的出发点，而不是这种区别本身，这一点从以下事实已经可以看出：这种不同作用同样存在于一切生产方式，无论是资本主义的生产方式或非资本主义的生产方式。而和这种不同物质作用相一致的，是向产品的**价值转移**，和这种价值转移相一致的，又是通过产品的出售进行的价值补偿；而只是这一点才形成这里所说的区别。因此，资本成为固定资本，不是因为它固定在劳动资料中，而是因为它投在劳动资料上的价值的一部分，在另一部分作为产品的价值组成部分流通时，仍然固定在劳动资料中。

> “如果它〈资本〉被用来获得未来的利润，那么，要获得这个利润，他〈所有者〉就必须或者保留它，或者放弃它。在前一个场合，它是固定资本；在后一个场合，它是流动资本。”（第189页）

在这里，首先引人注目的，是关于利润的粗浅的经验主义的观念，这种观念是从普通资本家的看法中得出来的，是和亚·斯密自己的较为深刻的内在的见解完全矛盾的。在产品的价格中，不仅材料的价格和劳动力的价格已经得到补偿，而且劳动工具因磨损而转移到产品上的那部分价值也已经得到补偿。这种补偿无论如何不会成为利润的源泉。为了生产产品而预付的价值不管是通过产品的出售全部一次补偿，还是通过产品的出售一部分一部分地逐渐补偿，所改变的只能是补偿的方法和时间；但是，无论如何，都不能把这两种情况的共同点——价值的补偿——转化为剩余价值的创造。这里的基础是这样一种习常的观念：因为剩余价值只是通过产品的出售，通过产品的流通而实现，所以它也只是从出售中，从流通中产生。实际上，这里所说的利润产生的不同方法，只是对生产资本的不同要素发生的不同作用的错误表达，也就是对它们作为生产要素在劳动过程中发生的不同作用的错误表达。最后，这个区别不是从劳动过程或价值增殖过程引出的，不是从生产资本本身的职能引出的，而是被认为仅仅对单个资本家具有主观上的意义，在单个资本家看来，资本的一部分是在这种形式上有用，另一部分则是在那种形式上有用。

相反，魁奈却从再生产过程和它的必然性本身引出这些区别。为了使过程连续进行，年预付的价值必须每年由年产品的价值全部补偿，相反，基本投资的价值只是一部分一部分地补偿，因此，必须经过许多年，例如10年，才完全补偿，从而完全再生产出来（由同一种新的物品替换）。可见，亚·斯密是远远落在魁奈的后面。

因此，在亚·斯密的固定资本的定义中仅仅剩下一点：固定资本是劳动资料，这种劳动资料同在它帮助下制造的产品相对立，不会在生产过程中改变它的形态，而会继续在生产中发挥作用，一直到不能使用为止。他忘记了，生产资本的一切要素，不断以它们的实物形式（作为劳动资料，材料和劳动力）和产品相对立，和作为商品流通的产品相对立。他也忘记了，由材料和劳动力构成的部分同由劳动资料构成的部分的区别仅仅在于：就劳动力来说，它必须不断重新购买（不像劳动资料那样是按照它的全部使用时间购买的）；就材料来说，在劳动过程中执行职能的，不是同一的东西，而总是同种的新的物品。同时还产生了一种假象，好像固定资本的价值不会流通，虽然亚·斯密在前面已经说明，固定资本的损耗自然是产品价格的一部分。

在谈到与固定资本相对立的流动资本时，他没有着重指出，这种对立之所以存在，只是因为流动资本是生产资本的这样一个组成部分，这个组成部分必须**全部**由产品价值补偿，因此，必须全部参加产品的形态变化，而固定资本却不是这样。相反，他把流动资本同资本从生产领域转到流通领域时所采取的形式即商品资本和货币资本混为一谈。但是，这两种形式，即商品资本和货币资本，既是生产资本的固定组成部分的价值承担者，又是它的流动组成部分的价值承担者。二者是和生产资本相对立的流通资本，而不是和固定资本相对立的流动资本。

最后，既然做出完全错误的解释，即说什么固定资本通过保持在生产过程中而产生利润，流动资本则通过离开生产过程进入流通而产生利润，于是，由于可变资本和不变资本流动部分在**周转**中具有同一形式，它们在**价值增殖过程**和剩余价值形成上的本质区别就被掩盖起来，因而资本主义生产的全部秘密就更加隐蔽了。在流动资本这个共同的名称下，这个本质区别被抹杀了。以后的经济学走得更远，它认定，作为本质的东西和唯一的区别的，不是可变资本和不变资本的对立，而是固定资本和流动资本的对立。

亚·斯密在刚刚说明固定资本和流动资本是两种特殊的投资方式，它们各自都会提供利润之后，又说：

> “任何固定资本，没有流动资本的帮助，都不会提供收入。最有用的机器和劳动工具，如果没有流动资本给它们提供加工的材料、给使用它们的工人提供给养，那是什么东西也生产不了的”（第188页）。

由此可见，以上所说的“提供收入”，“取得利润”等等的意思就是：资本的两个部分是产品的形成要素。

亚·斯密然后举了如下的例子：

> “租地农场主投在农具上的那部分资本是固定资本，投在他的雇工的工资和给养上的那部分资本是流动资本。”

因此，在这里，他正确地把固定资本和流动资本的区别只是归结为生产资本不同组成部分的不同的流通和周转。

“他从前一种资本取得利润，是由于他把它保留在自己手里；他从后一种资本取得利润，是由于他把它卖掉。役畜的价格或价值，和农具的价格一样，是固定资本”；

这里又是正确的，因为区别是同价值有关，而不是同物质要素有关，

“它〈役畜〉的给养，和雇工的给养一样，是流动资本。租地农场主取得利润的方法，是保留役畜，而卖掉它的给养。”

租地农场主保留牲畜的饲料，不把它卖掉。他把它用来饲养牲畜，而把牲畜本身作为劳动工具来使用。区别仅仅在于：用来饲养役畜的饲料会全部消费掉，必须不断通过从农产品或它的出售取得新的牲畜饲料来补偿；牲畜本身却只是随着一头一头不能干活而替换。

“不是为了役使，而是为了出售才买来肥育的牲畜的价格和给养，是流动资本。租地农场主把它们卖掉而取得利润。”

任何商品生产者，从而资本主义商品生产者，都出售他的产品，出售他的生产过程的结果，因此，这个产品既不是他的**生产**资本的固定组成部分，也不是他的生产资本的流动组成部分。相反，他的产品现在处于已经离开生产过程而必须执行商品资本职能的形式。肥育的牲畜在生产过程中是执行原料的职能，不像役畜那样是执行工具的职能。因此，它作为实体加入产品，而它的全部价值也和辅助材料〔它的饲料〕的价值一样，加入产品。因此，它是生产资本的流动部分，但这并不是因为出售的产品，即已经肥育的牲畜，在这里和它的原料，即尚未肥育的牲畜，有相同的自然形式。这是偶然的事。同时，斯密本来应该从这个例子看到，使生产要素中包含的价值定义为固定资本和流动资本的，不是生产要素的物质形式，而是它在生产过程中的职能。

> “种子的全部价值也是固定资本。虽然种子往返于土地和谷仓之间，但它从不更换所有者，所以实际上并没有进入流通。租地农场主取得利润，不是靠种子的出售，而是靠种子的繁殖。”

斯密所作的区分的荒谬，在这里暴露无遗了。按照他的看法，如果种子不“更换所有者”，就是说，如果种子直接从年产品中补偿，从年产品中扣除，它就是固定资本。相反，如果全部产品被卖掉，而用其中一部分价值来购买别人的谷种，它就是流动资本。在一个场合，“更换所有者”；在另一个场合，没有“更换所有者”。在这里，斯密又把流动资本和商品资本混同了。产品是商品资本的物质承担者。但是，当然只有实际进入流通，而不直接再进入自己作为产品从中出来的生产过程的那部分产品，才是这样。

不论种子直接作为产品的一部分被扣除，还是全部产品被卖掉，其中一部分价值换出去用来购买别人的种子，在这两种场合，都只是补偿。通过这种补偿，不会产生任何利润。在后一种场合，种子，和产品的其余部分一样，作为商品进入流通；在前一种场合，它只是在簿记上当做预付资本的价值组成部分。但是，在这两种场合，它总是生产资本的流动组成部分。它被完全消费掉，以便完成产品的生产，并且它必须全部由产品补偿，以便再生产成为可能。

“原料和辅助材料丧失了它们作为使用价值进入劳动过程时所具有的独立形态。真正的劳动资料却不是这样。工具、机器、厂房、容器等等，只有保持原来的形态，并且第二天以同前一天一样的形式进入劳动过程，才能在劳动过程中发挥作用。它们在生前，在劳动过程中，与产品相对保持着独立的形态，它们在死后也是这样。机器、工具、厂房等等的尸骸同在它们帮助下形成的产品总是分开而存在的。”（第一册第六章第192页[62]）

生产资料在产品的形成上具有不同的使用方法，一种是生产资料和产品相对保持独立的形态，另一种是生产资料改变或全部丧失独立的形态。这个区别属于劳动过程本身，因此，对没有任何交换，没有商品生产，只是为了满足自己的需要，例如，家长制家庭自己的需要的劳动过程来说，也是存在的。这个区别被亚·斯密歪曲了，这是因为：1. 他塞进了和这里完全无关的关于利润的规定，说什么一些生产资料在保持原来的形态时，给所有者带来利润，另一些生产资料在丧失原来的形态时，给所有者带来利润；2. 他把一部分生产要素在劳动过程中的变化，和属于产品交换、商品流通，同时包含流通中的商品的所有权变换的那种形式变换（买和卖）混为一谈。

周转意味着以流通为中介的再生产，也就是，以产品的出售，以产品转化为货币和再由货币转化为产品的生产要素为中介的再生产。如果资本主义生产者本身直接把他自己的一部分产品重新用做生产资料，那么，他就好像是把这部分产品卖给作为卖者的自己了，而在他的账簿上事情就是这样表现的。因此，再生产的这一部分不是以流通为中介，而是直接进行的。但是，这样重新用做生产资料的这部分产品是补偿流动资本，而不是补偿固定资本，只要1. 它的价值全部加入产品；2. 它本身在实物形式上全部由新产品中同一种新的物品替换。

亚·斯密接着告诉我们，流动资本和固定资本是由什么构成的。他列举了构成固定资本和流动资本的物品即物质要素，好像这种规定性是这些物品在物质上天然具有的，而不是由这些物品在资本主义生产过程中的一定职能产生的。然而，他在同一章（第二篇第一章）中指出，虽然某种物品，例如，一所保留下来供直接消费的住宅，

> “会给它的所有者提供收入，因此会对他执行**资本的职能**，但是决不会给公众提供收入，不会对公众执行资本的职能。全体人民的收入决不会因此增加一丝一毫”（第186页）。

因此，在这里，亚·斯密说得很清楚，资本属性并不是物品本身在一切情况下都固有的，而是一种职能，物品是否承担这种职能，要看情况而定。但对资本本身适用的，对它的部分也适用。

同样的物品是构成流动资本的组成部分，还是构成固定资本的组成部分，要看它在劳动过程中执行什么职能。例如牲畜，作为役畜（劳动资料），是租地农场主的固定资本的物质存在方式，相反，作为肥育的牲畜（原料），却是租地农场主的流动资本的组成部分。另一方面，同一物品可以时而成为生产资本的组成部分，时而属于直接的消费基金。例如，一所房子，用做劳动场所，是生产资本的固定组成部分，用做住宅，就根本不是资本的形式，而只是一所住宅。在许多场合，同一些劳动资料，可以时而充当生产资料，时而充当消费资料。

从斯密的见解产生的错误之一，是把固定资本和流动资本的性质看做是物品固有的性质。劳动过程的分析（第一册第五章[63]）已经指出，劳动资料，劳动材料或产品的规定，是随着同一物品在过程中所起的不同作用而改变的。而固定资本和非固定资本的规定，也是建立在这些要素在劳动过程中，从而在价值形成过程中所起的一定作用的基础上的。

其次，斯密在列举构成固定资本和流动资本的物品时，立即表明他把以下两种区别混为一谈了，一种是仅仅对生产资本（生产形式的资本）才适用、才有意义的生产资本的固定组成部分和流动组成部分的区别，另一种是生产资本和资本在其流通过程中具有的形式即商品资本和货币资本的区别。在同一个地方（第188页），他说：

“流动资本包括……处在各个商人手中的各种食品、材料、成品，以及它们的流通和分配所必需的货币。”

事实上，如果我们作进一步的考察，就会看到，这里和以上所说的相反，又把流动资本同商品资本和货币资本，也就是同两种根本不属于生产过程的资本形式等同起来。这两种形式的资本并不是和固定资本相对立的流动资本，而是和生产资本相对立的流通资本。因此，预付在材料（原料或半成品）上并且实际并入生产过程的生产资本的组成部分，只是和这两种形式的资本**并存**而发生作用。他说：

“社会总资产自然分成三个部分，第三部分即最后部分，是流动资本，它的特征是，只有通过流通或更换所有者才提供收入。流动资本也由四个部分构成：第一，是货币……”

但货币从来不是生产资本即在生产过程中执行职能的资本的形式，它始终只是资本在流通过程中采取的形式之一。

——“第二，是屠宰业主、畜牧业主、租地农场主……所拥有的食品储备，他们希望通过出售这种食品而得到利润……　第四即最后部分，是已经制成但还在商人或工厂主手中的产品。”——“第三，是完全没有加工或多少加过工的用于服装、家具和建筑物的材料。这些材料尚未加工成服装、家具和建筑物，还留在农场主、工厂主、绸布商、木材商、木匠以及砖瓦制造业主等人的手中。”

第二项和第四项包括的，不外是那些作为产品已经离开生产过程而必须卖掉的东西；总之，它们现在作为商品从而作为商品资本执行职能，因此，按它们所具有的形式和在过程中所占有的位置，它们都不形成生产资本的要素，而不管它们的最后用途如何，就是说，不管它们按照它们的用途（使用价值）最后是进入个人消费还是进入生产消费。第二项中的产品是食品；第四项中的产品是其他一切成品，因此它们本身又只是由已经完成的劳动资料或已经完成的享受品

(不同于第二项中的食品)构成。

斯密在这里还说到商人,这又暴露出他的混乱。只要生产者把他的产品卖给商人,这个产品就不再是他的资本的形式。当然,从社会的观点来看,尽管它在别人手中,而不在它的生产者手中,它仍然是商品资本;但是,正因为它是商品资本,所以它既不是固定资本,也不是流动资本。

在任何不是为了直接满足生产者自身需要的生产中,产品都必须作为商品来流通,就是说,必须卖掉,这不是为了获得利润,而只是为了使生产者能够生活下去。在资本主义生产的情况下,还要加上一点:在商品出售时,也实现商品中包含的剩余价值。产品是作为商品离开生产过程的,因此既不是生产过程的固定要素,也不是它的流动要素。

此外,斯密在这里自己否定自己。成品,不管它们的物质形态或使用价值如何,不管它们的效用如何,在这里都是商品资本,因而都是处在属于流通过程的形式上的资本。处在这种形式上的成品,并不是它们的所有者的可能的生产资本的组成部分;但这决不妨碍它们在出售之后,在它们的买者手中,**成为**生产资本的组成部分,或者是流动组成部分,或者是固定组成部分。这里表明,一度在市场上作为商品资本出现而和生产资本相对立的同一些物品,一旦离开了市场,就可能执行生产资本的流动组成部分或固定组成部分的职能,也可以不执行这样的职能。

棉纺业主的产品棉纱是他的资本的商品形式,对他来说是商品资本。它不能再作为他的生产资本的组成部分执行职能,既不能作为劳动材料,也不能作为劳动资料执行职能。不过,在购买棉纱的织布业主手中,它并入他的生产资本,成为其中的流动组成部分之一。

而对纺纱业主来说，棉纱是他的一部分固定资本和流动资本的价值承担者(撇开剩余价值不说)。机器也是这样，作为机器制造厂主的产品，它是他的资本的商品形式，对他来说是商品资本；只要它停留在这个形式上，它就不是流动资本，也不是固定资本。如果把它卖给一个使用它的工厂主，它就成为生产资本的固定组成部分。即使有的产品按照它的使用形式，能够部分地重新作为生产资料，进入把它生产出来的过程，例如煤炭用于煤炭的生产，但是，用来出售的那部分产品煤炭，恰恰既不是流动资本，也不是固定资本，而是商品资本。

另一方面，有的产品，按照它的使用形式，根本不能成为生产资本的某种要素，既不能充当劳动材料，也不能充当劳动资料。例如，某些生活资料就是这样。尽管如此，这些产品对它们的生产者来说，还是商品资本，是固定资本和流动资本的价值承担者；至于这些产品是哪一种资本的价值承担者，那要看在生产它们时使用的资本必须全部一次补偿，还是一部分一部分地补偿，要看这种资本的价值全部一次转移到产品中去，还是一部分一部分地转移到产品中去。

在斯密的第三项中，原材料(原料、半成品、辅助材料)一方面并不表现为已经并入生产资本的组成部分，事实上只表现为社会产品由以构成的使用价值的特别种类，只表现为和第二项、第四项所列举的其他各种物质组成部分，生活资料等等并列的商品的特别种类。另一方面，这些原材料又确实是被当做并入生产资本的材料，从而被当做生产者手中的生产资本的要素。这里的混乱在于：这些原材料一方面被理解为在生产者(“农场主、工厂主”等人)手中执行职能，另一方面又被理解为在商人(“绸布商、木材商”)手中执行职能，而在商人手中，它们只是商品资本，不是生产资本的组成部分。

亚·斯密在这里列举流动资本的要素时，实际上完全忘记了只对生产资本适用的固定资本和流动资本的区别。他倒是把商品资本和货币资本即两种属于流通过程的资本形式同生产资本对立起来，不过，他也只是不自觉地这样做的。

最后，引人注目的是，亚·斯密在列举流动资本的组成部分时忘记了劳动力。这是由两种原因造成的。

我们刚刚看到，撇开货币资本不说，流动资本仿佛不过是商品资本的另外一个名称。但只要劳动力在市场上流通，它就不是资本，不是商品资本的形式。劳动力根本不是资本；工人不是资本家，虽然他把一种商品即他自己的皮带到市场上去。只有在劳动力已经出卖，并入生产过程之后，就是说，只有在它不再作为商品流通之后，它才成为生产资本的组成部分：作为剩余价值的源泉，它是可变资本，就投在它身上的资本价值的周转来说，它是生产资本的流动组成部分。因为斯密在这里把流动资本和商品资本混同起来，所以他不可能把劳动力列入他的流动资本的项目内。因此，可变资本在这里以工人用自己的工资购买的商品即生活资料的形式出现。在这种形式上，投在工资上面的资本价值才被认为属于流动资本。但是，并入生产过程的，是劳动力，是工人本身，而不是工人赖以维持生活的生活资料。诚然，我们讲过(第一册第二十一章)，从社会的观点来看，工人本身通过他的个人消费进行的再生产，也属于社会资本的再生产过程。但是，这一点并不适用于我们这里所考察的单个的孤立的生产过程。斯密列入固定资本项目内的“获得的有用的才能”(第187页)，只要是雇佣工人的“才能”，而且雇佣工人已经把他的劳动连同他的“才能”一起出卖，那反倒是流动资本的组成部分。

斯密的一个大错误，是把全部社会财富分成1. 直接消费基金；2. 固定资本；3. 流动资本。按照这种分法，财富就得分成1. 消费基金，它不构成执行职能的社会资本的部分，虽然它的某些部分**能够**不断执行资本的职能；和2. 资本。按照这种分法，财富的一部分执行资本的职能，另一部分则执行非资本或消费基金的职能。在这里，一切资本不是固定的，就是流动的，这表现为一种绝对的必然性，就像哺乳动物不是雄的，就是雌的，是一种自然的必然性一样。但是我们已经知道，固定资本和流动资本的对立，只适用于**生产**资本的要素；可见，在生产资本要素之外，还存在着相当大量的资本——商品资本和货币资本，它们处在既**不可能是**固定资本，也**不可能是**流动资本的形式上。

如果把单个资本主义生产者本人不经过买卖，直接以实物形式重新用做生产资料的那部分产品除外，在资本主义的基础上，社会生产的总量是作为商品资本在市场上流通的，所以，很清楚，从商品资本中取出的，既有生产资本的固定要素和流动要素，又有消费基金的一切要素。这实际上无非就是说，在资本主义生产的基础上，生产资料和消费资料首先是作为商品资本出现的，虽然它们的使命是以后充当消费资料或生产资料；同样，劳动力本身是作为商品出现在市场上的，虽然不是作为商品资本出现的。

亚·斯密不懂得这一点，因而产生了新的混乱。他说：

> “在这四个部分中”，

即“流动资本”的四个部分，也就是处在属于流通过程的商品资本形式和货币资本形式上的资本的四个部分——由于斯密把商品资本的组成部分又从物质上加以区分，两个部分就变成四个部分了，——

> “有三个部分——食品、材料和成品——或者一年，或者在比一年或长或短的时间里，照例从流动资本转为固定资本，或者转为供直接消费的储备。任何固定

资本都来源于流动资本，并且需要不断靠流动资本来补充。一切有用的机器和劳动工具都来源于流动资本；它们由以制成的材料和制造它们的工人所需的给养是由流动资本提供的。它们也需要有流动资本用来对它们进行经常的维修。”（第188页）

如果把产品中由生产者本人不断重新当做生产资料来直接消费的那部分除外，下面这个一般的论点是适用于资本主义生产的：一切产品都是作为商品来到市场，因此，对资本家来说，都是作为他的资本的商品形式，作为商品资本来流通，而不管这些产品按照它们的实物形式，按照它们的使用价值必须或者能够作为生产资本的要素（作为生产过程的要素），作为生产资料，从而作为生产资本的固定要素或流动要素执行职能，还是只能充当个人消费而不是生产消费的资料。一切产品都作为商品投入市场，所以一切生产资料和消费资料，一切生产消费和个人消费的要素，都必须通过它们作为商品被购买而再从市场上取出。这个平常的道理当然是正确的。因此，它既适用于生产资本的固定要素，也适用于生产资本的流动要素，既适用于一切形式的劳动资料，也适用于一切形式的劳动材料。（斯密在这里又忘记了，生产资本的某些要素是天然存在的，不是产品。）机器和棉花一样是在市场上购买的。但由此决不能得出结论说，任何固定资本最初都来源于流动资本；斯密得出这个结论，只是由于他把流通资本和流动资本即非固定资本混同起来。此外，斯密也否定自己。按照他自己的说法，机器作为商品是流动资本的第四部分。因此，说它们来源于流动资本，这只是意味着：它们在执行机器的职能以前，执行过商品资本的职能，但是从物质上说，它们是来源于它们自身；就像棉花作为纺纱业主的资本的流动要素，是来源于市场上的棉花一样。但是，如果说斯密在进一步的叙述中，根据制造机器需要劳动和原料，就说固定资本来源于流动资本，那么，第一，制造机器也需要劳动资料，即固定资本；第二，生产原料同样需要机器等等固定资本，因为生产资本总是包括劳动资料，但并不总是包括劳动材料。他自己接着说：

“土地、矿山和渔场在它们的经营中，既需要固定资本，又需要流动资本；”

就是说，他承认，生产原料不仅要有流动资本，而且要有固定资本，

“并且〈这里他又犯了新的错误〉它们的产品不仅补偿这些资本并取得利润，而且补偿**社会上一切其他的资本**并取得利润。”（第188页）

这是完全错误的。它们的产品为一切其他产业部门提供原料、辅助材料等等。但是它们的价值并不补偿一切其他社会资本的价值；这个价值只补偿它们自己的资本价值（+剩余价值）。这里，在亚·斯密身上使人不禁又想起重农学派。

从社会的观点来看，下面这个说法是正确的：由只能充当劳动资料的产品构成的那部分商品资本，迟早总会——如果不是生产出来毫无用处，不是卖不出去——执行劳动资料的职能，就是说，在资本主义生产的基础上，只要这些产品不再是商品，它们就必然会像原来已经预定的那样，成为社会生产资本的固定部分的现实要素。

这里出现了一个由产品的实物形式产生的区别。

例如，一台纺纱机，如果不是用来纺纱，不执行生产要素的职能，就是说，从资本主义的观点来看，不执行生产资本的固定组成部分的职能，那它就没有使用价值。不过，纺纱机是可以移动的。它可以从出产国输出，在国外直接或间接地卖掉，换成原料等等或换成香槟酒。这样，它在出产国只是执行商品资本的职能，而决不是执行固定资本的职能，即使在它出卖之后也不是执行固定资本的

职能。

相反，那些和土地连在一起，固定在一个地方，因而只能就地利用的产品，例如厂房、铁路、桥梁、隧道、船坞等等，以及经过改良的土地等等，却不能作为物体原封不动地输出。它们是不能移动的。它们要么是没用的，要么在卖掉以后，必须在生产它们的国家执行固定资本的职能。它们的资本主义生产者为了搞投机而建造工厂或改良土地，目的是要把它们卖掉，对他来说，这些东西是他的商品资本的形式，因而按照亚·斯密的说法，是流动资本的形式。但是从社会的观点来看，这些东西要成为并非没用的东西，归根到底就要在本国，在一个固定在它们本身所在地的生产过程中执行固定资本的职能。不过，由此决不能得出结论说，不能移动的东西本身一概都是固定资本。它们，例如住宅等等，可以属于消费基金，因而根本不属于社会资本，虽然它们是社会财富——资本只是其中的一部分——的要素。用斯密的话来说，这些东西的生产者通过它们的出售而获得利润。因此，它们是流动资本！这些东西的使用者，它们的最后买主，只有把它们用于生产过程，才能够利用它们。因此，它们是固定资本！

所有权证书，例如铁路的所有权证书，每天都可以易手，它们的所有者甚至可以在国外出售这种证书而获得利润，因此，铁路本身虽然不能输出，所有权证书却是可以输出的。但不管怎样，这些东西在它们所在的国家内，要么必须闲置不用，要么必须执行生产资本的固定组成部分的职能。同样，工厂主A可以把工厂卖给工厂主B而获得利润，但这并不妨碍工厂和以前一样执行固定资本的职能。

因此，那些固定在一个地方、同土地不能分离的劳动资料，虽然对它们的生产者来说，能够执行商品资本的职能，不形成**他的**固定资本的要素（对他来说，固定资本是由他用来建造房屋、铁路等等的劳动资料构成的)，但必然预期要在本国执行固定资本的职能。可是，由此决不能反过来得出结论说，固定资本必然由不能移动的东西构成。船舶和机车只有通过运动才能发挥作用；但是，它们不是对它们的生产者，而是对它们的使用者来说，执行固定资本的职能。另一方面，有些东西千真万确固定在生产过程中，它们生在生产过程也死在生产过程中，一经进入生产过程就永不离开，但它们却是生产资本的流动组成部分。例如，用于生产过程中使机器运转的煤炭，用于厂房内照明的煤气等等，就是这样。它们是流动资本，并不是因为它们作为物体和产品一道离开生产过程并作为商品来流通，而是因为它们的价值全部进入在它们帮助下生产的商品的价值，从而必须全部由商品的出售来补偿。

在最后引用的亚·斯密的那段话中，还应该注意下面这句话：

> "制造它们〈机器等等〉的工人所需的给养是由流动资本提供的。"

重农学派把预付在工资上的资本部分正确地列入和"原预付"相对立的"年预付"。但另一方面，在他们那里，不是劳动力本身，而是付给农业工人的生活资料(用斯密的话来说，就是"工人的给养")表现为租地农场主使用的生产资本的组成部分。这一点恰好和他们独特的理论有联系。在他们看来，由劳动加到产品中去的那部分价值(正像原料、劳动工具等不变资本的物质组成部分加到产品中去的那部分价值完全一样)，只是等于付给工人的为维持他们作为劳动力的职能所必须消费的生活资料的价值。他们的理论本身使他们不可能发现不变资本和可变资本的区别。如果劳动(除了再生产它本身的价格外)生产剩余价值，那么，它在工业中也像在农业中一样，生产剩余价值。但是，按照他们的体系，劳动只在一个生产部门即农业中生产剩余价值，所以，剩余价值就不是由劳动产生，而是由自然在这个部门的特殊作用（协助）产生。仅仅由于这个原因，在他们看来，农业劳动和其他种类的劳动不同，是生产劳动。

亚·斯密把工人的生活资料规定为和固定资本相对立的流动资本：

1. 因为他把与固定资本相对立的流动资本，和那些属于流通领域的资本形式即流通资本混同起来；这种混同被他以后的经济学家不加批判地继承下来。因此，他就把商品资本和生产资本的流动组成部分混同起来，不言而喻，在社会产品采取商品形式的地方，工人的生活资料同非工人的生活资料，材料和劳动资料本身一样，都必须由商品资本提供。

2. 在斯密那里，无意中混进了重农学派的见解，虽然这种见解是同他阐述的内在部分即真正科学的部分相矛盾的。

一般说来，预付资本会转化为生产资本，就是说，会采取生产要素的形式，而生产要素本身是过去劳动的产物。（劳动力包含在内。）只有在这个形式上，预付资本才能在生产过程中执行职能。如果现在我们用工人的生活资料来替换资本的可变部分转化成的劳动力本身，那就很清楚，就价值形成来说，这种生活资料本身，同生产资本的其他要素，同原料和役畜的生活资料是没有区别的。斯密以此为根据，效法重农学派，在前面引用的一段话中，把它们相提并论。生活资料本身不能增殖自己的价值，或者说，不能把剩余价值加到自己的价值上。生活资料的价值，和生产资本其他要素的价值一样，只能在产品的价值中再现。它加到产品中去的价值，不可能多于它原有的价值。生活资料和原料、半成品等等一样，同由劳动资料构成的固定资本的区别仅仅在于：生活资料（至少对支付生活资料的资本家来说）全部消耗在它参与制造的产品中，从而它的价值必须全部一次补偿，而固定资本只是逐渐地、一部分一部分地补偿。因此，预付在劳动力（或工人的生活资料）上的那部分生产资本，现在只是在物质方面，而不是在劳动过程和价值增殖过程方面，同生产资本其他的物质要素相区别。这部分生产资本只是由于它和产品的客观形成要素的一部分（斯密统称为“材料”）一起归到流动资本的范畴，而同产品的客观形成要素的另一个归到固定资本范畴的部分相区别。

投在工资上的那部分资本，属于生产资本的流动部分，它同生产资本的固定部分相反，具有和产品物质形成要素的一部分（原料等等）一样的流动性，这种情况和资本的可变部分在价值增殖过程中所起的同不变部分相对立的作用绝对无关。问题仅仅在于，这部分预付资本价值必须怎样以流通为中介由产品的价值得到补偿、更新，从而再生产出来。劳动力的购买和再购买，属于流通过程。但是只有在生产过程中，投在劳动力上的价值（不是为工人，而是为资本家投入的），才会由一个已定的不变的量，转化为一个可变的量；并且始终只是由于这一点，预付的价值才转化为资本价值，转化为资本，转化为自行增殖的价值。但是，如果像斯密那样，不是把投在劳动力上的价值，而是把投在工人的生活资料上的价值，规定为生产资本的流动组成部分，那就不可能理解可变资本和不变资本的区别，因而也就不可能理解资本主义生产过程本身。这部分资本是和投在产品物质形成要素上的不变资本相对立的可变资本这一定义，被掩埋在这样一个定义之下：投在劳动力上的那部分资本就周转来说属于生产资本的流动部分。这种掩埋由于不是把劳动力，而是把工人的生活资料列为生产资本的要素而最终完成。至于劳动力的价值是用货币预付还是直接用生活资料预付，那是没有关系的，虽然后一种情形在资本

主义生产的基础上自然只能是例外。(24)

这样，由于亚·斯密所下的流动资本的定义，被认定对于投在劳动力上的资本价值具有决定的意义，——这是重农学派的定义，但是丢掉了重农学派的前提，——他就顺顺当当地使他的后继者不可能理解投在劳动力上的那部分资本是可变资本部分。他本人在别处作过的更深刻的和正确的阐述并没有取胜，他的这个谬误占了上风。以后的著作家甚至走得更远。他们不仅认为，投在劳动力上的那部分资本的具有决定意义的定义在于，它是和固定资本相对立的流动资本，而且还认为，流动资本的本质的定义在于，它是投在工人的生活资料上的资本。由此自然就得出了劳动基金[64]的学说，即认为由必要生活资料构成的劳动基金是一个已定的量，这个量一方面从物质上限制工人在社会产品中占有的份额，另一方面又必定全部花费在购买劳动力上。

---

(24)亚·斯密怎样阻碍自己去理解劳动力在价值增殖过程中的作用，可以用下面这句话来证明，在这里，他像重农学派那样把工人的劳动和役畜的劳动相提并论，他说："不仅他的〈租地农场主的〉雇工是生产劳动者，而且他的役畜也是生产劳动者。"（第2篇第5章第243页）

第 十 一 章

关于固定资本和流动资本的理论。李嘉图

李嘉图提到固定资本和流动资本的区别，只是为了说明价值规律的例外，即工资率影响价格的各种情况。这个问题，我们要到第三册才谈。65

但是，原来的糊涂观念一开始就表现在下面这种轻率的并列上：

> "固定资本耐久程度的这种差别，和这两种资本可能结合的比例的这种多样性。"(25)

试问，这两种资本是什么？我们听到的是：

> "维持劳动的资本和投在工具、机器和建筑物上的资本可能结合的比例也是多种多样的。"(26)

---

(25)"This difference in the degree of durability of fixed capital, *and* this variety in the proportions in which the two sorts of capital may be combined."——《原理》第25页。

(26)"The proportions, too, in which the capital that is to support labour, and the capital that is invested in tools, machinery, and buildings, may be variously combined."——同上。

因此，固定资本＝劳动资料，流动资本＝投在劳动上的资本。维持劳动的资本，是从亚·斯密那里抄袭来的陈词滥调。在这里，一方面把流动资本同可变资本即投在劳动上的那部分生产资本混为一谈。另一方面，由于对立不是从价值增殖过程——通过不变资本和可变资本——得出的，而是从流通过程得出的(斯密的旧有的混乱)，就出现了双重错误的规定。

第一，把固定资本耐久程度的差别同不变资本和可变资本所形成的资本构成的差别等量齐观。但是，后一种差别决定剩余价值生产上的差别；相反，前一种差别，在考察价值增殖过程时，只涉及生产资料的一定价值转移到产品中去的方式，而在考察流通过程时，只涉及所投资本的更新期间，或者从另一个角度考察，只涉及资本预付的期间。如果我们不去洞察资本主义生产过程的内部机构，而是从既有的现象出发来考察，那么，这两种差别事实上就合而为一了。就社会剩余价值在投入不同生产部门的资本中间的分配来说，资本的不同预付期间的差别(例如固定资本的不同寿命)和资本的不同的有机构成(从而也是不变资本和可变资本的不同的流通)，对于一般利润率的平均化和价值到生产价格的转化，都同等地发生作用。

第二，从流通过程来看，一方面是劳动资料，即固定资本，另一方面是劳动材料和工资，即流动资本。但从劳动过程和价值增殖过程来看，一方面是生产资料(劳动资料和劳动材料)即不变资本，另一方面是劳动力即可变资本。对资本的有机构成(第一册第二十三章第2节第647页[66])来说，在同一价值量的不变资本中，是劳动资料多，劳动材料少，还是劳动材料多，劳动资料少，这是毫无关系的，一切都取决于投在生产资料上的资本和投在劳动力上的资本的比例。反之，从流通过程来看，也就是从固定资本和流动资本的区别来看，一定价值量的流动资本按什么比例分为劳动材料和工资，同样是没有关系的。从一个观点看，劳动材料和劳动资料归在同一范畴，而和投在劳动力上的资本价值相对立。从另一个观点看，投在劳动力上的那部分资本和投在劳动材料上的那部分资本归在一起，而和投在劳动资料上的那部分资本相对立。

因此，在李嘉图那里，投在劳动材料（原料和辅助材料）上的那部分资本价值，不出现在任何一方。它完全消失了。这就是说，它不适于放在固定资本方面，因为在流通方式上，它和投在劳动力上的那部分资本完全相同。另一方面，它也不应放在流动资本方面，因为这样一来，从亚·斯密那里继承下来的、并不声不响地沿用着的那种把固定资本和流动资本的对立同不变资本和可变资本的对立等同起来的做法，就会站不住脚。李嘉图凭丰富的逻辑本能，不会不感觉到这一点，所以，这部分资本就在他那里消失得无影无踪了。

这里必须指出，资本家投在工资上的资本，用政治经济学的语言来说，是一种预付，其期限是不同的，这要看他例如是每周、每月还是每三个月支付一次工资。实际情况正好相反。是工人把他的劳动预付给资本家，并且是按周、按月或按三个月的期限进行的，这要看他是每周、每月、还是每三个月得到一次工资。如果资本家是**购买**劳动力，不是事后支付劳动力的报酬，也就是说，如果他是每日，每周，每月，或每三个月向工人预支一次工资，那才谈得上按这个期限进行了预付。既然他是在劳动**已经**持续数日、数周、数月之后才支付，不是购买劳动，不是按劳动**要**持续的期间支付，所以这一切不过是一种资本主义的颠倒。工人以劳动形式对资本家的预付，竟然变为资本家以货币形式对工人的预付。至于资本家只有经过一个或长或短的时期，——根据制造产品所需的时间的长短，也根据产品流通所需的时间的长短,——才能够从流通中收回或者说实现产品本身或其价值(加上其中包含的剩余价值),那丝毫也不会改变事情的本质。商品的买者想怎样处置商品,这和卖者毫无关系。资本家不会因为他必须一次预付机器的全部价值,而这个价值只能逐渐地、一部分一部分地从流通中流回,就能用较便宜的价钱得到这台机器。资本家也不会因为棉花的价值会全部加入用它制成的产品的价值,从而全部一次由产品的出售得到补偿,就对棉花支付较高的价钱。

让我们回过来谈李嘉图。

1. 可变资本的特征是,一个一定的、既定的(因此它本身是不变的)资本部分,一个既定的价值额(假定等于劳动力的价值,虽然在这里工资是等于、大于还是小于劳动力的价值,是没有关系的)和一个会自行增殖、会创造价值的力即劳动力相交换,而劳动力不仅再生产它自己的由资本家支付的价值,而且同时生产剩余价值,即原来不存在的,不是用等价物买来的价值。投在工资上的那部分资本的这个具有特征的属性,使这部分资本作为可变资本而和不变资本完全不同。如果投在工资上的那部分资本只是从流通过程来考察,于是它就作为流动资本而和投在劳动资料上的固定资本相对立,那么这样一来,这个属性就会消失。这一点已经由下面的事实表示出来:在这种情况下,投在工资上的那部分资本就会在流动资本项目内和不变资本的一个组成部分,即投在劳动材料上的部分合在一起,而和不变资本的另一个组成部分,即投在劳动资料上的部分相对立。在这里,剩余价值,也就是那个使所投价值额转化为资本的条件,就完全被忽视了。同样,下列事实也被忽视了:由投在工资上的资本加进产品的那部分价值是新生产的(从而也是实际再生产的),而由原料加进产品的那部分价值却不是新生产的,不是实际再生产的,而只是维持、保存在产品价值中的，因而只是作为产品的价值组成部分再现的。现在从流动资本和固定资本相对立的观点看，区别就仅仅在于：生产商品所使用的劳动资料的价值只是一部分一部分地加入商品价值，从而也只是一部分一部分地由商品的出售得到补偿，因此，一般地说，只是一部分一部分地、逐渐地得到补偿。另一方面，生产商品所使用的劳动力和劳动对象（原料等等）的价值却全部加入商品，从而也由商品的出售全部得到补偿。就这一点来说，从流通过程看，资本的一部分表现为固定资本，另一部分则表现为流动资本。在这两种情况下，问题都是一定量预付价值向产品的转移，以及这个价值由产品的出售得到的再补偿。现在的区别只是在于，价值转移，从而价值补偿，是一部分一部分地逐渐地完成，还是一次完成。这样一来，可变资本和不变资本之间的决定性的区别就被抹杀了，剩余价值形成和资本主义生产的全部秘密，即一定的价值和体现这些价值的物品借以转化为资本的条件也被抹杀了。资本的一切组成部分，就只有流通方式的区别（而商品流通当然只和已有的、既定的价值有关）；而投在工资上的资本和投在原料、半成品、辅助材料上的那部分资本（同投在劳动资料上的那部分资本相对立）则共有一种特殊的流通方式。

于是我们就可以理解，为什么资产阶级政治经济学本能地坚持亚·斯密把“不变资本和可变资本”范畴与“固定资本和流动资本”范畴混同起来的做法，并且在一个世纪中一代一代不加批判地沿用这种做法。在资产阶级政治经济学那里，投在工资上的那部分资本，和投在原料上的那部分资本根本没有区别，而仅仅在形式上——看它是一部分一部分地，还是完整地通过产品而流通——和不变资本相区别。因此，对于理解资本主义生产的现实运动，从而理解资本主义剥削的现实运动来说，基础一下子就被破坏了。问题就只是预付价值的再现了。

不加批判地接受斯密的这种混同，对李嘉图来说，所带来的困扰不仅大于给以后的辩护论者带来的困扰(对他们来说，混淆概念并不是什么令人困扰的事)，而且大于给亚·斯密本人带来的困扰，因为李嘉图和斯密相比，更彻底地、更明确地阐述了价值和剩余价值，实际上是肯定了内在的亚·斯密，而否定了外在的亚·斯密。

这种混同是重农学派所没有的。“年预付”和“原预付”的区别，只关系到资本(专指农业资本)不同组成部分的不同再生产期间；他们关于剩余价值生产所持的见解，则是他们理论中一个和这种区分无关的部分，而且是他们作为自己理论的要点提出的。他们不是从资本本身来说明剩余价值的形成，而是认为只有在资本的一定生产领域即农业中才形成剩余价值。

2. 在可变资本的定义中——从而就任何一个价值额转化为资本来说——，本质的东西是：资本家用一个一定的、既定的(在这个意义上是不变的)价值量同创造价值的力相交换；用一个价值量同价值的生产，价值的自行增殖相交换。资本家无论是用货币还是用生活资料付给工人，都不会影响这个本质的规定。这里变化的只是资本家所预付的价值的存在方式。在一个场合，这个价值以货币形式存在，由工人用这个货币自己到市场上购买生活资料；在另一个场合，它以生活资料的形式存在，供工人直接消费。事实上，发达的资本主义生产是以用货币付给工人报酬为前提，就像它总是以用流通过程作为中介的生产过程为前提，从而以货币经济为前提一样。但是剩余价值的创造，从而预付价值额的资本化，既不是产生于工资的或投在购买劳动力上的资本的货币形式，也不是产生于它的实物形式。剩余价值的创造是产生于价值同创造价值的力的交换，是产生于一个不变量到一个可变量的转化。——

劳动资料固定程度的大小，取决于它的耐用程度，也就是取决于一种物理属性。在其他条件不变的情况下，劳动资料损耗得快还是慢，作为固定资本执行职能的时间长还是短，要根据它的耐用程度而定。但是它作为固定资本执行职能，决不是仅仅由于这种耐用的物理属性。金属工厂中的原料，和用来进行生产的机器一样耐用，并且比这种机器上的某些由皮革、木头等等构成的部分更为耐用。尽管如此，用做原料的金属还是流动资本的一部分，而也许用同一金属制成的执行职能的劳动资料则是固定资本的一部分。因此，同一种金属在一个场合归入固定资本项目内，在另一个场合归入流动资本项目内，并不是由于物质的物理性质，并不是由于金属损坏的快慢程度不同。不如说，这种区别是由金属在生产过程中所起的不同作用产生的，它在一个场合是劳动对象，在另一个场合是劳动资料。

劳动资料在生产过程中的职能，平均地说，要求劳动资料在或长或短的期间内，不断重新在反复的劳动过程中发挥作用。因此，它的物质耐用程度的大小是由它的职能规定的。但是，它由以制成的物质的耐用性本身，不会使它成为固定资本。同一种物质，如果是原料，就成为流动资本；而在那些把商品资本和生产资本的区别混同于流动资本和固定资本的区别的经济学家看来，同一种物质，同一台机器，作为产品是流动资本，作为劳动资料是固定资本。

虽然使劳动资料成为固定资本的，不是它由以制成的耐用的物质，但是它作为劳动资料所起的作用，要求它由比较耐用的材料制成。因此，材料的耐用性是它执行劳动资料职能的一个条件，从而也是使它成为固定资本的那一流通方式的物质基础。在其他条件相同的情况下，它的物质损坏的不同快慢程度，标志着它具有的固定性的不同大小程度，因此和它作为固定资本的性质非常密切地联系在一起。

既然投在劳动力上的那部分资本，仅仅从流动资本的观点加以考察，也就是和固定资本对立起来加以考察，因而，既然不变资本和可变资本的区别同固定资本和流动资本的区别被混同起来，那么，自然，就像劳动资料的物质现实性是它的固定资本性质的重要基础一样，从投在劳动力上的资本的物质现实性会得出它的和固定资本相对立的流动资本的性质，然后再由可变资本的物质现实性规定流动资本。

投在工资上的资本的现实物质，是劳动本身，是发挥作用的、创造价值的劳动力，是活的劳动。资本家用死的、对象化的劳动来和它交换，把它并入他的资本，只有这样，他手中的价值才转化为一个自行增殖的价值。但是，资本家并不出卖这种自行增殖的力。这种力，和他的劳动资料一样，始终只是他的生产资本的组成部分，但决不像他所出售的成品那样，是他的商品资本的组成部分。在生产过程中，劳动资料当做生产资本的组成部分，不是作为固定资本和劳动力相对立，同样，劳动材料和辅助材料也不是作为流动资本和劳动力相一致；从劳动过程的观点看，这二者都是作为物的因素和作为人的因素的劳动力相对立。从价值增殖过程的观点看，二者都是作为不变资本和劳动力即可变资本相对立。或者，如果这里指的是那种影响流通过程的物质差别，那么，这种差别只在于，从价值（它不外是已经对象化的劳动）的性质和从发挥作用的劳动力（它不外是正在对象化的劳动）的性质中得出的情况是：劳动力在它执行职能期间不断创造价值和剩余价值；在劳动力方面表现为运动，表现为创造价值的东西，在劳动力的产品方面，在静止的形式上，表现为已经创造的价值。在劳动力发生作用之后，资本就不再是一方面由劳动力和另一方面由生产资料构成。投在劳动力上的资本价值，现在是加到产品中的价值（＋剩余价值）。为了使过程反复进行，产品必须出售，由此得到的货币要不断地重新购买劳动力，并把它并入生产资本。于是，这就使投在劳动力上的那部分资本，和投在劳动材料等等上的那部分资本一样，取得了同仍然固定在劳动资料上的资本相对立的流动资本的性质。

相反地，如果把流动资本的这个次要的、为投在劳动力上的那部分资本和一部分不变资本（原料和辅助材料）所共有的规定，看做是投在劳动力上的那部分资本的本质规定；也就是说，把下面这一点看做后者的本质规定：投在流动资本上的价值全部转移到由于消费了流动资本而生产出来的产品中去，而不像固定资本那样逐渐地、一部分一部分地转移到产品中去，因此必须全部由产品的出售得到补偿，那么，投在工资上的那部分资本，在物质上也就必然不是由发挥作用的劳动力构成，而是由工人用工资购买的各种物质要素构成，也就是由进入工人消费的那部分社会商品资本构成，即由生活资料构成。这样，固定资本是由损坏得较慢，因而可以补偿得较慢的劳动资料构成，投在劳动力上的资本则是由必须补偿得较快的生活资料构成。

然而，损坏快慢之间并没有清楚的界限。

> "工人消费的食物和衣服，他在其中从事劳动的建筑物，他劳动时使用的工具，都是会损坏的。但是，这些不同资本的耐用时间却大有差别：蒸汽机比船耐久，船比工人的衣服耐久，工人的衣服又比他所消费的食物耐久。"(27)

在这里，李嘉图忘记了工人居住的房屋，他的家具，他的消费工

(27)"The food and clothing consumed by the labourer, the buildings in which he works, the implements with which his labour is assisted, are all of a perishable nature. There is, however, a vast difference in the time for which these different capitals will endure: a steam-engine will last longer than a ship, a ship than the clothing of the labourer, and the clothing of the labourer longer than the food which he consumes."——李嘉图《原理》第26页。

具如刀叉器皿等等，它们都具有和劳动资料同样的耐久性。同一些物品，同一类物品，在这里表现为消费资料，在那里表现为劳动资料。

按李嘉图的说法，区别就是：

> “有的资本损耗得快，必须经常再生产，有的资本消费得慢，根据这种情况，就有流动资本和固定资本之分”(28)。

他还加了一个注解：

> “这种区分不是本质的区分，其中不能划出明确的界线。”(29)

这样一来，我们又幸运地到了重农学派那里。在他们看来，“年预付”和“原预付”的区别就是所使用资本的消费时间上的区别，因而，也就是所使用资本的再生产时间上的区别。不过，在他们那里成为社会生产上的重要现象，并且在《经济表》中和流通过程相联系的事情，在这里却成了一种主观上的区别，如李嘉图自己所说的，成了一种多余的区别。

既然投在劳动上的那部分资本同投在劳动资料上的那部分资本的区别，只在于它的再生产期间，从而只在于它的流通期间，既然前一部分由生活资料构成，后一部分由劳动资料构成，前者区别于后者的只是损坏得快，而且前者本身在损坏的快慢上也是不同的，所以，投在劳动力上的资本和投在生产资料上的资本之间的任何特征性区

---

(28)“According as capital is rapidly perishable and requires to be frequently reproduced, or is of slow consumption, it is classed under the heads of circulating, or fixed capital.”

(29)“A division not essential, and in which the line of demarcation cannot be accurately drawn.”

别，就自然都被抹杀了。

这一点和李嘉图的价值学说是完全矛盾的，和他的实际上是剩余价值理论的利润理论也是完全矛盾的。他考察固定资本和流动资本的区别，一般只是限于说明，同量资本投在不同生产部门时分为固定资本和流动资本的不同比例对价值规律会发生什么影响，并且由这种情况引起的工资涨落对价格会发生多大影响。但是，即使在这种有限的研究中，他也由于把固定资本和流动资本混同于不变资本和可变资本，而犯了极大的错误，实际上，他的研究是从完全错误的基础上出发的。这就是：1. 既然投在劳动力上的那部分资本价值可以列入流动资本项目内，所以，对流动资本本身的规定，特别是对投在劳动上的那部分资本被列入这个项目内的条件，就作了错误的阐述。2. 把投在劳动上的那部分资本是可变资本这一规定，同它是和固定资本相对立的流动资本那一规定混同起来。

本来很清楚，投在劳动力上的资本是流动资本这一规定，是一种次要的规定，在这个规定中，它在生产过程中的特征性区别被抹杀了；因为根据这个规定，一方面，投在劳动上的资本和投在原料等等上的资本具有同等意义；使一部分不变资本和可变资本合而为一的这个项目，与那种同不变资本相对立的可变资本的特征性区别毫无关系。另一方面，投在劳动上和投在劳动资料上的这两部分资本，虽然互相对立起来，但是这里所指的，并不是它们以完全不同的方式参加价值的生产，而是它们把它们既定的价值转移到产品中去的时间的长短不同。

在所有这些场合，问题都是在于，投入商品生产过程的既定的价值，不管是工资、原料的价格，还是劳动资料的价格，**怎样**转移到产品中去，从而**怎样**通过产品而流通，通过产品的出售而回到它的起点，也就是得到补偿。这里唯一的区别就在于这个“**怎样**”，在于这个价值的转移，从而流通的特殊方式。

预先总是由契约规定的劳动力价格，无论是用货币支付还是用生活资料支付，不论在哪一个场合，它是一个一定的、既定的价格这个性质都是不会改变的。不过，在工资用货币支付时，显然，货币本身不会以生产资料那样的方式进入生产过程，就是说，不会像生产资料那样，不仅使价值，而且使物质都进入生产过程。而如果把工人用工资购买的生活资料直接作为流动资本的物质形式和原料等等一起列入同一项目内，并和劳动资料相对立，那么，这就使事情具有另一种外观。一些物品即生产资料的价值在劳动过程中转移到产品中去，而另一些物品即生活资料的价值则在把它们消费掉的劳动力中再现，并通过劳动力的作用同样转移到产品中去。在这两个场合，问题同样都是生产中预付的价值在产品中的单纯再现。（重农学派信守这一点，因此否认工业劳动会创造剩余价值。）例如，威兰德在我们曾经引用过的一段话[67]中说道：

> "资本以什么形式再现是无关紧要的……　人们生存和安乐所必需的各种食物、衣服和住房同样会发生变化。它们时时被消费掉，而它们的价值……再现出来。"（《政治经济学原理》第31、32页）

在这里，以生产资料和生活资料的形式预付到生产中去的资本价值，都同样再现在产品的价值中。这样一来，资本主义的生产过程就幸运地变成一个神秘莫测的东西了，产品中包含的剩余价值的起源，也就完全被掩盖起来。

其次，资产阶级经济学特有的拜物教也就由此完成了。这种拜物教把物在社会生产过程中像被打上烙印一样获得的社会的经济的性质，变为一种自然的、由这些物的物质本性产生的性质。例如，劳动资料是固定资本这个定义，是一个引起矛盾和混乱的经院式的定义。我们在论述劳动过程时(第一册第五章)已经指出,各种物质组成部分究竟是充当劳动资料,充当劳动材料,还是充当产品,这完全取决于它们当时在一定劳动过程中所起的作用,取决于它们的职能。同样,劳动资料也只有在生产过程一般地说是资本主义生产过程,因而生产资料一般地说是资本,具有资本的经济规定性,具有资本的社会性的情况下才是固定资本;第二,劳动资料只有在它们以一种特殊方式把它们的价值转移到产品中去时才是固定资本。否则,它们仍然是劳动资料,而不是固定资本。同样,肥料之类的辅助材料虽然不是劳动资料,但是如果它们按照和大部分劳动资料一样的特殊方式来转移价值,那它们也成为固定资本。这里的问题并不在于把各种物品加以归类的定义。问题在于表现为一定范畴的一定职能。

如果认为生活资料本身在一切情况下都具有成为投在工资上的资本的属性,那么,"维持劳动","to support labour"〔李嘉图,第25页〕也就成为这种"流动"资本的性质了。于是,就以为生活资料要不是"资本",它就不能维持劳动力。其实,生活资料的资本性质,恰恰使生活资料具有这样一种属性:通过别人的劳动来维持**资本**。

如果生活资料本身是流动资本——在流动资本转化为工资以后——,那就会进一步得出结论:工资的数量取决于工人的人数和一定量流动资本的比例。这是一个人们爱用的经济学定律。事实上,工人从市场上取得的生活资料量和资本家占有的供自己消费的生活资料量,取决于剩余价值和劳动价格的比例。

李嘉图和巴顿(29[a])一样,到处都把可变资本和不变资本的关

(29[a])《论影响社会上劳动阶级状况的环境》1817年伦敦版。有关的一段在第一卷第655页注(79)引用过[68]。

系，混同于流动资本和固定资本的关系。我们以后会看到，这种混同怎样使他对利润率的研究走上歧途。69

李嘉图还把在周转中由固定资本和流动资本的区别以外的其他原因产生的区别，同固定资本和流动资本的区别等同起来：

> "还必须指出，流动资本流通或流回到它的使用者手中的时间可以极不相等。租地农场主买来作种子的小麦，和面包业主买来做面包的小麦相比，是固定资本。前者把小麦播在地里，要等一年以后才能收回；后者把小麦磨成面粉，制成面包卖给顾客，一周之内就能腾出资本重新开始同一事业或开始任何别的事业。"(30)

在这里，具有特征的是：小麦——虽然它作为谷种不是充当生活资料，而是充当原料——第一，是流动资本，因为它本身是生活资料，第二，是固定资本，因为它流回的时间要经过一年。然而，使一种生产资料成为固定资本的，并不只是流回的快慢，而且是价值转移到产品中去的一定的方式。

亚·斯密造成的混乱，引起了如下的结果：

1. 固定资本和流动资本的区别，被混同于生产资本和商品资本的区别。例如，同一台机器，作为商品出现在市场时，是流动资本，并入生产过程时，则是固定资本。在这里根本不能理解为什么一种资

(30)"It is also to be observed that the circulating capital may circulate, or be returned to its employer, in very unequal times. The wheat bought by a farmer to sow is comparatively a fixed capital to the wheat purchased by a baker to make into loaves. The one leaves it in the ground, and can obtain no return for a year; the other can get it ground into flour, sell it as bread to his customers, and have his capital free, to renew the same, or commence any other employment in a week."(第26—27页)

本会比另一种资本更为固定或更为流动。

2. 一切流动资本，都和投在工资上的或要投在工资上的资本等同起来。约翰·斯·穆勒[70]等人就是这样。

3. 可变资本和不变资本的区别，在巴顿、李嘉图等人那里，已经同流动资本和固定资本的区别混同起来，最后完全归结为流动资本和固定资本的区别，例如在拉姆赛那里[71]就是这样。在拉姆赛看来，一切生产资料、原料等等，和劳动资料一样，是固定资本，只有投在工资上的资本才是流动资本。但是，正因为作了这样的归结，所以就不可能理解不变资本和可变资本的真正区别。

4. 最近的一些英国经济学家，特别是苏格兰经济学家，例如麦克劳德[72]、帕特森[73]等人，他们用银行职员的难以形容的偏见来看待一切事物，把固定资本和流动资本的区别变成"随时可以提取的存款"和"预先通知才可以提取的存款"的区别。

第十二章
劳动期间

假定有两个生产部门，一个是棉纺业，一个是机车制造业，它们的工作日一样长，比如说10小时的劳动过程。在一个部门，每天、每周提供一定量的成品，棉纱；在另一个部门，劳动过程也许要反复进行三个月，才能制成一件成品，一台机车。在一个场合，产品具有可分立的性质，每天或每周都重新开始同样的劳动。在另一个场合，劳动过程是连续的，包括好多个日劳动过程，它们互相结合，连续操作，要经过较长时间才提供一件成品。尽管每天的劳动过程的持续时间在这里是一样的，但生产行为的持续时间，即为提供一件成品，把它作为商品送到市场，从而使它由生产资本转化为商品资本所必须反复进行的劳动过程的持续时间，却有非常明显的差别。固定资本和流动资本的区别，和这里的问题无关。即使两个生产部门所使用的固定资本和流动资本的比例完全相同，上述差别也还会存在。

生产行为持续时间的差别，不仅在不同生产部门之间发生，而且在同一个生产部门内也会发生，因为所要提供的产品的规模有大有小。建筑一所普通住宅比建筑一个大工厂需要的时间少，因而需要的连续劳动过程也少。制造一台机车需要三个月，制造一艘装甲舰则需要一年或数年。谷物的生产需要将近一年，牛羊的生产需要几年，木材的生产可长达12年到100年。一条农村土路也许几个月就可以修好，而一条铁路却要几年才能建成；织一条普通地毯也许需要一周，而织一条戈比林壁毯则需要几年，等等。因此，生产行为持续时间的差别，是无穷无尽的。

显然，生产行为持续时间的差别，在资本支出一样多的时候，必定引起周转速度的差别，从而引起既定资本的预付时间的差别。假定机器纺纱厂和机车制造厂使用同量资本，不变资本和可变资本的分割相同，资本的固定部分和流动部分的分割也相同，最后，工作日一样长，工作日分为必要劳动和剩余劳动的比例也一样。其次，为了把由流通过程产生的并且和当前问题无关的一切情况撇开不说，我们假定，棉纱和机车二者都是按照订货生产的，而且在成品交货的时候得到货款。一周以后，纺纱厂主交付棉纱，收回他投入的流动资本和包含在棉纱价值中的固定资本的损耗（在这里，我们撇开剩余价值不说）。因此，他能够重新用同一个资本去重复同一个循环。这个资本完成了自己的周转。机车制造厂主却必须在三个月内，每周都把新的资本投在工资和原料上，并且只有过了三个月，机车交货以后，在此期间为制造同一个商品而在同一个生产行为中逐渐投入的流动资本，才再处于一种可以重新开始自己的循环的形式；同样地，机器在这三个月内的磨损对他来说这时才得到补偿。所以，一个是一周的投资；另一个是一周投资的12倍。假定其他一切条件都相同，一个人所使用的流动资本必须是另一个人的12倍。

每周预付资本相等，在这里是一件无关紧要的事情。无论预付资本的量有多少，在一个场合，是预付一周后这个资本便被重新用来经营，用来反复从事相同的经营，或开始另一种经营，而在另一个场合，是在预付12周后才能这样做。

周转速度的差别，或单个资本在同一个资本价值又能在一个新的劳动过程或新的价值增殖过程中起作用以前所必须预付的那段时间长短的差别，在这里，是由下列情况引起的：

假定制造一台机车或任何一台机器要花费100个工作日。对纺纱厂和机器制造厂所使用的工人来说，这100个工作日同样是一个非连续的(可分立的)量，按照假定，是由100个依次进行的、各自分开的10小时劳动过程构成。但对产品即对机器来说，这100个工作日却是一个连续的量，一个1 000个劳动小时的工作日，一个单一的互相联系的生产行为。这种由许多依次进行、互相连接的工作日构成的工作日，我称为**劳动期间**。我们讲工作日，指的是工人每天必须耗费劳动力，每天必须劳动的劳动时间的长短。而我们讲劳动期间，指的是一定生产部门为提供一件成品所必需的互相连接的工作日的数目。在这里，每个工作日的产品只是局部产品，它每天继续被加工，到一个或长或短的劳动期间结束的时候，才取得完成的形态，成为一个完成的使用价值。

因此，例如由于危机而发生的社会生产过程的中断、紊乱，对于具有可分立性质的劳动产品和那些在生产上需要有一个较长的互相连接的劳动期间的劳动产品，会产生极不相同的影响。在一个场合，今天的一定量棉纱、煤炭等等的生产，没有继之而来的明天的棉纱、煤炭等等新的生产。但船舶、建筑物、铁路等等的情况却有所不同。不仅劳动会中断，而且互相连接的生产行为也会中断。如果工程不继续进行，已经在生产上消费掉的生产资料和劳动，就会白白地耗费。即使以后工程恢复了，它在这段间歇时间里也总会有损失。

在整个劳动期间，固定资本每天转移到产品上去的那部分价值，层层堆积起来，直到产品完成。这里同时也显示了固定资本和流动资本的区别的实际重要性。固定资本是为较长时间预付到生产过程中去的，要经过这个也许是许多年的期间才有更新的必要。蒸汽机是每天一部分一部分地把它的价值转移到棉纱这种可分立的劳动过程的产品中去，还是在三个月内把它的价值转移到连续生产行为的产品一台机车中去，这对购买蒸汽机所必需的资本支出毫无影响。在一个场合，蒸汽机的价值是零星地，比如说，每周流回一次，在另一个场合，却是以较大的量，比如说，每三个月流回一次。但在这两个场合，蒸汽机也许要经过20年才更新。只要蒸汽机的价值经过产品出售而一部分一部分地流回的每一个期间比蒸汽机本身存在的期间短，同一台蒸汽机就会在若干劳动期间继续在生产过程中执行职能。

相反，预付资本的流动组成部分就不是这样。为这一周购买的劳动力已经在这一周耗费掉，并且已经对象化在产品中。它必须在周末得到报酬。这种投在劳动力上的资本支出，在三个月内必须每周重复进行，这部分资本在这一周的支出，并不能使资本家在下一周可以不去购买劳动。每周必须有新的追加资本来支付劳动力的报酬。如果把一切信用关系撇开不说，即使资本家每周零星地支付工资，他仍然需要有支付三个月工资的能力。流动资本的其他部分，即原料和辅助材料，也是这样。劳动一层层堆积到产品中去。在劳动过程中，不仅已经耗费的劳动力的价值，而且剩余价值也不断转移到产品中去，不过，是转移到未完成的产品中去，这种产品还不具备完成的商品的形态，所以还不能流通。由原料和辅助材料一层层转移到产品中去的资本价值，也是这样。

为取得产品的特殊性质或应达到的有用效果的特殊性质，需要或长或短的劳动期间。视这个期间的长短不等，总是必须持续追加流动资本（工资、原料和辅助材料）支出。在这个流动资本中，没有任何部分处于可以流通的形式，因此没有任何部分可以用来更新同一经营。相反地，它的每一个部分都要相继作为正在形成的产品的组成部分固定在生产领域内，束缚在生产资本的形式上。但是，周转时间等于资本的生产时间和流通时间之和。因此，生产时间的延长，和流通时间的延长一样，会减慢周转的速度。然而目前必须指出两点：

第一，在生产领域停留的时间拖长。例如，第一周预付在劳动、原料等等上面的资本，和固定资本转给产品的价值部分一样，在整整三个月期间，束缚在生产领域，并入一个正在形成但尚未完成的产品中去，不能作为商品进入流通。

第二，因为生产行为所必需的劳动期间要持续三个月，实际上这个期间只形成一个互相连接的劳动过程，所以，必须不断地每周都有一些新的流动资本加到以前投入的部分中去。因此，相继预付的追加资本的量，随着劳动期间的延长而增加。

我们曾经假定，在纺纱业和机器制造业中投入同量的资本，它们按相同的比例分为不变资本和可变资本，也按相同的比例分为固定资本和流动资本，工作日也一样长，总之，除劳动期间的长度以外，其他一切条件都相同。第一周，二者的支出是一样的，但是纺纱业主的产品已经可以出售，并且可以用所得的货款购买新的劳动力和新的原料等等，总之，生产可以按相同的规模继续进行。机器制造厂主却要在三个月以后，在他的产品制成以后，才能把第一周用掉的流动资本再转化为货币，用它来重新开始经营。这就是说，第一，所投资本量相同，但回流不同。第二，虽然纺纱业和机器制造业在三个月内使用同量的生产资本，但对纺纱业主和机器制造业主来说，资本支出的量完全不同，因为在一个场合，同一资本很快就更新，因而能够重新反复相同的经营；在另一个场合，资本的更新则比较缓慢，因而在更新期限到来以前，必须不断地把新的资本量追加到旧资本量中去。因此，不仅资本一定部分的更新时间或预付时间长短不一，视劳动过程的长短不等，必须预付的资本量也大小不等（虽然每天或每周使用的资本相同）。这种情况之所以值得注意，因为和下一章所要考察的情况一样，预付时间可以延长，而预付资本量不必因此与预付时间的延长成比例地增加。资本必须为较长的时间而预付，而且一个较大的资本量要束缚在生产资本的形式上。

在资本主义生产不太发达的阶段，那些需要很长劳动期间，因而需要在较长时间内大量投资的企业，特别是只能大规模经营的企业，例如筑路、开凿运河等等，或者完全不是资本家经营，而由地方或国家出资兴办（至于劳动力，在较早的时期，多半实行强制劳动）。或者那种需要较长劳动期间才能生产出来的产品，只有很小一部分是靠资本家自己的财产来生产的。例如，在给私人建造房子时，私人分期付款给建筑业主。因此，事实上他是按照房屋的生产过程的进度，一部分一部分地支付房屋的代价。而在发达的资本主义时期，一方面大量资本集中在单个资本家手里，另一方面，除了单个资本家，又有联合的资本家（股份公司），同时信用制度也发展了，资本主义建筑业主只是在例外的情况下才为个别私人定造房屋。他以为市场建筑整排的房屋或市区为业，就像单个资本家以作为承包人从事铁路建筑为业一样。

资本主义生产怎样使伦敦的房屋建筑业发生变革，可以用1857年一个建筑业主在银行法委员会所提出的证词来说明。他说，在他青年时代，房屋大都是定造的，建筑费用在建筑的某些阶段完工时分期付给建筑业主。为投机而建筑的现象很少发生；建筑业主这样做，主要只是为了使他们的工人经常有活干，而不至于散伙。近40年来，这一切都改变了。现在，定造房屋的现象是极少有的。需要新房屋的人，可以在为投机而建成或正在建筑的房屋中，挑选一栋。建筑业主不再是为顾客，而是为市场从事建筑；和任何其他产业家完全一样，他必须在市场上有完成的商品。以前，一个建筑业主为了投机，也许同时建筑三四栋房屋；现在，他却必须购买（也就是大陆上所说的，通常以99年为期租用）大块地皮，在上面建筑一二百栋房屋，因此他经营的企业，竟超出他本人的财产20倍到50倍。这笔基金用抵押的办法借来；钱会按照各栋房屋建筑的进度，拨给建筑业主。一旦发生危机，分期垫款就会停止支付，整个事业通常就会停顿；最好的情况，是房屋停建，等情况好转再建；最坏的情况，就是半价拍卖了事。现在，任何一个建筑业主不从事投机建筑，而且不大规模地从事这种建筑，就得不到发展。建筑本身的利润是极小的；建筑业主的主要利润，是通过提高地租，巧妙地选择和利用建筑地点而取得的。几乎整个贝尔格雷维亚和泰伯恩尼亚以及伦敦郊区成千上万的别墅，都是预计会出现房屋需求而以这种投机办法建筑起来的。（《银行法特别委员会的报告》第1部分摘要，1857年证词第5413—5418、5435—5436号）

举办劳动期间相当长而规模又很大的事业，只有在资本积聚已经十分显著，另一方面信用制度的发展又为资本家提供方便的手段，使他可以不用自己的资本而用别人的资本来预付、来冒险的时候，才完全成为资本主义生产的事情。但不言而喻，生产上的预付资本是否属于它的使用者，这对周转速度和周转时间是没有影响的。

有些事情，例如协作、分工、机器的使用，可以增加一个工作日的产品，同时可以在互相连接的生产行为中缩短劳动期间。例如，机器缩短了房屋、桥梁等等的建筑时间；收割机、脱粒机等等缩短了已经成熟的谷物转化为完成的商品所必需的劳动期间。造船技术的改良，提高了船速，从而缩短了航运业投资的周转时间。但是，这些缩短劳动期间，从而缩短流动资本预付时间的改良，通常与固定资本支出的增加联系在一起。另一方面，在某些部门，可以单纯通过协作的扩大而缩短劳动期间；动用庞大的工人大军，从而在许多地点同时施工，就可以缩短一条铁路建成的时间。在这里，周转时间由于预付资本的增加而缩短了。在所有这些场合必须有更多的生产资料和更多的劳动力在资本家的指挥下结合起来。

劳动期间的缩短通常和在这一较短时间内预付的资本的增加联系在一起，这样，预付资本的量就随着预付时间的缩短而增加。因此，这里必须注意，撇开现有的社会资本量不说，问题在于生产资料和生活资料或对它们的支配权以怎样的程度分散或集中在单个资本家手中，也就是，资本的积聚已达到什么程度。信用会引起、加速和扩大资本在个人手中的积聚，就这一点来说，它会促使劳动期间从而周转时间缩短。

在有些生产部门，劳动期间不管是连续的还是间断的，总是由一定的自然条件决定的，所以不能用上述方法来缩短。

> "加速周转这一用语，对谷物种植是不适用的，因为它一年只能周转一次。至于牲畜，我们只要问：两年生和三年生的羊，四年生和五年生的牛的周转是怎样加速的？"（威·瓦尔特·古德《政治、农业和商业上的各种谬论》1866年伦敦版第325页）

当必须预先备有现金（例如为了缴纳赋税、地租等固定费用）时，这个问题可以这样解决：例如，出售和屠宰尚未达到经济标准年龄的牲畜，而这会严重危害农业；这最终又会引起肉类价格的上涨。

“那些过去主要是饲养牲畜的人，在夏季供应中部各郡的牧场，在冬季充实东部各郡的牲畜栏……　这种人已经因谷物价格的波动和下跌而变得贫困不堪，所以很高兴能够从黄油和干酪的高价中得到好处；他们每周把黄油拿到市场去卖，以抵补日常开支，又用干酪从代理商（干酪一旦可以搬运，他就把它运走，价格当然由他决定）那里取得垫款。由于这个原因，再加上农业要受政治经济学原理的支配，所以，以前从制奶地区送到南方去饲养的小牛，现在往往出世不过八天到十天，就在伯明翰、曼彻斯特、利物浦及其他邻近的各大城市的屠宰场被大批宰掉。如果麦芽不上税，那就不仅租地农场主可以获得更多的利润，他们的幼畜可以养得大些和重些，而且没有养母牛的人，也可以用麦芽代替牛奶来饲养小牛了；目前幼畜奇缺的情况，也就可以大大避免了。现在，如果我们劝这些小租地农场主饲养小牛，他们就会说：我们很清楚，用牛奶饲养小牛是合算的，但是第一，我们必须垫现钱，这我们办不到；第二，我们要等很久，才能把钱收回，而从事奶业可以立即把钱收回。”（同上，第11、12页）

既然周转的延长对英国的小租地农场主已经有这样大的影响，那就不难理解，它在大陆的小农中间必然会引起多么大的麻烦。

随着劳动期间长度的增加，也就是随着制成可流通的商品所必需的时间的增加，从固定资本层层转移到产品中去的价值部分就会堆积起来，并且这个价值部分的回流会延滞下来。但是，这种延滞不会引起固定资本的新的支出。机器总是继续在生产过程中发挥作用，而不管它的磨损的补偿以货币形式流回得慢还是快。流动资本却不是这样。不仅资本必须随劳动期间的延长而束缚在较长的时间内；而且新的资本必须不断预付在工资、原料和辅助材料上。因此，延滞的回流对于这两种资本的影响也不同。不管回流是慢是快，固定资本总是继续发挥作用。而流动资本则相反，如果回流延滞，如果流动资本束缚在未出售或未完成的即还不能出售的产品形式上，同时又没有现成的追加资本，使它在实物形式上实行更新，那么，它会失去执行职能的能力。——

“当农民要饿死的时候，他的牲畜却正上膘。雨下得很多，牧草长得很茂盛。印度农民在肥牛旁边快要饿死了。迷信的戒律对个人来说好像是残酷无情的，但有保存社会的作用；役畜的保存，保证了农业的继续，这样也就保证了未来生计和财富的源泉。在印度，人的补充比牛的补充容易，这听起来似乎是残酷而悲惨的，但情况确是如此。”（《答复，东印度。马德拉斯和奥里萨的饥荒》第4号第44页）

把这种情况和《摩奴法典》[74]第十章第六十二节的一句话比较一下：

“为保存一个僧侣或一头母牛而无代价地牺牲生命……可以保证这些出身卑贱的种族得到至福。”

要在五年期满之前提供一个五年生的动物，自然是不可能的。但在一定限度内，通过饲养方法的改变，使牲畜在较短时间成长起来供一定的用途，却是可能的。贝克韦尔正是在这方面做出了成绩。以前，英国羊，像1855年前的法国羊一样，不满四年或五年是不能宰的。按照贝克韦尔的一套方法，一年生的羊已经可以肥育，无论如何，在满两年以前可以完全成熟。迪什利·格兰奇的租地农场主贝克韦尔，由于精心选种，使羊的骨骼缩小到它们生存所必需的最低限度。他的这种羊叫做新莱斯特羊。

“饲养牲畜的人现在用以前养出一只羊的时间，可以养出三只来供应市场，而且这种羊长肉最多的部位发育得更宽大浑圆了。它们的全部重量几乎纯粹是肉。”（拉韦涅《英格兰、苏格兰和爱尔兰的农村经济》1855年版第20页）

缩短劳动期间的方法，在不同的产业部门中其应用程度是极不相同的，并且不会抵消不同劳动期间长度上的差别。再用我们上述的例子来说，如果采用新工具机，制成一台机车所必需的劳动期间可以绝对地缩短。但是，如果由于纺纱过程的改良，每天或每周提供的成品更迅速地增加了，那么，制造机器的劳动期间，同纺纱的劳动期间相比较，还是相对地变长了。

第十三章
生产时间

劳动时间始终是生产时间，即资本束缚在生产领域的时间。但是反过来，资本处于生产过程中的全部时间，并不因此也必然都是劳动时间。

这里要说的不是劳动力本身的自然界限所制约的那种劳动过程的中断，虽然我们说过，固定资本即厂房、机器等等在劳动过程休止时闲置不用这一情况，已经足以成为超出自然界限来延长劳动过程和实行日夜班劳动[75]的动机之一。这里要说的是与劳动过程长短无关，而受产品的性质和产品制造本身的性质制约的那种中断。在这个中断期间，劳动对象受时间长短不一的自然过程的支配，要经历物理的、化学的、生理的变化；在这个期间，劳动过程全部停止或者局部停止。

例如，榨出来的葡萄汁，先要有一个发酵时期，然后再存放一个时期，酒味才醇。在许多产业部门，产品要经过一个干燥过程，例如陶器业，或者，把产品置于一定条件下，使它的化学性质发生变化，例如漂白业。越冬作物大概要九个月才成熟。在播种和收获之间，劳动过程几乎完全中断。在造林方面，播种和必要的准备工作结束以后，也许要过100年，种子才变为成品；在这全部时间内，相对地说，是用不着花多少劳动的。

在所有这些场合，在大部分生产时间内只是间或需要追加劳动。前一章已经指出，必须有追加资本和劳动加入已经固定在生产过程中的资本，这种情况也会在这里发生，不过会出现或长或短的中断。

因此，在所有这些场合，预付资本的生产时间由两个期间构成：第一个期间，资本处在劳动过程中；第二个期间，资本的存在形式——未完成的产品的形式——不是处在劳动过程中，而是受自然过程的支配。这两个期间是否有时会互相交错和互相穿插，对问题没有任何影响。劳动期间和生产期间在这里是不一致的。生产期间比劳动期间长。但是，产品只有到生产期间结束以后，才能完成、成熟，因而才能从生产资本的形式转化为商品资本的形式。所以，资本的周转期间，也要随着不是由劳动时间构成的生产时间的长度而延长。如果超过劳动时间的生产时间，不是像谷物的成熟，橡树的成长等等那样，由永恒的自然规律决定，那么，资本周转期间就往往可以通过生产时间的人为的缩短而或多或少地缩短。例如，用化学漂白法代替草场漂白法，在干燥过程上采用更有效的干燥机。又如制革业，旧的方法将鞣酸浸入皮内，需要6个月到18个月的时间，新的方法使用气泵，只需要一个半月到2个月。（让·古·库尔塞尔–塞讷伊《工商企业、农业企业的理论和实践概论》1857年巴黎第2版［第49页］）[76]关于仅仅由自然过程占据的生产时间可以人为地缩短的问题，铁的生产史，特别是近百年来的生铁炼钢史，提供了最好的例子。在这100年间，炼钢法由1780年前后发现的搅拌炼铁法，变为现代贝氏炼钢法和以后采用的各种最新方法。生产时间大大缩短了，不过固定资本的投资也相应地增加了。

关于生产时间和劳动时间的不一致，美国的鞋楦制造提供了一个独特的例子。在这里，相当大一部分非生产费用的产生，是由于木材要储存18个月才能干燥。这样，制成的鞋楦以后才不会收缩、走样。在这期间，木材不进入任何其他劳动过程。因此，所投资本的周转期间不仅决定于鞋楦制造本身所需的时间，而且也决定于木材放在那里等待干燥的时间。木材必须在生产过程中停留18个月，才能进入真正的劳动过程。这个例子同时还说明，由于不是发生在流通领域内，而是来自生产过程的一些情况，全部流动资本的不同部分的周转时间可以多么不同。

生产时间和劳动时间的差别，在农业上特别显著。在我们温带气候条件下，土地每年长一次谷物。生产期间（越冬作物平均九个月）的缩短或延长，还要看年景好坏变化而定，因此不像真正的工业那样，可以预先准确地确定和控制。只有牛奶、干酪等副产品，可以在较短的期间继续生产和出售。而劳动时间却像下面所说的那样：

> "考虑到气候和其他有影响的情况，德国各地的工作日数目可以分成三个主要的劳动期间：春季期间从3月中或4月初到5月中，约50—60个工作日；夏季期间从6月初到8月底，约65—80个工作日；秋季期间从9月初到10月底，或到11月中或11月底，约55—75个工作日。至于冬季，要指出的只是那些要在这个时期完成的各种劳动，例如运输肥料、木材、货物、建筑材料，等等。"（弗·基尔霍夫《农业经营学手册》1852年德绍版第160页）

因此，气候越是不利，农业劳动期间，从而资本和劳动的支出，就越是紧缩在短时期内。以俄国为例。在那里，北部一些地区，一年只有130天到150天可以进行田间劳动。可以想象，假如俄国欧洲地区的6 500万人口中，竟有5 000万人在必须停止一切田间劳动的冬季的6个月或8个月中无所事事，俄国将会遭受多么大的损失。除了有20万农民在俄国的10 500家工厂劳动，农村到处都发展了自己的家庭工业。有些村庄，那里所有的农民世世代代都是织工、皮匠、鞋匠、锁匠、制刀匠等等；在莫斯科、弗拉基米尔、卡卢加、科斯特罗马、彼得堡等省份，情况更是这样。附带说一下，这种家庭工业现在已经越来越被迫为资本主义生产服务了；例如，织工使用的经纱和纬纱，由商人直接供给或者通过代理商得到。(《女王陛下驻外使馆秘书关于驻在国的工商业等情况的报告》1865年第8号第86、87页节录)在这里可以看到，生产期间和劳动期间的不一致(后者仅仅是前者的一部分)怎样成为农业和农村副业相结合的自然基础；另一方面，农村副业又怎样成为当初以商人身份挤进去的资本家的据点。后来，当资本主义生产完成制造业和农业的分离时，农业工人就越来越依赖纯粹带偶然性的副业，因而他们的状况也就恶化了。我们以后会看到，对资本来说，周转的一切差别都会互相抵消，而对工人来说，就不是这样。

在大部分真正的工业部门，采矿业、运输业等等，生产是均衡地进行的，劳动时间年年相同，撇开价格波动、营业上的干扰等等异常的中断现象不说，进入每天流通过程的资本的支出，是均衡地分配的。同样，在市场关系的其他条件不变时，流动资本的回流或更新，也是均衡地分配在一年的各个时期。但在劳动时间只是生产时间的一部分的那些投资部门，流动资本的支出，在一年的各个不同时期是极不均衡的，而回流只是按自然条件所规定的时间一次完成。因此，如果生产规模相同，也就是说，预付流动资本的量相同，和那些有连续劳动期间的生产部门相比，这些生产部门就必须为更长的时间一次预付更大量的资本。在这里，固定资本的寿命和它在生产中实际执行职能的时间也显然不同。由于劳动时间和生产时间有差别，所使用的固定资本的使用时间，当然也会不断地发生或长或短时间的中断，例如在农业方面，役畜、农具和机器就是这样。如果这个固定资本由役畜构成，那么，发生中断时会同干活时一样，在饲料等等方面继续需要同量的或几乎同量的支出。至于死的劳动资料，它不使用也会造成某种贬值。因此，产品一般说来就会变贵，因为转移到产品中去的价值，不是按固定资本执行职能的时间，而是按固定资本丧失价值的时间计算的。在这些生产部门，固定资本的闲置，不管是否会造成日常费用的支出，都是它的正常使用的一个条件，如同纺纱业会损失一定量的棉花一样；在每一个劳动过程中，那种在正常技术条件下非生产地，但又是不可避免地支出的劳动力，都和生产支出的劳动力一样计算。每一种改良，只要会减少在劳动资料、原料和劳动力上的非生产支出，也就会降低产品的价值。

在农业中，劳动期间较长，同时劳动时间和生产时间又有巨大的差别。关于这一点，霍吉斯金说得对：

> “生产农产品和生产其他劳动部门的产品所需要的时间是有差别的〔虽然在这里他没有把劳动时间和生产时间区别开来〕，这种差别就是农民具有很大依赖性的主要原因。他们不能在不满一年的时间内就把商品送到市场上去。在这整个期间内，他们不得不向鞋匠、裁缝、铁匠、马车制造匠以及其他各种生产者，赊购他们所需要的、可以在几天或几周内完成的各种产品。由于这种自然的情况，并且由于其他劳动部门的财富的增长比农业快得多，那些垄断了全国土地的土地所有者，尽管还垄断了立法权，但仍旧不能使他们自己和他们的奴仆即租地农民摆脱成为国内依赖性最强的人的命运。”（托马斯·霍吉斯金《通俗政治经济学》1827年伦敦版第147页注）[77]

在农业中，有些方法，一方面使工资和劳动资料的支出在一年内分配得比较均衡，一方面使周转缩短，比如进行多种作物的生产，从而在全年可以获得多茬收成，就是如此。但所有这些方法都要求增加预付在生产上的即投在工资、肥料、种子等等上的流动资本。有休闲地的三圃制改为没有休闲地的轮作制的情况就是这样。佛兰德的间作制也是这样。

“在间作时，人们栽种根茎植物；同一块地，先是为了满足人的需要，栽种谷物、亚麻、油菜；收获以后，再种饲养牲畜用的根茎植物。这种方法可以把大牲畜一直养在圈内，可以大量积肥，因而成了轮作制的关键。沙土地带有$\frac{1}{3}$以上可耕地采用间作制；这样就好像使可耕地面积增加了$\frac{1}{3}$。”

除了根茎植物，在这方面还可以种植三叶草和其他饲料植物。

“农艺一旦达到转向园艺的程度，当然就要求有比较大量的投资。在英国，一公顷土地的投资按250法郎计算。在佛兰德，我们的农民也许会认为，一公顷投资500法郎都太少了。”（埃米尔·德·拉夫莱《论比利时农村经济》1863年布鲁塞尔版第59、60、63页）

最后，我们以造林为例。——

“木材生产，同大多数其他生产的区别主要在于：木材生产靠自然力独自发生作用，在天然更新的情况下，不需要人力和资本力。其次，即使是人工更新，人力和资本力的支出，同自然力的作用相比，也是极小的。此外，在不长庄稼或种庄稼实在不合算的土壤和地方，森林还是可以茂盛生长的。但是，造林要成为一种正规化的经济，就比种庄稼需要更大的土地面积，因为面积小，就不能合理地采伐森林，几乎不能利用副产品，森林保护就更加困难，等等。但是，生产过程需要很长的时间，它超出私人经营的计划范围，有时甚至超出人的寿命期限。为购买造林用地而投下的资本，”

〔在公社生产的情况下，不需要这种资本；问题只是在于公社从耕地和牧场能抽出多少土地用于林业生产。〕

“只有经过长时期以后，才会获得有益的成果，并且只是一部分一部分地周转，对有些种类的树木来说，需要150年时间才能完全周转一次。此外，持久的木材生产本身要求有一个活树储备，它应是年利用额的10倍到40倍。因此，没有别的收入、不拥有大片森林地带的人，就不能经营正规化的林业”（基尔霍夫，第58页)。

漫长的生产时间(只包含比较短的劳动时间),从而其漫长的周转期间,使造林不适合私人经营,因而也不适合资本主义经营。资本主义经营本质上就是私人经营,即使由联合的资本家代替单个资本家,也是如此。文明和产业的整个发展,对森林的破坏从来就起很大的作用,对比之下,它所起的相反的作用,即对森林的护养和生产所起的作用则微乎其微。

前面引用的基尔霍夫的那段话中,有一句特别值得注意:

"此外,持久的木材生产本身要求有一个活树储备,它应是年利用额的10倍到40倍。"

这就是说,一次周转需要10年到40年,甚至更长的时间。

畜牧业也是这样。一部分牲畜群(牲畜储备)留在生产过程中,另一部分则作为年产品出售。在这里,只有一部分资本每年周转一次,如同固定资本——机器、役畜等等——的情况完全一样。虽然这个资本是较长时间内固定在生产过程中的资本,因此使总资本的周转拖得较长,但在范畴的意义上,它并不是固定资本。

这里所说的储备——一定量的活树或活畜——相对地说是处在生产过程中(同时作为劳动资料和劳动材料);按照它的再生产的自然条件,在正常的经营中,必然有相当大一部分储备总是处在这个形式上。

另一种储备也对周转发生类似的影响。它只形成可能的生产资本,但是由于经营的性质,必须有或多或少的量的积累,因此必须在较长的时间内为生产而预付,尽管它只是逐渐进入现实的生产过程。例如肥料,在运到地里以前,就是属于这一类的。谷物、干草等等以及用在牲畜生产上的饲料储备，也属于这一类。

> “相当大一部分经营资本，保存在农场储备中。但是，如果不是适当地采取必要的防护措施，妥善保存这些储备，它们的价值就会多少受到损失。甚至仅仅由于管理不善，农场的一部分产品储备会全部损失掉。由于这个缘故，对粮仓、草料房和地窖的管理，要特别小心；储存室必须经常关好，还要保持清洁和通风，等等。粮食以及其他保管着的收获物，要经常适当地翻一翻；马铃薯和萝卜，要防止霜冻，防止水浸和腐烂。”（同上，第292页）“在计算农场本身的需要，特别是饲养牲畜的需要时，必须按产品数量和用途进行分配，因此，不仅要考虑到满足需要，而且要考虑到留有适当的储备，以防万一。一旦发觉不能完全用自己的产品来满足需要，首先要想到，能否用别的产品（代用品）或比较便宜的东西来弥补不足。例如，干草缺乏时可用根茎植物掺上秸秆来弥补。总之，要始终注意各种产品的实际价值和市场价格，并且由此确定消费。例如，如果燕麦比较贵，豌豆和黑麦比较便宜，那么有利的做法就是用豌豆或黑麦代替一部分燕麦来喂马，并把由此省下的燕麦卖掉。”（同上，第300页）

以前在考察储备形成①的时候已经指出，必须有一定的或大或小量的可能的生产资本，也就是要用在生产上的生产资料，以或大或小的规模处于储备状态，以便逐渐投入生产过程。同时还指出，对一定的企业或有一定规模的资本主义生产来说，这种生产储备的大小，取决于它在更新时困难的大小，取决于供应市场的相对距离，取决于交通运输工具的发展等等。所有这些情况，对于必须以生产储备的形式存在的资本的最低限额，从而对于资本预付时间的长短，对于一次预付的资本量的大小，都会产生影响。这个资本量的大小因此也会影响周转，但它取决于流动资本只作为可能的生产资本停留在生产储备形式上的时间的长短。另一方面，既然这种停滞是由迅速补偿的可能性的大小，由市场情况等等决定的，那么，它本身也就产生

---

①见本卷第155—161页。——编者注

于流通时间，产生于流通领域内的情况。

“其次，手工工具、筛、篮、绳、车油、钉之类的用具或附件，越是不容易在近处马上买到，就越是要储存起来，以备随时替换。最后，每年冬季都应该仔细检查全部用具，并立即进行必要的补充和修理。而这些用具的储备一般说来应有多少，主要看当地情况而定。附近没有手工业者和商店的地方，比当地或附近有手工业者和商店的地方，要有更多的储备。在其他条件相同时，如果一次购置大量必需的储备品，只要选择了适当的时机，通常是能够由于买得便宜而得到好处的；当然，流动的经营资本会由此而一下子被抽去一个较大的金额，这在企业经营中往往是不可避免的。”（基尔霍夫，第301页）

我们已经看到，生产时间和劳动时间的差别，可以有种种极不相同的情形。有时，流动资本在进入真正的劳动过程以前，已经处在生产时间内（鞋楦制造）；有时，流动资本在通过真正的劳动过程以后，仍然处在生产时间内（葡萄酒、谷种）；有时，生产时间间或有劳动时间插进来（农业、造林）；有时，能流通的产品的很小一部分进入常年的流通，而大部分仍然处在现实的生产过程中（造林和畜牧业）；流动资本必须以可能的生产资本形式投入的时间的长短，从而，这个资本必须一次投入的量的大小，部分地取决于生产过程的种类（农业），部分地取决于市场远近等等，总之，取决于流通领域内的情况。

我们以后（在第三册）会看到，麦克库洛赫、詹姆斯·穆勒等人企图把和劳动时间不一致的生产时间说成和劳动时间是一致的，结果导致多么荒谬的理论。[78]而这种企图本身又来源于对价值理论的错误应用。

我们以前考察的周转周期，是由预付在生产过程中的固定资本的寿命决定的。因为这个周期包括或长或短好几年，所以它也包括

固定资本的若干的年周转或一年内反复进行的周转。

在农业中，这样的周转周期起因于轮作制。

> "租期的持续时间无论如何不能短于采用轮作制所需的周转时间，因此，采用三圃制总是按3年、6年、9年等等计算的。在采用有全休耕地的三圃制时，同一块地，在6年中，只耕作4次，在耕作年度内，轮种越冬作物和夏季作物，而且，在土质所要求或许可的情况下，还轮种小麦和黑麦，大麦和燕麦。不同种类的谷物在同一块土地上的产量有多有少，各有不同的价值，并且按不同的价格出售。因此，同一块地的产量在每一个耕作年度是不同的，周期的前一半〈前3年〉也和后一半不同。甚至在周转时间内，周期的前一半的平均产量和后一半的平均产量也不同，因为产量不仅取决于土质，而且还取决于当年的气候，价格也取决于各种不同的情况。如果我们以长达6年的整个周期的平均收获和平均价格来计算一块地的产量，我们得到的年总产量就既适用于周期前一半，也适用于周期后一半。但是，如果只按周期的一半即3年来计算，情形就不是这样，因为这时总产量也会不同。由此可见，在采用三圃制时，租期至少要定为6年。但是，租佃者和出租者总是很希望把租期确定为租期的若干倍〔原文如此！〕，也就是说，在采用三圃制时，不定为6年，而定为12年、18年，或者更长的时间。在采用七圃制时，不定为7年，而定为14年、28年。"（基尔霍夫，第117、118页）

〔在这里，手稿中写着："英国的轮作制。这里要加注。"〕

第十四章
流通时间

我们以前考察的一切情况，引起了投入不同生产部门的不同资本的周转期间的差别，从而也引起了资本所必须预付的时间的差别。这些情况都是在生产过程本身中发生的，例如固定资本和流动资本的差别、劳动期间的差别等等。但是，资本的周转时间等于它的生产时间和它的流通时间之和。因此，不言而喻，流通时间的长短不一会造成周转时间，从而造成周转期间的长短不一。只要拿两个不同的投资作比较，假定其他一切影响周转的条件都相同，只是流通时间不同，或者，考察一定量资本，假定固定资本和流动资本的构成已定，劳动期间已定等等，只是流通时间是可变的，那么情况就显得清清楚楚了。

流通时间的一部分——相对地说最有决定意义的部分——是由出售时间，即资本处在商品资本状态的时间构成的。流通时间，从而整个周转期间，是按照这个时间的相对的长短而延长或缩短的。由于保管费用等等，追加的资本支出也就成为必要的了。从一开始就很清楚：出售成品所需的时间，对同一个生产部门的单个资本家来说，可能是极不相同的；因此，它不仅对投入不同生产部门的资本量来说，是极不相同的，而且对各个独立的资本即实际上只是投入同一个生产领域的总资本的各个独立化的部分来说，也是极不相同的。在其他条件相同的情况下，同一个单个资本的出售期间，随着市场情况的一般变动或者随着特殊生产部门的市场情况的变动而变动。关于这一点，在这里就不多讲了。我们只是说明一个简单的事实：所有那些会使投在不同生产部门的资本的周转期间产生差别的情况，即使它们个别地发生作用（例如，假定一个资本家有机会比他的竞争对手卖得快些，或者比另一个资本家采用更多的方法来缩短劳动期间），同样会使处在同一个生产部门的不同的单个资本的周转产生差别。

商品的销售市场和生产地点的距离，是使出售时间，从而使整个周转时间产生差别的一个经常性的原因。在商品运往市场的全部时间内，资本束缚在商品资本的状态；如果商品按订货生产，就要停留到交货的时候；如果不是按订货生产，那么，商品运往市场的时间，还要加上商品在市场上等候出售的时间。交通运输工具的改良，会绝对缩短商品的移动期间；但不同的商品资本或向不同的市场移动的同一商品资本的不同部分，由于移动而在流通时间上发生的相对差别，不会因此消失。例如，改良的帆船和轮船，缩短了商品的移动时间，从而也就缩短了商品到达远近港口的时间。相对的差别仍然存在，虽然往往是缩小了。不过，由于交通运输工具的发展，这种相对差别会以一种与自然距离不一致的方式发生变化。例如，一条从生产地点通往内地一个人口聚集的主要中心的铁路，可以使内地的一个不通铁路的较近地点，比这个自然距离较远的地点，绝对地或相对地变远。同样，这种情况还会使生产地点到较大的销售市场的相对距离发生变化，由此可以说明，随着交通运输工具的变化，旧的生产中心衰落了，新的生产中心兴起了。（此外，远距离运输比近距离运输相对地说要便宜得多。）在运输工具发展的同时，不仅空间运动的速度加快了，而且空间距离在时间上也缩短了。不仅交通工具的数量增多了，比如说，许多条船同时驶向同一个港口，好几辆列车在相同的两地之间同时沿着不同的铁路线行驶，而且货船例如在一周内，按不同的日期，依次由利物浦开往纽约，或者，货车在一天内按不同的钟点由曼彻斯特开往伦敦。当然，在运输工具的效率已定时，绝对的速度——因而流通时间的这个部分——并不会由于后面这种情况而发生变化。但是，一批又一批的商品可以每隔一个较短的时间起运，这样，它们可以连绵不断地到达市场，不需要在实际运出以前，作为可能的商品资本大量堆积起来。因此，回流也就每隔一个比较短的期间发生，以致有一部分不断转化为货币资本，而另一部分则作为商品资本流通。由于回流在若干连续的期间之内发生，总流通时间就缩短了，因而周转也缩短了。首先是运输工具的运行次数有或大或小的增加，例如，一方面，一条铁路的列车次数，随着生产地点生产的增加，随着它变为较大的生产中心而增加，而且这种增加，是面向现有的销售市场，也就是面向大生产中心、人口中心、输出港等等的。另一方面，这种交通特别便利的情况以及由此而加速的资本周转（就资本周转取决于流通时间来说），反过来既使生产中心又使它的销售地点加速集中。随着大量人口和资本在一定的地点这样加速集中，大量资本也就集中在少数人手里。同时，由于生产地点和销售地点的相对位置随着交通工具的变化而发生变化，这些地点又会发生一些变化。一个生产地点，过去由于处在大路或运河旁边，一度享有特别的地理上的便利，现在却位于一条铁路支线的旁边，这条支线要隔相当长的时间才通车一次。另一个生产地点，原来和交通要道完全隔绝，现在却位于好几条铁路的交叉点。后一个生产地点兴盛起来，前一个生产地点衰落了。因此，运输工具的变化，在商品的流通时间，买和卖的机会等方面造成地点差别，或者使已有的地点差别再发生变化。这种情况对资本周转的重要性，可以从各地工商业代表和铁路公司的争吵中得到证明。（例如，见前面①引用的铁道委员会的蓝皮书。）

因此，凡是按其产品性质来说主要靠在当地找销路的生产部门，例如啤酒业，在人口聚集的主要中心会得到最大规模的发展。在这里，由于资本周转更为迅速，一些生产条件（例如建筑用地等等）的昂贵就部分地得到补偿。

如果从一方面说，随着资本主义生产的进步，交通运输工具的发展会缩短一定量商品的流通时间，那么反过来说，这种进步以及由于交通运输工具发展而提供的可能性，又引起了开拓越来越远的市场，简言之，开拓世界市场的必要性。运输中的并且是运往远地的商品会大大增长，因而，在较长时间内不断处在商品资本阶段、处在流通时间内的那部分社会资本，也会绝对地和相对地增加。与此同时，不是直接用做生产资料，而是投在交通运输工具以及为运用这些工具所必需的固定资本和流动资本上的那部分社会财富，也会增加。

商品由生产地点到销售市场的运载过程的相对长度，不仅会在流通时间的第一部分即出售时间上引起差别，而且也会在第二部分即由货币再转化为生产资本要素也就是购买时间上引起差别。以运往印度的商品为例，运一次要历时四个月。假定出售时间等于零，也就是说，假定运去的商品是订货，货物一交出，生产者代理人就得到货款。送回货币（在这里，不论以什么形式送回都一样）又要历时四

①见本卷第169页。——编者注

个月。因此，同一个资本要重新作为生产资本执行职能，重新开始相同的经营，共需历时八个月。由此引起的周转的差别，是各种信用期限的物质基础之一，正如海外贸易，像威尼斯和热那亚的海外贸易，一般说来也是真正的信用制度的源泉之一。

"1847年的危机，使当时的银行业和商业能够把印度和中国的汇兑习惯〈这两国和欧洲之间的汇兑期限〉由发票后10个月，减为见票后六个月；20年来，由于航运的加速和电报的设置，现在有必要再把见票后六个月减为发票后四个月，或者作为第一步先减为见票后四个月。帆船从加尔各答经由好望角到伦敦，平均不到90天。见票后四个月的汇兑习惯，等于比如说150天的时间。现在通行的见票后六个月的汇兑习惯，就等于比如说210天的时间。"(1866年6月16日《经济学家》(伦敦))——

而另一方面：

"巴西的汇兑习惯，仍然是见票后两个月和三个月；安特卫普〈向伦敦〉发出的票据，以发票后三个月为期，甚至曼彻斯特和布拉德福德向伦敦发出的票据，也要以三个月和更长的时间为期。由于一种默契，商人能得到充分的机会，即使不能在为商品开的票据到期之前，也能在票据到期时实现他的商品。因此，印度票据的汇兑习惯并不过分。印度货物在伦敦出售，通常以三个月为付款期。如果还把出售所需要的一些时间算进去，它的实现不能少于五个月，而从印度买货直到在英国货栈交货，平均又要经过五个月。这样，就要有一个10个月的期间，而为这种商品开的票据的期限，却不超过七个月。"(同上，1866年6月30日)"1866年7月2日，主要同印度和中国做生意的伦敦五家大银行和巴黎贴现银行发出通告说，自1867年1月1日起，它们在东方的分行和代办所只买卖见票后不超过四个月的票据。"(同上，1866年7月7日)

不过，这种缩减的办法失败了，不得不再取消。(从那时起，苏伊士运河已经使这一切改观了。)

不用说，商品流通时间的延长使销售市场上价格变动的风险增加，因为可能发生价格变动的时期延长了。

流通时间的差别，有的是个别地出现在同一个生产部门的不同的单个资本之间，有的也出现在不立即支付现款而有不同支付习惯的不同生产部门之间。这种差别是由买和卖的支付期限不同引起的。这一点，对信用制度来说很重要，但这里就不再谈了。

周转时间的差别也是由供货契约的规模引起的，而供货契约规模随资本主义生产的规模和水平一同扩大。作为买者和卖者之间的交易的供货契约，是一种与市场即流通领域有关的业务。因此，由此引起的周转时间的差别，是由流通领域引起的，不过这种差别又反过来直接影响生产领域，而且把所有支付期限和信用关系撇开不说，即使在现金支付的情况下也影响生产领域。例如，煤炭、棉花、棉纱等等是可分立的产品。每天都有一定量的成品提供出来。但是，如果纺纱业主或者采矿业主接受一项供应一定量产品的契约，这个产品量需要一个由连续工作日构成的为期四周或六周的一个连续性劳动期间才能生产出来，那么，对资本预付的时间来说，就完全像在这个劳动过程中采用了一个四周或六周连续不断的劳动期间一样。当然，这里要假定，全部订货必须一次交清，或者全部订货交清以后才能得到货款。因此，单个地考察，每天都有一定量的成品提供出来。但是，这种成品量毕竟只是契约规定的供应量的一部分。在这种情况下，如果订货的已经完成的部分不再处于生产过程中，那么，它仍然只是作为可能的资本存放在栈房里。

现在我们来考察流通时间的第二段时间：购买时间，或者说，资本由货币形式再转化为生产资本要素的时间。在这期间，资本必须以或短或长的时间停留在货币资本的状态，因而，全部预付资本的一定部分，必须不断地处在货币资本的状态，尽管这个部分是由不断变化的要素构成的。例如，某一个企业的全部预付资本中，必须有n×

100镑处于货币资本的形式，这样，n × 100镑的所有组成部分要继续不断地转化为生产资本，而这个货币额却又不断地从流通、从已经实现的商品资本的流入得到补充。因此，预付资本的一定价值部分，不断地处于货币资本的状态，即处于不是属于生产领域，而是属于流通领域的形式。

我们说过，市场距离所造成的资本束缚在商品资本形式上的时间的延长，直接造成货币回流的延迟，因而也延迟了资本由货币资本到生产资本的转化。

其次，关于商品的购买，我们说过（第六章），购买时间、离原料主要供应地的远近，怎样使人们必须为较长的期间买进原料，并且使它们保持生产储备的形式，保持潜在的或可能的生产资本的形式以供使用；因此，在生产规模不变的情况下，必须一次预付的资本量就会增加，资本必须预付的时间也会延长。

大批原料投入市场的或长或短的期间，会在不同的生产部门发生类似的影响。例如，在伦敦，控制着羊毛市场的羊毛大拍卖，每三个月进行一次；而棉花市场由一个收获期到下一个收获期，虽然不总是均衡地，但大体上是连续不断地进行更新的。这类期间决定这些原料的主要购买日期，并且特别会引起那些使资本按或长或短的期间预付在这些生产要素上的投机性购买，就像所生产商品的性质会对于那些有意地使产品在或长或短的期间内保留在可能的商品资本形式上的投机性行为发生影响完全一样。

“农民多少也得是个投机家，所以要按照当时的情况留下自己的产品不出售……”

接着谈到一些一般的原则。

“但是产品的销售，主要还取决于人、产品本身以及地点。一个老练而走运〈！〉并且有足够的经营资本的人，如果在价格非常便宜时，把他获得的收成存起来，一存就是一年，是不会受到责备的。反之，一个缺少经营资本或者根本〈！〉不会投机的人，就只想得到通常的平均价格，因而一有机会，就非推销出去不可。羊毛存放一年以上，几乎总是要带来损失，而谷物和油料作物的种子，保存几年，也不会损害它们的特性和质量。像油料作物的种子、忽布花、起绒草这类产品，通常会在短时期内大涨大落，所以，在价格远远低于生产价格的年份，把它们保存起来是合乎情理的。但是，有些东西每天需要有维持费用，如肥育的牲畜，或者，有些东西容易腐烂，如水果、马铃薯等等，那就千万不要耽误出售。在有些地方，一种产品在一个季节的平均价格最低，而在另一个季节的平均价格又最高。例如，有些地方，谷物的平均价格，在圣马丁节前后比在圣诞节到复活节要低。还有一些产品，在某些地方，只是在一定的时候才行销，例如有些地方的羊毛市场上的羊毛就是这样，在那里，过了时候，羊毛生意通常是清淡的……”（基尔霍夫，第302页）

货币是在流通时间的后半段再转化为生产资本要素的。在考察这一段时，我们不仅是考察这种转化本身，不仅是考察由出售产品的市场距离决定的货币回流的时间。最主要的，是要考察预付资本有多大一部分必须不断处于货币形式，货币资本的状态。

撇开所有的投机不说，需要购买多少必须不断作为生产储备来存放的商品，这取决于这种储备更新的时间，从而取决于那些本身又受市场条件决定的、因而对不同的原料等等来说也是各不相同的情况；因此，这里有时必须一次预付大量的货币。按照资本周转的时间，货币流回有快有慢，但总是一部分一部分地流回。其中一部分，即再转化为工资的部分，同样不断地经过较短的期间再支出。但是，另一部分，即要再转化为原料等等的部分，必须在较长的期间积累起来，作为准备金，或用于购买或用于支付。因此，它以货币资本的形式存在，尽管它作为货币资本存在的数量是变化不定的。

我们在下一章会看到：另一些情况——不管它们发生在生产过程还是流通过程——怎样使预付资本的一定部分必须以货币形式存在。但是应该指出，经济学家们总爱忘记，企业所需资本的一部分不仅不断交替地通过货币资本、生产资本和商品资本这三种形式，而且这一资本的不同部分不断地同时分担这三种形式，尽管这些部分的相对量是不断变化的。经济学家们爱忘记的，特别是不断作为货币资本存在的部分，虽然正是这种情况对理解资产阶级的经济十分必要，因而这种情况本身在实践中也是很重要的。

第 十 五 章

周转时间对预付资本量的影响

在这一章和后面的第十六章，我们要考察周转时间对资本价值增殖的影响。

假定一个商品资本，是一个比如9周的劳动期间的产品。我们暂且撇开由固定资本的平均损耗追加到产品上的那部分价值和在生产过程中追加到产品上的剩余价值，这样，这个产品的价值就等于生产这个产品时预付的流动资本的价值，也就是等于工资和生产这个产品时消费的原料和辅助材料的价值。假定这个价值＝900镑，这样，一周的支出是100镑。周期的生产时间在这里同劳动期间一致，因此也是9周。不管我们假定这里所涉及的是一个具有连续性的产品的劳动期间，还是一个可分立的产品的连续的劳动期间，只要一次运到市场上去的可分立的产品的量要花费9周劳动，情况都一样。再假定流通时间持续3周。那么，整个周转期间就要持续12周。在9周完了以后，预付生产资本转化成商品资本了，但是它还有3周留在流通期间内。因此，新的生产期间只有到第13周开始时才重新开始。生产要停顿3周，或者说，要停顿整个周转期间的$\frac{1}{4}$。不管我们假定这3周期间是出售产品平均所需的时间，还是假定这段时间要由市场的远近或由所出售的商品的支付期限来决定，情况也都是一样。每3个月中，生产要停顿3周，也就是说，一年中要停顿$4 \times 3 = 12$周$= 3$个月$=$年周转期间的$\frac{1}{4}$。因此，为了使生产连续进行，一周一周地按相同的规模进行，只有两种办法可行。

或者必须缩小生产规模，使900镑足以在第一个周转的劳动期间和流通时间内使劳动继续进行。这样，在第一个周转期间结束以前，第二个劳动期间，从而第二个周转期间，在第10周就开始了，因为周转期间是12周，而劳动期间是9周。把900镑分配在12周，每周是75镑。第一，很清楚，一个这样缩小的企业规模，以固定资本规模的变化，总之以企业设备的缩小为前提。第二，这种缩小究竟有没有可能，也还成问题，因为按照不同企业中生产的发展，投资有一个标准最低限额，达不到这个限额，一个企业就没有竞争能力。这个标准最低限额本身，随着资本主义生产的发展而不断增长，因此不是固定的。但是，在每一次既定的标准最低限额和不断扩大的标准最高限额之间，有许多中间阶段，形成一个允许有极不相同的投资程度的中位。因此，在这个中位界限以内，也会发生缩小的现象，缩小的界限就是每一次的标准最低限额本身。——在生产遇到障碍，市场商品充斥，原料涨价等情况下，可以在固定资本的既定基础的场合通过限制劳动时间的办法，比如说只劳动半天，来限制流动资本的正常支出；同样，在繁荣时期，又可以在固定资本的既定基础的场合，一方面通过延长劳动时间，一方面通过提高劳动强度，使流动资本异常扩大。对事先已经预计到这些波动的企业来说，可以一方面采用上面的方法，一方面同时使用更多的工人，并且和动用后备固定资本例如铁路的后备机车等等结合起来。但是，我们在这里是以正常的条件为前提的，这种异常的波动就不予考察了。

因此，为了使生产连续进行，同一个流动资本的支出在这里必须分配在较长的时间内，不是分配在9周，而是分配在12周。因此，在每一个既定的时间段里，都有一个已经减少了的生产资本执行职能；生产资本的流动部分由100减少到75，即减少$\frac{1}{4}$。在9周的劳动期间内执行职能的生产资本减少的总额$=9\times25=225$镑，即900镑的$\frac{1}{4}$。但是流通时间和周转期间之比仍然是$\frac{3}{12}=\frac{1}{4}$。由此得出结论：如果要使生产在已经转化为商品资本的生产资本的流通时间内不致中断，如果要使生产同时地、一周一周连续地进行，而这样做又没有特别的流动资本可用，那就只有缩小生产规模，减少执行职能的生产资本的流动组成部分，才能办到。这样为了使生产在流通时间内继续进行而游离出来的流动资本部分和全部预付流动资本之比，等于流通时间和周转期间之比。前面已经指出，这里说的只适用于劳动过程一周一周地按相同的规模进行、因而不像农业那样要在不同劳动期间投入不同资本额的生产部门。

反过来，我们假定企业的性质排除了缩小生产规模的可能性，从而也排除了减少每周要预付的流动资本的可能性，那么，只有追加流动资本才能使生产连续进行。在上例是追加300镑。在12周的周转期间内，要相继预付1 200镑，300镑是其中的$\frac{1}{4}$，就像3周是12周的$\frac{1}{4}$一样。在9周的劳动期间结束以后，资本价值900镑就由生产资本形式转化为商品资本形式了。这个资本价值的劳动期间已经结束，但是它不能用同一个资本来更新。当这个资本在这3周停留在流通领域，作为商品资本执行职能时，它所处的情况，从生产过程来看，就好像它根本不存在一样。在这里，我们把一切信用关系撇开不说，因此假定资本家只用他个人的资本来经营。但是，为第一个劳动期间预付的资本，在生产过程完成之后，要在流通过程停留3周，在此期间有一个追加的投资300镑在执行职能，因此生产的连续进行不会中断。

在这里，我们必须指出下述各点：

第一，最初预付的资本900镑的劳动期间，9周以后就结束了，这个资本不经过3周是不会流回的，即只是在第13周开始的时候才流回。但是，一个新的劳动期间会用追加的资本300镑立刻重新开始。正因为这样，生产才能连续进行。

第二，原有资本900镑的职能和第一个9周劳动期间结束后新追加的资本300镑（它在第一个劳动期间结束后立即开始第二个劳动期间）的职能，在第一个周转期间内是截然分开的，或者至少能够这样分开，但在第二个周转期间的过程中就互相交叉起来。

让我们把问题说得具体些：

第一个周转期间12周。第一个劳动期间9周，其中预付资本的周转，在第13周开始时完成。最后3周有追加资本300镑执行职能，并且开始第二个9周的劳动期间。

第二个周转期间。第13周开始的时候，已经有900镑流回，并且能够开始一个新的周转。但是第二个劳动期间，由于追加300镑，在第10周就已经开始了；在第13周开始的时候，劳动期间由于这300镑而完成了$\frac{1}{3}$，300镑已经由生产资本转化为产品。因为只要再有6周就结束第二个劳动期间，所以流回的900镑资本只有$\frac{2}{3}$，即只有600镑，能够加入第二个劳动期间的生产过程。这样，原来的900镑中就有300镑游离出来，和第一个劳动期间的追加资本300镑起相同的作用。在第二个周转期间的第6周末，第二个劳动期间结束了。投在其中的资本900镑在3周以后流回，也就是在第二个12周的周转期间的第9周末流回。在3周流通时间内，有游离资本300镑加入。资本900镑的第三个劳动期间，就是用这300镑，在第二个周转期间的第7周，或一年的第19周开始的。

第三个周转期间。在第二个周转期间的第9周末，有900镑重新流回。但是第三个劳动期间已经在前一个周转期间的第7周开始了，并且已经通过了6周。这样，它只要再持续3周。因此，在流回的900镑中，只有300镑加入生产过程。第四个劳动期间填满这个周转期间的其余9周。这样，在一年的第37周，就同时开始了第四个周转期间和第五个劳动期间。

为了便于计算，我们假定：劳动期间为5周，流通期间为5周，因而周转期间为10周；一年按50周计算，每周的资本支出是100镑。这样，劳动期间需要有流动资本500镑，流通时间也需要追加资本500镑。劳动期间和周转时间如下：

劳动期间	周	商品(镑)	回流时间
1	1—5	500	第10周末
2	6—10	500	第15周末
3	11—15	500	第20周末
4	16—20	500	第25周末
5	21—25	500	第30周末
			依此类推

如果流通时间＝0，因而周转期间等于劳动期间，那么一年内周转的次数就等于劳动期间的次数。在劳动期间为5周时，一年周转次数＝$\frac{50}{5}$＝10，周转资本的价值＝500×10＝5 000。表中假定流通时间为5周，因此每年也生产价值5 000镑的商品，但其中的$\frac{1}{10}$＝500镑总是处在商品资本的状态，要经过5周才能流回。这样，到年终，第十个劳动期间（即第46—50劳动周）的产品，只完成它的周转时间的一半，因为它的流通时间要算在下一年的最初5周。

让我们再举第三个例子：劳动期间为6周，流通时间为3周，劳动过程中每周预付100镑。

第一个劳动期间：第1—6周。在第6周末，有600镑商品资本，它在第9周末流回。

第二个劳动期间：第7—12周。在第7—9周，预付了300镑追加资本。第9周末，有600镑流回。其中300镑，在第10—12周预付。因此，在第12周末，有现金300镑；有商品资本600镑，它在第15周末流回。

第三个劳动期间：第13—18周。在第13—15周，预付了上述的300镑，然后流回600镑，其中300镑是为第16—18周预付的。在第18周末，有现金300镑；有商品资本600镑，它在第21周末流回（有关这个情况的更详细的叙述，见本章后面第II节）。

因此，9个劳动期间（＝54周）生产了商品600×9＝5 400镑。在第九个劳动期间结束时，资本家有现金300镑，商品600镑，但这些商品还没有通过它们的流通时间。

比较一下这三个例子，我们就发觉，第一，只有在第二例中，500镑资本I和同样是500镑的追加资本II会依次交替，因此这两个资本部分的运动总是分别进行的。但这只是因为我们在这里作了非常例外的假定，即假定劳动期间和流通时间相等、各占周转期间的一半。在其他一切情况下，不管周转期间中的这两个期间如何不相等，这两个资本的运动，正像在第一例和第三例中那样，从第二个周转期间起就互相交叉。追加资本II与资本I的一部分一起构成第二个周转期间内执行职能的资本，而资本I的余额游离出来，执行资本II原来的职能。在商品资本流通时间内发生作用的资本，在这里不是原来为这个目的而预付的资本II，但它具有和后者相等的价值，并且在全部预付资本中形成相等的部分。

第二，已经在劳动期间执行职能的资本，在流通时间闲置下来。在第二例中，资本在5周劳动期间内执行职能，在5周流通时间内闲置下来。因此，资本Ⅰ在一年内全部闲置的时间是半年。于是有追加资本Ⅱ在这个时间内出现，它在这个第二例中也会闲置半年。但是，为保持流通时间内生产的连续性所需的追加资本，不是由一年内流通时间的总量或总数决定的，而只是由流通时间和周转期间之比决定的。（当然，这里假定全部周转是在相同的条件下进行的。）所以，在第二例中，所需的追加资本是500镑，不是2 500镑。这种情况无非是由于追加资本和原来预付的资本一样加入周转，因此，也完全和后者一样由它的周转次数来补偿它的数量。

第三，如果生产时间比劳动时间长，也不会改变这里考察的情况。当然，总周转期间会因此延长，但是劳动过程不会因为周转的这种延长，需要有追加资本。追加资本只有这样一个目的，就是把劳动过程中因流通时间而引起的空隙填补起来；因此，它只是要保证生产不受流通时间引起的干扰的影响。那些由生产自身的条件引起的干扰，则用别的方法去排除，这些方法用不着在这里考察。但是有些企业，只是断断续续地、靠订货来进行生产，因此，在各个劳动期间之间可能发生中断。在这些企业中，追加资本的必要性也就相应地消失了。另一方面，就大多数季节劳动的情况来看，回流时间又有一定的界限。如果一个资本的流通时间到下一年还没有结束，那么，同一个劳动在下一年就不能用这同一个资本进行更新。但是流通时间也能比从一个生产期间到下一个生产期间的间隔期短些。在这种情况下，资本就会闲置，除非它另有用途。

第四，为一个劳动期间而预付的资本，例如第三例的600镑，一部分投在原料和辅助材料上，投在这个劳动期间的生产储备上，投在不变的流动资本上，一部分投在可变的流动资本上，投在劳动本身的报酬上。投在不变的流动资本上的那一部分，可以不按相同的时间以生产储备的形式存在；例如整个劳动期间用的原料可以不必都准备好；煤炭可以每两周购买一次。但是——因为这里还是把信用除外——这部分资本如不以生产储备的形式供人支配，就必须以货币形式供人支配，以便需要时转化为生产储备。这种情况丝毫不会改变这个为六周而预付的不变的流动资本的价值的大小。另一方面——把应付意外支出的货币储备和用来消除紊乱的真正准备金撇开不说——，工资要按较短的期间支付，通常是每周一次。因此，除非资本家强迫工人按较长时间预付他的劳动，否则支付工资所必需的资本就要以货币形式准备好。所以，资本流回时，一部分必须保持货币形式，以便支付劳动报酬，而另一部分可以转化为生产储备。

追加资本完全要像原有资本一样进行分配。但是这个资本和资本I的区别（撇开信用关系不说）在于：它不参加资本I的第一个劳动期间，但还在第一个劳动期间的整个期间内就必须预付，以便在自己的劳动期间内供人支配。在这个时间内，这个资本至少可以有一部分已经转化为整个周转期间预付的不变的流动资本。这个资本究竟有多大一部分取得这个不变的流动资本形式，或者说，有多大一部分在这种转化成为必要以前保持追加货币资本形式，则部分地取决于一定生产部门的特殊生产条件，部分地取决于当地的情况，部分地取决于原料等等价格的波动。在考察社会总资本时，这个追加资本会不断地有相当大的部分长期处于货币资本的状态。另一方面，至于资本II中要预付在工资上的那部分，它总是按照各个较短劳动期间完成并支付报酬的程度，逐渐转化为劳动力。所以，资本II的这一部分，要在整个劳动期间内处于货币资本的形式，直到它由于转化为劳动力而参加执行生产资本的职能的时候为止。

因此，为了把资本 I 的流通时间转变为生产时间而必需的追加资本的加入，不仅会增加预付资本的量和总资本必须预付的时间，而且特别会增加作为货币储备存在，因而处于货币资本的状态并且具有可能的货币资本的形式的那一部分预付资本。

在资本由于流通时间而需要分割成两部分，即第一个劳动期间所需的资本和流通时间所需的补充资本，而这种分割不是由于投资的增加，而是由于生产规模的缩小所造成的场合，不论在以生产储备形式预付方面，还是在以货币储备形式预付方面，都同样会发生上段所说的情况。和生产规模相比，束缚在货币形式的资本，在这种场合就增加得更多。

总的说来，资本这样分为原有生产资本和追加资本，其结果就是：各个劳动期间有不间断的连续性，预付资本的一个等量部分作为生产资本不断地执行职能。

让我们再看第二个例子。不断处在生产过程中的资本是500镑。因为劳动期间＝5周，所以它在50周（被看做一年）内将运作10次。因此，撇开剩余价值不说，产品是10 × 500＝5 000镑。从生产过程内直接地、不间断地发生作用的资本——一个500镑的资本价值——的观点来看，流通时间好像完全消失了。周转期间和劳动期间互相一致了；流通时间则＝0。

相反地，如果500镑资本照例会因5周的流通时间而中断它的生产活动，以致要在包括10周的整个周转期间结束以后，才重新具有生产能力，那么，在一年的50周内，我们就只有5个10周的周转；其中有5个5周的生产期间，也就是说有25个生产周，总产品等于5 × 500＝

2 500镑；有5个5周的流通时间，也就是说总流通时间也是25周。在这里，如果我们说：500镑资本一年周转5次，那么，显而易见，这500镑资本在每个周转期间的一半期间内，完全不是作为生产资本执行职能；总之，它只有半年在执行职能，而另外半年根本不执行职能。

拿我们的例子来说，500镑补充资本会在这5个流通时间内加入，因而这个2 500镑的周转就增长为一个5 000镑的周转。但是现在预付的资本不是500镑，而是1 000镑。5 000除以1 000等于5。因此，周转次数不是10，而是5。实际上，也正是这样计算的。但是，当说到1 000镑资本一年周转5次时，在资本家的空虚的头脑中，流通时间就从记忆中消失了，于是形成一种混乱的观念，好像这个资本在依次进行的5次周转中，不断地在生产过程中执行职能。但是，我们说这1 000镑资本周转5次时，其中就包括着流通时间和生产时间。事实上，如果1 000镑真的在生产过程中不断地发生作用，按照我们的假定，产品就应该是10 000镑，而不是5 000镑。但是要使1 000镑不断地处在生产过程中，也就必须预付2 000镑。对于周转这个机制根本一窍不通的经济学家，总是忽视这一要点：生产要不间断地进行，产业资本就始终只能有一部分实际上加入生产过程。当一部分处在生产期间的时候，另一部分必须总是处在流通期间。换句话说，资本的一部分，只有在另一部分脱离真正的生产而处于商品资本或货币资本形式的条件下，才能作为生产资本执行职能。忽视这一点，也就完全忽视了货币资本的意义和作用。

我们现在应该研究，在周转期间的两部分即劳动期间和流通期间相等时，或者，在劳动期间大于或小于流通期间时，在周转上会产生什么样的差别；其次，应该研究，这对资本束缚在货币资本形式上会发生什么影响。

我们假定，在一切场合，每周的预付资本是100镑，周转期间是9周，因此，为每个周转期间预付的资本＝900镑。

I. 劳动期间和流通期间相等

这种情况虽然实际上只是偶然的例外，但是必须作为研究的出发点，因为在这里关系表现得最简单、最明了。

两个资本(为第一个劳动期间预付的资本Ⅰ，和在资本Ⅰ的流通期间执行职能的追加资本II)在它们的运动中会互相交替，而不会互相交叉。因此，除了第一个期间以外，这两个资本各自只为自己的周转期间而预付。假定周转期间和以下各例一样，都是9周，劳动期间和流通期间就各为$4\frac{1}{2}$周。于是我们得出如下的年表：

第 I 表

资 本 I

周转期间(周)	劳动期间(周)	预付量(镑)	流通期间(周)
I. 1—9	1—$4\frac{1}{2}$	450	$4\frac{1}{2}$—9
II. 10—18	10—$13\frac{1}{2}$	450	$13\frac{1}{2}$—18
III. 19—27	19—$22\frac{1}{2}$	450	$22\frac{1}{2}$—27
IV. 28—36	28—$31\frac{1}{2}$	450	$31\frac{1}{2}$—36
V. 37—45	37—$40\frac{1}{2}$	450	$40\frac{1}{2}$—45
VI. 46—(54)	46—$49\frac{1}{2}$	450	$49\frac{1}{2}$—(54)(31)

(31)属于第二周转年度的各周，都放在括号里面。

资　本　II

周转期间(周)	劳动期间(周)	预付量(镑)	流通期间(周)
I.　$4\frac{1}{2}$—$13\frac{1}{2}$	$4\frac{1}{2}$— 9	450	10—$13\frac{1}{2}$
II.　$13\frac{1}{2}$—$22\frac{1}{2}$	$13\frac{1}{2}$—18	450	19—$22\frac{1}{2}$
III. $22\frac{1}{2}$—$31\frac{1}{2}$	$22\frac{1}{2}$—27	450	28—$31\frac{1}{2}$
IV. $31\frac{1}{2}$—$40\frac{1}{2}$	$31\frac{1}{2}$—36	450	37—$40\frac{1}{2}$
V.　$40\frac{1}{2}$—$49\frac{1}{2}$	$40\frac{1}{2}$—45	450	46—$49\frac{1}{2}$
VI. $49\frac{1}{2}$—($58\frac{1}{2}$)	$49\frac{1}{2}$—(54)	450	(55—$58\frac{1}{2}$)

在这里，我们假定一年为51周。在51周内，资本I通过了6个完整的劳动期间，生产商品6×450＝2 700镑。资本II在5个完整的劳动期间内，生产商品5×450＝2 250镑。此外，资本II又在一年最后的$1\frac{1}{2}$周（第50周中间到第51周末）生产商品150镑。——51周的总产品为5 100镑。就只是在劳动期间生产出来的剩余价值的直接生产来说，总资本900镑好像已经周转$5\frac{2}{3}$次（$5\frac{2}{3}$×900＝5 100镑）。但是，如果我们考察实际的周转，那么，资本I是周转了$5\frac{2}{3}$次，因为在第51周末，它还要有3周才能完成第六个周转期间；$5\frac{2}{3}$×450＝2 550镑。而资本II只周转了$5\frac{1}{6}$次，因为它才完成了第六个周转期间的$1\frac{1}{2}$周，也就是还有$7\frac{1}{2}$周要列入第二年；$5\frac{1}{6}$×450＝2 325镑。所以，实际的周转总额＝4 875镑。

让我们把资本I和资本II作为两个互相完全独立的资本来考察。它们在自己的运动中是完全独立的；这两个运动互相补充，只是因为它们的劳动期间和流通期间直接互相交替。它们可以看做两个完全独立的、属于不同资本家的资本。

资本Ⅰ已经通过5个完整的周转期间和第六个周转期间的$\frac{2}{3}$。到年终时，它处于商品资本的形式。商品资本的正常的实现还需要3周。在这个时间内，它不能进入生产过程。它执行着商品资本的职能：它流通着。它只通过了最后一个周转期间的$\frac{2}{3}$。这个情况可以表达如下：它只周转了一次的$\frac{2}{3}$，它的总价值只有$\frac{2}{3}$通过了一个完整的周转。我们说450镑在9周内周转一次，也就是说300镑在6周内周转一次。但是，这种表达方式忽略了周转时间的两个特别不同的组成部分的有机关系。说预付资本450镑已经周转$5\frac{2}{3}$次，这种表达方式的精确意思只在于：资本已经通过了5次完整的周转，但第六个周转只通过了$\frac{2}{3}$。另一方面，周转资本＝预付资本的$5\frac{2}{3}$倍，用上例来说，就是＝$5\frac{2}{3}\times 450$镑＝2 550镑；这种说法的正确就在于：如果这450镑资本没有另一个450镑资本来补充，那么，它实际上必须有一部分处在生产过程中，而另一部分处在流通过程中。如果周转时间要用周转资本的量来表达，那它就总是只能用一个现有价值的量（实际上就是用一个成品的量）来表达。预付资本不是处于能够重新开始生产过程的状态这一情况表明：其中只有一部分处于能够从事生产的状态，或者说，为了要处于连续生产的状态，资本必须按照生产期间和流通期间的相互比例分成两部分，一部分不断处于生产斯间，另一部分则不断处于流通期间。在这里起作用的是同一个规律：不断执行职能的生产资本的量由流通时间和周转时间之比决定。

在我们假定为年终的第51周末，资本Ⅱ有150镑预付在未完成产品的生产上。另一部分则处于流动的不变资本——原料等等——的形式，也就是说，处于能够作为生产资本在生产过程中执行职能的形式。还有第三部分是处于货币形式，这部分至少足以支付这个劳动期间的其余部分(3周)的工资，不过这种工资要到每周周末才支付。这部分资本，在新的一年开始时，也就是在一个新的周转周期开始时，虽然不是处于生产资本的形式，而是处于货币资本的形式，它在这种形式上不能参加生产过程，但是在新的周转开始时，仍然有流动的可变资本，即活的劳动力，在生产过程中发生作用。这种现象是由于：劳动力虽然在劳动期间比如说每周开始时购买并被消耗掉，但是它的报酬要到周末才支付。在这里，货币起支付手段的作用。因此，一方面，它作为货币仍然留在资本家手中，另一方面，劳动力，货币要转化成的商品，已经在生产过程中发生作用。因此，同一个资本价值在这里是双重出现的。

如果我们仅仅考察劳动期间，那么

资本　I生产　$6 \times 450 = 2\ 700$镑

资本　II生产　$5\frac{1}{3} \times 450 = 2\ 400$镑

合计　$5\frac{2}{3} \times 900 = 5\ 100$镑

因此，全部预付资本900镑，在一年内就有$5\frac{2}{3}$次作为生产资本执行职能。至于是450镑总是在生产过程中和450镑总是在流通过程中这样交替地执行职能，还是900镑在$4\frac{1}{2}$周内在生产过程中执行职能，在下一个$4\frac{1}{2}$周内在流通过程中执行职能，这对剩余价值的生产来说是没有关系的。

另一方面，如果我们考察周转期间，那么，

资本　I的周转额是　$5\frac{2}{3} \times 450 = 2\ 550$镑

资本　II的周转额是　$5\frac{1}{6} \times 450 = 2\ 325$镑

因此，总资本的周转额是　$5\frac{5}{12}\times 900=4\,875$镑。

因为总资本的周转次数等于资本Ⅰ和资本Ⅱ的周转额之和除以资本Ⅰ和资本Ⅱ之和。

应该指出，资本Ⅰ和资本Ⅱ，即使它们彼此是独立的，也只是预付在同一个生产领域的社会资本的不同的独立部分。因此，如果这个生产领域内的社会资本**只**是由Ⅰ和Ⅱ构成，那么，对同一个私人资本的两个组成部分Ⅰ和Ⅱ适用的计算，也同样适用于这个领域的社会资本的周转。进一步说，社会总资本投在任何一个特别生产领域内的每一部分，也可以这样计算。不过归根结底，社会总资本的周转次数，等于不同生产领域内的周转资本额除以这些生产领域内的预付资本额。

其次应该指出，正像同一个私人企业的资本Ⅰ和资本Ⅱ严格地说在这里有不同的周转年度（因为资本Ⅱ的周转周期比资本Ⅰ的周转周期晚开始$4\frac{1}{2}$周，因而资本Ⅰ的周转年度比资本Ⅱ的周转年度早完成$4\frac{1}{2}$周）一样，同一个生产领域内的各个不同的私人资本，也是在完全不同的时间开始它们的营业，从而也在一年的不同时间完成它们的年周转。但是我们以上对资本Ⅰ和Ⅱ所使用的平均计算法，在这里也足以把社会资本的不同的独立部分的周转年度，还原成一个统一的周转年度。

Ⅱ. 劳动期间大于流通期间

资本Ⅰ和资本Ⅱ的劳动期间和周转期间互相交叉，而不是互相交替。同时这里还发生资本游离。这种情况是以上考察的场合所没有的。

但是和以前一样，下述情况不变：1. 全部预付资本的劳动期间的数目，等于预付资本两个部分的年产品的价值之和除以全部预付资本。2. 总资本的周转次数，等于两个周转额之和除以两个预付资本之和。在这里，我们也必须这样考察这两部分资本，就好像它们是在完成彼此完全独立的周转运动。

我们再假定每周要在劳动过程内预付100镑。劳动期间持续6周，每个劳动期间都需要预付600镑（资本 I ）。流通期间3周；因此，周转期间和以前一样，是9周。在资本 I 的3周流通期间内，资本II 300镑加入。如果我们把二者看做是彼此独立的资本，那么，年周转的图表如下：

第　II　表

资本 I　600镑

周转期间(周)	劳动期间(周)	预付量(镑)	流通期间(周)
I.　1—9	1—6	600	7—9
II. 10—18	10—15	600	16—18
III. 19—27	19—24	600	25—27
IV. 28—36	28—33	600	34—36
V. 37—45	37—42	600	43—45
VI. 46—(54)	46—51	600	(52—54)

追加资本II　300镑

周转期间(周)	劳动期间(周)	预付量(镑)	流通期间(周)
I.　7—15	7— 9	300	10—15
II. 16—24	16—18	300	19—24
III. 25—33	25—27	300	28—33
IV. 34—42	34—36	300	37—42
V. 43—51	43—45	300	46—51

生产过程全年不间断地按相同的规模进行。两个资本，I和II，完全分开。但是，为了要表明它们是分离的，就得把它们之间的现实的交叉和交错的现象划分开来，因此也要变更周转次数。按照上表

资本　I 的周转额是　$5\frac{2}{3}\times600=3\,400$镑

资本　II的周转额是　$5\quad\times300=1\,500$镑

因此，总资本的周转额是　$5\frac{4}{9}\times900=4\,900$镑。

但这是不对的，因为我们将会看到，现实的生产期间和流通期间，同上表中的各个期间不是绝对一致的。上表主要是为了表明，这两个资本，I和II，是彼此独立的。

事实上，资本II没有任何特别的劳动期间和流通期间可以同资本I的劳动期间和流通期间分离开来。劳动期间为6周，流通期间为3周。既然资本II只有300镑，它就只能填补一个劳动期间的一部分。情况就是这样。在第6周末，有一个600镑的产品价值进入流通，并且在第9周末以货币形式流回。这样，资本II在第7周开始时发生作用，满足下一个劳动期间第7—9周的需要。但是按照我

们的假定,在第9周末,劳动期间只通过了一半。因此,在第10周开始时,刚刚流回的资本Ⅰ600镑重新发生作用,以其中的300镑填补第10—12周所必需的预付。第二个劳动期间就此结束。有一个600镑的产品价值处在流通中,它在第15周末流回;同时又有300镑原有资本Ⅱ的资本额游离出来,可以在下一个劳动期间的前一半即在第13—15周执行职能。在这三周之后,又有600镑流回;其中300镑就足够用到这个劳动期间结束,另外300镑游离出来,用于下一个劳动期间。

因此,情况如下:

第一个周转期间:第1—9周。

第一个劳动期间:第1—6周。资本Ⅰ600镑执行职能。

第一个流通期间:第7—9周。第9周末,有600镑流回。

第二个周转期间:第7—15周。

第二个劳动期间:第7—12周。

前一半:第7—9周。资本Ⅱ300镑执行职能。第9周末,有600镑以货币形式流回(资本Ⅰ)。

后一半:第10—12周。资本Ⅰ有300镑执行职能。资本Ⅰ的另外300镑游离出来。

第二个流通期间:第13—15周。

第15周末,有600镑(半数由资本Ⅰ,半数由资本Ⅱ构成)以货币形式流回。

第三个周转期间:第13—21周。

第三个劳动期间:第13—18周。

前一半:第13—15周。游离出来的300镑开始执行职能。第15周末,有600镑以货币形式流回。

后一半：第16—18周。流回的600镑中，有300镑执行职能，另外300镑再游离出来。

第三个流通期间：第19—21周。在第21周末，又有600镑以货币形式流回；在这600镑中，资本Ⅰ和资本Ⅱ现在是不可区分地融合在一起了。

按照这个方式，到第51周末，一个600镑的资本已通过8个完整的周转期间（Ⅰ：第1—9周；Ⅱ：第7—15周；Ⅲ：第13—21周；Ⅳ：第19—27周；Ⅴ：第25—33周；Ⅵ：第31—39周；Ⅶ：第37—45周；Ⅷ：第43—51周）。但是因为第49—51周恰好是第八个流通期间，所以在这段时间，必须有300镑游离资本加入，以维持生产的进行。因此，在年终时，周转的情况如下：600镑已经完成了8个循环，周转额为4 800镑。此外，最后3周（第49—51周）的产品，还只通过一个9周循环的$\frac{1}{3}$，所以在周转额上只能作为它的资本额的$\frac{1}{3}$即100镑计算。所以，当51周的年产品＝5 100镑时，周转资本仅仅是4 800＋100＝4 900镑；全部预付资本900镑周转$5\frac{4}{9}$次，因此和第Ⅰ节所讲的情况相比就稍微多一些。

在当前这个例子中，我们假定劳动时间等于周转期间的$\frac{2}{3}$，流通时间等于周转期间的$\frac{1}{3}$，因此，劳动时间是流通时间的简单倍数。现在要问：如果情况不是这样，是否也会发生上面所说的那种资本的游离。

我们假定劳动期间＝5周，流通时间＝4周，每周的资本预付是100镑。

第一个周转期间：第1—9周。

第一个劳动期间：第1—5周。资本Ⅰ＝500镑执行职能。

第一个流通期间：第6—9周。第9周末，有500镑以货币形式流回。

第二个周转期间：第6—14周。

第二个劳动期间：第6—10周。

前一段：第6—9周。资本II＝400镑执行职能。第9周末，资本I＝500镑以货币形式流回。

后一段：第10周。在流回的500镑中，有100镑执行职能。其余400镑游离出来用于下一个劳动期间。

第二个流通期间：第11—14周。第14周末，有500镑以货币形式流回。

到第14周末为止的一段期间（第11—14周），上述游离出来的400镑执行职能；在此之后流回的500镑中，只需要100镑就可以满足第三个劳动期间（第11—15周）的需要，以致还有400镑要游离出来用于第四个劳动期间。同样的现象会在每个劳动期间反复发生；每个劳动期间开始时，都有400镑出现，足够满足前4周的需要。第4周末，会有500镑以货币形式流回，其中只有100镑为最后一周所必需，其余400镑则游离出来用于下一个劳动期间。

我们再假定：劳动期间是7周，资本I为700镑；流通期间是2周，资本II为200镑。

在这种场合，第一个周转期间是第1—9周，其中第一个劳动期间是第1—7周，预付700镑，第一个流通期间是第8—9周。第9周末，700镑以货币形式流回。

第二个周转期间，第8—16周，包含第二个劳动期间，第8—14周。其中第8周和第9周的需要，已经从资本II得到满足。在第9周末，上述的700镑流回；其中500镑到这个劳动期间（第10—14周）结束时被用完。200镑游离出来用于下一个劳动期间。第二个流通期间是第15—16周；第16周末，又有700镑流回。从此以后，相同的现象会在每个劳动期间反复发生。前两周的资本需要，从前一个劳动期间结束时游离出来的200镑得到满足；第2周末又有700镑流回；但是劳动期间还只剩下5周，以致只能再消费500镑；因此，总有200镑游离出来用于下一个劳动期间。

由此可见，在假定劳动期间大于流通期间的场合，无论如何，在每个劳动期间结束时，总会有一个货币资本游离出来，它的量和那个为流通期间而预付的资本II的量相同。就以我们举的三个例子来说，资本II在第一例＝300镑，在第二例＝400镑，在第三例＝200镑；与此相适应，在劳动期间结束时游离出来的资本，分别为300、400、200镑。

III. 劳动期间小于流通期间

我们首先再假定一个9周的周转期间；其中劳动期间为3周，可供支配的资本 I＝300镑。流通期间为6周。这6周需要600镑追加资本，我们又把它分成两个资本，每个300镑，各填补一个劳动期间。这样，我们就有三个300镑的资本，其中总有300镑用于生产，有600镑处在流通中。

第 III 表

资 本 I

周转期间(周)	劳动期间(周)	流通期间(周)
I.　1—9	1—3	4—9
II. 10—18	10—12	13—18
III. 19—27	19—21	22—27
IV. 28—36	28—30	31—36
V. 37—45	37—39	40—45
VI. 46—(54)	46—48	49—(54)

资 本 II

周转期间(周)	劳动期间(周)	流通期间(周)
I.　4—12	4—6	7—12
II. 13—21	13—15	16—21
III. 22—30	22—24	25—30
IV. 31—39	31—33	34—39
V. 40—48	40—42	43—48
VI. 49—(57)	49—51	(52—57)

资 本 III

周转期间(周)	劳动期间(周)	流通期间(周)
I.　7—15	7—9	10—15
II. 16—24	16—18	19—24
III. 25—33	25—27	28—33
IV. 34—42	34—36	37—42
V. 43—51	43—45	46—51

这里的情形和第I节所讲的情形十分相似，区别只在于现在不是两个资本而是三个资本互相交替。各个资本并不互相交叉或交错；每一个资本都可以分别予以考察，直到年终。如同第I节所讲的那样，在一个劳动期间结束时同样没有资本游离。资本I在第3周末全部预付出去；在第9周末全部流回，而在第10周开始时重新执行职能。资本II和资本III也是这样。有规则的、完全的交替排除着任何资本游离。

总周转的计算如下：

资本I	300 镑 $\times 5\frac{2}{3}$	$=1\ 700$ 镑
资本II	300 镑 $\times 5\frac{1}{3}$	$=1\ 600$ 镑
资本III	300 镑 $\times 5$	$=1\ 500$ 镑
总资本	900 镑 $\times 5\frac{1}{3}$	$=4\ 800$ 镑

现在再举一个例子，流通期间不是劳动期间的准确的倍数；例如，劳动期间为4周，流通期间为5周；相应的资本额：资本I＝400镑，资本II＝400镑，资本III＝100镑。我们只列举前三个周转。

第　IV　表

资　本　I

周转期间(周)	劳动期间(周)	流通期间(周)
I.　1—9	1—4	5—9
II.　9—17	9、10—12	13—17
III.17—25	17、18—20	21—25

资　本　II

周转期间(周)	劳动期间(周)	流通期间(周)
I.　5—13	5— 8	9—13
II. 13—21	13、14—16	17—21
III.21—29	21、22—24	25—29

资　本　III

周转期间(周)	劳动期间(周)	流通期间(周)
I.　9—17	9	10—17
II. 17—25	17	18—25
III.25—33	25	26—33

在这里，当只够用一周、因而没有独立劳动期间的资本III和资本I的第一个劳动周互相重合时，就发生资本交错的现象。不过，正因为这样，在资本I和资本II的劳动期间结束时，都有一个与资本III相等的量100镑游离出来。如果这个资本III填补了资本I第二个劳动期间的和以后各个劳动期间的最初一周，而且在这最初一周结束时，全部资本I 400镑又流回，那么资本I的劳动期间的其余部分就只有3周时间，与此相应的资本支出是300镑。这样游离出来的100镑，足够用于紧跟着的资本II的劳动期间的第一周；在这一周末，全部资本II 400镑流回；但是，因为这个已经开始的劳动期间只能再吸收300镑，所以在这个劳动期间结束时，又有100镑游离出来；依此类推。因此，只要流通期间不是劳动期间的简单倍数，劳动期间结束时就总会有资本游离出来；并且这个游离资本正好和那个把流通期间超过劳动期间（或其倍数）的那段期间填补起来的资本部

分相等。

在所研究的一切情况中，我们都假定，在这里考察的任何一个企业中，劳动期间和流通期间全年不变。如果我们要确定流通时间对周转和预付资本量的影响，这个假定是必要的。实际上这个假定并不是无条件适用的，而且往往是完全不适用的，不过这对问题不会有什么影响。

在整个这一节里，我们只考察流动资本的周转，没有考察固定资本的周转。理由很简单，因为这里涉及的问题同固定资本无关。生产过程中使用的劳动资料等等，只要它们的使用时间比流动资本的周转期间长，只要它们在不断反复的劳动过程中继续发生作用的时间比流动资本的周转期间长，因而等于流动资本周转期间的n倍，就只形成固定资本。不管这个由流动资本周转期间n倍形成的总时间长短如何，为这个时间而预付在固定资本上的这部分生产资本，都不会在这同一时间内重新预付。它继续以它的旧的使用形式执行职能。区别只是在于：按照流动资本每个周转期间的单个**劳动期间**的不同长短，固定资本把它的原价值的一个或大或小的部分转移到这个劳动期间的产品中去；按照每一个周转期间内流通时间持续的长短，固定资本转移到产品中的那部分价值就或快或慢地以货币形式流回。我们在这一节论述的对象即生产资本流动部分的周转的性质，是由这个资本部分本身的性质引起的。一个劳动期间使用的流动资本，在完成它的周转以前，即在它转化为商品资本、由商品资本转化为货币资本、再由货币资本转化为生产资本以前，是不能用于一个新的劳动期间的。因此，为了使第一个劳动期间立即由第二个劳动期间继续下去，资本必须重新预付和转化为生产资本的流动要素，并且它的量要足够填补为第一个劳动期间预付的流动资本的流通期间所形成的空隙。正因为这样，流动资本的劳动期间的长短，对劳动过程的经营规模，对预付资本的分配以及对新的资本部分的追加，都发生影响。而这正是我们在这一节所要考察的。

IV. 结　　论

根据以上的研究得出如下结论：

A. 为了使资本的一部分能够在其他部分处在流通期间的时候不断处在劳动期间，必须把资本分为不同的部分。这些不同的部分，犹如不同的独立的私人资本，在下述两种情况下互相交替。1. 在劳动期间和流通期间相等，即周转期间分为相同的两部分的时候；2. 在流通期间比劳动期间长，但同时又是劳动期间的简单倍数，从而流通期间＝n倍劳动期间，而n又是整数的时候。在这些情况下，依次预付的资本没有一个部分游离出来。

B. 另一方面，在下述情况下，(1)在流通期间大于劳动期间，但不是劳动期间的简单倍数的时候，(2)在劳动期间大于流通期间的时候，全部流动资本从第二个周转起，在每个劳动期间结束时，就有一部分不断地、周期地游离出来。并且这个游离出来的资本，在劳动期间大于流通期间的时候，和总资本中为流通期间预付的那部分资本相等；在流通期间大于劳动期间的时候，则和那个把流通期间超过劳动期间(或其倍数)的那段期间填补起来的资本部分相等。

C. 由此可见，对社会总资本来说——就其流动部分而言——，资本游离必然是通例，而在生产过程中依次执行职能的资本部分的单纯交替的现象必然是例外。因为劳动期间和流通期间相等，或者流通期间同劳动期间的简单倍数相等，即周转期间的两个组成部分之间这种均匀的比例性，和事物的性质完全无关，因此，大体说来，也只能是例外的现象。

因此，一年周转多次的社会流动资本有相当大的部分，在年周转周期中，周期地处于游离资本的形式。

其次很清楚，假定其他一切条件不变，这种游离资本的量和劳动过程的范围或生产的规模一起增大，因而总的来说和资本主义生产的发展一起增长。在B(2)的场合，这是因为全部预付资本增长了；在B(1)的场合，这是因为随着资本主义生产的发展，流通期间的长度增加了，因此，在劳动期间小于流通期间，这两个期间没有均匀的比例的场合，周转期间也会增长①。

在前一个场合，比如说我们每周必须投资100镑。6周的劳动期间就需要600镑，3周的流通期间就需要300镑，合计900镑。这里不断地有300镑游离出来。另一方面，如果每周投资300镑，那就有1 800镑用于劳动期间，900镑用于流通期间，因此，周期地游离出来的，就不是300镑，而是900镑。

D. 一个比如说900镑的总资本必须分成两部分，如上所述，600镑用于劳动期间，300镑用于流通期间。这样，实际投入劳动过程的那一部分，就减少了$\frac{1}{3}$，由900镑减为600镑，从而，生产规模也缩小了$\frac{1}{3}$。另一方面，300镑执行职能，只是为了使劳动期间连续不断，以致全年的每一周都能有100镑投入劳动过程。

无论是600镑在$6 \times 8 = 48$周内起作用（产品$= 4\ 800$镑），还

①第二版中漏掉了“小于流通期间”这几个字，根据马克思手稿和恩格斯手稿订正。——编者注

是全部资本900镑投入6周的劳动过程，然后在3周的流通期间闲置不用，抽象地说，都是一样的。在后一个场合，它在48周的时间内，有$5\frac{1}{3}\times 6=32$周起作用（产品$=5\frac{1}{3}\times 900=4\ 800$镑），而在16周内闲置不用。但是，我们撇开固定资本在闲置的16周内损耗更大，并且劳动尽管只是在一年的部分时间内起作用但必须按全年支付而变得更昂贵这些情况不说，生产过程的这样一种有规则的中断，是和现代大工业的经营根本不相容的。这种连续性本身就是一种劳动生产力。

如果我们更仔细地观察游离资本，即实际上暂歇的资本，就会看到，这个资本的相当一部分必须不断具有货币资本的形式。我们仍然用上述例子来说明：劳动期间为6周，流通期间3周，每周投资100镑。在第二个劳动期间的中期，即第9周末，有600镑流回，其中只有300镑投入这个劳动期间的其余部分。因此，在第二个劳动期间结束时，就有300镑游离出来。这300镑处于什么状态呢？我们假定，$\frac{1}{3}$投在工资上，$\frac{2}{3}$投在原料和辅助材料上。因此，在流回的600镑中，有200镑以货币形式用于工资，而有400镑处于生产储备的形式，处于不变的流动的生产资本要素的形式。但是，因为第二个劳动期间的后一半，只需要这个生产储备的一半，所以，另外一半在3周内就处于多余的生产储备形式，即处于超出一个劳动期间所需而多余的生产储备形式。不过资本家知道，在流回的这一部分资本（$=400$镑）中，他只需要把一半$=200$镑用于当前的劳动期间。因此，他是立即再把这200镑全部地或者只是部分地转化为多余的生产储备，还是为了等待比较有利的市场情况而使它们全部地或者部分地保持货币资本的形式，这就要看市场情况而定了。另一方面，不言而喻，投在工资上的那一部分$=200$镑要保持货币形式。资本家购买了劳动力以后，不能把它像原料那样储存在仓库里。他必须把劳动力并入生产过程，并在周末支付报酬。因此，在300镑游离资本中，无论如何，这100镑要具有游离的即并非这个劳动期间所需的货币资本的形式。可见，以货币资本形式游离出来的资本，至少要等于投在工资上的可变资本部分；它的最高限度可以包括全部游离资本。事实上，它是不断地在这个最低限度和最高限度之间来回变动。

由单纯的周转运动这一机制游离出来的货币资本（还有由固定资本依次流回而形成的货币资本，以及在每个劳动过程中可变资本所需的货币资本），只要信用制度发展起来，必然会起重要的作用，同时也必然是信用制度的基础之一。

我们假定，在上述例子中，流通时间由3周缩短为2周，假定这不是正常的现象，而是营业兴旺或支付期限缩短等等的结果。在劳动期间投入的600镑资本，就比原来必需的时间提前一周流回，因此，在这一周内它是游离的。此外，和以前一样，在劳动期间的中期有300镑游离出来（600镑的一部分），但不是游离3周，而是游离4周。因此，在货币市场上，有一周有600镑，有4周而不是3周有300镑。因为这种现象不仅和一个资本家有关，而且和许多资本家有关，并且在不同生产部门的不同期间发生，所以市场上就有更多的可供支配的货币资本出现。如果这种状况持续时间较长，在条件许可的地方生产就会扩大；靠借贷资本来进行生产的资本家对货币市场的需求将会减少，这就像供给增多一样缓和了货币市场，或者说，最后，对这个机制来说已经变成多余的金额，最终也会投到货币市场上去。

因为流通时间由3周缩短到2周，从而周转期间由9周缩短到8周，全部预付资本的$\frac{1}{9}$就成为多余的了；6周的劳动期间现在用800镑就可以像以前用900镑那样继续不断地进行。商品资本价值的一部分＝100镑，一旦再转化为货币，就会停留在这种货币资本状态，而不再作为预付在生产过程中的资本部分执行职能。当生产在规模不变和其他条件（例如价格等等）不变的情况下继续进行时，预付资本的价值额就由900镑减为800镑；原预付价值的100镑余额，就会以货币资本形式分离出来。它作为货币资本会进入货币市场，并且成为在那里执行职能的资本的追加部分。

由此可见，货币资本过剩是能够发生的，并且这不仅是指货币资本的供给大于需求；这种过剩始终只是相对的过剩，例如在危机结束后开始一个新周期的"忧郁时期"内发生的过剩，就是这样。而且这是指：预付资本价值的一定部分对于经营全部社会再生产过程（包括流通过程），变得多余了，因而要以货币资本的形式分离出来；这是一种在生产规模不变，价格也不变时单纯由于周转期间缩短而造成的过剩。流通中现有的货币量——不论大小——都对这点毫无影响。

相反地，假定流通期间延长了，例如由3周延长到5周。那么，预付资本的流回，在进行下一个周转时，就会延迟2周。这个劳动期间的生产过程的最后部分，由于预付资本的周转这个机制本身而不能继续进行。只要这种状况持续时间较长，生产过程——它的经营规模——可能缩小，正像在上述场合生产过程可能扩大一样。但是，要使这个过程按照同样规模继续进行，预付资本就必须为流通期间的全部延长的时间增加$\frac{2}{9}$＝200镑。这种追加资本只能从货币市场取出。只要流通期间在一个或更多的大生产部门延长，这就可能给货币市场造成压力，除非这种影响为其他方面的反作用所抵消。在这种场合，同样显而易见：这种压力和上述的过剩一样，既和商品价格的变动丝毫没有关系，也和现有流通手段的量的变动丝毫没有关系。

〔在整理这一章准备付印时，碰到的困难不小。马克思虽然精通代数，但他对数字计算，特别是对商业数字的计算，还不太熟练，尽管他在留下的一大包练习本中，亲自用许多例题演算商业上的各种计算方法。各种计算方法的知识，和商人日常的实际计算的习惯完全不是一回事，而他又如此纠缠在周转的计算中，以致除了有一些未完成的计算外，最后还出现了一些不正确的和互相矛盾的地方。在前面印的各个表格中，我只保存了最简单的和计算正确的部分，这样做主要是由于以下的理由。

这种不厌其烦的计算造成的不确切的结果，使马克思把一件在我看来实际上并不怎么重要的事情看得过于重要了。我指的是他所说的货币资本的"游离"。在上述假定的条件下，实际情况是这样的：

不管劳动期间和流通时间的比例如何，也就是不管资本I和资本II的比例如何，在第一个周转结束以后，照例经过一段和劳动期间的长短相等的间隔时间，就会有一个劳动期间所必需的资本——也就是有一个同资本I相等的资本额——以货币形式流回到资本家手里。

如果劳动期间＝5周，流通时间＝4周，资本I＝500镑，则在第9、14、19、24、29周的周末（依此类推），各有一个500镑的货币额流回。

如果劳动期间＝6周，流通时间＝3周，资本I＝600镑，则在第9、15、21、27、33周的周末（依此类推），各有600镑流回。

最后，如果劳动期间＝4周，流通时间＝5周，资本I＝400镑，则在第9、13、17、21、25周的周末（依此类推），各有400镑流回。

在这种流回的货币中，对于当前的劳动期间来说是否有或者有多少是多余的部分，从而要游离出来，并没有什么区别。假定生产按照当前的规模不间断地进行，要做到这一点，就要有货币，也就是要有货币流回，而不管它是否“游离”。如果生产中断，游离也就停止。

换句话说：的确有货币游离出来，从而以货币形式形成一种潜在的只是可能的资本；但是，这个结果，不仅在本文详细叙述的各种特殊条件下发生，在一切情况下都会发生，规模也比本文所说的要大。就流动资本Ⅰ来说，产业资本家在每个周转结束时所处的地位，完全和企业开始时一样：资本家手头一下子又会有全部流动资本，可是只能逐渐地把它再转化为生产资本。

本文的要点在于论证：一方面，产业资本的一个可观的部分必须不断处于货币形式；另一方面，一个更加可观的部分必须暂时取得货币形式。我的这些补充意见至多不过是加强了这一论证。——弗·恩·〕

V. 价格变动的影响

以上我们一方面假定价格不变，生产规模不变，另一方面假定流通时间缩短或延长。现在，我们反过来假定周转期间的长短不变，生产的规模不变，但另一方面假定价格有变动，也就是说，假定原料、辅助材料和劳动的价格下跌或上涨，或者前两种要素的价格下跌或上涨。假定原料和辅助材料的价格，和工资一样，都下跌一半。这样，在我们的例子中，每周的预付资本就不是100镑，而是50镑，一个9周的周转期间需要的预付资本就不是900镑，而是450镑。首先，预付资本价值就有450镑作为货币资本分离出来，但是生产过程按相同的规模和以相同的周转期间继续进行，周转期间的划分也和以前一样。年产量也不变，不过它的价值减少了一半。这种变动——与之相伴随的有货币资本供求上的变动——既不是由于流通的加速引起的，也不是由于流通货币量的变化引起的。正好相反。生产资本各种要素的价值或价格下跌一半这一情况，首先会引起这样的结果：为这个仍旧按相同规模继续经营的企业X而预付的资本价值减少了一半；既然企业X首先是把这个资本价值以货币形式也就是作为货币资本预付的，所以，该企业X投入市场的货币也只有原来的一半。投入流通中的货币量将会减少，因为各种生产要素的价格已经下跌。这是第一个结果。

第二，原预付资本价值900镑的一半＝450镑，本来会(a)交替地通过货币资本、生产资本和商品资本的形式，(b)一部分以货币资本形式，一部分以生产资本形式，一部分以商品资本形式同时不断地并列存在，而现在将从企业X的循环中分离出来，因而作为追加的货币资本出现在货币市场上，作为追加的组成部分在货币市场上发生影响。这样游离出来的450镑货币所以会作为货币资本发生作用，并不是因为它在企业X的经营上变成多余的货币，而是因为它是原有资本价值的组成部分，所以应该作为资本继续发生作用，而不应该只是作为流通手段来花费。使它作为资本发生作用的最直接的形式，就是把它作为货币资本投入货币市场。另一方面，生产规模（把固定资本撇开不说）也可以扩大一倍。这样，用同一个预付资本900镑就可以经营一个规模扩大一倍的生产过程。

另一方面，如果生产资本各种流动要素的价格上涨了一半，每周需要的就不是100镑，而是150镑，因此，每一个周转期间需要的就不是900镑，而是1 350镑。要使企业按相同的规模继续经营下去，就需要有450镑追加资本。按照货币市场的状况，这种情形会相应地对货币市场产生或大或小的压力。如果对货币市场上的一切可供支配的资本都有需求，那就会为争夺可供支配的资本而发生激烈的竞争。如果这种资本还有一部分闲置不用，它就会相应地加入到活动中去。

也可以有第三种情况，即在生产规模已定，周转速度不变，流动的生产资本各种要素的价格也不变时，企业X的产品价格下跌或上涨了。如果企业X所提供的商品价格下跌了，该企业不断投入流通的商品资本的价格，就会由600镑减为比如说500镑。因此，预付资本价值的$\frac{1}{6}$，不从流通过程流回（商品资本所包含的剩余价值在这里不予考虑），却在流通过程中丧失了。但是因为各种生产要素的价值或者价格不变，流回的500镑就只够补偿不断在生产过程中使用的资本600镑的$\frac{5}{6}$。因此，要使生产按相同的规模继续进行，就必须支出100镑追加的货币资本。

相反，如果企业X的产品的价格上涨了，商品资本的价格，就会由600镑提高到比如说700镑。它的价格的$\frac{1}{7}=100$镑，不是从生产过程产生，也不是在生产过程中预付的，而是从流通过程流出的。但各种生产要素的补偿只需要600镑；因此，就有100镑游离出来。

在第一个场合，周转期间为什么会缩短或延长，在第二个场合，原料和劳动的价格为什么会上涨或者下跌，在第三个场合，所提供的产品的价格又为什么会上涨或者下跌，对这些原因的探讨，不属于我们至今研究的范围。

但是，下述各种情况属于这个范围：

第一种情况：生产规模不变，生产要素和产品的价格不变，流通期间从而周转期间发生变动。

按照我们在举例时的假定，由于流通期间的缩短，需要的全部预付资本减少了$\frac{1}{9}$，全部预付资本就由900镑减为800镑，有100镑货币资本分离出来。

企业X仍然在6周内同样地提供价值600镑的产品；因为该企业全年不间断地进行生产，在51周内将会同样地提供价值5 100镑的产品量。因此，就该企业投入流通的产品量和产品价格来说，不会发生什么变化；就该企业把产品投入市场的期限来说，也不会发生什么变化。但所以有100镑分离出来，是由于流通期间缩短了，现在只用800镑预付资本就能够满足生产过程的需要，以前却要用900镑。这100镑分离出来的资本以货币资本形式存在。但它决不代表必须不断以货币资本形式执行职能的那部分预付资本。假定在预付流动资本I＝600镑中，有$\frac{4}{5}$＝480镑要不断投在生产材料上，$\frac{1}{5}$＝120镑要不断投在工资上。这就是说，每周有80镑投在生产材料上，20镑投在工资上。资本II＝300镑也必然要同样分割，以$\frac{4}{5}$＝240镑投在生产材料上，$\frac{1}{5}$＝60镑投在工资上。投在工资上的资本必须不断以货币形式预付。所以，价值600镑的商品产品一旦再转化为货币形式，即一旦售出时，其中就能够有480镑转化为生产材料（生产储备），而120镑则保持货币形式，以便支付6周的工资。这120镑是流回的600镑资本中必须不断地以货币资本形式得到更新和补偿，因而必须不断地作为以货币形式执行职能的那部分预付资本而存在的最低额。

现在，如果在那个周期地游离3周，并且同样可以分割成240镑为生产储备、60镑为工资的300镑中，由于流通时间缩短而有100镑以货币资本形式分离出来并且完全离开周转机制，那么这100镑货币资本形式的货币是从哪里来的呢？这个数额只有$\frac{1}{5}$是由周转中周期地游离出来的货币资本构成的。而其中$\frac{4}{5}=80$镑已经为具有同等价值的追加的生产储备所代替。这种追加的生产储备以什么方式转化为货币，实现这种转化所需的货币又是从哪里来的呢？

流通时间的缩短一旦成为事实，上述600镑中就不会有480镑而只会有400镑再转化为生产储备。其余80镑则将保持货币形式并和上述用于支付工资的20镑合起来，形成一个100镑分离出来的资本。虽然这100镑会因600镑商品资本被人购买而从流通中产生，并且，现在因为它不再投在工资和生产要素上而从流通中取出，但是不要忘记，它处于货币形式，就是重新处于它最初投入流通时的同一形式。开始时，有900镑货币投在生产储备和工资上。现在要使同样的生产过程继续进行，只需要800镑。因此，现在就有100镑以货币形式分离出来，形成一个新的、寻找投资场所的货币资本，成为货币市场的一个新的组成部分。虽然这100镑以前就周期地处于游离货币资本和追加生产资本的形式，但是，这种潜在状态本身是生产过程得以进行的条件，因为它是生产过程得以连续进行的条件。现在，为这个目的，已经不再需要这100镑了，因此它就形成新的货币资本，成为货币市场的一个组成部分，尽管它绝对不是社会现有的货币储备的追加要素（因为它在企业开始时就存在，并且通过这种企业投入流通），也绝对不是新积累起来的贮藏货币。

这100镑既然不再是该企业使用的预付货币资本的一部分，现在它就在事实上从流通中退出。但是这种退出之所以可能，只是因为由商品资本到货币，再由这个货币到生产资本的转化，即W′—G—W，加快了一周，在这个过程内发生作用的货币的流通也加快了。它会从流通中退出，是因为它不再为资本X的周转所必需。

这里我们假定，预付资本为它的使用者所有。如果资本是借来的，这也不会引起什么变化。流通时间缩短了，他只需要借入资本800镑，而不是900镑。100镑还给贷方，仍然会形成新的货币资本100镑，只不过是在Y手里，而不是在X手里。其次，如果资本家X通过赊购得到价值480镑的生产材料，以致他自己只用120镑货币预付工资，那么，他现在赊购的生产材料，就可以减少80镑，这对提供信贷的资本家来说会形成多余的商品资本，而资本家X还是会把20镑货币分离出来。

追加的生产储备现在减少了$\frac{1}{3}$。以前，它在追加资本II 300镑中，占$\frac{4}{5}$＝240镑，现在，只＝160镑；也就是说，它是2周的而不是3周的追加储备。它现在是每2周而不是每3周更新一次，但也只是为2周而不是为3周储备。这样，购买，例如棉花市场上的购买，就比较频繁地以比较小的量反复进行。因为产品的量不变，所以从市场上取出的棉花的量也不变。不过这种取出在时间的分配上是不同的，并且时间会长一些。例如假定一个场合是3个月，一个场合是2个月；棉花的年消费量为1 200包。在前一个场合：

1月1日出售300包，库存900包
4月1日出售300包，库存600包
7月1日出售300包，库存300包
10月1日出售300包，库存　0包

在后一个场合：

1月1日出售200包，库存1 000包
3月1日出售200包，库存　800包
5月1日出售200包，库存　600包
7月1日出售200包，库存　400包

9月1日出售200包，库存200包

11月1日出售200包，库存　0包

因此，投在棉花上的货币要晚一个月才全部流回，即不是在10月，而是在11月。如果预付资本的$\frac{1}{9}=100$镑，由于流通时间缩短，从而也由于周转期间缩短而以货币资本的形式分离出来，如果这100镑又是由支付周工资的货币资本中周期地多余出来的20镑和作为一周生产储备而周期地多余出来的80镑组成，那么，就这80镑来说，工厂主方面多余的生产储备减少了，棉花商人的商品储备就会相应增加。同一棉花，作为生产储备堆在工厂主仓库里的时间越是缩短，作为商品堆在棉花商人货栈里的时间就越是延长。

以上我们假定，企业X的流通时间的缩短，是由于X更迅速地出售了他的商品或者更迅速地得到了货款，在赊卖的场合，是由于支付期间的缩短。因此，这种缩短是由商品出售过程的缩短，由商品资本到货币资本的转化，W′—G，即流通过程的第一阶段的缩短造成的。这种缩短，也可以由第二阶段G—W造成，因而由资本Y，Z等等——它们向资本家X提供流动资本的生产要素——的劳动期间或者流通时间的同时变化造成。

例如，如果采用旧的运输方法，棉花、煤炭等等由生产地点或存放地点运往资本家X的生产场所需要3周，那么，X的生产储备的最低限度至少必须够用3周，直到新的储备到达。棉花、煤炭在运载时不能作为生产资料来使用。相反地，它们这时是运输业及其所使用的资本的劳动对象。它们对煤炭生产者或棉花出售者来说，还是处在流通中的商品资本。如果采用改良的运输方法，运载时间缩短到2周，那么生产储备就可以由3周的储备变为2周的储备。因此，预付在这上面的追加资本80镑就会游离出来，为工资而预付的追加资本20镑也会游离出来，因为周转中的资本600镑会提前一周流回。

另一方面，如果提供原料的资本的劳动期间缩短了（前面几章已有过这样的例子），因而原料有可能在较短的期间实行更新，那么，生产储备就可以减少，由一个更新期间到另一个更新期间的间隔也可以缩短。

反过来，如果流通时间从而周转期间延长了，那么，预付追加资本就成为必要的了。如果资本家有追加资本，他就要自己预付出来。但是在这种场合，这笔预付追加资本就要作为货币市场的一部分而以某种形式被投入；为了使它成为可供支配的资本，就必须去掉它的原来的形式，例如，股票要出售，存款要提取，因此在这里也会间接地对货币市场发生影响。不然，就要借款。至于说支付工资所需的那部分追加资本，在正常情况下，总是要以货币资本的形式预付的，就此而言，资本家X是参加进来直接施加压力于货币市场。就投在生产材料上的部分来说，这种情况只有在必须支付现金时，才是不可避免的。如果他通过信用得到这些生产材料，那就不会对货币市场发生直接影响，因为在这种场合，追加资本是直接以生产储备的形式，而不是一开始就以货币资本的形式预付的。如果贷方把从X那里得到的票据再直接投到货币市场，进行贴现，等等，这就会间接地，经过第二者对货币市场发生影响。但是，如果贷方利用这张票据来偿付一笔比如说要以后才偿付的债务，那么，这个追加的预付资本既不会直接地也不会间接地对货币市场发生影响。

第二种情况：生产材料的价格发生变动，其他一切条件不变。

以上我们假定，900镑总资本要以$\frac{4}{5}=720$镑投在生产材料上，

$\frac{1}{5}$＝180镑投在工资上。

如果生产材料的价格下跌一半，6周劳动期间所需的生产材料就不是480镑，而仅仅是240镑。就追加资本II来说，不是240镑，而仅仅是120镑。资本I就由600镑减为240＋120＝360镑；资本II由300镑减为120＋60＝180镑。总资本由900镑减为360＋180＝540镑。因此，有360镑分离出来。

这样分离出来而现在不用的，从而要在货币市场上寻找投资场所的资本，即货币资本，无非是原来要作为货币资本预付的900镑资本的一部分。如果生产不扩大，而是按照原有规模继续进行，这一部分就会由于它要周期地再转化成的生产要素的价格下跌而变成多余的。如果这种价格下跌不是由于偶然的情况（特大丰收或供给过剩等等）造成，而是由于提供原料的部门的生产力的提高造成的，那么，这个货币资本就会成为货币市场的一个绝对的追加，成为在货币资本形式上可供支配的资本的一个绝对的追加，因为它不再是已经使用的资本中不可缺少的组成部分了。

第三种情况：产品本身的市场价格发生价格变动。

在这种场合，如果产品价格下跌，资本会丧失一部分，从而必须由货币资本的新的预付来补偿。卖者的这种损失可以使买者得利。如果产品的市场价格只是由于偶然的行情变化而下跌，以后产品价格又提高到正常的水平，那买者就会直接得利。如果价格变动是由价值变动引起的，这种价值变动也反应到旧的产品上，而且这个产品又作为生产要素再进入另一个生产领域，并在那里相应地把资本游离出来，那买者就会间接得利。在这两种场合，X损失的资本，——为了补偿这笔资本，X对货币市场施加压力，——可以由他的营业伙伴作为新的追加资本提供出来。这样一来，发生的只是资本转移。

反过来，如果产品价格上涨，X就能从流通中占有一个不是他所预付的资本部分。这部分资本不是生产过程中预付的资本的有机部分，因此，如果生产不扩大，它就形成分离出来的货币资本。因为这里假定，产品要素的价格在产品作为商品资本进入市场以前已经确定，所以，在这里，一个现实的价值变动只要发生反作用，比如说，使原料的价格随后上涨，它就会引起产品价格的上涨。在这种场合，资本家X就会由于他的作为商品资本正在流通的产品和他现有的生产储备而得到利益。这种利益会向他提供一个追加资本。要按照生产要素的新的已经提高的价格继续经营他的企业，他现在就必须有这种追加资本。

或者，价格上涨只是暂时的。在这种情况下，如果资本家X的产品是另一些生产部门的生产要素，他这一方所需要的作为追加资本的东西，就会在另一方作为游离资本分离出来。一方之所失，就是另一方之所得。

第十六章
可变资本的周转

I. 年剩余价值率

假定有一个2 500镑的流动资本，其中$\frac{4}{5}=2\ 000$镑是不变资本（生产材料），$\frac{1}{5}=500$镑是投在工资上的可变资本。

假定周转期间＝5周；劳动期间＝4周，流通期间＝1周。这样，资本I＝2 000镑是由1 600镑不变资本和400镑可变资本构成的；资本II＝500镑，其中400镑是不变资本，100镑是可变资本。在每一个劳动周内投入500镑资本。在一年50周内，生产出$50 \times 500 = 25\ 000$镑的年产品。因此，不断地在一个劳动期间使用的资本I＝2 000镑，每年周转$12\frac{1}{2}$次。$12\frac{1}{2} \times 2000 = 25\ 000$镑。在这25 000镑中，有$\frac{4}{5}=20\ 000$镑是投在生产资料上的不变资本，有$\frac{1}{5}=5\ 000$镑是投在工资上的可变资本。相反，总资本2 500镑则周转$\frac{25\ 000}{2\ 500}=$10次。

生产中耗费的可变流动资本，只有在它的价值借以再生产的产品已经卖出，已经由商品资本转化为货币资本，可以重新用来支付劳动力的报酬时，才能重新在流通过程中发生作用。投在生产中的不变流动资本（生产材料）——它的价值是作为产品的价值部分再现的——也是这样。这两部分——流动资本的可变部分和不变部分——的共同点，以及它们同固定资本的区别，不在于它们转移到产品中去的价值通过商品资本而流通，即通过作为商品的产品的流通而流通。产品的一部分价值，从而作为商品来流通的产品即商品资本的一部分价值，总是由固定资本的损耗构成的，即总是由固定资本在生产中转移到产品中去的那部分价值构成的。但是，区别在于：在流动资本（＝流动的不变资本＋流动的可变资本）若干周转期间的一个或长或短的周期中，固定资本继续以它的旧的使用形态在生产过程中执行职能；而每一次周转都要求补偿以商品资本形态从生产领域进入流通领域的全部流动资本。流通的第一阶段**W′—G′**，对于流动的不变资本和流动的可变资本是共同的。在第二阶段上，它们分开了。商品再转化成的货币的一部分转化为生产储备（流动的不变资本）。由于生产储备的各组成部分具有不同的购买期限，这些货币的一部分转化为生产材料可以早一些，另一部分则可以迟一些，但是，它们最终会全部转化为生产材料。由出售商品得到的货币的另一部分，则作为货币储备，以便逐渐支付并入生产过程的劳动力的报酬。这部分货币构成流动的可变资本。然而，这两部分中不论哪一部分，每次都要由资本的周转，即资本转化为产品，由产品转化为商品，由商品转化为货币的过程而全部得到补偿。正因为如此，所以我们在前一章撇开固定资本不说，而把流动资本——不变流动资本和可变流动资本——的周转分开和放在一起加以考察。

对于我们现在要研究的问题来说，我们必须更进一步，把流动资本的可变部分当做似乎是唯一的流动资本。这就是说，我们把和它一起周转的不变流动资本也撇开不说。

预付的是 2 500镑，年产品的价值＝25 000镑。但是流动资本的可变部分是500镑；因而，这25 000镑中包含的可变资本 $= \frac{25\ 000}{5} =$ 5 000镑。5 000除以500，得出周转10次，和总资本2 500镑的周转次数完全一样。

年产品的价值除以预付资本的价值，而不是除以这个资本中不断地在一个劳动期间使用的那部分价值（在这里，不是除以400，而是除以500，不是除以资本I，而是除以资本I＋资本II），这样一种平均计算法，在这里，在仅仅考察剩余价值的生产的场合是绝对精确的。以后我们会知道，从另一个观点来看，这种计算法并不是完全精确的，正如这种平均计算法一般来说并不是完全精确的一样。这就是说，这种计算法对于资本家的实际目的来说已经够精确了，但它还不能精确地或者适当地表现出周转的一切现实情况。

到目前为止，我们把商品资本的一部分价值，也就是商品资本中包含的、已经在生产过程中生产出来、并且已经并入产品的剩余价值完全撇开不说。现在，我们要把注意力放到这部分价值上面来。

假定每周投入的可变资本100镑生产100%的剩余价值＝100镑，那么，在5周的周转期间内投入的可变资本500镑，就会生产一个500镑的剩余价值，也就是说，工作日的一半是由剩余劳动构成的。

如果可变资本500镑产生500镑剩余价值，那么，5 000镑就生产 $10 \times 500 = 5\ 000$ 镑的剩余价值。但是，预付的可变资本是500镑。我们把一年内生产的剩余价值总额和预付可变资本的价值额之比，称为年剩余价值率。在当前考察的场合，年剩余价值率 $= \frac{5\ 000}{500} =$ 1 000%。我们进一步分析这个比率就会知道，年剩余价值率，等于预付可变资本在一个周转期间内生产的剩余价值率乘以可变资本的周转次数(它和全部流动资本的周转次数是一致的)。

在当前考察的场合,一个周转期间预付的可变资本=500镑;在这个周转期间内生产的剩余价值也=500镑。因此,一个周转期间的剩余价值率= $\frac{500m}{500v}$ =100%。这个100%乘以一年周转的次数10,得出 $\frac{5\,000m}{500v}$ =1 000%。

这里说的是年剩余价值率。至于一个已定的周转期间内取得的剩余价值量,那么,这个量等于这个期间内预付的可变资本价值(这里=500镑)乘以剩余价值率,在这里是 $500\times\frac{100}{100}=500\times1=500$ 镑。如果预付资本是1 500镑,在剩余价值率不变的情况下,剩余价值量就= $1\,500\times\frac{100}{100}=1\,500$ 镑。

这个一年内周转10次、一年内生产剩余价值5 000镑,从而年剩余价值率=1 000%的可变资本500镑,我们称为资本A。

现在,再假定有另一个可变资本B,是5 000镑,它为全年(这里就是为50周)而预付,因此一年只周转一次。其次,我们假定在年终时,产品会在它完成的那一天得到支付;就是说,产品要转化成的货币资本,会在它完成的那一天流回。在这里,流通期间=0,周转期间=劳动期间,即=1年。和上述的情形一样,每周都有100镑可变资本,因而50周会有5 000镑可变资本处在劳动过程中。又假定剩余价值率同样=100%,也就是说,在工作日长度不变时,有一半时间是由剩余劳动构成的。如果我们考察5周,那么,投入的可变资本=500镑,剩余价值率=100%,因此5周内生产的剩余价值量=500镑。在这里,按照假定,被剥削的劳动力的量和剥削程度,都恰好和资本A的被剥削的劳动力的量和剥削程度相等。

投入的可变资本100镑每周生产剩余价值100镑,从而50周内,投入的资本50×100=5 000镑,会生产剩余价值5 000镑。

每年生产的剩余价值量，和上述的场合一样是5 000镑，但是年剩余价值率完全不同。在这里，年剩余价值率等于一年内生产的剩余价值除以预付的可变资本：$\frac{5\ 000m}{5\ 000v}=100\%$，而在上述资本A的场合则＝1 000％。

在资本A和资本B的场合，我们每周都支出100镑可变资本；价值增殖程度或剩余价值率同样＝100％；可变资本量也同样＝100镑。被剥削的劳动力的数量一样；剥削量和剥削程度在两个场合也一样；工作日一样，并且以同一比例分为必要劳动和剩余劳动。一年内使用的可变资本额一样大，都＝5 000镑，它们推动着同量的劳动，并且从这两个等额资本推动的劳动力榨出同量的剩余价值5 000镑。但是，A的年剩余价值率和B的年剩余价值率的差额是900％。

这个现象当然会产生这样的印象：似乎剩余价值率不仅取决于可变资本所推动的劳动力的量和剥削程度，而且还取决于某些从流通过程中产生的无法说明的影响；这个现象实际上也是被人这样解释的，并且自从19世纪20年代初期以来——尽管不是在它的这个纯粹的形式上，而是在它的更复杂更隐蔽的形式（年利润率形式）上——，还使李嘉图学派陷入完全的混乱。

只要我们不仅在外表上，而且在实际上把资本A和资本B放在完全相同的条件下，这个现象的奇异之处就会立即消失。而只有可变资本B在和资本A相同的时间内被全部用于支付劳动力的报酬，这些相同的条件才会产生。

这时，资本B5 000镑就要在5周内投入，每周投入1 000镑，全年就是投入50 000镑。按照我们的假定，剩余价值也就＝50 000镑。周转资本＝50 000镑，除以预付资本＝5 000镑，得出周转次数＝10。剩余价值率＝$\frac{5\ 000m}{5\ 000v}$＝100%，乘以周转次数＝10，得出年剩余价值率＝$\frac{50\ 000m}{5\ 000v}$＝$\frac{10}{1}$＝1 000%。因此，A和B的年剩余价值率现在一样都是1 000%，但B的剩余价值量为50 000镑，A的剩余价值量为5 000镑，所生产的两个剩余价值量之比现在也和两个预付资本价值B和A之比一样，都是5 000∶500＝10∶1。然而，资本B也在同一时间内推动了10倍于资本A所推动的劳动力。

生产剩余价值的，只是劳动过程中实际使用的资本。一切有关剩余价值的规律，包括在剩余价值率已定时剩余价值量由可变资本相对量决定的规律，也只是适用于这种资本。[79]

劳动过程本身是用时间计量的。在工作日的长度已定时（在这里，我们为了清楚地说明年剩余价值率的差别，假定资本A和资本B的一切条件相等），一个劳动周就是由一定数量的工作日构成的。或者，在一个工作日＝10小时，一周＝6个工作日时，我们还可以把一个劳动期间，比如说，这里是一个5周的劳动期间，看成是一个300小时的工作日。但是这个数字还必须乘以每天在同一个劳动过程中一起雇用的工人人数。如果这个人数是10，一周就＝60×10＝600小时，5周的劳动期间＝600×5＝3 000小时。因此，在剩余价值率相等和工作日的长度相等时，只要同一时间内推动的劳动力的量（同等价格的一个劳动力乘以劳动力的人数）相等，所使用的可变资本量也相等。

我们回过来谈我们原来的例子。在A和B两个场合，每周等量的可变资本100镑在全年的每周中被使用。因此，在劳动过程中真正执行职能的所使用的可变资本是相等的，但是预付可变资本完全不等。对资本A来说，每5周预付500镑，每周使用其中的100镑。

对资本B来说，在第一个5周的期间要预付5 000镑，但是每周只使用其中的100镑，因而5周只使用500镑＝预付资本的$\frac{1}{10}$。在第二个5周的期间，要预付4 500镑，但是只使用了500镑，依此类推。为一定期间而预付的可变资本只是随着它实际进入那个期间内由劳动过程填满的阶段，随着它在劳动过程中实际执行职能而转化为所使用的可变资本，即实际执行职能和发挥作用的可变资本。在可变资本的一部分被预付，只是为了在以后时间被使用的这段间隔时间，这部分可变资本对劳动过程来说等于没有一样，因此，对价值和剩余价值的形成也没有影响。例如，资本A 500镑。它是为5周而预付的，但是每周只有100镑相继加入劳动过程。在第一周，使用了其中的$\frac{1}{5}$；$\frac{4}{5}$是预付的，但没有被使用，尽管它必须为以后4周的劳动过程储备好，因而必须预付。

在剩余价值率已定时，那些使预付的可变资本和使用的可变资本的比例发生变化的情况，只有在它们使一定期间（例如1周、5周等等）内实际能够使用的可变资本量发生变化时，才影响到剩余价值的生产。预付可变资本，只是在它被实际使用时，在它被实际使用的时间内，才作为可变资本执行职能；而在它没有被使用，仅仅被预付，充当储备的时间内，不作为可变资本执行职能。但是，一切会使预付的可变资本和使用的可变资本的比例发生变化的情况，总起来说，就是周转期间的差别（或者由劳动期间的差别决定，或者由流通期间的差别决定，或者由二者的差别决定）。剩余价值生产的规律是：在剩余价值率相等时，执行职能的等量可变资本生产等量的剩余价值。因此，如果资本A和资本B在相同的期间内，以相等的剩余价值率使用等量的可变资本，它们就一定会在相同的期间内生产等量的剩余价值，而不管在一定期间内使用的可变资本和在这同一期间内预付的可变资本的比例多么不同，也不管所生产的剩余价值量和预付的可变资本（不是和使用的可变资本）的比例多么不同。这种比例不同，不会和那些已经阐述的有关剩余价值生产的规律相矛盾，反而会证实这些规律，并且是这些规律的不可避免的结果。

我们考察一下资本B的第一个5周的生产阶段。在第5周末，有500镑被使用，被消耗了。价值产品＝1 000镑，因此剩余价值率＝$\frac{500m}{500v}$＝100%，和资本A完全一样。至于资本A的剩余价值和预付资本一同实现，而资本B的剩余价值却不和预付资本一同实现，这件事和我们这里的问题无关，因为我们这里的问题只是剩余价值的生产以及剩余价值和在它的生产期间内预付的可变资本的比率。但是，如果我们不是计算资本B的剩余价值和预付资本5 000镑中在这个剩余价值的生产中使用掉、因而消耗掉的部分的比率，而是计算它和这个全部预付资本的本身的比率，那么，我们就会得出$\frac{500m}{5\ 000v}=\frac{1}{10}=$10%。因此，对资本B来说是10%，而对资本A来说是100%，为前者的10倍。在这里，如果有人说，等量的资本推动着等量的劳动，劳动又以相同的比例分为有酬劳动和无酬劳动，而这些等量资本的剩余价值率却有这种差别，这是和剩余价值生产的规律相矛盾的，那么，回答很简单，看一看实际的比率就可以得出来：在A那里，所表示的是实际的剩余价值率，即在5周内可变资本500镑所生产的剩余价值和这个可变资本500镑的比率；在B那里则与此相反，所用的计算方法既和剩余价值的生产无关，也和与此相适应的剩余价值率的规定无关，因为用可变资本500镑生产出的剩余价值500镑，不是根据这个剩余价值的生产中预付的可变资本500镑来计算，而是根据一个5 000镑的资本来计算，这5 000镑中的$\frac{9}{10}$，即4 500镑，和这500镑剩余价值的生产完全无关，相反，只是要在以后的45周内才逐渐执行职能，因此，它对我们在这里仅仅考察的第一个5周内的生产来说，是根本不存在的。因此，在这个场合，A和B的剩余价值率的差别根本不成问题。

现在，我们比较一下资本B和资本A的年剩余价值率。对资本B来说，是$\frac{5\,000\text{m}}{5\,000\text{v}}=100\%$；对资本A来说，是$\frac{5\,000\text{m}}{500\text{v}}=1\,000\%$。两个剩余价值率之比还是和以前一样。原来是：

$\frac{\text{资本B的剩余价值率}}{\text{资本A的剩余价值率}}=\frac{10\%}{100\%}$，现在是：

$$\frac{\text{资本B的年剩余价值率}}{\text{资本A的年剩余价值率}}=\frac{100\%}{1\,000\%},$$

$\frac{10\%}{100\%}=\frac{100\%}{1\,000\%}$，所以，比例还是和以前一样。

可是，问题现在倒过来了。资本B的年率$\frac{5\,000\text{m}}{5\,000\text{v}}=100\%$，和我们已经知道的各种有关剩余价值生产以及与此相适应的剩余价值率的规律，完全没有什么不一致的地方，就是在外表上也没有什么不一致的地方。在一年之内预付并生产地消费的5 000v，生产了5 000m。所以，剩余价值率是上述的分数$\frac{5\,000\text{m}}{5\,000\text{v}}=100\%$。年剩余价值率和实际的剩余价值率是相一致的。因此，这一次和前面不同，不是资本B，而是资本A呈现出需要说明的变例。

在A的场合，年剩余价值率是$\frac{5\,000\text{m}}{500\text{v}}=1\,000\%$。在B的场合，500m这个5周的产物按预付资本5 000镑计算，这5 000镑中有$\frac{9}{10}$不是使用在它的生产上的；在A的场合，5 000m却按500v计算，这500v仅仅是5 000m的生产上实际使用的可变资本的$\frac{1}{10}$，因为5 000m是在50周内生产地消费的5 000镑可变资本的产物，而不是在一个5周内消费的500镑资本的产物。在B的场合，5周内生产的剩余价值按为50周而预付的资本计算，这个资本是5周内消费的资本的10倍。在A的场合，50周内生产的剩余价值却按为5

周而预付的资本计算，所以，这个资本不过是50周内消费的资本的 $\frac{1}{10}$。

500镑的资本A，从来不会超过为5周而预付。它会在5周末流回，能够在一年的进程中通过10次周转而10次更新同一个过程。由此得出如下两个结论：

第一，预付资本A，只是不断在每周的生产过程中使用的那部分资本的5倍。相反，资本B在50周内只周转一次，因此必须为50周而预付，它是不断在每周使用的那部分资本的50倍。因此，周转改变了为一年的生产过程而预付的资本和能够不断在一定生产期间例如一周内使用的资本之间的比例。因此，在B的场合，5周的剩余价值不是按这5周内使用的资本计算，而是按50周内使用的、为前者10倍的资本计算。

第二，资本A的5周的周转期间，仅仅是一年的 $\frac{1}{10}$，因此一年包含10个这样的周转期间，在这些周转期间，500镑的资本A会不断地被重新使用。在这个场合，所使用的资本，等于为5周而预付的资本乘以一年周转期间的数目。一年内所使用的资本 $= 500 \times 10 = 5\ 000$镑。一年内预付的资本，就 $= \frac{5\ 000}{10} = 500$镑。事实上，虽然500镑不断被重新使用，但为任何一个5周而预付的资本，从来都不过是同一个500镑。另一方面，就资本B来说，5周内固然只有500镑被使用，为这5周而预付。但是，由于周转期间在这里是50周，所以一年内所使用的资本，不是等于那个为5周而预付的资本，而是等于那个为50周而预付的资本。但是，在剩余价值率已定时，每年生产的剩余价值量，决定于一年内所使用的资本，而不是决定于一年内预付的资本。因此，每年周转一次的资本5 000镑的剩余价值量，不会大于每年周转10次的资本500镑的剩余价值量。它之所以如此，只是因为每年周转一次的资本本来就是每年周转10次的资本的10倍。

一年内周转的可变资本——从而和这部分资本相等的年产品部分或年支出部分——，就是一年内实际使用的、生产地消耗的可变资本。由此得出结论：如果一年内周转的可变资本A和一年内周转的可变资本B一样大，又在同一价值增殖条件下使用，因而二者的剩余价值率相等，那么，二者每年生产的剩余价值量也必然相等；因而——由于所使用的资本的量相等——，按年计算的剩余价值率，用$\frac{\text{一年内生产的剩余价值量}}{\text{一年内周转的可变资本}}$表示，也必然相等。或者概括地说：不管各周转的可变资本的相对量如何，它们各自在一年内生产的剩余价值的比率，总是由各该资本在各平均期间(例如，平均每周或每天)内提供的剩余价值率来决定的。

以上所述是根据生产剩余价值的规律和决定剩余价值率的规律所得出的唯一的结论。

现在，我们进一步看看$\frac{\text{一年内周转的资本}}{\text{预付资本}}$(我们已经讲过，我们在这里只是指可变资本)这个比率所表示的是什么。这个分数表示一年内预付的资本的周转次数。

就资本A来说：$\frac{\text{一年内周转的资本5 000镑}}{\text{预付资本500镑}}$；

就资本B来说：$\frac{\text{一年内周转的资本5 000镑}}{\text{预付资本5 000镑}}$。

在这两个比率上，分子都表示预付资本和周转**次数**的乘积，在A为500×10；在B为5 000×1。或者说，预付资本和按年计算的周转**时间**的倒数的乘积。对A来说，周转时间为$\frac{1}{10}$年，它的倒数为$\frac{10}{1}$年，所以$500\times\frac{10}{1}=5\ 000$。对B来说，则是$5\ 000\times\frac{1}{1}=5\ 000$。分母表示周转资本乘以周转**次数**的倒数;对A来说是$5\ 000\times\frac{1}{10}$;对B来说是$5\ 000\times\frac{1}{1}$。

两个在一年内周转的可变资本各自推动的劳动量(有酬劳动和无酬劳动之和)在这里是相等的,因为周转资本本身是相等的,它们的价值增殖率也是相等的。

一年内周转的可变资本和预付可变资本的比率表示出:1. 预付资本和一定劳动期间所使用的可变资本的比率。假定像在资本A的场合那样,周转次数=10,每年50周,周转时间就=5周。可变资本必须为这5周而预付;所以,为5周而预付的资本,必须是一周内所使用的可变资本的5倍。这就是说,在一周内,预付资本(在这里是500镑)只有$\frac{1}{5}$能被使用。但对资本B来说,周转次数=$\frac{1}{1}$,周转时间=1年=50周,所以预付资本和每周所使用的资本的比率是50∶1。如果资本B要和资本A处于同样的比率,它就必须每周投入1 000镑,而不是100镑。——2. 因此,资本B要使用资本A的10倍(5 000镑),才会推动等量的可变资本,也就是说,才会在剩余价值率已定时,推动等量的劳动(有酬劳动和无酬劳动),从而也会在一年内生产等量的剩余价值。实际的剩余价值率,不外表示一定期间所使用的可变资本和同一期间所生产的剩余价值的比率;或者说,表示这个期间使用的可变资本所推动的无酬劳动的量。这个实际的剩余价值率,与已经预付但还没有使用的那部分可变资本完全无关,因而也与一定期间内预付的资本部分和同一期间内所使用的资本部分的比率——这个比率对不同的资本来说会由于周转期间不同而有所变化和有所差别——完全无关。

相反,从以上的阐述中可以得出:年剩余价值率只有在这样一个唯一的场合，才会和实际的表示劳动剥削程度的剩余价值率相一致。这个场合就是：预付资本每年只周转一次，因此，预付资本和一年内周转的资本相等，一年内生产的剩余价值量和一年内为生产这个剩余价值量而使用的资本的比率，同一年内生产的剩余价值量和一年内预付的资本的比率相一致，相符合。

A. 年剩余价值率等于$\frac{\text{一年内生产的剩余价值量}}{\text{预付可变资本}}$。但一年内生产的剩余价值量，等于实际剩余价值率乘以剩余价值生产上所使用的可变资本。年剩余价值量生产上所使用的资本，等于预付资本乘以它的周转次数。我们把周转次数称为n。公式A就转化为：

B. 年剩余价值率等于$\frac{\text{实际剩余价值率} \times \text{预付可变资本} \times n}{\text{预付可变资本}}$。例如，资本B的年剩余价值率 = $\frac{100\% \times 5\ 000 \times 1}{5\ 000}$ 或100%。只有在n = 1时，即在预付可变资本每年只周转一次，从而和一年内使用或周转的资本相等时，年剩余价值率才和实际的剩余价值率相等。

我们称年剩余价值率为M′，实际剩余价值率为m′，预付可变资本为v，周转次数为n，则$M' = \frac{m'vn}{v} = m'n$；从而$M' = m'n$，在n = 1时，M′只是 = m′，即$M' = m' \times 1 = m'$。

其次，可以得出：年剩余价值率总是 = m′n，也就是等于一个周转期间内消耗的可变资本在这个周转期间内所生产的剩余价值的实际比率，乘以这个可变资本在一年内周转的次数，或（这是同一回事）乘以它的以年为单位计算的周转**时间**的倒数。（假定可变资本每年周转10次，它的周转时间 = $\frac{1}{10}$年，周转时间的倒数就 = $\frac{10}{1}$ = 10。）

再次，可以得出：在n = 1时，M′ = m′。在n>1时，也就是说，在预付资本一年周转一次以上，或周转资本大于预付资本时，M′就大于m′。

最后，在n＜1时，也就是说，在一年内周转的资本只是预付资本的一部分，周转期间超过一年时，M′就小于m′。

让我们考察一下最后这个情况。

我们保持上例的所有前提，只是假定周转期间延长到55周。劳动过程每周需要有100镑可变资本，因此一个周转期间需要有5 500镑，每周生产100m；所以，m′和以前一样是100%。周转次数n在这里＝$\frac{50}{55}=\frac{10}{11}$，因为周转时间为$1+\frac{1}{10}$年（假定一年为50周）＝$\frac{11}{10}$年。

$$M' = \frac{100\% \times 5\ 500 \times \frac{10}{11}}{5\ 500} = 100 \times \frac{10}{11} = \frac{1\ 000}{11} = 90\frac{10}{11}\%$$，即小于100%。实际上，如果年剩余价值率是100%，那么，5 500v就必须在一年内生产5 500m，而为此需要$\frac{11}{10}$年的时间。5 500v在一年内只生产5 000m；因此，年剩余价值率＝$\frac{5\ 000m}{5\ 500v}=\frac{10}{11}=90\frac{10}{11}\%$。

可见，年剩余价值率，或一年内生产的剩余价值和全部**预付**可变资本（和一年内**周转**的可变资本不同）的对比，决不是单纯主观的对比，这种对比是资本的现实运动本身所引起的。对资本A的所有者来说，年终流回了他预付的可变资本＝500镑，此外，还得到了剩余价值5 000镑。他的预付资本的量，不是用他在一年内所使用的资本量来表示，而是用周期地流回到他手里的资本量来表示。不管资本年终一部分是作为生产储备存在，一部分是作为商品资本或货币资本存在，不管资本又按什么比例分为这些部分，都和我们当前的问题无关。对资本B的所有者来说，流回了他的预付资本5 000镑，并且加上5 000镑的剩余价值。对资本C（即最后考察的5 500镑）的所有者来说，一年内生产了5 000镑剩余价值（投资为5 000镑，剩余价值率为100%），但是，他的预付资本年终还没有流回，它所生产的剩余价值年终也还没有流回。

M′＝m′n表示，对在一个周转期间内所使用的可变资本适用的剩余价值率，即$\frac{\text{一个周转期间内生产的剩余价值量}}{\text{一个周转期间内所使用的可变资本}}$，要乘以预付可变资本的周转期间或再生产期间的数目，或者说，要乘以可变资本更新它的循环的期间的数目。

我们先在第一册第四章（货币转化为资本），后在第一册第二十一章（简单再生产）讲过，资本价值总是预付的，而不是花掉的，因为这种价值通过它的循环的各个不同阶段以后，会再回到它的出发点，而且由于剩余价值而增多。这表明资本价值是预付的。从它的出发点到它的复归点所经历的时间，就是它的预付时间。资本价值经过的、用它从预付到流回的时间计算的整个循环，形成资本价值的周转，而这个周转所经历的时间形成一个周转期间。如果这个期间终止，循环结束，那么，同一个资本价值就能重新开始相同的循环，因而也能重新增殖价值，即生产剩余价值。如果可变资本，像资本A一样，在一年内周转10次，那么，同一个预付资本在一年的进程中生产的剩余价值，就会是和一个周转期间相当的剩余价值量的10倍。

我们必须从资本主义社会的角度来说明这种预付的性质。

一年内周转10次的资本A，在一年内预付了10次。它对每一个新的周转期间来说，都是重新预付的。但是同时，资本A在一年内预付的从来不过是这同一个资本价值500镑，在我们考察的生产过程中，资本A实际上支配的从来不过是这个500镑。一旦这500镑完成了一个循环，A就用它重新开始同样的循环，就像资本按照它的本性要保持资本特征，就只有不断地作为资本在反复的生产过程中执行职能一样。它从来不过是为5周而预付。如果周转延长了，资本就会不够。如果周转缩短了，一部分资本就会多余。这并不是预付10个500镑的资本，而是**一个**500镑的资本在相继的一段一段期间内预付10次。因此，年剩余价值率不是按一个预付10次的资本500镑或5 000镑计算，而是按一个预付一次的资本500镑计算。这就好像一个塔勒流通了10次，虽然它起了10个塔勒的作用，但它始终只是处在流通中的一塔勒。它经过每次转手，到人手里仍旧是同一个一塔勒价值。

同样，资本A每一次流回时，甚至年终流回时，也表示它的所有者使用的始终只是同一个500镑的资本价值。因而，每次流回到他手里的，也只是500镑。所以，它的预付资本从来不会多于500镑。因此，预付资本500镑在表示年剩余价值率的分数中就成了分母。为此我们有了上面的公式：$M' = \frac{m'vn}{v} = m'n$。因为实际剩余价值率$m' = \frac{m}{v}$，等于剩余价值量除以生产这个剩余价值量的可变资本，所以我们可以用m'的值即$\frac{m}{v}$代替$m'n$中的m'，而得出另一个公式：$M' = \frac{mn}{v}$。

这个500镑的资本，由于周转了10次，因而它的预付已经更新了10次，所以已经起了一个相当于它的10倍的资本即5 000镑资本的作用。这就好像一年流通10次的500个塔勒，和每年仅仅流通一次的5 000个塔勒起着相同的作用一样。

II. 单个可变资本的周转

“不管生产过程的社会的形式怎样，生产过程必须是连续不断的，或者说，必须周而复始地经过同样一些阶段……　因此，每一个社会生产过程，从经常的联系和它不断更新来看，同时也就是再生产过程……　剩余价值作为资本价值的周期增加额或处在过程中的资本的周期果实，取得了来源于资本的**收入**的形式。”（第一册第二十一章第588、589页[80]）

在我们的例子中，资本A有10个5周的周转期间。在第一个周转期间，预付500镑可变资本；也就是说，每周有100镑转化为劳动力，所以在第一个周转期间结束时，就有500镑耗费在劳动力上面。这500镑原来是全部预付资本的一部分，现在不再是资本了。它们已经以工资形式付出。工人又把它们付出去，以购买他们的生活资料，从而消费了价值500镑的生活资料。因此，这样一个价值额的商品量消失了（工人例如以货币等形式节省下来的东西，也不是资本）。这个商品量对工人来说，是非生产地消费的，不过它会把工人的劳动力，即资本家不可缺少的一个工具，保持在能够发挥作用的状态中。——其次，这500镑对资本家来说，已经转化为同一价值（或价格）的劳动力。劳动力被他生产地消费在劳动过程中，而在5周末就有了一个1 000镑的价值产品。其中一半（500镑）是为支付劳动力的报酬而耗费的可变资本的再生产价值。另一半（500镑）是新生产的剩余价值。但是5周的劳动力——资本的一部分由于转化为劳动力而转化为可变资本——也耗费了，消费掉了，不过是生产地消费掉的。昨天发挥了作用的劳动并不是今天发挥作用的劳动。它的价值，加上它创造的剩余价值，现在是作为一种和劳动力本身不同的东西即产品的价值而存在的。但是，由于产品转化为货币，其中和预付可变资本价值相等的那部分价值就可以重新转化为劳动力，因而可以重新作为可变资本来执行职能。用那种不仅是再生产出来的、而且是再转化为货币形式的资本价值是否雇用同一些工人，即同一些劳动力的承担者，这种情况是无关紧要的。资本家可能在第二个周转期间不雇用原先的工人，而雇用新工人。

因此，事实上在10个5周的周转期间内依次耗费在工资上的资本，不是500镑，而是5 000镑。这种工资再由工人耗费在生活资料上。这样预付的资本5 000镑被消费了。它不再存在了。另一方面，依次并入生产过程中的劳动力，也不是价值500镑，而是价值5 000镑。它不仅再生产它本身的价值＝5 000镑，而且超额生产剩余价值5 000镑。第二个周转期间预付的可变资本500镑和第一个周转期间预付的可变资本500镑，不是同一个500镑的资本。第一个周转期间预付的可变资本消费掉了，花费在工资上了。但是，它由一个新的可变资本500镑得到**补偿**，这个可变资本在第一个周转期间内是以商品形式生产出来并且再转化为货币形式的。因此，这个新的货币资本500镑，是在第一个周转期间内新生产的商品量的货币形式。资本家手中又有了一个相同的货币额500镑，也就是说，除了剩余价值以外，他手中又有了一笔和他原来预付的货币资本正好一样多的货币资本，这种情况掩盖了他使用一个新生产的资本的事实（至于商品资本中补偿不变资本部分的其他价值组成部分，那么，它们的价值不是新生产的，而只是这个价值借以存在的形式发生了变化）。——再说第三个周转期间。显而易见，第三次预付的资本500镑，也不是旧的资本，而是一个新生产的资本，因为它是在第二个周转期间内而不是在第一个周转期间内生产的一个商品量的货币形式，即这个商品量中价值和预付可变资本的价值相等的那部分商品量的货币形式。第一个周转期间内生产的商品量已经出售。其中和预付资本可变价值部分相等的价值部分，已经转化为第二个周转期间的新的劳动力，生产了一个新的商品量，这个商品量再次出售，其中一部分价值形成第三个周转期间的预付资本500镑。

在10个周转期间内，情况就是这样。在10个周转期间内，每5周都有一个新生产的商品量(其价值只要是补偿可变资本的，都是新生产的，而不是像不变流动资本部分那样只是再现的)投入市场，以便不断地把新的劳动力并入生产过程。

因此，预付可变资本500镑周转10次达到的结果，不是这个500镑的资本可以生产地消费10次，就是说，不是一个够5周使用的可变资本可以在50周内使用。相反，在这50周内，使用了10×500镑的可变资本，而500镑的资本总是只够5周使用，在5周结束以后，必须有一个新生产的资本500镑来补偿。以上所述，对资本A和资本B是同样适用的。但是，区别就从这里开始。

在第一个5周期间结束时，B和A都预付了并且耗费了可变资本500镑。B和A都把这个可变资本的价值转化为劳动力，并且用这个劳动力新生产的产品价值中与预付可变资本价值500镑相等的部分来补偿这个可变资本的价值。对B和对A来说，劳动力不仅以一个等额的新价值补偿了所耗费的可变资本500镑的价值，而且还加上了一个剩余价值，按照假定是一个数量同样大的剩余价值。

但是，在B的场合，补偿预付可变资本并把剩余价值加到它的价值上的价值产品，不是处在能够重新作为生产资本或可变资本来执行职能的形式上。对A来说，这个价值产品却是处在这种形式上。B在第一个5周内，随后又依次在每5周内耗费的可变资本，虽然由新生产的价值加上剩余价值得到了补偿，但是不到年终，不会具有能够重新作为生产资本或可变资本来执行职能的形式。它的**价值**确实以一个新的价值补偿了，即更新了，但是，它的价值**形式**(在这里，是指绝对的价值形式，它的货币形式)并没有更新。

因此，必须像为第一个期间一样也为第二个5周的期间（并且一年内依次的每个5周的期间都是这样）准备好下一个500镑。因此，撇开信用关系不说，必须在年初就准备好5 000镑作为潜在的预付货币资本，虽然这5 000镑实际上在一年内是逐渐耗费、转化为劳动力的。

相反，在A的场合，因为预付资本的循环或周转已经完成，所以补偿价值在第一个5周结束时，已经处于能够在5周内推动新的劳动力的形式，即处于它原来的货币形式。

在A和B的场合，在第二个5周的期间都要消耗新的劳动力，并且都要为支付这种劳动力的报酬而耗费一个新的资本500镑。用第一个500镑支付的工人的生活资料已经用掉了，无论如何，它的价值因此就从资本家手中消失了。现在是用第二个500镑来购买新的劳动力，来从市场上取出新的生活资料。总之，耗费的是一个新的资本500镑，而不是旧的500镑。但是，在A的场合，这个新的资本500镑是为补偿以前耗费的500镑而重新生产出来的价值的货币形式。在B的场合，这个补偿价值却是处在不能作为可变资本来执行职能的形式上。这个补偿价值已经存在，但不是处在可变资本的形式上。因此，要使下一个5周的生产过程继续进行，就必须有500镑追加资本处在这里必不可少的货币形式上，并且预付下去。所以，A和B在50周内耗费了同样多的可变资本，支付了同样多的劳动力的报酬，消耗了同样多的劳动力。但是，B必须用一个等于劳动力的总价值即5 000镑的预付资本来支付劳动力的报酬。A却可以依次以每个5周内生产出来的、用于补偿每个5周内的预付资本500镑的价值的不断更新的货币形式来支付劳动力的报酬。因此，在这里预付的货币资本，决不会大于为5周而预付的货币资本，也就是说，从来不会大于为最初5周而预付的500镑。这500镑足够全年使用。因此，很清楚，在劳动剥削程度相等，实际剩余价值率相等时，A和B的年剩余价值率必然和它们一年内为推动同量劳动力而必须预付的可变货币资本的量成反比。A是$\frac{5\ 000m}{500v}=1000\%$，B是$\frac{5\ 000m}{5\ 000v}=100\%$。但是，$500v:5\ 000v=1:10=100\%:1\ 000\%$。

区别来自周转期间的差别，即补偿一定期间所使用的可变资本的价值能重新作为资本，从而作为新的资本来执行职能的期间的差别。在A和B的场合，补偿同一期间内所使用的可变资本的价值相同。同一期间内剩余价值的增加量也相同。但是，在B的场合，虽然每5周都有500镑补偿价值，加上500镑剩余价值，然而这种补偿价值尚未形成新的资本，因为它不是处在货币形式上。在A的场合，旧资本价值不仅由新资本价值得到补偿，而且它还恢复了它的货币形式，因而在可以执行职能的新资本的形式上得到补偿。

补偿价值转化为货币，从而转化为可变资本的预付形式的迟早不同，显然是一件和剩余价值的生产本身完全无关的事情。剩余价值的生产，取决于所使用的可变资本的量和劳动剥削程度。但是，这件事情会影响为在一年内推动一定量劳动力所必须预付的货币资本的量，因而，会决定年剩余价值率。

III. 从社会的角度考察的可变资本的周转

现在我们从社会的观点来考察一下这个问题。假定一个工人每周需费一镑，工作日＝10小时。A和B一年内都雇用100个工人

（100个工人每周需费100镑，5周就需费500镑，50周就需费5 000镑），每一个工人在每周的6天中劳动60小时。因此，100个工人每周劳动6 000小时，在50周内劳动300 000小时。这个劳动力已经由A和B一手占有，因此不能再由社会用在别的目的上。因此，就这方面来说，从社会的观点来看，A和B的情况相同。其次，A和B的各100个工人每年都得到工资5 000镑（200个工人合计得10 000镑），并且从社会取走相当于这笔金额的生活资料。就这方面来说，从社会的观点来看，A和B的情况又相同。由于工人在两个场合都是每周得到报酬，所以他们都是每周从社会取走生活资料，为此，他们在两个场合也都是每周把货币等价物投入流通。但是，区别就是从这里开始的。

第一，A的工人投入流通的货币，不像B的工人那样，只是他的劳动力的价值的货币形式（实际上是对已经完成的劳动的支付手段）；从开业后的第二个周转期间起，它已经是**工人本身**在第一个周转期间生产的**价值产品**（＝劳动力的价格加上剩余价值）的货币形式，工人在第二个周转期间的劳动的报酬就是用这个价值产品来支付的。而B却不是这样。从工人方面来说，在这里，货币虽然是他的已经完成的劳动的支付手段，但是这个已经完成的劳动的报酬，不是用这个劳动本身的已经转化为货币的价值产品（这个劳动本身所生产的价值的货币形式）来支付。这种情况要到第二年才会发生，那时，B的工人的报酬才用他自己前一年的已经转化为货币的价值产品来支付。

资本的周转期间越短——从而它的再生产期间在一年内更新的间隔时间越短——，资本家原来以货币形式预付的可变资本部分就越迅速地转化为工人为补偿这个可变资本而创造的价值产品（此外，还包括剩余价值）的货币形式，资本家必须从他个人的基金中预付货币的时间就越短，他预付的资本，和一定的生产规模相比，就越少；在剩余价值率已定时，他在一年内榨取的剩余价值量也就相应地越大，因为他可以越是多次地用工人自己创造的价值产品的货币形式来不断重新购买工人，并且推动他的劳动。

在生产规模已定时，预付的可变货币资本（以及全部流动资本）的绝对量，按照周转期间缩短的比例而减少，年剩余价值率则按照这个比例而提高。在预付资本的量已定时，生产规模会随着再生产期间的缩短所造成的年剩余价值率的提高而同时扩大，因而，在剩余价值率已定时，一个周转期间内生产的剩余价值的绝对量，会随着年剩余价值率的这种提高而同时增加。总的说来，根据以上的研究可以得出：由于周转期间长短不同，在劳动剥削程度相等时，为了推动同量的生产流动资本和同量的劳动而必须预付的货币资本量是极不相同的。

第二——这和第一点区别有联系——，B的工人和A的工人一样，也是用那个在他手中变成流通手段的可变资本，来支付他所购买的生活资料的费用的。例如，他不仅从市场上取走小麦，而且也用一个货币形式的等价物来补偿小麦。但是，和A的工人不同，B的工人用来支付并从市场上取走生活资料的货币，不是他在这一年内投入市场的价值产品的货币形式，因此，他虽然对生活资料的卖者提供货币，但是，没有提供任何可供后者用得到的货币购买的商品——不管是生产资料，还是生活资料，相反，A的工人却提供了商品。因此，在B的场合，从市场上取走了劳动力，取走了这种劳动力的生活资料，取走了B所使用的劳动资料形式的固定资本以及生产材料，而把货币等价物作为它们的补偿投入市场；但是，在一年内没有把任何产品投入市场，来补偿从市场上取走的生产资本的各种物质要素。如果我们设想一个社会不是资本主义社会，而是共产主义社会，那么首先，货币资本会完全消失，因而，货币资本所引起的交易上的伪装也会消失。问题就简单地归结为：社会必须预先计算好，能把多少劳动、生产资料和生活资料用在这样一些产业部门而不致受任何损害，这些部门，如铁路建设，在一年或一年以上的较长时间内不提供任何生产资料和生活资料，不提供任何有用效果，但会从全年总生产中取走劳动、生产资料和生活资料。相反，在资本主义社会，社会的理智总是事后才起作用，因此可能并且必然会不断发生巨大的紊乱。一方面，货币市场受到压力，反过来，货币市场的缓和又造成大批这样的企业的产生，也就是造成那些后来对货币市场产生压力的条件。货币市场受到压力，是因为在这里不断需要大规模地长期预付货币资本。这里完全撇开不说产业家和商人会把他们经营企业所必需的货币资本投入铁路投机事业等等，并通过在货币市场上借贷来补偿这种货币资本。——另一方面，社会的可供支配的生产资本受到压力。因为生产资本的要素不断地从市场上被取走，而投入市场来代替它们的只是货币等价物，所以，有支付能力的需求将会增加，而这种需求本身不会提供任何供给要素。因此，生活资料和生产材料的价格都会上涨。此外，这个时候，通常是欺诈盛行，资本会发生大规模转移。投机家、承包人、工程师、律师等一伙人，会发财致富。他们引起市场上强烈的消费需求，同时工资也会提高。至于食品，那么，农业当然也会因此受到刺激。但是，因为这些食品不能在一年内突然增多，所以它们的输入，像一般外国食品（咖啡、砂糖、葡萄酒）和奢侈品的输入一样，将会增加。因此，在进口业的这个部分，就会发生输入过剩和投机。另一方面，在那些生产可以急剧增长的产业部门

（真正的制造业、采矿业等等），由于价格的提高，会发生突然的扩大，随即发生崩溃。这同样会影响到劳动市场，以致把大量潜在的相对过剩人口，甚至已经就业的工人，吸引到新的产业部门中去。一般说来，像铁路建设那样大规模的企业，会从劳动市场上取走一定数量的劳动力，这种劳动力的来源仅仅是某些只使用壮工的部门（如农业等等）。甚至在新企业已经成为稳定的生产部门以后，从而，在它所需要的流动的工人阶级已经形成以后，这种现象还会发生。例如，在铁路建设的规模突然比平均规模大时，情况就是这样。工人后备军——这种后备军的压力使工资保持较低的水平——有一部分被吸收了。现在工资普遍上涨，甚至劳动市场上就业情况一直不错的部分也是这样。这个现象会持续一段时间，直到不可避免的崩溃再把工人后备军游离出来，再把工资压低到最低限度，甚至压低到这个限度以下。(32)

周转期间的长短，就它取决于真正的劳动期间，即完成可进入市场的产品所必要的期间而言，是以不同投资的各自物质生产条件为基础的。这些条件，在农业上，更多地具有生产的自然条件的性质，在制造业和绝大部分采掘业上，是随着生产过程本身的社会发展而

---

(32)手稿上，这里插入了下面这个准备以后加以阐述的注："资本主义生产方式中的矛盾：工人作为商品的买者，对于市场来说是重要的。但是作为他们的商品——劳动力——的卖者，资本主义社会的趋势是把它的价格限制在最低限度。——还有一个矛盾：资本主义生产全力扩张的时期，通常就是生产过剩的时期；因为生产能力从来没有能使用到这个程度，以致它不仅能够生产更多的价值，而且还能把它实现。商品的出售，商品资本的实现，从而剩余价值的实现，不是受一般社会的消费需求的限制，而是受大多数人总是处于贫困状态、而且必然总是处于贫困状态的那种社会的消费需求的限制。但是，这个问题只是属于下一篇的范围。"

变化的。

劳动期间的长短，就它以供应数量（产品作为商品通常投入市场的数量的多少）作为基础而言，具有习惯的性质。但是习惯本身也以生产规模作为物质基础，因此，只有在个别考察时才具有偶然性。

最后，周转期间的长短，就它取决于流通期间的长短而言，部分地要受到下列情况的限制：市场行情的不断变化，出售的难易程度以及由此引起的把产品一部分投入较近或较远的市场的必要性。撇开需求量本身不说，价格的运动在这里起着主要的作用，因为在价格降低时，出售会有意识地受到限制，而生产会继续进行；反之，在价格提高时，生产和出售可以齐步前进，或者出售可以预先进行。但是，由生产地点到销售市场的实际距离，必须看做是真正的物质基础。

例如，英国的棉纺织品或棉纱要卖给印度。假定出口商人把钱付给英国棉纺织厂主。（出口商人要在货币市场情况良好时，才愿意这样做。如果工厂主自己要靠贷款来补偿他的货币资本，情况就已经不妙了。）出口商人后来在印度市场上出售他的棉纺织品，他的预付资本则从印度市场汇回。在流回之前，事情就同在劳动期间延长的场合下，要使生产过程按已有规模继续进行，就需要预付新的货币资本完全一样。工厂主用来付给他的工人的报酬以及更新他的流动资本的其他要素的货币资本，不是他所生产的棉纱的货币形式。只有在这个棉纱的价值已经以货币或产品的形式流回英国时，情况才能是这样。这种货币资本同上述场合一样是追加的货币资本。区别不过在于：预付这种追加货币资本的，不是工厂主，而是商人，并且商人或许也是靠贷款得到这种追加货币资本的。同样，在这个货币投入市场以前或与此同时，不会有追加产品投入英国市场，可以让人们用这个货币去购买并进入生产消费或个人消费。所以，如果这种状态持续时间较长，规模较大，它就一定会和上述劳动期间的延长引起一样的结果。

然而，棉纱可能在印度再赊卖出去。以此在印度赊购产品，作为回头货运回英国，或把一张金额相当的汇票汇回英国。只要这种状态延续下去，就会对印度的货币市场造成一种压力，而对英国的反作用可能在英国引起一次危机。这种危机，即使在它伴随着向印度输出贵金属的情况下，也会在印度引起一次新的危机，因为曾经从印度的银行取得贷款的英国商行和它们的印度分行会陷于破产。因此，出现贸易**逆差**的市场和出现贸易**顺差**的市场会同时发生危机。这种现象还可以更加复杂化。例如，英国把银块送往印度，但是，印度的英国债权人现在会在印度索债，于是印度随后不久又要把它的银块送回英国。

向印度的出口贸易和从印度的进口贸易大致平衡是可能的，虽然后者（除了棉花涨价这一类特殊情况）的规模是由前者决定的，并受前者刺激的。英国和印度之间的贸易差额，可以看起来是平衡的，或者只是显出偏向这方或那方的微小的摆动。但是，危机一旦在英国爆发，就可以看到没有卖出去的棉纺织品堆积在印度（就是商品资本没有转化为货币资本，从这方面说，也就是生产过剩）；另一方面，在英国，不仅堆积着没有卖出去的印度产品的存货，而且大部分已经卖出、已经消费的存货还丝毫没有得到货款。因此，在货币市场上作为危机表现出来的，实际上不过是表现生产过程和再生产过程本身的失常。

第三，至于所使用的流动资本本身（可变流动资本和不变流动资本），由劳动期间的长短引起的周转期间的长短，会产生这种区别：在一年周转多次的场合，可变流动资本或不变流动资本的一个要素可以由它本身的产品来提供，例如煤炭生产，服装业等等。在不是这样的场合，就不能这样，至少在一年内不能这样。

第十七章
剩余价值的流通

以上我们知道，即使一年内生产的剩余价值量相等，周转期间的差别也会引起年剩余价值率的差别。

但是，剩余价值的资本化，**积累**，必然又会有差别，因而在剩余价值率不变的场合，一年内生产的剩余价值量也必然会有差别。

我们首先要指出，资本A(用前一章的例子)有一个经常的周期的收入，因此，除了企业开始的那一个周转期间以外，它自己一年内的消费，是靠它的剩余价值的生产偿付的，而不是由自己的基金预付的。相反，在B的场合，却由自己的基金预付。虽然B在同一期间生产的剩余价值和A相等，但是，这个剩余价值还没有实现，因此，既不能用于个人消费，也不能用于生产消费。就个人消费来说，已预期到靠剩余价值来偿付。这方面的基金必须预付。

不容易分类的那部分生产资本，即为固定资本的维修所必需的追加资本，现在也可以得到新的说明。

对A来说，这部分资本——全部或大部分——不是在生产开始时预付的。它无须资本家拥有，甚至不存在也行。它通过剩余价值直接转化为资本，即直接作为资本来使用，而由企业本身产生。在一年之内不仅周期地产生而且周期地实现的剩余价值的一部分，可以偿付维修等等必要的支出。因此，按原有规模经营企业所必需的一部分资本，就在营业中，通过一部分剩余价值的资本化，由企业本身产生出来。这对资本家B来说是不可能的。对他来说，上述资本部分必须是原预付资本的一部分。在A和B两个场合，这部分资本在资本家的账簿上都作为预付资本出现。它确实也是预付资本，因为按照我们的假定，它是按一定规模经营企业所必需的一部分生产资本。但是，这部分资本究竟用什么样的基金预付，会有巨大的区别。对B来说，它实际上是原预付资本或者所支配的资本的一部分。而对A来说，它却是作为资本使用的剩余价值的一部分。这后一种情况告诉我们，不仅积累的资本，而且连一部分原预付资本，也可以仅仅是资本化的剩余价值。

一旦信用介入其间发展起来，原预付资本和资本化的剩余价值的关系就更加复杂。例如，A向银行家C借进来开办企业或者在一年内经营企业所需要的一部分生产资本。他一开始就没有充足的自有资本来经营企业。银行家C贷给他一笔款子，这笔款子不过是产业家D、E、F等等储蓄在他的银行里的剩余价值。从A的观点看，这还不是积累的资本。但对D、E、F等等来说，A实际上无非是一个把他们占有的剩余价值资本化的代理人罢了。

我们已经在第一册第二十二章看到，积累，剩余价值转化为资本，按其实际内容来说，就是规模扩大的再生产过程，而不论这种扩大是从外延方面表现为在旧工厂之外添设新工厂，还是从内涵方面表现为扩充原有的生产规模。

生产规模的扩大可以小部分地进行，如使用一部分剩余价值来从事改良，这种改良或者只是提高所使用劳动的生产力，或者同时使对劳动的剥削得以加强。或者，在工作日不受法律限制的地方，只要追加支出流动资本(在生产材料和工资上面),就足以扩大生产规模,而不需要增加固定资本;这样,固定资本每天使用的时间只是延长了,而它的周转期间则相应地缩短了。或者,在市场行情好的时候,有了资本化的剩余价值,就可以在原料上进行投机,干各种靠原预付资本所干不了的事情,等等。

但是很清楚,在周转期间的数目增加,引起剩余价值在一年内更加频繁地实现的地方,就会出现这样的时期,这时既不能延长工作日,也不能进行个别改良;另一方面,整个企业的按比例的扩大,只有在一定的、相当有限的范围内才有可能,这部分地是由于需要增加企业的整个设备,如建筑物,部分地是由于需要扩大耕地,如农业;此外,还必须有大量的追加资本,而这种追加资本只有靠剩余价值的多年积累才能取得。

因此,除了实际的积累或者剩余价值向生产资本的转化(以及与此相适应的规模扩大的再生产)以外,还进行着货币积累,即把一部分剩余价值作为潜在的货币资本积攒起来,这部分货币资本只是在后来达到一定数量时,才会作为追加的能动的资本执行职能。

从单个资本家的观点看来,情况就是如此。但是,随着资本主义生产的发展,信用制度也同时发展起来。资本家还不能在自己的企业中使用的货币资本,会被别人使用,而他从别人那里得到利息。对他来说,这种货币资本是作为特殊意义上的货币资本,也就是作为一种与生产资本不同的资本执行着职能。但是它在别人手里却作为资本起作用。很明显,当剩余价值的实现更加频繁,剩余价值生产的规模更加扩大时,新的货币资本即作为资本的货币投入货币市场的比例也会增加,其中至少有一大部分会重新被吸收来扩大生产。

这种追加的潜在货币资本所能采取的最简单的形式,是贮藏货币的形式。这种贮藏货币可能是在与贵金属出产国直接或间接进行交换时得到的追加的金或银。只有用这种方法，一个国家的贮藏货币才可以绝对地增加。另一方面，这种贮藏货币可能只是——这是多数情况——从国内流通中取出的、在单个资本家手里已取得贮藏货币形式的货币。这种潜在的货币资本还可能只是价值符号——这里我们还是撇开信用货币不说——，或者只是由法定证件确认的资本家对第三者的索取权（法律证书）。在所有这些场合，不管这种追加货币资本以什么样的形式存在，只要它是未来的资本，它就是资本家对社会未来的追加的年生产所持有的追加的和备用的法律证书。

“实际积累的财富的总量，从它的数量来看……同它所属的社会的生产力比较，不管这种社会的文明程度如何，是完全微不足道的；甚至只是同这个社会的仅仅几年的实际消费来比较，也是如此，所以，立法者和政治经济学家的主要注意力应该放在生产力以及它们未来的自由发展方面，而不应该像以前那样，放在那种引人注目的单纯的积累的财富方面。在所谓的积累的财富中，有很大一部分只是名义上的财富，它不是实物，如船舶、房屋、棉制品、土壤改良设施，而只是法律证书，对社会未来的年生产力的索取权，即在不安全的措施或制度下产生并且永久化的法律证书……　这些东西〈物质东西的积累或实际财富〉只是用做手段，让它们的所有者去占有那些要由社会未来的生产力去创造的财富，但由于分配的自然规律的作用，不用任何暴力，就会使他们逐渐不能利用这种手段。如果借助于合作劳动，那就会在几年内使他们不能利用这种手段。”（威廉·汤普森《财富分配原理的研究》1850年伦敦版第453页。——该书于1824年第一次出版。）

“社会的实际积累，同人类的生产力相比，甚至同一代人在仅仅几年内的日常消费相比，无论就数量或作用来说，都占极小的比例。人们很少注意这一点，大多数人甚至从来没有想到这一点。理由很清楚，但是影响极为有害。每年耗费的财富，因使用而消失了；它只是暂时出现在我们眼前，只在人们享受它或者消费它的时候，才给人留下印象。只是慢慢地耗费掉的那部分财富，家具、机器、建筑物，却从我们的童年到我们的老年，一直出现在我们眼前，是人类努力的永久纪念碑。由于占有了公共财富中这个固定的、耐久的而只是慢慢地耗费的部分——土地和原料（人们在它上面劳动），工具（人们用它来劳动），房屋（人们劳动时可以有所遮蔽），——这些物品的所有者为了他们个人的利益，就控制了社会上所有实际参加生产的工人的年生产力，尽管这些物品，和这个劳动不断反复生产的产品相比，是这样微不足道。不列颠和爱尔兰的人口有2 000万；男人、女人和儿童平均每人的消费额约为20镑，合计约有4亿镑的财富，这是每年消费的劳动产品。这些国家积累资本的总额，估计不超过12亿镑，或者不超过一年内劳动的产品的三倍；平均分配，每人有资本60镑。我们这里考察的，与其说是这些估计金额的相当准确的绝对数字，倒不如说是比例。这个总资本的利息，按照现在的生活水平，大约足够维持全部人口一年中的两个月的生活；全部积累资本本身（如果能够找到买主），在他们不从事劳动的情况下，能够维持他们整整三年的生活！在三年结束时，他们就会没有房屋，没有衣服，没有食物，他们不得不饿死，否则，就只有变成那些曾经在这三年内维持他们的生活的人的奴隶。就像三年同健康的一代的寿命（比如40年）相比一样，实际财富的数量和重要性，甚至最富有的国家的积累资本，同它的生产力，同仅仅一代人的生产力相比，也是如此；我们这里所说的，还不是前者同他们在同等安全的合理的制度下，特别是借助于合作劳动，可能生产出来的东西相比，而是同他们靠这种有缺陷的、令人沮丧的不安全的权宜之计实际上绝对地生产出来的东西相比！……　为了使这个表面上巨大的现有资本，或者确切地说，为了使借助于这个资本取得的对年劳动产品的支配权和独占权，在强制分配的现状下保持下来，并使之永久化，这整个可怕的机制、连同它的恶习罪行和不安全的痛苦，就都要永久化。不先满足必要的需要，就不能有任何积累；而且人类愿望的巨流是追求享受；因此，在任何时候，社会的实际财富的数量，相对地说，都是微不足道的。这是生产和消费的永久的循环。在这庞大的年生产和年消费中，一点点实际积累几乎算不了什么；的确，人们的注意力主要不是放在巨大的生产力上，而是放在一点点积累上。而这一点点积累已经为少数人所占有，转化为一种工具，以占有大多数人劳动的每年不断反复生产的产品。因此，对这些少数人来说，这样一种工具就变得非常重要……　国民年产品约有$\frac{1}{3}$，现在是在公共负担的名义下，从生产者手里夺走，被那些不给任何等价物（即不给任何对生产者具有等价意义的东西）的人非生产地消费掉……　人们总是用惊异的目光盯在这个积累的财富上，特别是在它们集中在少数人手里的时候。但是，每年生产的大量财富，却像大河中的永不停息的、无穷无尽的波涛一样滚滚而来，并消失在被人遗忘的消费的汪洋大海中。然而，正是这种永恒的消费，不仅是一切享受的条件，而且也是整个人类生存的条件。这个年产品的数量和分配，应该首先成为研究的对象。实际积累只有非常次要的意义；并且它具有这种意义，也几乎完全是由于它对年产品的分配的影响……　这里〈汤普森的著作〉在考察实际积累和分配时，总是把它们和生产力联系起来，放在从属于生产力的位置。但几乎所有其他的体系，在考察生产力时，都是把生产力同积累和现有分配方式的永久化联系起来，把生产力放在从属于它们的位置。和维持这个现有的分配方式相比，整个人类不断反复发生的贫困或昌盛，被认为是不值一顾的。他们要永远维持强权、欺骗和冒险的结果，把这叫做安全。为了维持这种虚假的安全，人类的全部生产力就毫不怜惜地被当做牺牲品了。"（同上，第440—443页）

———

把甚至阻碍再生产按原有规模进行的那些干扰撇开不说，再生产只能有两种正常的情况：

或者是再生产按原有的规模进行；

或者是发生剩余价值的资本化，即积累。

I. 简单再生产

在简单再生产的场合，每年或者在一年的多次周转中周期地生产的和实现的剩余价值，都由它的所有者资本家个人消费掉，也就是非生产地消费掉。

产品价值一部分由剩余价值构成，另一部分由产品价值中再生产的可变资本加上产品价值中消耗的不变资本所形成的那部分价值构成，这一情况绝对不会影响作为商品资本不断进入流通，而又不断从流通中取出，以便作为生产资料或消费资料进入生产消费或个人消费的总产品的数量，也绝对不会影响它的价值。撇开不变资本不说，这种情况只会影响年产品在工人和资本家之间的分配。

甚至在简单再生产中，一部分剩余价值也必须经常以货币形式存在，而不是以产品形式存在。否则，它就不可能为了消费而由货币转化为产品。剩余价值由原来的商品形式到货币的这种转化，在这里必须作进一步的研究。为了使事情简单起见，我们假定这个问题的最简单的形式，就是说，假定进行流通的只是金属货币，即作为实际等价物的货币。

按照以上已经阐明的简单商品流通的规律（第一册第三章[81]），一个国家现有的金属货币量，不仅要够商品流通使用。它还必须够应付货币流通的变动，这种变动部分地由流通速度的变化，部分地由商品价格的变动，部分地由货币作为支付手段或作为真正流通手段执行职能的比例的差别和变化而产生。现有货币量分为贮藏货币和流通货币的比例是不断变化的，但货币总量总是等于作为贮藏货币而存在的货币和作为流通货币而存在的货币之和。这个货币量（贵金属量）是逐渐积累起来的社会的贮藏货币。这个贮藏货币因磨损而消耗掉的部分，必须像别的产品一样，每年重新补偿。实际上，这是通过本国一部分年产品和金银出产国的产品之间的直接交换或间接交换进行的。但是，这种交易的国际性质把它的简单过程掩盖起来了。因此，为了把问题表现得最简单、最清楚，就必须假定金银的生产是在本国进行的，从而，金银的生产在每一个国家都形成社会总生产的一部分。

把那种为制造奢侈品而生产的金银撇开不说，每年生产的金银的最低限量必须等于因每年货币流通而磨损的货币金属。其次，如果每年生产和流通的商品总量的价值额增大了，但流通商品的已经增大的价值总额及其流通(以及与此相适应的货币贮藏)所需的货币总量,并没有因货币流通速度的加快和货币支付手段职能的扩大(也就是更经常地不用实在货币,而由买卖双方实行抵账)而被抵消,那么,每年的金银生产也就必须增加。

因此,一部分社会劳动力和一部分社会生产资料必须每年用在金银的生产上。

因为这里假定的是简单再生产,所以从事金银生产的资本家的生产规模只限于金银每年的平均磨损以及由此引起的金银每年的平均消费的范围;他们的剩余价值,按照假定,每年都被他们消费掉,其中没有任何部分转化为资本,他们把这一剩余价值直接以货币形式投入流通。这种货币形式对他们来说就是产品的实物形式,不像在其他生产部门中那样是产品的转化形式。

其次,说到工资,即预付可变资本的货币形式,在这里,它也不是由产品的出售即产品转化为货币来补偿的,而是由产品来补偿的,因为这种产品的实物形式一开始就是货币形式。

最后,说到贵金属产品中与周期消费的不变资本价值相等的部分,即与不变流动资本价值和一年内消费的不变固定资本价值相等的部分,情况也是如此。

我们首先在G—W…P…G′形式上来考察投入贵金属生产的资本的循环或周转。既然G—W中的W不仅由劳动力和生产资料构成,而且也由在P中只耗费一部分价值的固定资本构成,那么,很明显,产品G′这个货币额就等于投在工资上的可变资本,加上投在生产资料上的流动不变资本,加上损耗的固定资本价值部分,加上剩余价值。如果这个货币额小于后者的总和,而金的一般价值又不变,这种矿山投资就是不生产的,或者,如果这已成为普遍情况,金的价值和价值保持不变的商品相比，将来就会提高。就是说，商品的价格将会下跌，因此，投在G—W中的货币额将来就会减少。

如果我们首先只考察预付在G上，即G—W…P…G′的起点上的资本的流动部分，那么，我们看到，一定的货币额为支付劳动力的报酬和购买生产材料而预付，投入了流通。但是它不会通过**这个**资本的循环再从流通中取出，以便重新投入流通。产品在实物形式上已经是货币，不需要通过交换，通过流通过程，才转化为货币。它在从生产过程进入流通领域时，不是以商品资本的形式，要再转化为货币资本，而是作为货币资本，要再转化为生产资本，就是说，要重新购买劳动力和生产材料。在劳动力和生产资料上消耗的流动资本的货币形式，不是通过产品的出售，而是通过产品本身的实物形式补偿的；因此，不是通过它的价值以货币形式再从流通中取出，而是通过追加的新生产的货币补偿的。

假定这个流动资本＝500镑，周转期间＝5周，劳动期间＝4周，流通期间只＝1周。货币一开始就必须为5周一部分预付在生产储备上，一部分准备好，以便逐渐支付工资。第6周开始时，流回400镑，游离出100镑。这种情况会不断反复下去。这里，和以前一样，在周转的一定时间内，100镑不断处于游离的形式。但是，这100镑和其余400镑完全一样，是由追加的新生产的货币构成的。在这里，是每年周转10次；所生产的年产品＝5 000镑的金。（在这里，流通期间不是由商品转化为货币所花费的时间构成的，而是由货币转化为生产要素所花费的时间构成的。）

对任何另一个在相同条件下周转的500镑资本来说，不断更新的货币形式，都是所生产的商品资本的转化形式。这个商品资本每4周投入流通一次，通过它的出售，也就是通过周期取出原来加入过程的货币量，而不断重新再取得货币形式。相反，在这里，在每一个周转期间，一个新追加的500镑的货币量从生产过程本身投入流通，以便不断地从流通中取出生产材料和劳动力。这个投入流通的货币，不是通过这个资本的循环再从流通中取出的，而是靠不断地新生产的金量增加的。

如果我们考察一下这个流动资本的可变部分，并且和上面一样，假定它＝100镑，那么，在普通的商品生产中，这100镑在10次周转中已经足够不断地支付劳动力的报酬。在这里，在货币生产中，这个金额也足够了。但是，在每5周内用来支付劳动力报酬的流回的100镑，不是这一劳动力的产品的转化形式，而是这一劳动力的不断更新的产品本身的一部分。金的生产者直接用他的工人自己生产的金的一部分付给他的工人。因此，每年这样投在劳动力上并且由工人投入流通的这1 000镑，不是经过流通回到它的起点的。

其次，说到固定资本，在企业开办时需要耗费较大量货币资本，因而，这种货币资本投入了流通。和一切固定资本一样，这种固定资本只是在若干年内一部分一部分地流回。但是，它是作为产品金的直接部分流回的，而不是通过产品的出售、通过产品变成货币流回的。因此，它逐渐保持它的货币形式，不是由于从流通中取出货币，而是由于积累了一个相应部分的产品。这样再形成的货币资本，不是为了补偿原来为取得固定资本投入流通的货币额而逐渐从流通中取出的货币额。它是一个追加的货币量。

最后，说到剩余价值，它同样等于新产品金的一部分，它在每个新的周转期间投入流通，按照我们的假定，被非生产地花掉，用以支付生活资料和奢侈品的费用。

但是，按照我们的假定，全年生产的金——它不断地从市场上取出劳动力和生产材料，但没有从市场取出货币，而是不断地用追加的货币供给市场——只是补偿一年内磨损的货币，也就是，只是补足社会上始终以贮藏货币和流通货币这两种形式（虽然二者的比例不断变动）存在的货币量。

按照商品流通的规律，货币量必须等于流通所需的货币量加上处于贮藏形式的货币量，后者随着流通的缩小或扩大而增加或减少，同时特别要为支付手段形成必要的准备金。在支付不能互相抵消时，商品价值必须用货币支付。至于这个价值的一部分由剩余价值构成，也就是说，无须商品的卖者花费什么，这绝对不会改变事情的实质。假定生产者都是他们的生产资料的独立的所有者，从而，流通发生在各个直接生产者本身中间。把他们的资本的不变部分撇开不说，按照资本主义状态类推，他们的年剩余产品可以分成两部分：一部分a只补偿他们的必要生活资料，另一部分b部分地花费在奢侈品上，部分地用于扩大生产。因此，a代表可变资本，b代表剩余价值。但是，这种分割对他们的总产品的流通所需的货币量的大小不发生任何影响。在其他条件不变的情况下，流通的商品量的价值不变，因而，所需的货币量也不变。在周转期间的分法相同时，生产者也必须拥有同样的货币准备金，也就是说，必须总是在货币形式上拥有同样大的一部分资本，因为按照假定，他们的生产仍然是商品生产。可见，商品价值的一部分由剩余价值构成，这对经营企业所必需的货币量绝对没有影响。

一个反对图克，坚持G—W—G′形式的人，质问图克：资本家不断从流通中取出的货币怎么能够比他投入流通的货币多。显然，这里的问题不是剩余价值的**形成**。剩余价值的形成这个唯一的秘密，从资本主义的观点来看，是不言而喻的。如果所使用的价值额不是靠剩余价值来增殖，那它就根本不是资本。既然按照假定它是资本，所以剩余价值是不言而喻的。

因此，问题不在于剩余价值从何而来，而在于剩余价值借以货币化的货币从何而来？

然而，在资产阶级经济学中，剩余价值的存在本来是不言而喻的。因此，不仅假定剩余价值的存在；而且同时还假定投入流通的一部分商品量是由剩余产品构成的，因而它代表的价值不是资本家在把他的资本投入流通时一起投入的价值；因此，假定资本家在把他的产品投入流通时一起投入了一个超过他的资本的余额，并且从流通中再取出这个余额。

资本家投入流通的商品资本，比他在劳动力和生产资料形式上已经从流通中取出的生产资本，具有更大的价值（这个余额从何而来，没有说明，或不能理解，但是从资产阶级经济学的观点看，这是事实）。因此，在这个前提下，很明显，为什么不仅资本家A，而且资本家B、C、D等等都会通过交换他们的商品，不断地从流通中取出比他们原来预付和反复重新预付的资本价值更大的价值。A、B、C、D等等不断地以商品资本形式投入流通的，是一个比他们以生产资本形式从流通中取出的商品价值更大的商品价值，——这种行为和独立执行职能的各个资本一样，是多方面的。因此，他们必须不断地在他们中间分配一个和他们各自预付的生产资本的价值额相等的价值额（即各自从流通中取出生产资本）；同样，必须不断地在他们中间分配这样一个价值额，这个价值额是他们从各方面以商品形式并作为各自的超过生产要素价值而形成的商品价值余额投入流通的。

但是，商品资本，在它再转化为生产资本和它所包含的剩余价值被耗费以前，必须转化为货币。这个货币从何而来？这个问题乍一看来是很难的，不论是图克，还是别人，直到现在也没有作出回答。

假定以货币资本形式预付的流动资本500镑，不论它的周转期间如何，都是社会即资本家阶级的全部流动资本。假定剩余价值是100镑。那么，整个资本家阶级怎么能在只是不断地投入500镑时，又不断地从流通中取出600镑呢？

在货币资本500镑转化为生产资本以后，这个生产资本会在生产过程内转化为600镑的商品价值，因此，处在流通中的，不仅有一个与原预付货币资本相等的500镑的商品价值，而且还有一个新生产的100镑剩余价值。

这个追加的100镑剩余价值已经以商品形式投入流通。这一点是毫无疑问的。但是，通过这个行为，不会为这个追加的商品价值的流通提供任何追加的货币。

不要用一些似是而非的遁词来回避这个困难。

举例来说：至于不变流动资本，很明显，它不是所有的人同时投入的。在资本家A出售他的商品，从而他的预付资本取得货币形式时，买者B的货币形式的资本，相反地取得A所生产的生产资料的形式。由于同一个行为，A使他所生产的商品资本再取得货币形式，B则使他的资本再取得生产形式，使它由货币形式转化为生产资料和劳动力；同一个货币额，在这个两方面的过程中，和在任何一个简单的购买W—G中一样执行职能。另一方面，A在把他的货币再转化为生产资料时，向C购买，C又把这个货币付给B，依此类推。这样，过程就好像说明了。但是：

我们阐明的关于商品流通中的流通货币量的所有规律(第一册第三章)，决不会因为生产过程的资本主义性质而发生变化。

因此，如果说以货币形式预付的社会的流动资本等于500镑，那么，已经考虑到：一方面，它是同时预付的金额，但另一方面，这个金额所推动的生产资本却多于500镑，因为它交替充当不同生产资本的货币基金。因此，这种说明方法，是以货币已存在为前提的，但是应该说明的，正是这个货币何以存在。——

其次，有人会说，资本家A所生产的物品，是由资本家B个人消费的，即非生产地消费的。因此，B的货币使A的商品资本货币化，这样，同一个货币额既使B的剩余价值货币化，又使A的流动不变资本货币化。但是，在这里还是直接以应当答复的问题已经解决为前提的。这就是，B从哪里得到用来偿付他的收入的货币？他自己怎样使他的产品中的那部分剩余价值货币化？——

再次，有人会说，A不断预付给他的工人的那部分流动可变资本，是不断地从流通中流回到他手里的；其中只有一部分，不断交替地保留在他自己手里，以支付工资。而在支出和流回之间有一段时间，在这段时间内，在工资上付出的货币，除了其他用途以外，还可以用来使剩余价值货币化。——但是，我们知道，第一，这个时间越长，资本家A必须不断准备好的货币储备量也必然越大。第二，工人会支出货币，用来购买商品，因此相应地会使商品中包含的剩余价值货币化。因此，同一个货币，既以可变资本形式预付，又相应地用来使剩余价值货币化。在这里，我们不需要更深入地研究这个问题，只要指出一点：整个资本家阶级以及依赖于他们的非生产人员的消费，是和工人阶级的消费同时进行的；因此，在工人把货币投入流通的同时，资本家为了花费作为收入的剩余价值，也必然要把货币投入流通；因此，必须从流通中取出货币。刚才所作的说明，只会减少而不会消除这个必要的货币量。——

最后，有人会说，在第一次投入固定资本时，总是把大量货币投入流通，这些货币只能逐渐地，一部分一部分地，在若干年内，由投入的人再从流通中取出。难道这个金额不足以使剩余价值货币化吗？——对于这种说法，必须回答说：也许在500镑的金额（也包括作为必要准备金的贮藏货币）中，已经包含着把这个金额作为固定资本来使用，即使不是由投入这个金额的人使用，也会由另外一个人使用。此外，已经假定，用来购置作为固定资本使用的产品的金额，也已经对这些商品中包含的剩余价值进行了支付，而问题恰好在于，这个货币从何而来？——

总的答复已经得出来了：当一个x×1 000镑的商品量要流通时，不论这个商品量的价值是否包含剩余价值，不论这个商品量是否按资本主义方式生产，这个流通所必需的货币量决不会因此有所改变。**可见，这个问题本来就是不存在的**。在货币的流通速度等等其他条件已定的情况下，要使x×1 000镑商品价值流通，总需要有一定量的货币，而这个货币量同这个价值有多少归这个商品的直接生产者所有的问题完全无关。如果这里存在什么问题，那么，它和总的问题是一致的：一个国家的商品流通所必需的货币额从何而来？

但是，从资本主义生产的观点来看，的确存在着一个特殊问题的**假象**。这就是：货币投入流通的起点在这里是资本家。工人为了支付他的生活资料的费用而支出的货币，起初就是作为可变资本的货币形式存在的，所以，原来就是作为劳动力的购买手段或支付手段由资本家投入流通的。并且，资本家把原来对他构成不变的固定资本和流动资本的货币形式的货币也投入流通；他是把这个货币作为劳动资料和生产材料的购买手段或支付手段支出的。不过，除此以外，资本家就不再是处在流通中的货币量的起点了。可是，现在只有两个起点：资本家和工人。所有第三种人，或者是为这两个阶级服务，从他们那里得到货币作为报酬，或者是不为他们服务，而在地租、利息等形式上成为剩余价值的共有者。至于剩余价值不是全部留在产业资本家的钱袋中，而是必须由他和别人共分，这和我们当前的问题无关。问题在于他怎样使他的剩余价值货币化，而不在于由此取得的货币以后怎样分配。在我们考察的场合，仍然把资本家看做是剩余价值的唯一的所有者。至于工人，我们已经说过，就工人投入流通的货币来说，工人只是第二步的起点，资本家才是第一步的起点。起初作为可变资本预付的货币，当工人为了支付生活资料的费用而支出时，已经在完成它的第二个流通。

因此，资本家阶级是货币流通的唯一起点。如果这个阶级为了支付生产资料的费用需要400镑，为了支付劳动力的报酬需要100镑，那么，它就把500镑投入流通。但是，包含在产品中的剩余价值，在剩余价值率为100%时，是一个等于100镑的价值。如果资本家阶级只是不断投入500镑，又怎么能不断地从流通中取出600镑呢？无中不能生有。整个资本家阶级决不能从流通中取出它以前没有投入流通的东西。

这里撇开下面一点不说，即在周转10次的情况下，也许有400镑的货币额，就足以使价值4 000镑的生产资料和价值1 000镑的劳动流通，而其余的100镑也足以使1 000镑的剩余价值流通。货币额和由此流通的商品价值的比例，同这里的问题无关。问题仍然存在。如果不是同一个货币流通好几次，那就必须有5 000镑作为资本投入流通，还需要有1 000镑，以便使剩余价值货币化。不管后面这个货币是1 000镑还是100镑，问题仍然是它从何而来。无论如何，它是超过投入流通的货币资本的部分。

实际上，说资本家阶级自己把用于实现商品中包含的剩余价值的货币投入流通，乍看起来好像是一种悖论。但是请注意，资本家阶级不是把它作为预付货币即作为资本投入流通的。这个阶级只是把它作为个人消费品的购买手段花费的。因此，这不是资本家阶级预付的，虽然这个阶级是这种流通的起点。

假定有一个资本家，比如说一个租地农场主，现在开办一个企业。在最初一年内，他预付了货币资本，比如说5 000镑，用以支付生产资料的费用（4 000镑）和劳动力的报酬（1 000镑）。假定剩余价值率为100%，他占有的剩余价值＝1 000镑。上述5 000镑已经包括全部他作为货币资本预付的货币。但是人必须生活，而不到年终，他一点钱也拿不到。假定他的消费额是1 000镑。这是他必须有的。他固然会说，他必须在第一年内预付这1 000镑。但是，这个预付——这里只有主观的意义——不过表示，在第一年，他必须掏自己的钱袋，不能用工人的无酬的生产来偿付他的个人消费。他不是把这个货币作为资本预付。他把它花掉，把它作为他所消费的生活资料的等价物来支付。这个价值是他以货币的形式花费，投入流通，而以商品价值的形式从流通中取出的。他已经耗费了这些商品价值。因此，他已经不再和这些商品价值发生任何关系。他用来支付这个价值的货币，作为流通货币的要素而存在。但是他已经以产品的形式从流通中取出了这个货币的价值，于是这个价值也和它借以存在的产品一起被消灭。它已经不再存在了。但在年终，他会把6 000镑的商品价值投入流通，把它出售。因此，流回到他手里的有：1. 他预付的货币资本5 000镑；2. 货币化的剩余价值1 000镑。他曾经把5 000镑作为资本预付，投入流通，而现在从流通中取出6 000镑，其中5 000镑作为他的资本，1 000镑作为他的剩余价值。使后面这个1 000镑转化为货币的，不是他自己作为资本家投入流通的货币，而是他作为消费者投入流通的货币，这些货币不是预付的，而是花掉的。它们现在作为他所生产的剩余价值的货币形式流回到他手里。这一行为以后会每年反复进行。但从第二年起，他所花费的1 000镑，就始终是他所生产的剩余价值的转化形式，即货币形式。他每年花掉这些货币，这些货币每年又流回到他手里。

如果他的资本在一年内的周转次数增多，那也决不会使事情发生变化，当然，时间的长短会发生变化，因而他为了个人消费必须投入流通的超过预付货币资本的金额的大小也会发生变化。

资本家把这些货币不是作为资本投入流通的。但是，能够靠自己拥有的资金生活到剩余价值流回的时候，这也正是资本家的一个特点。

在这个场合，我们假定，资本家到他的资本第一次流回为止，为了偿付他个人消费而投入流通的货币额，恰好同他所生产的并转化为货币的剩余价值相等。对单个资本家来说，这显然是一个随意的假定。但是在简单再生产的前提下，这个假定对整个资本家阶级来说必然是正确的。它所表示的，不外就是简单再生产这个前提所要说明的，即全部剩余价值并且只有剩余价值被非生产地消费掉，也就是说，原有资本的任何部分都没有被非生产地消费掉。

我们以上假定，贵金属的全部生产（假定＝500镑）只够补偿货币的磨损。

生产金的资本家以金的形式占有他的全部产品，其中有补偿不变资本和可变资本的部分，也有构成剩余价值的部分。因此，一部分社会剩余价值，是由金构成的，而不是由在流通中才转化为金的产品构成的。这部分本来就是金，它投入流通，以便从流通中取出产品。

在这里，无论工资即可变资本，还是预付不变资本的补偿，都是如此。因此，如果资本家阶级中的一部分人投入流通的商品价值，大于他们预付的货币资本(多了剩余价值)，那么，另外一部分资本家投入流通的货币价值，大于他们为生产金而不断从流通中取出的商品价值(也是多了剩余价值)。如果一部分资本家不断地从流通中抽出比他们预付的更多的货币，那么，那部分生产金的资本家，则不断地投入比他们以生产资料的形式从流通中取出的更多的货币。

尽管这个500镑产品金的一部分是金的生产者的剩余价值，但是整个这个金额只是用来补偿商品流通所必需的货币；至于其中有多少是用来使商品的剩余价值货币化，有多少是用来使商品的其他价值部分货币化，在这里是没有关系的。

如果把金的生产从一个国家转移到其他国家，事情也绝对不会发生变化。在A国，社会的劳动力和社会的生产资料的一部分，已经转化为产品，例如，价值500镑的麻布，这个产品被运到B国，以便在那里购买金。在A国这样使用的生产资本，和它直接用于金的生产时一样，不会把任何和货币不同的商品投入A国的市场。A的这个产品由500镑金来代表，仅仅作为货币进入A国的流通。这个产品所包含的那部分社会剩余价值直接以货币的形式存在，对A国来说，决不以货币以外的形式存在。虽然对生产金的资本家来说，只有一部分产品代表剩余价值，而另一部分产品则补偿资本，但是，除了流动的不变资本外，这个金有多少补偿可变资本，有多少代表剩余价值，完全取决于工资和剩余价值在流通的商品价值中各自所占的比例。构成剩余价值的部分，在资本家阶级的不同成员之间进行分配。虽然这个部分不断地被他们花费在个人消费上，并且由于新产品的出售被他们重新取得——一般说来，正是这种买和卖，使剩余价值货币化所需要的货币得以在他们自己中间流通——，但是社会剩余价值还是有一部分（虽然比例是变动的）以货币形式放在资本家的钱袋中，和一部分工资至少在一周的某几天以货币形式留在工人的钱袋中一样。而且这部分社会剩余价值，并不限于原来构成生产金的资本家的剩余价值的那部分金产品①，而如上所述，决定于上述500镑产品一般说来按什么比例在资本家和工人之间进行分配，决定于要流通的商品价值②按什么比例由剩余价值和价值的其他组成部分构成。

但是，不是存在于其他商品中，而是同其他商品并列地存在于货币中的那部分剩余价值，只是在每年生产的金的一部分为实现剩余价值而进入流通的限度内，才是每年生产的金的一部分。以变动的比例不断作为剩余价值的货币形式处在资本家阶级手中的另一部分货币，却不是每年生产的金的要素，而是以前在国内积累的货币量的要素。

按照我们的假定，每年生产的金500镑，正好只够补偿每年磨损的货币。因此，如果我们只看到这500镑，而把每年生产的商品总量中靠以前积累的货币进行流通的部分撇开不说，那么，以商品形式生产出来的剩余价值之所以能在流通中找到自己货币化所需要的货币，是因为另一方面剩余价值每年以金的形式生产出来。这对于500镑金产品的其余部分即补偿预付货币资本的部分来说，也是适用的。

在这里应当指出两点。

---

①第一版和第二版中是：货币产品；按恩格斯的校样改正。——编者注

②第一版和第二版中是：商品储备；按恩格斯的校样改正。——编者注

第一，由此可以得出结论说：不论资本家以货币形式花掉的剩余价值，还是他们以货币形式预付的可变资本和其他生产资本，实际上都是工人的产品，也就是从事金生产的工人的产品。这些工人不仅把作为工资“预付”给他们的那部分金产品重新生产出来，而且把直接表现为资本主义的金生产者的剩余价值的那部分金产品重新生产出来。最后，至于只补偿金生产上预付的不变资本价值的那部分金产品，它也只是由于工人的每年的劳动，才能以金的形式①(一般来说，以某一产品的形式)再现出来。在企业开办时，它原来是资本家以货币形式付出去的。这个货币不是新生产的，而是社会的流通货币量的一部分。但是，只要它由新的产品，由追加的金补偿，它就是工人的年产品。资本家方面的预付，在这里也只是表现为一种形式，这种形式的存在是由于工人既不是他自己的生产资料的占有者，在生产时又不支配其他工人所生产的生活资料。

第二，至于同每年补偿500镑无关的，部分地处于贮藏货币形式，部分地处于流通货币形式的货币总额，那么，它的情形，即它原来的情形，也必然和这500镑每年出现的情形完全一样。在这一节的末尾②，我们还要回过来谈这一点。我们先在这里谈其他几点意见。

我们在考察周转时已经知道，在其他条件不变的情况下，随着周转期间的长短的变化，按同一规模进行生产所必需的货币资本量也会发生变化。因此，货币流通必须具有相当大的弹性，才能适应周转期间延长和缩短的变化。

①第一版和第二版中是：货币形式；按恩格斯的校样改正。——编者注

②见本卷第380页。——编者注

我们再假定其他条件不变，其中包括工作日的长度、强度和生产率不变，只有**价值产品**在工资和剩余价值之间的**分配发生了变化**，那么，不论前者增加，后者减少，还是相反，前者减少，后者增加，都不会对流通货币量发生任何影响。即使流通货币量没有任何增加或减少，这种分配的变化也是会发生的。让我们特别考察一下这样的场合：工资普遍提高，因而——在假定的条件下——剩余价值率普遍降低，此外，同样按照假定，流通商品量的价值没有发生任何变化。在这种场合，必须作为可变资本预付的货币资本，即执行这种职能的货币量，当然会增加。但是，可变资本执行职能所必需的货币量增加多少，剩余价值就恰好会减少多少，因而，实现剩余价值所必需的货币量也会减少多少。实现商品价值所必需的货币量，和这个商品价值本身一样，并不会因此受到影响。商品的成本价格对单个资本家来说提高了，但是商品的社会生产价格依然不变。把不变价值部分撇开不说，改变的只是商品生产价格分为工资和利润的比例。

但是有人会说，可变货币资本的支出增加（当然假定货币价值不变）多少，意味着工人手里的货币手段量也增加多少。由此产生的结果是，工人方面对商品的需求会增加。进一步的结果是商品价格提高。——或者有人会说，如果工资提高，资本家就会提高他们的商品价格。——在这两种场合，工资的普遍提高都会引起商品价格的提高。因此，无论用哪一个方法去说明价格的提高，都必须有更大的货币量才能使商品流通。

对第一种说法的回答是：由于工资提高，工人对需求，特别是对必要生活资料的需求会增加。他们在极小的程度上增加了对奢侈品的需求，或者说，在极小的程度上产生了对原先不属于他们消费范围的物品的需求。对必要生活资料的需求的突然的更大规模的增加，无疑会暂时使必要生活资料的价格提高。结果是：在社会资本中用来生产必要生活资料的部分将增大，用来生产奢侈品的部分将缩小，因为奢侈品的价格将会由于剩余价值的减少、因而资本家对奢侈品需求的减少而跌落。反之，如果工人自己购买奢侈品，他们工资的提高——在购买奢侈品的范围内——并不会使必要生活资料的价格提高，只会使奢侈品的买者发生变换。奢侈品归工人消费的数量比以前增加，而归资本家消费的数量则相应地减少。如此而已。经过几次波动以后，就会有和以前价值相同的商品量在流通。——至于各种暂时的波动，那么，它们造成的结果不外是把原来在交易所干投机事业或在国外寻找用途的那种用不上的货币资本投入国内流通。

对于第二种说法的回答是：如果资本主义生产者可以随意提高他们的商品价格，那么，即使在工资没有提高的情况下，他们也能这样做，而且会这样做；工资在商品价格跌落的情况下，就永远不会提高；资本家阶级就永远不会反对工联，因为资本家阶级在任何情况下始终可以像他们现在不过偶尔在一定的、特殊的、所谓局部的情况下所实际做的那样，利用工资的每一次提高而在更大得多的程度上提高商品价格，从而把更大的利润放进自己的腰包。

硬说因为对奢侈品的需求（由于资本家的需求减少，他们用于这方面的购买手段减少）已经减少，所以资本家可以提高奢侈品的价格，这是供求规律的一个非常奇特的应用。如果发生的不只是奢侈品购买者的变换，即工人代替资本家——而如果发生这种变换，工人的需求就不会引起必要生活资料价格的提高，因为工人既然把增加的那部分工资花费在奢侈品上，就不能花费在必要的生活资料上——，那么，奢侈品的价格就会因需求减少而降低。结果是从奢侈品的生产中把资本抽走，直到奢侈品的供应减少到和它们在社会生产过程中已经变化的地位相适应的程度为止。随着它们生产的减少，在价值不变的情况下，它们的价格会再提高到正常的水平。只要存在这种收缩或这种均衡过程，在生活资料的价格提高的情况下，从奢侈品的生产部门中抽出的资本，就会不断地追加到生活资料的生产上，一直到需求饱和为止。这时重新出现平衡，而整个过程的结果是，社会资本，从而货币资本，会按改变了的比例在必要生活资料的生产和奢侈品的生产之间进行分配。

全部非难都是资本家和向他们献媚的经济学家的恐吓。

为这种恐吓提供借口的，是以下三个事实：

1. 货币流通的一般规律是：如果流通商品的价格总额提高——不论价格总额的这种增加是发生在同一个商品量上，还是发生在一个已经增大的商品量上——，在其他条件不变的情况下，流通货币的量就会增大。因此，结果和原因相混了。工资随着必要生活资料价格的提高而提高（虽然按比例提高的现象是罕见的，仅仅是例外）。工资提高是商品价格提高的结果，不是它的原因。

2. 在工资部分提高或者说局部提高的情况下，即工资仅仅在个别生产部门中提高的情况下，这些部门的产品的价格可以因此发生局部的提高。但是，就连这一点也取决于许多情况：例如，在这些部门，工资不是特别低，因而利润率也不是特别高；这些商品的市场不会因价格上涨而缩小（因此，不需要为了提高这些商品的价格而预先缩减它们的供给），等等。

3. 在工资普遍提高时，所生产的商品的价格，在可变资本占优势的产业部门将会上涨，但在不变资本或固定资本占优势的产业部门将会下跌。

———

简单商品流通的研究（第一册第三章第2节）已经表明，虽然在任何一定量的商品的流通中，这一定量商品的货币形式只是转瞬即逝的，但是在商品的形态变化中，货币从一个人手中消失，必然会在另一个人手中出现，因此，不仅商品首先到处互相交换或互相代替，而且这种代替还以货币的到处沉淀作为中介，伴随有这样的货币沉淀。“一个商品由另一个商品代替，而货币商品留在第三人手中。流通不断地把货币像汗一样渗出来。”（第一册第92页[82]）在资本主义商品生产的基础上，这同一个事实是这样表现的：一部分资本不断地以货币资本的形式存在，一部分剩余价值同样以货币形式不断地处于它的**所有者手中**。

撇开这一点不说，**货币的循环**，即货币**流回**到它的起点，作为资本周转的要素，是一种和**货币的流通**完全不同甚至相反的现象。(33)货币的流通表示货币经过一系列人的手而不断地**离开**起点（第一册

(33)虽然重农学派仍然把这两种现象混为一谈，但还是他们最早强调指出，货币流回到它的起点是资本流通的本质的形式，是对再生产起中介作用的流通的形式。“看一看《经济表》，你们就会知道，其他阶级用来向生产阶级购买产品的货币，是生产阶级给予的；但在其他阶级下一年再向生产阶级进行同样的购买时，他们会把这种货币还给生产阶级……　因此，在这里，你们看到的只是支出的循环：支出之后接着是再生产，再生产之后又是支出。这个循环，是通过那种计算支出和再生产的货币的流通进行的。”（魁奈《关于商业和手工业者劳动的问答》，载于德尔编《重农学派》第1部第208、209页）“资本的不断预付和不断流回，就是人们称之为货币流通的东西。这种有用的和有成效的流通，赋予社会的一切劳动以生气，维持政治机体的运动和生命。人们完全有理由把这种流通比做动物躯体内的血液循环。”（杜尔哥《关于财富的形成和分配的考察》，德尔编《全集》第1卷第45页）

第94页[83])。不过，周转的加速本身就包含着流通的加速。

首先，就可变资本来说：如果一个500镑的货币资本以可变资本的形式每年周转10次，那么，很明显，流通货币量的这个部分使10倍于它的价值额＝5 000镑流通。它每年在资本家和工人之间流通10次。流通货币量的这同一个部分在一年内10次付给工人，而又10次被工人用来支付。如果在生产规模不变时这个可变资本每年周转一次，那么，就仅仅进行一次5 000镑的流通。

其次，假定流动资本的不变部分＝1 000镑。如果这个资本每年周转10次，那么，资本家在一年内就会把他的商品，从而把商品价值的不变流动部分卖出10次。流通货币量的这个部分（＝1 000镑），在一年内就有10次从它的所有者手里转到资本家手里。这就是这个货币从一个人手里转到另一个人手里的10次换位。其次，资本家每年购买10次生产资料；这又使货币从一个人手里到另一个人手里流通了10次。产业资本家用1 000镑货币卖出价值10 000镑的商品，又买进价值10 000镑的商品。由于1 000镑货币的20次流通，就使20 000镑的商品储备得以流通。

最后，在周转加速时，实现剩余价值的那部分货币也会流通得更快。

但是，反过来，货币流通的加快，不一定包含资本周转的加快，因而不一定包含货币周转的加快，也就是说，不一定包含再生产过程的缩短和它的更新的加速。

只要用同一货币量完成较大量的交易，货币流通就会加快。在资本再生产期间相同的情况下，由于货币流通的技术设施的变化，这种情况也可能发生。其次，有货币流通但它不表现实际商品交换的那种交易（例如交易所里的买空卖空等等），可以在数量上增加。另一方面也可以完全不要货币流通。例如，在农场主自己就是土地所有者时，租地农场主和土地所有者之间就不会有货币流通，在产业资本家自己就是资本的所有者时，产业资本家和债主之间也不会有货币流通。

———

至于贮藏货币最初在一个国家里的形成以及少数人对这种贮藏货币的占有，这个问题无须在这里进一步研究。

资本主义生产方式——它的基础是雇佣劳动，工人的报酬是用货币支付的，并且实物报酬一般已转化为货币报酬——只有在国内现有的货币量能充分满足流通和由流通决定的货币贮藏（准备金等）的需要的地方，才能够得到较大规模的、比较深入和充分的发展。这是历史的前提，虽然我们不能把这一点理解为，必须先有充足的贮藏货币，然后才开始有资本主义生产。应当说，资本主义生产是和它的条件同时发展的，其中条件之一就是贵金属有足够的供给。因此，16世纪以来贵金属供给的增加，在资本主义生产的发展史上是一个重要的因素。但是，如果问题涉及在资本主义生产方式的基础上必须进一步供给货币材料，那么，一方面以产品形式存在的剩余价值投入流通时，没有该产品转化为货币所需要的货币，另一方面以金形式存在的剩余价值投入流通时，无须事先由产品转化为货币。

要转化为货币的追加商品会找到必要的货币量，因为另一方面要转化为商品的追加的金（和银）可以不通过交换，而通过生产本身投入流通。

II.积累和扩大再生产

如果积累以规模扩大的再生产的形式发生，那么很明显，它对于货币流通不会提出什么新的问题。

首先，就追加生产资本执行职能所需要的追加货币资本来说，它是由一部分已经实现的剩余价值提供的，这部分剩余价值是作为货币资本，而不是作为收入的货币形式，由资本家投入流通的。货币已经在资本家手中。只是它的用法不同而已。

但是，现在由于有了追加的生产资本，就会有追加的商品量作为这个资本的产品投入流通。与此同时，为实现这个追加商品量所需要的一部分追加货币也会投入流通，因为这个商品量的价值和生产它们所耗费的生产资本的价值相等。这个追加的货币量恰恰是作为追加的货币资本已经预付出去，因而现在要通过资本的周转流回到资本家手里。这里又出现了和上面一样的问题。用以实现现在以商品形式存在的追加剩余价值的追加货币从何而来？

总的答复还是一样。流通商品量的价格总额之所以增加，并不是因为一定量商品的价格已经提高，而是因为现在流通的商品量大于以前流通的商品量，而这个差额又没有为价格的降低所抵消。要取得使这个具有较大价值的较大的商品量流通所需要的追加货币，就必须或者更多地节约流通货币量——要么使支付等等互相抵消，要么采用加速同一个货币流通的手段——，或者把货币由贮藏形式转化为流通形式。后一点不仅包括闲置的货币资本转而执行购买手段或支付手段的职能；也不仅包括已经作为准备金执行职能的货币资本在对它的所有者执行准备金的职能的同时，对社会来说实际上是处在流通中（例如不断地贷出的银行存款），从而执行着双重的职能；而且还包括节约停滞的铸币准备金。

"货币要作为铸币而不断地流动，铸币就必须不断地凝结为货币。铸币的不断流通，以铸币的或多或少的一部分不断停顿下来成为铸币准备金为条件，这种准备金在流通内部到处发生，同时成为流通的条件，这种准备金的形成、分配、消失和恢复经常更替着，它的存在不断消失，它的消失不断存在。关于铸币变货币、货币变铸币的这种不息的转化，亚当·斯密这样说过：每一个商品所有者除了他所出卖的特殊商品之外，必须经常准备一定数额用于购买的一般商品。我们知道，在W—G—W的流通中，第二个环节G—W不断分裂为许多次买，它们在时间上不是一下完成，而是先后完成的，因此G的一部分作为铸币而流通，另一部分则作为货币而停留。货币在这里实际上不过是暂歇的铸币，流通中的铸币总量的各个组成部分，总是时而以这种形式，时而以那种形式交替出现。因此，流通手段变成货币的这个第一种转化，仅仅是货币流通本身的一个技术因素。"（卡尔·马克思《政治经济学批判》1859年版第105、106页[84]。——和货币相对立的"铸币"，在这里是指处在与货币的其他职能相对立的单纯流通手段职能上的货币。）

如果所有这些手段还不够，那就必须进行追加的金的生产，或者——其结果一样——用一部分追加产品同贵金属出产国的产品即金直接地或间接地进行交换。

每年耗费在金银这种流通工具的生产上的劳动力和社会生产资料的总量，对于资本主义生产方式，总之，对于以商品生产为基础的生产方式来说，是一项巨大的非生产费用。这种非生产费用，会相应地使一定量可能的追加生产资料和消费资料，即一定量实际财富，不能供社会利用。在生产规模不变或者生产扩大程度不变时，只要这个昂贵的流通机器的费用减少，社会劳动的生产力就会提高。所以，只要那些和信用制度一起发展的辅助工具发生这种作用，它们就会直接增加资本主义的财富，这或者是因为大部分社会生产过程和劳动过程因此会在没有实在的货币的参与下完成，或者是因为实际执行职能的货币量的作用能力会提高。

这样也就解决了一个毫无意义的问题，即资本主义生产按它现在的规模，没有信用制度（甚至只是从**这个**观点来看），只有金属流通，能否存在。显然，不能存在。相反，它会受到贵金属生产的规模的限制。另一方面，我们对于信用制度在它提供货币资本或使货币资本发生作用时所具有的生产力，也不应该有任何神秘的观念。对这个问题的进一步说明，不属于这里的范围。

———

我们现在要考察这样一种情况，就是说，没有发生实际的积累，即没有直接扩大生产规模，但一部分已经实现的剩余价值会在或长或短的期间内作为货币准备金积累起来，以便以后转化为生产资本。

只要这样积累起来的货币是追加货币，事情就是不言而喻的。这种货币可以只是从金的出产国进口的多余的金的一部分。这里应该指出，为进口这些金而用去的国民产品已经不再存在于国内了。它为交换金而运往国外了。

反之，假定国内的货币量还是和以前一样，已经积累和正在积累的货币就是从流通中流出来的；只是它的职能改变了。它从流通的货币转化为逐渐形成的、潜在的货币资本了。

这里积累的货币，是已经出售的商品的货币形式，并且是对商品占有者来说表现为剩余价值的那部分商品价值的货币形式(假定这里没有信用制度)。积累这种货币的资本家是相应地卖而不买。

如果只是把这个过程看做是局部现象,那就不需要作什么说明了。一部分资本家把出售他们的产品所得的一部分货币保留起来,不用它从市场上取走产品。相反,另一部分资本家却把他的除了不断返回的、为生产经营所必要的货币资本以外的货币全部转化为产品。作为剩余价值的承担者投入市场的那部分产品,是由生产资料或可变资本的现实要素(必要生活资料)构成的。因此,它可以立即用来扩大生产。因为这里不是假定,一部分资本家积累货币资本,另一部分资本家则把他们的剩余价值全部花掉,而只是假定,一部分资本家以货币形式进行积累,形成潜在的货币资本,另一部分资本家则从事实际的积累,即扩大生产规模,实际扩大他们的生产资本。即使是交替地有一部分资本家积累货币、另一部分资本家扩大生产规模,现有的货币量仍然足以满足流通的需要。此外,单方面的货币积累,也可以不用现金,而只是用债权的积累来进行。

但是,如果我们的前提不是资本家阶级的局部的货币资本积累,而是它的普遍的货币资本积累,那么,困难就会发生了。按照我们的假定,资本主义生产已经取得了普遍的和唯一的统治,除了资本家阶级外,只有工人阶级。工人阶级所购买的全部物品,等于他们的工资的总和,等于整个资本家阶级预付的可变资本的总和。通过资本家阶级把他们的产品卖给工人阶级,这些货币流回到资本家阶级手里。因此,他们的可变资本再次取得了货币形式。假定可变资本的总和$=x\times100$镑,即不是在一年内预付的、而是在一年内使用的可变资本的总和。这个可变资本价值根据周转速度在一年内要预付多少货币,与现在考察的问题无关。资本家阶级用这个$x\times100$镑资本来购买一定量的劳动力，即对一定人数的工人支付工资，这是第一次交易。工人用这个金额向资本家购买一定量商品，因此，同一个x × 100镑又流回到资本家手里，这是第二次交易。而这是不断反复进行的。工人阶级无论如何不能用x × 100镑购买代表不变资本的那部分产品，更不用说购买代表资本家阶级剩余价值的那部分产品。工人用这x × 100镑总是只能购买社会产品中的这样一部分价值，这部分价值和代表预付可变资本价值的那部分价值相等。

撇开如下情况不说，即把这种全面的货币积累只是表示追加的进口贵金属在各单个资本家之间的分配，而不管分配的比例如何这种情况撇开不说，那么，整个资本家阶级要怎样才能把货币积累起来呢？

他们全体都必须出售自己产品的一部分，而不再购买。至于说他们全体都有一定的货币基金，作为他们购买消费品的流通手段投入流通，其中又有一部分从流通中再回到他们每个人手里，那是一点也不神秘的。可是在这种情况下，这个货币基金恰恰是作为剩余价值货币化所造成的流通基金存在的，而决不是作为潜在的货币资本存在的。

如果按实际情况进行考察，为了以后的使用而积累的潜在的货币资本有以下几项：

1. 银行存款。银行实际支配的，是一个较小的货币额。这里仅仅在名义上积累了货币资本。实际积累的，是货币索取权，它们之所以会转化为货币（在它们一旦转化为货币时），只是因为在提取的货币和存入的货币之间出现平衡。在银行手中掌握的货币相对地说只是一笔很小的金额。

2. 公债券。这根本不是资本，而是对一国年产品的债权。

3. 股票。如果没有欺诈，它们就是对一个股份公司拥有的实际资本的所有权证书和索取每年由此生出的剩余价值的凭证。

在所有这些场合，都没有货币的积累，而是一方面表现为货币资本的积累，另一方面表现为不断的实际的货币支出。至于这个货币究竟由它的所有者支出，还是由其他人，由他的债务人支出，这并不改变事情的本质。

在资本主义生产的基础上，贮藏货币本身从来不是目的，而是结果，或者是流通停滞的结果（这时会有比通常更多的货币量采取贮藏货币的形式），或者是由资本周转决定的积累的结果；或者，最后，贮藏货币只是货币资本的形成暂时处在潜在的形式上，目的是要执行生产资本的职能。

因此，如果一方面从流通中取出了实现为货币的剩余价值的一部分，把它作为贮藏货币积累起来，那么，同时会不断地把剩余价值的另一部分转化为生产资本。除了追加的贵金属在资本家阶级之间的分配以外，从来不会在所有地方同时发生货币形式的积累。

对于年产品中以商品形式代表剩余价值的部分来说，有关年产品的其他部分所说的情况也是完全适用的。这一部分的流通需要一定量的货币。这个货币量，和每年生产的代表剩余价值的商品量一样，属于资本家阶级。这个货币量最初是由资本家阶级自己投入流通的。它通过流通本身不断地在资本家阶级中间重新分配。和一般铸币流通一样，这个货币量的一部分会在不断变动的点上停滞下来，而另一部分则不断流通。关于这种积累的一部分是否有意形成货币资本，这并不会使事情发生变化。

在这里把下面这种现象撇开不说：由于流通中的各种冒险行为，一个资本家夺取了其他资本家的一部分剩余价值，甚至夺取了他们的一部分资本，因此，在货币资本和生产资本上发生了片面的积累和集中。例如，A攫取的并作为货币资本积累的一部分剩余价值，可以是B的一部分剩余价值，这部分剩余价值不会流回到B的手里。

第 三 篇
社会总资本的再生产和流通

第 十 八 章(34)
导　　言

I. 研究的对象

资本的直接生产过程，就是资本的劳动过程和价值增殖过程。这个过程的结果是商品产品，它的决定性动机是生产剩余价值。

资本的再生产过程，既包括这个直接的生产过程，也包括真正流通过程的两个阶段，也就是说，包括全部循环。这个循环，作为周期性的过程，即经过一定期间不断地重新反复的过程，形成资本的周转。

无论我们考察的是G…G′形式的循环，还是P…P形式的循环，直接生产过程P本身始终只是这个循环的一个环节。在前一种形

(34)采自第II稿。

式中，它表现为流通过程的中介；在后一种形式中，流通过程表现为它的中介。它的不断更新，资本作为生产资本的不断再现，在这两种场合，都以资本在流通过程中的转化为条件。另一方面，不断更新的生产过程，是资本在流通领域不断地重新经历各种转化的条件，是资本交替地表现为货币资本和商品资本的条件。

但是，正如每一单个资本家只是资本家阶级的一个分子一样，每一单个资本只是社会总资本中一个独立的、可以说赋有个体生命的部分。社会资本的运动，由社会资本的各个独立部分的运动的总和，即各个单个资本的周转的总和构成。正如单个商品的形态变化是商品世界的形态变化系列——商品流通——的一个环节一样，单个资本的形态变化，它的周转，是社会资本循环中的一个环节。

这个总过程，既包含生产消费（直接的生产过程）和作为其中介的形式转化（从物质方面考察，就是交换），也包含个人消费和作为其中介的形式转化或交换。一方面，它包含可变资本向劳动力的转化，从而包含劳动力的并入资本主义生产过程。在这里，工人是他的商品——劳动力的卖者，资本家是这种商品的买者。另一方面，商品的出售，包含工人阶级对商品的购买，也就是说，包含工人阶级的个人消费。在这里，工人阶级是买者，资本家是向工人出售商品的卖者。

商品资本的流通，还包含剩余价值的流通，从而也包含对资本家的个人消费，即对剩余价值的消费起中介作用的买和卖。

因此，总括起来成为社会资本的各个单个资本的循环，也就是说，就社会资本的总体来考察的循环，不仅包括资本的流通，而且也包括一般的商品流通。后者本来只能由两部分构成：1. 资本本身的循环；2. 进入个人消费的商品的循环，也就是工人用工资，资本家用剩余价值（或其中的一部分）购买的那些商品的循环。当然，资本的循环也包括剩余价值的流通，因为剩余价值构成商品资本的一部分，而且还包括可变资本向劳动力的转化，工资的支付。但是，这个剩余价值和工资耗费在商品上，并不构成资本流通的环节，虽然至少工资的耗费是这个流通所不可缺少的。

在本书第一册，我们把资本主义生产过程，既作为孤立过程，又作为再生产过程来分析，我们分析了剩余价值的生产和资本本身的生产。资本在流通领域所经历的形式变换和物质变换被假定为前提，而没有进一步加以论述。我们假定，一方面，资本家按照产品的价值出售产品；另一方面，他在流通领域找到使过程重新开始或连续进行所必需的各种物质生产资料。我们在那里需要考察的流通领域中的唯一行为，是作为资本主义生产的基本条件的劳动力的买和卖。

在本册的第一篇，我们考察了资本在它的循环中所采取的不同的形式和这个循环本身的各种形式。除了第一册所考察的劳动时间，现在又加上了流通时间。

在第二篇，循环是作为周期的循环，也就是作为周转来考察的。这里一方面指出了，资本的不同组成部分（固定资本和流动资本）怎样在不同的时间以不同的方式完成各种形式的循环；另一方面又研究了决定劳动期间和流通期间长短不同的各种情况。我们还指出了，循环期间及其组成部分的不同比例，对生产过程本身的范围和年剩余价值率有怎样的影响。事实上，第一篇主要是考察资本在它的循环中不断地依次采取和抛弃的各种形式，而第二篇研究的，是在各种形式的这种运动和相继更替中，一定量的资本怎样同时（尽管按不同的比例）分成生产资本、货币资本和商品资本这些不同的形式，以致不仅这些形式互相交替，而且总资本价值的不同部分也不断地并存于这些不同的状态中，并执行职能。特别是货币资本表示出一种在第一册里没有讲过的特性。在这里揭示了一些规律，按照这些规律，一定量资本的大小不等的组成部分，必须按照周转的条件，不断地以货币资本的形式预付和更新，以便使一个一定规模的生产资本能够不断地执行职能。

但是在第一篇和第二篇，我们考察的，始终只是单个资本，只是社会资本中一个独立部分的运动。

但是，各个单个资本的循环是互相交错的，是互为前提、互为条件的，而且正是在这种交错中形成社会总资本的运动。在简单商品流通中，一个商品的总形态变化表现为商品世界形态变化系列的一个环节，同样，单个资本的形态变化现在则表现为社会资本形态变化系列的一个环节。虽然简单商品流通决没有必要包括资本的流通——因为它可以在非资本主义生产的基础上进行——，但如上所述，社会总资本的循环却包括那种不属于单个资本循环范围内的商品流通，即包括那些不形成资本的商品的流通。

现在，我们就要考察作为社会总资本的组成部分的各个单个资本的流通过程(这个过程的总体就是再生产过程的形式)，也就是考察这个社会总资本的流通过程。

II. 货币资本的作用

〔虽然下面阐述的内容属于本篇的后面部分，但我们还是想立即研究一下，就是说，把货币资本作为社会总资本的一个组成部分来考察。〕

在考察单个资本的周转时，货币资本显示出两个方面。

第一，它是每个单个资本登上舞台，作为资本开始它的过程的形式。因此，它表现为发动整个过程的第一推动力。

第二，由于周转期间的长短不同和周转期间两个组成部分——劳动期间和流通期间——的比例不同，必须不断以货币形式预付和更新的那部分预付资本价值与它所推动的生产资本即连续进行的生产的规模之间的比例，也就不同。但不管这个比例如何，能够不断执行生产资本职能的那部分处在过程中的资本价值，总是受必须不断以货币形式与生产资本同时存在的那部分预付资本价值的限制。这里说的只是正常的周转，一个抽象的平均数。在这里，为消除流通的停滞而追加的货币资本是撇开不说的。

关于第一点。商品生产以商品流通为前提，而商品流通又以商品表现为货币，以货币流通为前提；商品分为商品和货币的这种二重化，是产品表现为商品的规律。同样，资本主义的商品生产——无论是社会地考察还是个别地考察——，要求货币形式的资本或货币资本作为每一个新开办的企业的第一推动力和持续的动力。特别是流动资本，要求货币资本作为动力经过一段短时间不断地反复出现。全部预付资本价值，即资本的一切由商品构成的部分——劳动力、劳动资料和生产材料，都必须不断地用货币一再购买。在这里，就单个资本说是如此，就社会资本说也是如此，后者不过是以许多单个资本的形式执行职能。但是正如第一册已经指出的，由此决不能得出结论说，资本执行职能的范围，生产的规模——即使在资本主义的基础上——就其**绝对的**界限来说，是由执行职能的货币资本的大小决定的。

并入资本中的各种生产要素的扩大，在一定的界限之内，不是取决于预付货币资本的量。在劳动力的报酬相同的情况下，可以从外延方面或内涵方面加强对劳动力的剥削。如果货币资本随着这种剥削的加强而增加(即如果工资提高),那么,它也不是和这种剥削成比例地增加的,因而,根本不是相应地增加的。

生产上利用的自然物质,如土地、海洋、矿山、森林等等,不是资本的价值要素。只要提高同样数量劳动力的紧张程度,不增加预付货币资本,就可以从外延方面或内涵方面,加强对这种自然物质的利用。这样,生产资本的现实要素增加了,而无须追加货币资本。如果由于追加辅助材料而必须追加货币资本,那么,资本价值借以预付的货币资本,也不是和生产资本效能的扩大成比例地增加的,因而,根本不是相应地增加的。

同一些劳动资料,也就是同一固定资本,可以用延长每天的使用时间的办法,也可以用增加使用强度的办法,更有效地加以利用,而无须为固定资本追加货币支出。这时,只是固定资本的周转加快了,可是它的再生产的各种要素也更迅速地提供出来。

撇开自然物质不说,各种不费分文的自然力,也可以作为要素,以或大或小的效能并入生产过程。它们发挥效能的程度,取决于不花费资本家分文的各种方法和科学进步。

关于劳动力在生产过程中的社会结合和各个单个工人积累起来的熟练程度,情况也是如此。凯里推算出,土地所有者从来没有得到足够的报酬,因为支付给他的,并不是自古以来为使土地具有现在这样的生产能力而投下的全部资本或劳动。(当然不提从土地掠夺去的生产能力。)根据这种算法,对单个工人就必须按照整个人类为把一个野蛮人造就成一个现代的机器工人所花费的劳动,来支付报酬了。正好相反,我们倒是应该这样说:如果把投在土地上的一切没有报酬的、但已被土地所有者和资本家转化为货币的劳动计算一下,那么，全部投在土地上的资本已经一再以高额的利息偿还了，土地所有权也早就一再被社会赎买回来了。

劳动生产力的提高，如果不包含资本价值的追加支出，当然首先只是增加产品的量，而不是增加产品的价值，除非它能够用同量的劳动把更多的不变资本再生产出来，从而把更多不变资本的价值保存下来。但是，劳动生产力的提高同时形成新的资本材料，从而形成资本积累扩大的基础。

社会劳动组织本身，从而社会劳动生产力的提高，要求生产大规模地进行，从而要求单个资本家预付大量货币资本。关于这一点，如第一册已经指出的[85]，这部分地是通过资本在少数人手中的集中实现的，而执行职能的资本价值的量，从而表现这些价值的预付货币资本的量，并不需要绝对地增大。单个资本的量可以通过这些资本在少数人手中的集中来增大，而它们的社会总额并没有增大。这只是改变各个单个资本的分配而已。

最后，上一篇已经指出，通过周转期间的缩短，能用较少的货币资本推动同一的生产资本，或者能用同一的货币资本推动较多的生产资本。

但是，这一切显然和真正的货币资本问题无关。这只是表明，预付资本——一个既定的价值额，它在它的自由形式上，在它的价值形式上，是由一定的货币额构成的——在转化为生产资本之后，包含着生产的潜力，这些潜力的界限，不是由这个预付资本的价值界限规定的，这些潜力能够在一定的活动范围之内，在外延方面或内涵方面按不同程度发挥作用。如果生产要素——生产资料和劳动力——的价格是已定的，那么，购买一定数量的以商品形式存在的这些生产要素所必需的货币资本量，也是确定的。或者说，要预付的资本的价值量是确定的。但这个资本作为价值形成要素和产品形成要素的作用大小是有弹性的，可以变化的。

关于第二点。社会劳动和生产资料中每年都必须有一部分用来生产或购买货币，以补偿磨损掉的铸币。不言而喻，这对社会生产的规模相应地是一种削减。但是，至于那个部分地充当流通手段，部分地充当贮藏货币的货币价值，那么，既然它已经存在，已经取得，它就同劳动力、生产出来的生产资料和财富的自然源泉并存。不能把这种货币价值看成是限制这些东西的。通过它转化为生产要素，通过它和外国进行交换，生产规模就能扩大。但这以货币依旧起世界货币的作用为前提。

由于周转期间的长短不同，推动生产资本所必要的货币资本量也就有大有小。我们还知道，周转期间划分为劳动时间和流通时间，就要求增加那种在货币形式上潜在的或暂歇的资本。

周转期间，就它由劳动期间的长度决定而言，在其他条件不变的情况下，由生产过程的物质性质决定，因此，不是由这个生产过程的特殊的社会性质决定。但是，在资本主义生产的基础上，历时较长范围较广的事业，要求为较长的时间预付较大量的货币资本。所以，这一类领域里的生产取决于单个资本家拥有的货币资本的界限。这个限制被信用制度和与此相连的联合经营(例如股份公司)打破了。因此，货币市场的混乱会使这类企业陷于停顿，而这类企业反过来也会引起货币市场的混乱。

有些事业在较长时间内取走劳动力和生产资料，而在这个时间内不提供任何有效用的产品；而另一些生产部门不仅在一年间不断地或者多次地取走劳动力和生产资料，而且也提供生活资料和生产资料。在社会的生产的基础上，必须确定前者按什么规模进行，才不致有损于后者。在社会的生产中，和在资本主义的生产中一样，在劳动期间较短的生产部门，工人将照旧只在较短时间内取走产品而不提供产品；在劳动期间长的生产部门，则在提供产品之前，在较长时间内不断取走产品。因此，这种情况是由相关的劳动过程的物质条件造成的，而不是由这个过程的社会形式造成的。在社会的生产中，货币资本不再存在了。社会把劳动力和生产资料分配给不同的生产部门。生产者也许会得到纸的凭证，以此从社会的消费品储备中，取走一个与他们的劳动时间相当的量。这些凭证不是货币。它们是不流通的。

我们知道，如果对货币资本的需求是由劳动期间的持续所引起的，那么，这是由两种情况造成的：**第一**，货币一般地说是每一单个资本（撇开信贷不说）为了转化成生产资本所必须采取的形式；这是由资本主义生产的性质，由一般商品生产的性质引起的。——**第二**，必要的预付货币量的产生，是由于在较长时间内不断从社会取走劳动力和生产资料，而在这个时间内却不向社会提供任何可以再转化为货币的产品。第一种情况，即要预付的资本必须以货币形式预付，并不会由于这个货币本身的形式——不论是金属货币、信用货币、价值符号或其他等等——而消除。第二种情况也决不会由于通过哪一种货币媒体或通过哪一种生产形式取走劳动、生活资料和生产资料却不把等价物投回流通，而受到影响。

第十九章(35)

前人对这个问题的阐述

I. 重农学派

魁奈的《经济表》86用几根粗线条表明，国民生产的具有一定价值的年产品怎样通过流通进行分配，才能在其他条件不变的情况下，使它的简单再生产即原有规模的再生产进行下去。上一年度的收获，理所当然地构成生产期间的起点。无数单个的流通行为，从一开始就被概括为它们的具有社会特征的大量运动，——几个巨大的、职能上确定的、经济的社会阶级之间的流通。在这里，我们感兴趣的是：总产品的一部分——它和总产品的任何其他部分一样，作为使用物品，是过去一年劳动的新的结果——，同时只是以同一实物形式再现的原有资本价值的承担者。它不流通，而是留在它的生产者租地农场主阶级手里，以便在那里重新开始它的资本职能。魁奈还把一些无关的要素包括在年产品的这个不变资本部分中，但是他把握住了主要问题，这要归功于他的有限的眼界，即认为农业是使用人类劳动来生产剩余价值的唯一领域，就是说，从资本主义的观点看，是

(35)这里第VIII稿开始。

唯一的真正生产的领域。经济的再生产过程，不管它的特殊的社会性质如何，在这个部门（农业）内，总是同一个自然的再生产过程交织在一起。后者的显而易见的条件，会阐明前者的条件，并且会排除只是由流通幻影引起的思想混乱。

一种理论体系的标记不同于其他商品的标记的地方，也在于它不仅欺骗买者，而且也往往欺骗卖者。魁奈本人和他的最亲近的门生，都相信他们的封建招牌。直到现在，我们的学究们也还是如此。然而在实际上，重农主义体系是对资本主义生产的第一个系统的理解。产业资本的代表——租地农场主阶级——指导着全部经济运动。农业按资本主义方式经营，就是说，作为大规模的资本主义租地农场主的企业经营；土地的直接耕作者是雇佣工人。生产不仅创造使用物品，而且也创造它们的价值；而生产的动机是获得剩余价值，剩余价值的出生地是生产领域，不是流通领域。在作为以流通为中介的社会再生产过程的承担者的三个阶级中，"生产"劳动的直接剥削者，剩余价值的生产者，资本主义的租地农场主，和那些剩余价值的单纯占有者区别开来了。

还在重农主义体系的全盛时期，这种体系的资本主义性质就已经一方面引起了兰盖[87]和马布利的反对，另一方面引起了自由小土地所有制的辩护者们的反对。

亚·斯密在再生产过程的分析上的退步(36)之所以更加明显，是因为他在其他方面不仅对魁奈的正确分析作了进一步的加工，例如把魁奈的"原预付"和"年预付"普遍化，说成是"固定"资本和"流

(36)《资本论》第2版第1卷第612页注32。[88]

动”资本(37)，而且在某些地方，完全重犯了重农学派的错误。例如，为了证明租地农场主比任何其他种类的资本家生产更大的价值，他说：

“没有任何等量资本，比租地农场主的等量资本，能推动数量更大的生产劳动。不仅他的雇工是生产工人，而且他的役畜也是生产工人。〔这对雇工是一个多么好听的赞语啊！〕在农业中，自然也和人一起**劳动**；虽然**自然的劳动不需任何费用**，但是它的产品，**和费用最大的工人的产品一样**，仍然具有它的**价值**。农业中最重要的工作，看来与其说是为了增加自然的肥力——虽然它也这样做——，不如说是要使用自然的肥力来生产对人类最有用的植物。杂草丛生的原野，往往可以提供和精心耕作的葡萄园或庄稼地同样多的植物。栽培和耕作往往更多地是调节而不是促进自然的有效的肥力；并且在完成这一切劳动之后，总会留下许多工作让自然去做。因此，农业中使用的工人和役畜〈！〉，像制造业中的工人那样，不仅再生产一个等于他们自己消费的价值（或者说使用他们的资本）以及资本家的利润的价值；而且还再生产一个更大得多的价值。除租地农场主的资本和他的全部利润之外，他们通常还再生产出土地所有者的地租。地租可以看做是土地所有者租给租地农场主使用的各种自然力的产物。地租多少，要看设想的各种自然力的大小而定，换句话说，要看设想的土地的自然肥力或人为肥力而定。地租是扣除或补偿一切可以看做人工产物的东西之后所留下的自然的产物。它很少少于总产品的四分之一，而常常多于总产品的三分之一。制造业中使用的等量生产劳动，决不可能引起这样大的再生产。在制造业中，自然什么也没有做，一切都是人做的；并且再生产必须始终和进行再生产的各作用因素的力量成比例。因此，投于农业的资本，与制造业中使用的任何一个等量资本相比，不仅推动数量较大的生产劳动，而且按照它所使用的

---

(37)在这一点上，也有几位重农主义者，首先是杜尔哥，曾经为他开路。杜尔哥已经比魁奈和其他重农主义者更经常地使用“资本”一词来代替“预付”；并且更加把制造业主的预付或资本和租地农场主的预付或资本等同看待。例如：“和那些人〈制造业主〉一样，他们〈租地农场主，即资本主义的租地农场主〉除了流回的资本，还必须得到……”（《杜尔哥全集》，德尔编，1844年巴黎版第1卷第40页）

生产劳动的量，把一个更大得多的价值，加到一个国家的土地和劳动的年产品中去，加到该国居民的现实财富和收入中去。”（第2篇第5章第242、243页）

亚·斯密在第二篇第一章中说：

“种子的全部价值，在本来的意义上，也是固定资本。”

因此在这里，资本＝资本价值；它以“固定”的形式存在。

“虽然种子往返于土地和谷仓之间，但它从不更换所有者，所以实际上并没有进入流通。租地农场主取得利润，不是靠种子的出售，而是靠种子的繁殖。”（第186页）

在这里，局限性在于，斯密没有像魁奈已经看到的那样，看到不变资本价值以更新的形式再现出来，因而没有看到再生产过程的一个重要因素，他只是为他的流动资本和固定资本的区别多提出了一个例证，而且是一个错误的例证。——斯密把“原预付”和“年预付”换成“固定资本”和“流动资本”，进步之处在于“资本”这个名词，他使资本这个概念普遍化，摆脱了重农学派特别注意把它应用于“农业”领域这种情况；退步之处在于把“固定”和“流动”理解为决定性的区别，并且坚持不变。

II. 亚当·斯密

1. 斯密的一般观点

亚·斯密在第1篇第6章第42页上说：

“在每一个社会中，每一种商品的价格最终地分解为这三个部分〈工资、利润、地租〉之一，或三者全体；并且在每一个进步的社会中，这三者都多少不等地作为组成部分加入绝大部分商品的价格中去"(38);或者,像他接下去在第43页上说的:"工资、利润和地租,是一切收入的**三个原始源泉**,也是**一切交换价值的三个原始源泉**。"

亚·斯密关于"商品价格的"或"一切交换价值的组成部分"这一学说,我们以后还要进一步研究。——他还说:

"既然就每一个特殊商品分别来说是如此,那么,就形成每一个国家的土地和劳动的**全部年产品的**一切商品整体来说也必然是如此。这个年产品的**全部价格或交换价值**,必须**分解为**同样三个部分,在国内不同居民之间**进行分配**,或是作为他们的劳动的**工资**,或是作为他们的资本的**利润**,或是作为他们占有的土地的**地租**。"(第2篇第2章第190页)

亚·斯密就是这样把一切个别考察的商品的价格和"每一个国家的土地和劳动的年产品的……全部价格或交换价值",分解为雇佣工人、资本家和土地所有者的收入的三个源泉,即分解为工资、利润和地租,在这之后,他还是不得不迂回曲折地把第四个要素,即资本的要素偷偷地塞了进来。这是通过划分总收入和纯收入的区别来达到的。

"一个大国全体居民的**总**收入,包括他们的土地和劳动的**全部年产品**;**纯**收入是在先**扣除固定资本的维持费用**,再**扣除流动资本的维持费用之后**,余下供他们支配的**部分**,或者说,是他们可以列入消费储备的部分,即用于生活必需

---

(38)为了使读者对"绝大部分商品的价格"一语不致迷惑不解,可以用下面这几句话来说明亚·斯密本人是怎样解释的:例如,在海鱼的价格中,没有加入地租,而只加入工资和利润;在苏格兰玛瑙的价格中,只加入工资。他说:"在苏格兰的一些地区,贫民以在海滨捡拾各种色彩的通称苏格兰玛瑙的小石子为业。石雕业主付给他们的小石子的价格,只由他们的工资构成,因为地租和利润都不形成这种价格的任何部分。"

品、舒适品和享乐品而不侵占资本的部分。他们的实际财富同样不是和他们的总收入，而是和他们的纯收入成比例的。”（同上，第190页）

对此我们评述如下：

1. 亚·斯密在这里显然只是考察简单再生产，而不是考察规模扩大的再生产或积累；他所说的只是为维持执行职能的资本的支出。“纯”收入等于年产品——不管是社会的还是单个资本家的年产品——中可以加入“消费基金”的部分，不过这个基金的数量不能侵占执行职能的资本。因此，个人的产品和社会的产品，都有一个价值部分既不分解为工资，也不分解为利润或地租，而是分解为资本。

2. 亚·斯密借助“总收入”和“纯收入”的区别这个名词游戏，从自己的理论中逃了出来。单个资本家，和整个资本家阶级或所谓的国民一样，得到商品产品来代替生产中消费掉的资本。这个商品产品的价值，——它可以表现为这个产品本身的各个比例部分，——一方面补偿用掉的资本价值，因此形成收入，或按原来的用词，就是形成“Revenue”（“revenu”是动词“revenir”的分词，意思是“回来”），但要注意，这是资本收入；另一方面，形成几个价值组成部分，它们“在国内不同居民之间进行分配，或是作为他们的劳动的工资，或是作为他们的资本的利润，或是作为他们占有的土地的地租”——就是日常生活中所说的收入。按照这种观点，全部产品的价值，无论是单个资本家的还是全国的，都会形成某个人的收入；不过一方面是资本收入，另一方面是与此不同的“收入”。因此，在把商品价值分解为它的组成部分时除掉的东西，就又从后门——通过“收入”这个词的双重含义——引了进来。但是，只有那些已经存在于产品中的价值组成部分，才能够被“收入”。**资本**要作为收入拿回来，它就必须事先被花费掉。

亚·斯密还说：

“最低的普通利润率，除了要足以补偿资本在各种使用中不时遇到的损失以外，总还要有些剩余。只有这个余额才是纯利润或净利润。”

〔哪个资本家把利润理解为必要的资本支出？〕

“人们所说的总利润，往往不仅包括这个余额，而且也包括为补偿这种意外损失而保留的部分。”（第1篇第9章第72页）

这不过是说，一部分剩余价值，作为总利润的一部分，必须形成一个生产保险基金。这个保险基金是由一部分剩余劳动创造出来的，就这一点说，剩余劳动直接生产资本，就是说，直接生产那种要用在再生产上的基金。至于固定资本的“维持”费用等等（见以上引文），那么，用新的固定资本补偿消费掉的固定资本，并不是什么新的投资，而仅仅是旧资本价值以新的形式更新。至于固定资本的修理，亚·斯密把它也算在维持费用之内，那么，这种费用也应算在预付资本的价格中。资本家无须一次支出这种费用，他只是根据资本执行职能期间的需要逐渐地支出，并且可以用已经赚得的利润支出，这个事实并不改变这个利润的源泉。这个利润由以产生的价值组成部分只是证明，工人既为保险基金，也为修理基金提供剩余劳动。

然后亚·斯密告诉我们说，要从纯收入即特殊意义上的收入中，排除掉全部固定资本，也要排除掉维持、修理和更新固定资本所必需的全部流动资本，实际上就是要排除掉一切不是处于用做消费基金的实物形式的资本。[89]

“维持固定资本的全部费用，显然要从社会纯收入中排除掉。无论是为维持有用机器、生产工具……所必需的原料，还是为使这些原料转化为适当的形式所必需的劳动的产品，从来都不可能成为社会纯收入的一部分。这种劳动的

> **价格**，当然可以是社会纯收入的一部分，因为从事这种劳动的工人，可以把他们工资的全部价值用在他们的直接的消费储备上。但是，在其他各种劳动中，**价格**〔即为这种劳动支付的工资〕和**产品**〔这种劳动体现在其中〕二者都加入这个消费储备；价格加入工人的消费储备，产品则加入另一些人的消费储备，这些人靠这种工人的劳动来增加自己的生活必需品、舒适品和享乐品。”（第2篇第2章第190、191页）

亚·斯密在这里碰上了一种非常重要的区别，即生产**生产资料**的工人和直接生产**消费资料**的工人之间的区别。在前者的商品产品的价值中，有一个组成部分和工资总额相等，即和为购买劳动力所支出的那部分资本的价值相等；这部分价值，就它的物体形态说，是作为这种工人所生产的生产资料的一定部分而存在的。他们以工资形式得到的货币，形成他们的收入，但是他们的劳动，既没有为自己，也没有为别人生产出可供消费的产品。因此，这些产品本身并不形成用来提供社会消费基金（“纯收入”只能在其中实现）的那部分年产品的任何要素。这里亚·斯密忘记加上一句：工资是如此，生产资料价值中在利润和地租的范畴下作为剩余价值（首先）形成产业资本家的收入的组成部分，同样也是如此。这些价值组成部分也存在于生产资料中，存在于不能消费的物品中；它们在转化为货币之后，才能在第二类工人所生产的消费资料中，取出一个同它们的价格相当的数量，转入它们的所有者的个人消费基金。但是，亚·斯密尤其应该知道，在每年生产的生产资料的价值中，有一部分和在这个生产领域执行职能的生产资料——用来生产生产资料的生产资料——的价值相等，也就是和这个生产领域内使用的不变资本的价值相等，这部分价值不仅由于它借以存在的实物形式，而且也由于它的资本职能，绝对不可能成为任何形成“收入”的价值组成部分。

关于第二类工人，即直接生产消费资料的工人，亚·斯密的规定是不十分确切的。他说，在这种劳动中，劳动的价格和产品，二者都加入直接消费基金：

“**价格**〈即作为工资得到的货币〉加入**工人**的消费储备，产品则加入**另一些人**的消费储备，这些人靠这种工人的劳动来增加自己的必需品、舒适品和享乐品”。

但是，工人不能用他的劳动的“**价格**”，即作为他的工资支付给他的货币来过活；他要实现这个货币，即用这个货币来购买消费资料。这种消费资料，有一部分可能是由他自己生产的商品构成。另一方面，他自己的产品，可能是只加入剥削劳动的人消费的产品。

亚·斯密这样把固定资本从一个国家的“纯收入”中完全排除掉之后，接着说道：

“虽然维持固定资本的全部费用这样必须从社会的纯收入中排除掉，但维持流动资本的费用却不是这样。在流动资本由以构成的四部分即货币、生活资料、原料和成品中，我们讲过，后面三部分有规则地从流动资本中取出，或者转化为社会的固定资本，或者转化为用做直接消费的储备。不用来维持前者〔固定资本〕的那部分可供消费的物品，则全部加入后者〔用做直接消费的储备〕，成为社会纯收入的一部分。因此，这三部分流动资本的维持从社会纯收入中减去的数量，不外就是年产品中必须用来维持固定资本的部分。”（第2篇第2章第191、192页）

不用来生产生产资料的那部分流动资本，加入消费资料的生产，也就是加入用来形成社会消费基金的那部分年产品，这种说法不过是同义反复而已。但重要的是接着说的一段话：

“一个社会的流动资本，在这方面来说是和单个人的流动资本不同的。单个人的流动资本完全要从他的纯收入中排除掉，决不能成为其中的一部分；个人的纯收入只能由他的利润构成。但是，每个单个人的流动资本虽然都是他所属的那个社会的流动资本的一部分，然而决不因此就必定要从社会的纯收入中排除掉，它可以成为其中的一部分。一个小商人店里的全部商品，虽然完全不可能列入供他自己直接消费的储备，但可以是另一些人的消费基金。这些人用他们由别的基金得到的收入，有规则地为商人补偿这些商品的价值，并且偿付商人的利润，既不致引起商人的资本的减少，也不致引起他们的资本的减少。”（同上）

这样，我们在这里听到的是：

1. 任何单个资本家用来生产消费资料的流动资本，同固定资本以及为再生产（他忘记了固定资本的职能）和维持固定资本所必需的流动资本一样，也要从**他的**只能由他的利润构成的纯收入中完全排除掉。因此，他的商品产品中补偿他的资本的部分，不能分解为任何形成他的收入的价值组成部分。

2. 任何单个资本家的流动资本都形成社会流动资本的一部分，和任何单个固定资本都形成社会固定资本的一部分完全一样。

3. 社会流动资本虽然只是各单个流动资本的总和，但具有一种和任何单个资本家的流动资本都不相同的性质。任何单个资本家的流动资本，都永远不能形成**他的收入**的一部分；但社会流动资本的一部分（即由消费资料构成的部分），可以同时形成**社会收入**的一部分，或者像斯密前面说过的那样，没有必要因为有这部分资本，就要从社会的纯收入中减去一部分年产品。亚·斯密这里叫做流动资本的东西，实际上就是每年生产的、生产消费资料的资本家每年投入流通的商品资本。他们的这种年商品产品，全部由可供消费的物品构成，从而形成社会纯收入（包括工资）得以实现或支出的基金。亚·斯密举例说明时，本应该选择堆放在产业资本家仓库内的大量货物，而不是选择小商人店里的商品。

如果亚·斯密把他先前在考察他称之为固定资本的再生产时和现在在考察他称之为流动资本的再生产时涌现出的一些思想片断综

合起来，他就会得出如下的结论：

I. 社会年产品是由两个部类构成的；第一部类包括生产资料，第二部类包括消费资料。二者必须分别加以论述。

II. 由**生产资料**构成的那部分年产品的总价值，分成下面几个部分：第一个价值部分，只是生产这种生产资料时所消费的生产资料的价值，因而只是以更新的形式再现的资本价值；第二个部分，等于投在劳动力上的资本的价值，或者说，等于该生产领域内资本家付出的工资的总额。最后，第三个价值部分，形成这个部类产业资本家的利润（包括地租）的源泉。

第一个组成部分，按亚·斯密的说法，就是在这个第一部类中所使用的一切单个资本的再生产出来的固定资本部分，无论对单个资本家来说还是对社会来说，"显然要从纯收入中排除掉，决不可能成为纯收入的一部分"。它总是作为资本，而从不作为收入执行职能。就这一点来说，任何单个资本家的"固定资本"都和社会的固定资本没有区别。但社会年产品中由生产资料构成的其他价值部分，——因而也是作为这个生产资料总量的相应部分而存在的价值部分，——固然同时形成**一切参与这种生产的当事人的收入**，即工人的工资，资本家的利润和地租。但是**对社会来说**，它们不是形成收入，而是形成**资本**，虽然社会的这个年产品只是由该社会所属各单个资本家的产品的总和构成。这些产品，按照它们的性质，通常只能作为生产资料执行职能，甚至那些在必要时可以作为消费资料执行职能的产品，也是要作为新生产时的原料或辅助材料来用的。它们作为这样的东西，即作为资本执行职能，不过不是在它们的生产者手中，而是在它们的使用者手中，那就是：

III. 在第二部类资本家即**消费资料**的直接生产者手中。它们为这些资本家补偿在生产消费资料时用掉的资本(指的是不转化为劳动力,从而不是由这个第二部类工人的工资总额构成的那部分资本);而这个用掉的资本,现在以消费资料的形式处在那些生产这种消费资料的资本家手中,从它这方面说,也就是从社会的观点来看,又**形成第一部类的资本家和工人借以实现其收入的消费基金**。

如果亚·斯密的分析达到了这一步,那么,离全部问题的解决也就相差无几了。他已经接近问题的实质,因为他已经指出,社会全部年产品由以构成的商品资本中的**一**种商品资本(生产资料)的某些价值部分,虽然形成从事这种生产的单个工人和资本家的收入,但并不形成社会收入的组成部分,而**另一**种商品资本(消费资料)的价值部分,虽然对它的单个所有者即在这个投资领域内活动的资本家来说,形成资本价值,但只形成社会收入的一部分。

仅就以上所说已经可以得出:

第一,虽然社会资本只等于各单个资本的总和,因而社会的年商品产品(或商品资本)也等于这些单个资本的商品产品的总和;因而,虽然商品价值之分解为它的组成部分适用于各单个商品资本,也必定适用于并且结果也确实适用于整个社会的商品资本,但是,这些组成部分在整个社会再生产过程中的表现形式,却是**不同的**。

第二,甚至在简单再生产的基础上,也不仅有工资(可变资本)和剩余价值的生产,而且有新的不变资本价值的直接生产;虽然工作日只是由两部分组成:一部分由工人用来补偿可变资本,事实上就是为他的劳动力的购买生产一个等价物,而另一部分由工人用来生产剩余价值(利润、地租等等)。就是说,每天在生产资料再生产上耗费的劳动,——其价值分为工资和剩余价值,——是实现在新的生产资料上的,这些新的生产资料用来补偿在生产消费资料时用掉的不变资本部分。

主要的困难——绝大部分已经由以上的说明解决了——不是发生在对积累的考察上，而是发生在对简单再生产的考察上。因此，亚·斯密（第2篇）和以前的魁奈（《经济表》），每当研究社会年产品的运动和它的以流通为中介的再生产时，都是从简单再生产出发的。

2. 斯密把交换价值分解为v + m

亚·斯密的教条是：每一个单个商品——从而合起来构成社会年产品的一切商品（他到处都正确地以资本主义生产为前提）——的价格或交换价值，都是由三个组成部分构成，或者说分解为：工资、利润和地租。这个教条可以还原为：商品价值 = v + m，即等于预付可变资本的价值加上剩余价值。而且我们确实也能够把利润和地租还原为一个我们叫做m的共同单位。这样做是亚·斯密所明确许可的，这可以由以下的引文来证明。在这些引文中，我们首先撇开一切次要之点，也就是撇开一切同这一教条——商品价值完全是由我们用v + m来表示的要素构成——似乎相背离或实际相背离的东西。

在制造业中：

> "工人加到材料上的价值……分成两部分，一部分支付工人的工资，另一部分支付他们的雇主的利润，作为他预付在材料和工资上的全部资本的报酬。"（第1篇第6章第40、41页）——"虽然制造业者〔制造业工人〕的工资是他的业主预付的，但实际上业主并不花费什么，因为这种工资的价值连同利润，通常保留在有工人的劳动加于其上的物品的增大了的价值中。"（第2篇第3章第221页）
>
> 用来"维持生产劳动"的资本部分，"在为他〔雇主〕执行资本的职能之后，就形成他们〔工人〕的收入"（第2篇第3章第223页）。

亚·斯密在刚才引述的这一章中明确地说：

> "每一个国家的土地和劳动的全部年产品……自然分成两部分。其中一部分，而且往往是最大的部分，首先用来补偿资本，更新那些已经从资本中取出的生活资料、原料和成品；另一部分则用来形成收入，——或是作为这个资本的所有者的**资本的利润**，或是作为另一个人的**土地**的地租。"（第222页）

只有一部分资本，即为购买生产劳动所耗费的那部分资本，像亚·斯密刚才所说的那样，同时又形成某人的收入。这部分资本——可变资本——先是在雇主手中为他执行"资本的职能"，然后又为生产工人自己"形成收入"。资本家把他的一部分资本价值转化为劳动力，并且正是由此转化为可变资本；只是通过这种转化，不仅这部分资本，而且他的全部资本，才执行产业资本的职能。工人，即劳动力的卖者，以工资的形式取得劳动力的价值。在工人手里，劳动力仅仅是可以出卖的商品，他就是靠出卖这种商品为生的，因此，这种商品就是他的收入的唯一源泉。劳动力只有在它的买者资本家手中，才执行可变资本的职能。资本家只是在表面上预付劳动力的购买价格，因为它的价值已经事先由工人提供给他了。

亚·斯密告诉我们制造业中产品的价值＝v＋m（这里的m＝资本家的利润）后，又告诉我们说，在农业中，工人除了

> "再生产一个等于他们自己的消费或雇用他们的〔可变〕资本以及资本家利润的价值"以外，"通常还会超出租地农场主的资本和他的全部**利润**，再生产出土地所有者的**地租**"（第2篇第5章第243页）。

地租落到土地所有者手里这件事，和我们这里考察的问题毫无关系。地租落到土地所有者手里之前，必然在租地农场主手里，即在产业资本家手里。它在成为某个人的收入之前，必然是产品价值的

一个组成部分。因此，在亚·斯密那里，地租和利润只是剩余价值的组成部分，这些部分是由生产工人在不断再生产他自己的工资即可变资本的价值的同时，不断再生产出来的。所以，地租和利润是剩余价值m的部分，因此，在亚·斯密那里，一切商品的价格都分解为v＋m。

一切商品（从而年商品产品）的价格分解为工资加利润加地租这个教条，在斯密著作中时常表露的内在的部分里，甚至采取了这样的形式：每一个商品从而社会年商品产品的价值＝v＋m，＝投在劳动力上的并由工人不断再生产出来的资本价值加上由工人通过他们的劳动追加的剩余价值。

亚·斯密得出的这个最后结果，同时向我们泄露了——见后面——他对商品价值可以分解成的各个组成部分的片面分析的来源。但是，这些组成部分同时是在生产中执行职能的不同阶级的不同的收入源泉这种情况，却和它们当中任何一个组成部分的量的规定，以及它们的价值总和的界限，都没有关系。

亚·斯密说：

> “工资、利润和地租，是一切收入的三个原始源泉，也是一切交换价值的三个原始源泉。任何其他一种收入，最终地都是从其中某一个派生出来的。”（第1篇第6章第43页）

他这样一说，就把各式各样的混乱堆积在一起了。

1. 一切不直接参加再生产的社会成员，不管劳动与否，首先只能从首先得到产品的那几个阶级，即生产工人、产业资本家和土地所有者的手中，取得自己在年商品产品中的份额，即取得自己的消费资料。就这一点说，他们的收入在物质上是由（生产工人的）工资、利润和地租派生出来的，因此，和那些原始的收入相对而言，表现为派生的收入。但是另一方面，在这个意义上的派生的收入的接受人，是靠他们作为国王、牧师、教授、娼妓、士兵等等的社会职能来取得这种收入的，因此他们可以把自己的这种职能看做是他们的收入的原始源泉。

2. ——正是在这里，亚·斯密的可笑错误达到了登峰造极的地步：在首先正确地规定商品价值的各个组成部分和体现在其中的价值产品的总额，然后证明这些组成部分形成同样多的不同的收入源泉之后(39)，在这样从价值引出收入之后，他又反过来，使收入由“组成部分”变为“一切交换价值的**原始源泉**”——而这在他那里是占主导地位的见解——，这样一来，他就为庸俗经济学大开了方便之门。(见我们的罗雪尔的著作[90]。)

3. 不变资本部分

现在让我们看看，亚·斯密企图用什么魔术，把资本的不变价值部分从商品价值中驱逐出去。

> “例如，在谷物的价格中，就有一部分支付土地所有者的地租。”

这个价值组成部分的起源，和这个部分付给土地所有者并以地租形式形成土地所有者的收入毫无关系，就像其他价值组成部分的起源，和这些部分作为利润和工资形成收入的源泉毫无关系一样。

---

(39)这一句话，我是照手稿逐字抄录下来的，虽然就这里的上下文来看，它好像既和上文有矛盾也和下文有矛盾。这个表面上的矛盾，将会在后面第四项《亚·斯密所说的资本和收入》中得到解决。——弗·恩·

“另一部分支付在谷物生产上使用的工人〔他还加上役畜！〕的工资或给养，第三部分支付租地农场主的利润。这三部分看来〔seem，确实是**看来**〕直接地或最终地构成谷物的全部价格。”(40)

这全部价格，即它的量的规定，和它在三种人中间进行的分配绝对无关。

“也许有人以为必须有第四个部分，用来补偿租地农场主的资本，或者说，补偿他的役畜和其他农具的损耗。但是必须考虑到，任何一种农具的价格，例如一匹役马的价格，本身又是由上述三个部分构成：养马用的土地的地租，养马的劳动，预付这块土地的地租和这种劳动的工资的租地农场主的利润。因此，谷物的价格虽然要补偿马的价格和给养费用，但全部价格仍然直接地或最终地分解为这三个部分：地租、劳动〔他指的是工资〕和利润。”(第1篇第6章第42页)

这些就是亚·斯密用来论证他那令人惊异的学说所说的一切原话，他的证明不过是重复同一个论断而已。他在所举的例子中承认，谷物的价格不仅由v＋m构成，而且也由生产谷物时所消耗的生产资料的价格，即由一个不是被租地农场主花费在劳动力上的资本价值构成。但是，他说，这一切生产资料本身的价格，和谷物的价格一样，也分为v＋m；不过亚·斯密忘记加上一句：此外，还分为生产这些生产资料本身所耗费的生产资料的价格。他引导我们由一个生产部门到另一个生产部门，又由另一个生产部门到第三个生产部门。商品的全部价格“直接地”或“最终地”分解为v＋m这个论断，不过

(40)我们在这里完全不去说亚当在举例上的特别不幸。谷物价值之所以分解为工资、利润和地租，只是因为役畜消费的饲料被看成是役畜的工资，役畜则被看成是雇佣工人，因而雇佣工人也就被看成是役畜。(这个补注采自第II稿)

是一个空洞的遁词，否则他就得证明，价格直接分解为c（所消费的生产资料的价格）+v+m的商品产品，最后会由这样一类商品产品来补偿，它们全部补偿“所消费的生产资料”，但它们本身相反地只需花费可变资本即投在劳动力上的资本就能生产出来。如果这样，后一类商品产品的价格就直接=v+m。因而前一类商品产品的价格c+v+m（c代表不变资本部分），也就最后可分解为v+m。亚·斯密自己也不相信，他用苏格兰玛瑙采集者①的例子已经提出了这样的证明。照他的说法，这种采集者1. 不提供任何种类的剩余价值，而只生产他们自己的工资；2. 不使用生产资料（但是他们也使用篮子、口袋以及其他容器这类形式的生产资料装运玛瑙）。

我们从前面已经知道，亚·斯密自己后来也抛弃了他自己的理论，但并没有意识到自己的矛盾。而这些矛盾的来源，恰好要到他的科学的起点上去寻找。转化为劳动的资本所生产的价值，大于这个资本本身的价值。这是怎样产生的呢？亚·斯密说，这是因为工人在生产过程中把一个价值加到他们所加工的物品中去，这个价值除了为他们自己的购买价格形成一个等价物之外，还形成一个不归他们而归他们的雇主所得的剩余价值（利润和地租）。但是，这也就是他们所完成并且能够完成的一切。一天的产业劳动是如此，整个资本家阶级在一年当中推动的劳动也是如此。因此，年社会价值产品的总量，只能分解为v+m，分解为一个等价物和一个追加价值，前者工人用来补偿作为他们自己的购买价格而耗费的资本价值，后者工人必须作为这个资本价值的超额部分提供给他们的雇主。但商品的这两个价值要素同时又形成参与再生产的不同阶级的收入源泉：前

① 见本卷第402页注（38）。——编者注

者形成工资，即工人的收入；后者形成剩余价值，其中一部分被产业资本家以利润形式保留在自己手里，另一部分则被作为地租让出，成为土地所有者的收入。既然年价值产品除v+m之外不包含任何其他要素，那么，还有一个价值组成部分又是从哪里来的呢？我们在这里说的是简单再生产。既然年劳动的总量分解为再生产花费在劳动力上的资本价值所需要的劳动，和创造剩余价值所需要的劳动，那么，生产那个不是花费在劳动力上的资本价值的劳动，究竟又是从哪里来的呢？

情况有如下述：

1. 亚·斯密是用雇佣工人加进(adds)劳动对象中去的劳动量来决定商品的价值的。用他的话来说，就是加进“材料”中去的劳动量，因为他所考察的是那种本身就是加工劳动产品的制造业；但这丝毫也不影响问题的实质。工人加进(这个“adds”是亚·斯密的用语)一物中去的价值，和这个被加进价值的物在这种加进**之前**本身是否具有价值的问题毫无关系。因此，工人以商品形式创造了价值产品；按照亚·斯密的说法，这个价值产品一部分是他的工资的等价物，因而这一部分由他的工资的价值量决定；工人必须根据这个价值量的大小加进或多或少的劳动，以便生产或再生产一个和他的工资价值相等的价值。但是另一方面，工人还要超出这样决定的界限，加进更多的劳动，为雇用他的资本家形成剩余价值。这个剩余价值无论是完全保留在资本家手中，还是有一部分由资本家让给第三者，都绝对不会影响这个由雇佣工人加进的剩余价值的质的规定(它毕竟是剩余价值)和量的规定(大小)。它是价值，和产品价值的任何其他部分都一样，不过有一点不同：工人为此没有得到而且以后也不会得到任何等价物，相反地，资本家不付等价物就占有这个价值。商品的总价值是由工人在生产商品时耗费的劳动量决定的；这个总价值的一部分是由下面这一点决定的：它等于工资的价值，即它是工资的等价物。因此，第二部分，即剩余价值，也必然是由下面这一点决定的：它等于产品总价值减去其中作为工资等价物的价值部分，即等于生产商品时创造的价值产品超过其中所包含的等于他的工资等价物的价值部分而形成的余额。

2. 每一单个工人在一个单个产业企业内生产的商品是如此，一切生产部门合在一起的年产品也是如此。一个单个生产工人一天的劳动是如此，整个生产工人阶级所推动的年劳动也是如此。这个年劳动把耗费的年劳动的量所决定的总价值"固定"(斯密的用语)在年产品中，而这个总价值则分为两部分，一部分是由年劳动中工人阶级用来为他们的年工资创造等价物，事实上就是创造这个工资本身的部分决定的；另一部分是由年劳动中工人用来为资本家阶级创造剩余价值的追加的部分决定的。因此，年产品中包含的年价值产品只由两个要素构成：工人阶级取得的年工资的等价物和每年为资本家阶级提供的剩余价值。但年工资形成工人阶级的收入，年剩余价值额则形成资本家阶级的收入；因而二者代表年消费基金的两个相对的部分(这个观点在说明简单再生产时是正确的)，并且在年消费基金中得到实现。这样一来，就没有为不变的资本价值，为那个以生产资料形式执行职能的资本的再生产，留下任何地盘。但是亚·斯密在他著作的序论中明确地说，商品价值中一切作为收入执行职能的部分，和用于社会消费基金的年劳动产品是一致的：

"全体人民的收入是由什么构成的?或者说……供给(supplied)他们年消费的基金的性质是怎样的?说明这一点是本书前四篇的目的"(第12页)。

并且，序论的开头第一句就是：

> “每一个国家的年劳动，本来就是提供该国一年当中消费的全部生活资料的源泉，而这些生活资料总是要么由这个劳动的直接产品构成，要么由用这个产品从别国购进的物品构成。”（第11页）

亚·斯密的第一个错误，是把年**产品价值**和年**价值产品**等同起来。后者**只**是过去一年劳动的产品；前者除此以外，还包含在生产年产品时消费掉的、然而是**前一年生产的**、**一部分甚至是前几年生产的**一切价值要素——生产资料，它们的价值只是**再现**而已，就它们的价值来说，它们既不是过去一年间耗费的劳动生产的，也不是它再生产的。亚·斯密把这两种不同的东西混淆起来，从而巧妙地赶走了年产品中的不变价值部分。这种混淆本身建立在他的基本观点的另一个错误上：他没有区分劳动本身的二重性，这就是，劳动作为劳动力的耗费创造价值，而作为具体的有用的劳动创造使用物品（使用价值）。每年生产的商品的总额，即**全部年产品**，是过去一年发生作用的**有用**劳动的产品；这一切商品所以存在，只是因为社会地使用的劳动已经在各种有用劳动的一个枝杈繁多的系统中耗费。只是因为如此，在生产它们时消费的生产资料的价值，才得以保留在它们的总价值中，而以新的实物形式再现出来。因此，全部**年产品**是当年耗费的**有用**劳动的结果，但年**产品价值**只有一部分是当年创造出来的；这一部分就是年**价值产品**，它体现了一年之内所推动的劳动的总和。

因此，既然亚·斯密在上述的引语中说：

> “每一个国家的年劳动，本来就是提供该国一年当中消费的全部生活资料的源泉……”

那他就是片面地站在单纯的有用劳动的立场上，诚然，这种劳动使这一切生活资料取得可以消费的形式。但是，这里他忘记了，如果没有前几年留下的劳动资料和劳动对象的帮助，这是不可能的，因而形成价值的“年劳动”，无论如何也没有创造它所完成的产品的全部价值；他忘记了，价值产品是小于产品价值的。

固然我们不能责备亚·斯密，说他在这种分析上并不比他所有的后继者高明（虽然在重农学派那里已经可以看到正确解决问题的苗头），但是，他却继续迷失在混乱之中。这主要是因为，关于商品价值，他的“内在的”见解不断和他的在广度上占优势的外在的见解纠缠在一起，但他的科学本能还不时地让内在的观点一再表露出来。

4. 亚·斯密所说的资本和收入

每一个商品（从而年产品）中只形成工资等价物的那部分价值，等于资本家预付在工资上的资本，即等于他预付的总资本中的可变组成部分。资本家通过雇佣工人提供的商品中新生产的价值组成部分，把预付资本价值的这个组成部分收回。不管这种可变资本是不是在这种意义上预付的，即资本家在产品尚未完成以供出售之前，或在产品虽已完成但还未被资本家卖掉之前，就用货币支付了产品中属于工人的份额，不管他是不是用他通过出售工人所提供的商品已经得到的货币来支付给工人，也不管他是不是通过信贷已经预先得到这个货币，——在所有这些场合，资本家都要支出以货币形式流到工人手中的可变资本，另一方面，又在他的商品的这样一个价值部分上占有这个资本价值的等价物，在这个价值部分上，工人重新生产出商品总价值中属于他自己的部分，换句话说，生产出自己工资的价值。资本家不是用工人自己生产的产品的实物形式，而是用货币把这个价值部分支付给工人。因此，对资本家来说，他的预付资本价值的可变组成部分，现在已处在商品形式中，而工人则以货币形式取得了他所出卖的劳动力的等价物。

因此，当资本家所预付的资本中通过购买劳动力而转化为可变资本的部分，在生产过程中作为发挥作用的劳动力而执行职能，并通过这种力的耗费，作为新的价值以商品形式重新生产即再生产出来——也就是预付资本价值的再生产，即预付资本价值的新生产！——的时候，工人也就把他所出卖的劳动力的价值或价格耗费在生活资料上，耗费在再生产他的劳动力的各种资料上。一个和可变资本相等的货币额，形成他的所得，因而形成他的收入，这种收入能持续多久，要看他能够在多长时间内把自己的劳动力出卖给资本家。

雇佣工人的商品——他的劳动力本身——在并入资本家的资本，发挥资本作用时，只是执行商品的职能；另一方面，资本家在购买劳动力时以货币资本形式支出的资本，在劳动力的卖者即雇佣工人手中，则起收入的作用。

在这里，几种不同的流通过程和生产过程交织在一起，亚·斯密并没有加以区分。

第一，属于**流通**过程的几种行为：工人把他的商品即劳动力卖给资本家；资本家购买这个商品所用的货币，对资本家来说，是为增殖价值所投入的货币，也就是货币资本；它不是被花掉，而是被预付。（这就是"预付"——重农学派所说的"avance"——的真正含义，这和资本家从哪里弄到这笔货币完全无关。资本家为生产过程支付的每一个价值，对他来说都是预付，而不管他是事前支付还是事后支付；它是为生产过程本身预付的。）这里发生的情形，只不过是任何商品出售时发生的情形：卖者交出一个使用价值（在这里是劳动力），而以货币形式得到它的价值（实现它的价格）；买者交出货币，而得到商品本身，——在这里就是劳动力。

第二，在**生产**过程中，所购买的劳动力现在形成执行职能的资本的一部分；工人本身在这里只是作为这个资本的一个特殊的实物形式，而和这个资本的处在生产资料实物形式上的各要素相区别。在生产过程中，工人通过耗费他的劳动力，把一个价值加进被他转化为产品的生产资料中，这个价值等于他的劳动力的价值（撇开剩余价值不说）；因此，他以商品形式为资本家再生产资本家以工资形式预付或要预付给他的那部分资本；为资本家生产这部分资本的等价物；也就是说，为资本家生产一个他在购买劳动力时能够重新“预付”的资本。

第三，因此，在出售商品时，商品出售价格的一部分为资本家补偿他预付的可变资本，从而既使资本家能够重新购买劳动力，也使工人能够重新出卖劳动力。

在一切商品买卖中，如果只是考察这种交易本身，那么，卖者用出售商品获得的货币干什么，买者用买到的使用物品干什么，这是完全没有关系的。因此，如果只是考察流通过程，那么，资本家购买的劳动力为他再生产资本价值，另一方面，作为劳动力的购买价格获得的货币则形成工人的收入，这也是完全没有关系的。工人的交易品即他的劳动力的价值量，既不会因为它形成他的“收入”而受到影响，也不会因为他的交易品在买者使用时为这个买者再生产资本价值而受到影响。

因为劳动力的价值——即这种商品的相应的出售价格——是由再生产劳动力所需要的劳动量决定的，而这个劳动量本身在这里又是由生产工人的必要生活资料所需要的劳动量，也就是维持工人生活所需要的劳动量决定的，所以工资成了工人赖以生活的收入。

亚·斯密所说的（第223页），是完全错误的：

> “维持生产劳动所使用的**资本部分**……在为他〔资本家〕执行资本的职能之后……　就形成他们〔工人〕的收入。”

资本家用来支付他所购买的劳动力的**货币**，所以能“为他执行资本的职能”，是因为他由此把劳动力并入他的资本的物质组成部分，而只有这样，他的资本才能够执行生产资本的职能。我们应当分清：劳动力，在工人手中，是**商品**，不是资本，并且在工人能不断地反复出卖它的时候，它构成工人的收入；**在**它卖掉**之后**，在资本家手中，在生产过程本身中，它执行资本的职能。劳动力在这里起双重作用：在工人手中，它是按价值出卖的商品；在购买它的资本家手中，它是生产价值和使用价值的力。但是，工人从资本家那里得到的货币，是工人在把自己的劳动力交给资本家使用之后，是在劳动力已经在劳动产品的价值中实现之后，才得到的。资本家在支付这个价值之前，已经取得了它。因此，不是货币执行双重职能：首先作为可变资本的货币形式，然后又作为工资。而是劳动力执行了双重职能：首先是在劳动力的出卖时作为**商品**（在约定应付的工资的情况下，货币只起观念的价值尺度的作用，这时它还根本不需要在资本家手中）；其次是在生产过程中作为资本家手中的**资本**，即作为创造使用价值和价值的要素执行职能。在资本家以货币形式把那个应支付给工人的等价物支付给工人之前，劳动力已经以商品形式把这个等价物提供出来了。因此，资本家用来支付工人报酬的支付基金，是工人自己创造的。但这还不是事情的全部。

工人把得到的货币又花掉，以便维持自己的劳动力，也就是——就资本家阶级和工人阶级的整体来考察——给资本家维持一种工具，只有靠这种工具，资本家才能够仍旧是资本家。

因此，一方面，劳动力的不断买和卖，使劳动力永远充当资本的要素，由于这一点，资本就表现为商品的创造者，即具有价值的使用物品的创造者；其次，由于这一点，购买劳动力的那部分资本就由劳动力自己制造的产品不断地生产出来，也就是工人自己不断地创造出用来对他进行支付的资本基金。另一方面，劳动力的不断出卖，成为工人维持生活的不断更新的源泉，于是，他的劳动力就表现为他取得自己赖以生活的收入的能力。在这里，收入只不过意味着通过不断地反复出卖一种商品（劳动力）而占有价值，而这些价值本身仅仅是用来不断再生产出这种要出卖的商品。亚·斯密说，对工人自己创造的产品中的一部分价值，资本家以工资形式付给他一个等价物，这部分价值成为工人收入的源泉。就这一点说，斯密是对的。但是，这并不改变商品的这部分价值的性质或大小，就像生产资料执行资本价值的职能并不改变它本身的价值，一条直线作为三角形底边或椭圆直径并不改变它本身的性质和长短一样。劳动力的价值完全同那些生产资料的价值一样，是不受上述情况的影响而决定的。商品的这部分价值，既不是**由**作为一个构成这部分价值的独立因素的收入**组成**，也不**分解为**收入。虽然这个由工人不断再生产出来的新价值，形成工人收入的源泉，但是他的收入并不反过来形成他所生产的新价值的组成部分。在他所创造的新价值中支付给他的那部分的量，决定他的收入的价值大小，而不是相反。这部分新价值形成他的收入这一点，只是表明这部分价值变成什么，表明它的用途的性质，而和它的形成无关，就像和任何其他价值的形成无关一样。假设我每周收入10塔勒，这个每周的收入的情况，既不会改变这10塔勒的价值**性质**，也不会改变它们的价值**量**。和任何其他商品的价值一样，劳动力的价值也是由它的再生产所必要的劳动量决定的；而这个劳动量是由工人的必要生活资料的价值决定的，从而等于再生产他的生活条件本身所必要的劳动，——这个情况是这种商品（劳动力）的特征，但并不比以下的事实具有更多的特征：役畜的价值是由维持役畜所必要的生活资料的价值决定的，从而是由生产这种生活资料所必要的人类劳动量决定的。

但是，亚·斯密在这里遭遇的全部不幸，都是“收入”这个范畴造成的。在他那里，不同种类的收入就是每年生产的、新形成的商品价值的“组成部分”，而反过来，这个商品价值**对资本家来说**分解成的两部分——他购买劳动时以货币形式预付的可变资本的等价物和另一个也属于他但不费他分文的价值部分即剩余价值——，则是收入的源泉。可变资本的等价物重新预付在劳动力上面，就这一点说，形成工人的工资形式的收入；另一部分，即剩余价值，因为不必为资本家补偿任何预付资本，可以由资本家用在消费资料（必需品和奢侈品）上，作为收入消费掉，而不形成任何种类的资本价值。这种收入的前提是商品价值本身，而商品价值的这两个组成部分的区别，对资本家来说，只在于其中一部分是**为**他所预付的可变资本价值而形成的等价物，另一部分则是**超过**他所预付的可变资本价值而形成的余额。二者都不外是由在商品生产中支出的、在劳动中推动的劳动力构成的。它们都是由支出——劳动的支出——构成，而不是由收入构成。

把收入看成是商品价值的源泉，不把商品价值看成是收入的源泉，这是一种颠倒。按照这种颠倒的看法：商品价值好像是由不同种类的收入“构成”的；这各种收入是互不影响地决定的，而商品的总价值是由这些收入的价值量加在一起决定的。但是现在要问，被认为是商品价值源泉的各种收入，它们各自的价值又是怎样决定的呢？就工资说，它是可以决定的，因为工资是它的商品即劳动力的价值，而这个价值（和任何其他商品的价值一样）可以由再生产这种商品所必要的劳动决定。但剩余价值，或者在亚·斯密那里确切地说是它的两个形式，即利润和地租，又怎样才可以决定呢？在这方面，亚·斯密只是说了一些空话。他时而把工资和剩余价值（或工资和利润）说成是商品价值或价格由以构成的两个组成部分，时而——并且往往几乎是在同一瞬间——又把它们说成是商品价格“分解”成的两个部分。但这就是反过来说，商品价值是事先既定的，这个既定价值的不同部分，以不同的收入形式，归参与生产过程的不同的人所有。这个说法和价值由这三个“组成部分”构成的说法，决不是一回事。如果我任意确定三条不同直线的长短，然后用这三条线作为“组成部分”，构成同这三条直线之和一样长的第四条直线；另一方面，如果我取一条一定长度的直线，为了某种目的把它分成也可以说“分解”成三个不同的部分，那么，这两种情况决不是同一程序。在前一个场合，线的长短完全随构成此线的那三条线的长短而变化；在后一个场合，线的三个部分的长短一开始就由它们是一条一定长度的线的各个部分而受到限制。

但实际上，如果我们坚持亚·斯密叙述中的正确部分，即包含在社会的年商品产品中（像包含在任何一个单个商品中，或日产品、周产品等等中一样）的、**由年劳动新创造的价值**，等于预付的可变资本价值（也就是用来重新购买劳动力的那部分价值），加上资本家能够——在简单再生产和其他条件不变的情况下——在他的个人消费资料上实现的剩余价值；其次，如果我们又注意到，亚·斯密把创造价值的劳动，即作为劳动力的支出的劳动，和创造使用价值的劳动，即以有用的、合乎目的的形式支出的劳动混为一谈，那么，全部概念就归结为：每个商品的价值都是劳动的产物；从而年劳动产品的价值或社会的年商品产品的价值，也是劳动的产物。但是，因为一切劳动都分解为：1. 必要劳动时间，在这段时间里，工人只为购买他的劳动力时预付的资本再生产一个等价物；2. 剩余劳动，工人通过这种劳动为资本家提供一个后者没有支付任何等价物的价值，也就是为资本家提供剩余价值。所以，一切商品价值也就只能分解为这两个不同的组成部分，因而最终地作为工资形成工人阶级的收入，作为剩余价值形成资本家阶级的收入。至于不变资本价值，即在年产品生产中消费的生产资料的价值，那么，虽然[亚·斯密]不能说明（除了用一句空话，说资本家在出售他的商品时把这个价值算到买者的账上）这个价值怎样加入新产品的价值，但是，既然生产资料本身是劳动的产物，这部分价值本身最终地也只能由可变资本的等价物和剩余价值构成，由必要劳动的产物和剩余劳动的产物构成。如果这些生产资料的价值在它们的使用者手中执行资本价值的职能，那么，这也并不妨碍它们"最初"（如果我们对它们追根究底的话）在另一个人手中——虽然是在以前——是可以分成这两个价值部分的，也就是可以分成两个不同的收入源泉的。

这里包括一个正确的观点：事物在社会资本即单个资本的总和的运动中的表现，和它从每个个别考察的资本来看的表现，也就是从每一单个资本家角度来看时的表现，是不同的。对每一单个资本家来说，商品价值分解为1. 不变要素（斯密所说的第四要素）；2. 工资和剩余价值之和，或工资、利润和地租之和。而从社会的观点来看，斯密的第四要素即不变资本价值，就消失了。

5. 总　　结

工资、利润、地租这三种收入形成商品价值的三个"组成部分"这个荒谬的公式，在亚·斯密那里，是来源于下面这个似乎较为可信的公式：商品价值分解为这三个组成部分。但是后一种说法，即使假设商品价值只能分成所消费的劳动力的等价物和劳动力所创造的剩余价值，也是错误的。不过，错误在这里又是建立在更为深刻而真实的基础上的。资本主义生产的基础是：生产工人把自己的劳动力作为商品卖给资本家，然后劳动力在资本家手中只作为他的生产资本的一个要素来执行职能。这个属于流通的交易，即劳动力的卖和买，不仅引出生产过程，而且也必然地决定生产过程的独特的性质。使用价值的生产，甚至商品的生产（因为这种生产也可以由独立的生产工人进行），在这里只是为资本家生产绝对剩余价值和相对剩余价值的手段。因此，我们在分析生产过程时已经知道，绝对剩余价值和相对剩余价值的生产，怎样决定着1. 每天劳动过程的持续时间；2. 资本主义生产过程全部社会的和技术的形态。正是在这个生产过程中，价值（不变资本价值）的单纯保存，预付价值（劳动力的等价物）的现实再生产，和剩余价值（即资本家事先和事后都没有为之预付任何等价物的价值）的生产三者互相区别开来。

虽然剩余价值——超过资本家预付价值的等价物而形成的余额——的占有，是由劳动力的买和卖引出的，但这种占有是在生产过程中完成的一种行为，并且是生产过程的一个本质的要素。

形成流通行为的先导行为，即劳动力的买和卖，本身又是建立在先于社会**产品**的分配并作为其前提的生产**要素**的分配的基础上的，也就是建立在作为工人的商品的劳动力和作为非工人的财产的生产资料互相分离的基础上的。

但同时，剩余价值的这种占有，或价值生产分为预付价值的再生产和不补偿任何等价物的新价值（剩余价值）的生产，丝毫也不影响价值实体本身和价值生产的性质。价值实体不外是而且始终不外是已经耗费的劳动力——劳动，即和这种劳动的特殊的有用性质无关的劳动——，而价值生产不外就是这种耗费的过程。例如，一个农奴在六天当中耗费了劳动力，他劳动六天。这种耗费的事实本身，不会因为他例如其中三天是在自己的田里为自己干活，另外三天是在地主的田里为地主干活，而发生变化。他为自己干的自愿劳动，和为地主干的强制劳动，同样都是劳动；如果我们对他这六天的劳动从它所创造的价值或从它所创造的有用产品来考察，那我们就看不出他这六天的劳动有什么差别。差别只涉及一点：在六天劳动时间内，农奴的劳动力在一半时间内的耗费和在另一半时间内的耗费是在不同的条件下进行的。雇佣工人的必要劳动和剩余劳动的情形也是这样。

生产过程消失在商品中。在商品生产中耗费了劳动力这一事实，现在表现为商品的物的属性，即商品具有价值的属性；这个价值的量，是由所耗费的劳动的量来计量的；商品价值不分解为任何别的东西，也不由任何别的东西构成。如果我画一条一定长度的直线，那我首先是用那种按照某些不以我为转移的规则（规律）的画法“生产”（当然只是象征性地“生产”，这一点我事先就知道）一条直线。如果我把这条线分成三段（为的是再和我们当前的问题相适应），这三段的每一段仍然是直线；由这三段线构成的整个这条线，并不会因这种分割而变成和直线不同的东西，例如某种曲线。同样，我在分割一条一定长度的线时，也不能使它的各段线之和比未分割的原线长。因此，未分割的原线的长度，也不是由各段线的随意决定的长度决定的。相反，各段线的相对长度一开始就受到由各段线构成的原线的长度的限制。

就上述意义而言，资本家所生产的商品，和独立劳动者或劳动者公社或奴隶所生产的商品，没有任何差别。但在我们这个场合，全部劳动产品及其全部价值是属于资本家的。和任何其他生产者一样，他先要把商品卖掉，使它转化为货币，才有可能完成进一步的行为；他必须把商品转化成一般等价物的形式。——

我们考察一下转化为货币以前的商品产品。它全部属于资本家。另一方面，作为有用的劳动产品，作为使用价值，它完全是过去的劳动过程的产物。它的价值却不是这样。这个价值的一部分，只是生产商品时耗费掉的生产资料以新形式再现的价值；这部分价值不是在这个商品的生产过程中生产的；因为生产资料在这个生产过程之前就具有这个价值，这是和这个生产过程无关的；生产资料是作为这个价值的承担者进入这个过程的；进行更新和发生变化的，只是这个价值的表现形式。这部分商品价值，对资本家来说，形成他所预付的在生产商品时消费掉的那部分不变资本价值的等价物。它原先以生产资料的形式存在，现在则作为新生产的商品的价值的组成部分存在。这个新生产的商品一旦转化为货币，这个现在以货币形式存在的价值，就必须重新转化为生产资料，转化为它原来的、由生产过程和它在生产过程中的职能所决定的形式。这个价值的资本职能丝毫不会改变商品的价值性质。——

商品价值的第二个部分，是雇佣工人卖给资本家的劳动力的价值。它和生产资料的价值一样，是决定了的，是和劳动力所要进入的生产过程无关的；在劳动力进入生产过程之前，它在流通行为中，即在劳动力的买卖中已经固定下来。雇佣工人通过执行他的职能——他的劳动力的耗费——生产出一个与资本家为使用他的劳动力应支付给他的价值相等的商品价值。工人以商品形式把这个价值交给资本家，资本家则以货币形式把它支付给工人。这部分商品价值，对资本家来说，只是他应预付在工资上的可变资本的等价物，这一点丝毫不会改变如下的事实：这部分价值是生产过程中新创造的商品价值，它和剩余价值一样，都是由劳动力的以往的耗费构成的。同样，这个事实也不受下述情况的影响：资本家以工资形式付给工人的劳动力的价值，对工人来说，采取收入的形式；由此不仅劳动力不断地再生产出来，而且雇佣工人阶级本身，从而整个资本主义生产的基础，也不断地再生产出来。

但是，这两部分价值之和，并不构成全部商品价值。在二者之外，还有一个余额：剩余价值。这个价值，和补偿预付在工资上的可变资本的价值部分一样，是工人在生产过程中新创造的价值——凝固的劳动。不过，它并不需要全部产品的所有者即资本家花费分文。这种情况实际上使资本家能够把这个价值全部作为收入消费掉，除非他要从中取出某些部分，转给另外的参与者，比如作为地租转给土地所有者，这时，这些部分就形成这种第三者的收入。这同一情况也就是我们的资本家所以要从事商品生产的动机。但是，无论是他原来猎取剩余价值的善良意图，还是这种剩余价值后来被他和其他人作为收入用掉，都不会影响到剩余价值本身。它们改变不了剩余价值是凝固的无酬劳动这一事实，也改变不了剩余价值的量，这个量是由完全不同的条件决定的。

但是，如果亚·斯密想要像他所做的那样，在考察商品价值的时候，就研究商品价值的不同部分在整个再生产过程中的作用，那很清楚，当某些部分执行收入的职能时，另外的部分同样不断地执行资本的职能，因此，按照他的逻辑，这些部分也应该称为商品价值的构成部分，或商品价值分解成的部分。

亚·斯密把一般商品生产和资本主义商品生产等同起来；生产资料一开始就是“资本”，劳动一开始就是雇佣劳动，因此，

“有用的和生产的工人的人数到处……都和用来使他们就业的资本的量成比例”（序论第12页）。

总之，劳动过程的不同因素——物的因素和人的因素——一开始就是戴着资本主义生产时期的面具出现的。因此，对商品价值的分析，也直接与这种考虑相一致：一方面这个价值在什么程度之内只是所花费的资本的等价物；另一方面它在什么程度之内是“免费的”、不补偿任何预付资本价值的价值，即剩余价值。从这个观点加以互相比较的各部分商品价值，这样就不知不觉地转化为它的独立的“组成部分”，并且最终地转化为“一切价值的源泉”。进一步的结论是，商品价值由不同种类的收入构成，或“分解为”不同种类的收入，这样一来，不是收入由商品价值组成，而是商品价值由“收入”组成。但是，正如商品价值或货币执行资本价值的职能，并不改变商品价值作为商品价值的性质或货币作为货币的性质一样，商品价值后来执行这个人或那个人的收入的职能，也并不改变商品价值的性质。亚·斯密所要研究的商品，一开始就是商品资本（它除了包含生产商品时消耗的资本价值，还包含剩余价值），也就是以资本主义方式生产的商品，是资本主义生产过程的结果。因此，本应该先分析这个生产过程，从而分析其中包含的价值增殖过程和价值形成过程。但因为资

本主义生产过程的前提本身又是商品流通，所以，在阐述资本主义生产过程时，就要撇开这个生产过程，事先分析商品。亚·斯密有时“内在地”抓到了正确的东西，即使在这种场合，他也只是在分析商品的时候，也就是在分析商品资本的时候，才考虑价值的生产。

III. 以后的经济学家(41)

李嘉图几乎是逐字地重复亚·斯密的理论：

“必须懂得，一个国家的全部产品都是要消费掉的，但究竟由再生产另一个价值的人消费，还是由不再生产另一个价值的人消费，这中间有难以想象的区别。我们说收入节约下来加入资本，我们的意思是，加入资本的那部分收入，是由生产工人消费的，而不是由非生产工人消费的。”（《原理》第163页）

事实上，李嘉图完全接受了亚·斯密关于商品价格分解为工资和剩余价值（或可变资本和剩余价值）的理论。他和斯密争论的问题是，1. 关于剩余价值的各个组成部分：李嘉图把地租排除在剩余价值的必要的要素之外；2. 李嘉图把商品价格**分解**为这些组成部分。因此，价值量是前提。他假定各组成部分之和是一个既定量，并以它为出发点，而亚·斯密却相反，他常常背离自己固有的比较深刻的见解，总是事后由各个组成部分相加得出商品的价值量。

拉姆赛反对李嘉图，他说：

“李嘉图忘记了，全部产品不仅分为工资和利润，而且还必须有一部分补偿固定资本。”（《论财富的分配》1836年爱丁堡版第174页）

---

(41)以下到本章结束这段增补，采自第II稿。

拉姆赛所说的固定资本，正是我所说的不变资本：

“固定资本存在的形式是这样的：它虽然用来制造处在加工过程中的商品，但不用来维持工人的生活。”（第59页）

亚·斯密把商品的价值，从而把社会年产品的价值，分解为工资和剩余价值，从而分解为单纯的收入，但是他反对从这种论断中必然得出的结论：全部年产品都可以被消费掉。具有独创精神的思想家从来不会作出荒谬的结论。他们把这件事留给萨伊和麦克库洛赫之流去做。

萨伊实际上轻而易举地处理了这个问题。一个人的资本预付就是或曾经是另一个人的收入和纯产品；总产品和纯产品的区别纯粹是主观上的，

“因此，一切产品的总价值，是作为收入在社会上进行分配的”（萨伊《论政治经济学》1817年版第2卷第64页）。“任何产品的总价值，都是由促成它的生产的土地所有者、资本家和勤劳者的利润〔工资在这里充当“勤劳者”的利润〕相加而成的。因此，社会的收入和**生产的总价值**相等，而不像某派经济学家〔重农学派〕所认为的那样，只和土地的纯产品相等。”（第63页）

顺便指出，萨伊的这个发现也为蒲鲁东据为己有。

施托尔希在原则上也接受亚·斯密的学说，但发现萨伊对这一学说的实际应用是站不住脚的。

“如果承认一个国家的收入等于该国的总产品，就是说不必扣除任何资本〔应该说是不变资本〕，那么也必须承认，这个国家可以把它的年产品的全部价值非生产地消费掉，而丝毫无损于该国的未来收入……　构成一个国家的〔不变〕资本的产品，是不能消费的。”（施托尔希《论国民收入的性质》1824年巴黎版第147、150页）[91]

但是，施托尔希忘记告诉我们，这个不变资本部分的存在，和他

所接受的斯密的价格分析，是怎样一致的，按照这种分析，商品价值只包括工资和剩余价值，并不包括不变资本部分。只是通过萨伊他才弄清楚，这种价格分析导致荒谬的结果。关于这个问题，他自己的最后一句话是：

> “把必要价格分解为它的最简单的要素是不可能的。”（《政治经济学教程》1815年彼得堡版第2卷第141页）

西斯蒙第曾专门研究资本和收入的关系，并且事实上把对这种关系的特殊解释当成他的《新原理》的特征。他没有说出**一个**科学的字眼，对于问题的说明，没有作出一丝一毫的贡献。

巴顿、拉姆赛和舍尔比利埃[92]都试图超出斯密的解释。他们失败了，因为他们不能把不变资本价值和可变资本价值之间的区别，与固定资本和流动资本之间的区别明确地分开，从而一开始提出问题就是片面的。

约翰·斯图亚特·穆勒以他惯有的妄自尊大，重复亚·斯密传给他的后继者们的理论。

结果是：斯密的混乱思想一直延续到今天，他的教条成了政治经济学的正统信条。

第 二 十 章

简单再生产

I. 问题的提出

如果(42)我们考察社会资本，即总资本——各单个资本只是它的组成部分，这些部分的运动，既是它们的单个的运动，同时又是总资本运动的不可缺少的环节——在一年内执行职能的结果，也就是说，如果我们考察社会在一年间提供的商品产品，那么必定会看到：社会资本的再生产过程是怎样进行的，这个再生产过程和单个资本的再生产过程相比有哪些不同的特征，二者又有哪些共同的特征。年产品既包括补偿资本的那部分社会产品，即社会再生产，也包括归入消费基金的、由工人和资本家消费的那部分社会产品，就是说，既包括生产消费，也包括个人消费。这种消费包括资本家阶级和工人阶级的再生产（即维持），因而也包括总生产过程的资本主义性质的再生产。

显然，我们应当分析的是 $W' - \begin{cases} G-W\cdots P\cdots W' \\ g-w \end{cases}$ 这个流通公式，

(42)采自第II稿。

在这里，消费必然会起作用；因为起点W′＝W＋w，即商品资本，既包含不变资本价值和可变资本价值，也包含剩余价值。所以，它的运动既包括生产消费，也包括个人消费。在G—W…P…W′—G′循环和P…W′—G′—W…P循环中，**资本**的运动是起点和终点：这一运动自然也包括消费，因为商品，即产品，必须出售。但是，只要商品已经出售，这个商品以后变成什么，对单个资本的运动是没有关系的。相反地，在W′…W′运动中，正是要通过说明这个总产品W′的每一价值部分会变成什么，才能认识社会再生产的条件。在这里，总的再生产过程既包括资本本身的再生产过程，也包括以流通为中介的消费过程。

为了我们当前的目的，再生产过程必须从W′的各个组成部分的价值补偿和物质补偿的观点来加以考察。在分析单个资本的产品价值时，我们**假定**，单个资本家通过出售他的商品产品，先把他的资本的组成部分转化为货币，然后，通过在商品市场上再购买各种生产要素，把它们再转化为生产资本。现在，我们已经不能再满足于这个假定了。既然这些生产要素是物质的东西，那它们就同用来和它们交换并由它们来补偿的单个成品一样，是社会资本的组成部分。另一方面，工人用工资和资本家用剩余价值所消费的那部分社会商品产品的运动，不仅是总产品运动的一个不可缺少的环节，而且同各单个资本的运动交织在一起。因此，只是假定这个过程发生，是不能说明这个过程的。

直接摆在我们面前的问题是：生产上消费掉的**资本**，就它的价值来说，怎样由年产品得到补偿？这种补偿的运动怎样同资本家对剩余价值的消费和工人对工资的消费交织在一起？因此，首先要研究原有规模的再生产。其次，不仅要假定，产品按照它们的价值交换，而且还要假定，生产资本的组成部分没有发生任何价值革命。如果价格同价值发生偏离，这种情况对社会资本的运动并不会有任何影响。虽然单个资本家这时分到的价值份额将不再和他们各自的预付额成比例，不再和他们每人各自生产的剩余价值量成比例，但总起来说，进行交换的仍然是同一产品量。至于价值革命，那么，只要它是普遍地和均衡地发生的，就不会改变全部年产品的价值组成部分之间的比例。然而，只要它是局部地和不均衡地发生的，就会成为干扰。**第一**，这种干扰只有在被看做是对保持不变的价值比例的**偏离**时，才能被认为是干扰；但是，**第二**，关于年产品价值以一部分补偿不变资本，以另一部分补偿可变资本的规律一经证明，那么，价值革命，无论在不变资本的价值上还是在可变资本的价值上发生，都不会改变这个规律。它所改变的，只是执行着这种或那种职能的价值部分的相对量，因为原有价值将被另外的价值取而代之。

当我们从单个资本的角度来考察资本的价值生产和产品价值时，商品产品的实物形式，对于分析是完全无关的，例如，不论它是机器，是谷物，还是镜子都行。这始终只是举例而已，任何一个生产部门都同样可以作为例证。我们必须考察的是直接的生产过程本身。这种生产过程，在每一点上，都表现为一个单个资本的过程。说到资本的再生产，我们只要假定，代表资本价值的那部分商品产品，会在流通领域内找到机会再转化为它的生产要素，从而再转化为它的生产资本的形态。同样，我们只要假定，工人和资本家会在市场上找到他们用工资和剩余价值购买的商品。但是，当我们考察社会总资本及其产品价值时，这种仅仅从形式上来说明的方法，就不够用了。产品价值的一部分再转化为资本，另一部分进入资本家阶级和工人阶级的个人消费，这在表现为总资本的结果的产品价值本身内形成一个运动。这个运动不仅是价值补偿，而且是物质补偿，因而既要受社会产品的价值组成部分相互之间的比例的制约，又要受它们的使用价值，它们的物质形态的制约。

既然[(43)]一方面，在资本主义基础上，没有任何积累或规模扩大的再生产，是一种奇怪的假定，另一方面，生产条件在不同的年份不是绝对不变的（而假定它们是不变的），那么，规模不变的简单再生产就只是表现为一个抽象。前提是：一定价值的社会资本，今年和去年一样，再提供一样多的商品价值，满足一样多的需要，虽然商品的形式在再生产过程中可能改变。但是，只要有积累，简单再生产总是积累的一部分，所以，可以就简单再生产本身进行考察，它是积累的一个现实因素。年产品的价值可以减少，而使用价值量不变；年产品的价值可以不变，而使用价值量减少；价值量和再生产的使用价值量也可以同时减少。这一切就在于，再生产不是在比以前更有利的情况下进行，就是在更困难的情况下进行。后者可能造成的结果，是出现一个不完备的——有缺陷的——再生产。这一切都只能涉及再生产的不同要素的量的方面，但不涉及它们作为进行再生产的资本或作为再生产出来的收入在总过程中所起的作用。

II. 社会生产的两个部类[(44)]

社会的总产品，从而社会的总生产，分成两大部类：

(43)这一段采自第VIII稿。

(44)主要采自第II稿。公式采自第VIII稿。

I. **生产资料**：具有必须进入或至少能够进入生产消费的形式的商品。

II. **消费资料**：具有进入资本家阶级和工人阶级的个人消费的形式的商品。

这两个部类中，每一部类拥有的所有不同生产部门，总合起来都形成一个单一的大的生产部门：一个是生产资料的生产部门，另一个是消费资料的生产部门。两个生产部门各自使用的全部资本，都形成社会资本的一个特殊的大部类。

每一部类的资本都分成两个组成部分：

1. **可变资本**。从**价值**方面看，这个资本等于该生产部门使用的社会劳动力的价值，也就是等于为这个社会劳动力而支付的工资总额。从物质方面看，这个资本是由发挥作用的劳动力本身构成的，即由这个资本价值所推动的活劳动构成的。

2. **不变资本**，即该部门在生产上使用的全部生产资料的价值。这些生产资料本身又分成**固定**资本：机器、工具、建筑物、役畜等等，**流动**不变资本：生产材料，如原料、辅助材料、半成品等等。

这两个部类中，每一部类借助于这些资本而生产的全部年产品的价值，都分成：代表生产上消费掉的、按其价值来说只是转移到产品中去的不变资本c的价值部分和由全部年劳动追加的价值部分。后者又分成：补偿预付可变资本v的部分和超过可变资本而形成剩余价值m的部分。因此，每一部类的全部年产品的价值，和每个个别商品的价值一样，也分成c＋v＋m。

代表生产上**消费掉的**不变资本的那部分价值c，是和生产上**使用的**不变资本的价值不一致的。诚然，生产材料会全部消费掉，从而它的价值全部转移到产品中去。但是所使用的**固定**资本只有一部分会完全消费掉，因而只有这部分价值转移到产品中去。固定资本的另一部分即机器、建筑物等等和以前一样继续存在并继续执行职能，虽然它的价值由于逐年损耗而减少。在我们考察产品价值时，继续执行职能的这部分固定资本，对我们来说是不存在的。它是独立于这个新生产的商品价值之外、和这个商品价值并存的一部分资本价值。这一点在考察单个资本的产品价值时已经作了说明（第一册第六章第192页[93]）。但是，我们现在必须暂时撇开那里使用过的考察方法。在考察单个资本的产品价值时，我们讲过，固定资本因损耗而失去的价值，会转移到在损耗期间生产的商品产品中去，不管这个固定资本在此期间是否有任何部分由于这种价值转移而得到实物补偿。相反地，在这里，在考察社会总产品及其价值时，我们不得不撇开，至少是暂时撇开固定资本在当年因损耗而转移到年产品中去的那部分价值，因为这种固定资本没有在当年重新得到实物补偿。在本章的后面有一节，我们将专门论述这一点。

———

我们研究简单再生产，要以下列公式为基础，其中c＝不变资本，v＝可变资本，m＝剩余价值，并且假定价值增殖率$\frac{m}{v}=100\%$。数字可以表示几百万马克，几百万法郎，或几百万镑。

I. 生产资料的生产：

资本…………………4 000c＋1 000v＝5 000，

商品产品……………4 000c＋1 000v＋1 000m＝6 000，

以生产资料的形式存在。

II. 消费资料的生产：

资本…………………2 000c＋500v＝2 500，

商品产品……………2 000c＋500v＋500m＝3 000，

以消费资料的形式存在。

概括起来说，全年总商品产品：

I. 4 000c + 1 000v + 1 000m = 6 000生产资料；

II. 2 000c + 500v + 500m = 3 000消费资料。

总价值 = 9 000，按照假定，其中不包括继续以实物形式执行职能的固定资本。

现在，如果我们研究简单再生产基础上(这里全部剩余价值都是非生产地消费掉)的各种必要的交换，并且先不考察作为交换中介的货币流通，那么，我们一开始就会得出三大要点：

1. 第II部类工人的工资500v和资本家的剩余价值500m，必须用于消费资料。但是，它们的价值存在于价值1 000的消费资料中，这种消费资料掌握在第II部类的资本家的手里，补偿预付的500v，并代表500m。因此，第II部类的工资和剩余价值，在第II部类内部同第II部类的产品交换。这样，就有(500v + 500m)II = 1 000以消费资料形式从总产品中消失。

2. 第I部类的1 000v + 1 000m，同样必须用于消费资料，即用于第II部类的产品。因此，它们必须同第II部类产品的其余的、数量与它们相等的不变资本部分2 000c交换。为此，第II部类会得到数额相等的生产资料，得到体现第I部类的1 000v + 1 000m的价值的第I部类产品。因此，就有2 000IIc和(1 000v + 1 000m)I从计算中消失。

3. 还剩下4 000Ic。它们由生产资料构成，只能用于第I部类，以便补偿该部类消费掉的不变资本，因此，要通过第I部类的各个资本家之间的互相交换来解决，就像(500v + 500m)II要通过第II部类的工人和资本家之间的交换，或通过第II部类的各个资本家之间的交换来解决一样。

暂时说到这里，这些只是为了更好地理解以下的叙述。

III. 两个部类之间的交换：I(v+m)和IIc的交换(45)

我们从两个部类之间的大宗交换开始。(1 000v+1 000m)I——这些价值以生产资料的实物形式存在于它们的生产者手中——要和2 000IIc，即以消费资料的实物形式存在的价值交换。通过这种交换，第II部类的资本家阶级把他们的不变资本=2 000从消费资料形式再转化为消费资料的生产资料形式，在这种形式中，不变资本可以重新作为劳动过程的因素，并且为了价值增殖而作为不变的资本价值执行职能。另一方面，通过这种交换，第I部类的劳动力的等价物(1 000 Iv)和第I部类的资本家的剩余价值(1 000Im)，在消费资料中实现；二者都由生产资料的实物形式转化为一种可以作为收入来消费的实物形式。

但这种互相交换是通过货币流通来完成的。货币流通成为交换的中介，同时也使这种交换难于理解，然而它却具有决定性的重要意义，因为可变资本部分必须一再表现为货币形式，即表现为由货币形式转化为劳动力的货币资本。在整个社会范围内同时进行经营的一切生产部门，不论它们属于第I部类还是第II部类，可变资本都必须

(45)以下又是第VIII稿。

以货币形式来预付。资本家购买劳动力，是在劳动力进入生产过程之前，但是支付劳动力的报酬，却是在约定的期限，在劳动力已经在使用价值的生产上消耗掉之后。就像产品价值的其余部分一样，产品价值中仅仅作为在劳动力报酬上支出的货币的等价物的那部分价值，即产品价值中代表可变资本价值的那部分价值，也是属于资本家的。在这部分价值中，工人已经把他的工资的等价物提供给资本家了。但是，只有商品再转化为货币，即把商品卖出去，资本家的可变资本才能重新成为他可以为购买劳动力而重新预付的货币资本。

因此，在第Ⅰ部类中，总体资本家已经支付给工人1 000镑（我说“镑”，只是为了表示它是**货币形式**的价值）＝1 000v，以偿付第Ⅰ部类产品即工人所生产的生产资料中已经作为v部分存在的价值部分。工人用这1 000镑向第Ⅱ部类的资本家购买同等价值的消费资料，这就把第Ⅱ部类的不变资本的一半转化为货币；第Ⅱ部类的资本家再用这1 000镑向第Ⅰ部类的资本家购买价值1 000的生产资料；因此，对第Ⅰ部类的资本家来说，作为他们的产品的一部分以生产资料的实物形式存在的可变资本价值＝1 000v，再转化成了货币，现在可以在第Ⅰ部类的资本家手中重新作为货币资本执行职能，这个货币资本会转化为劳动力，即转化为生产资本中最重要的要素。这样，由于第Ⅰ部类的资本家的一部分商品资本的实现，他们的可变资本就以货币形式流回到他们手中。

至于第Ⅰ部类的商品资本的m部分和第Ⅱ部类的不变资本的另一半交换时所需要的货币，它可以按不同的方式预付。实际上，这种流通包括两个部类的各单个资本家之间的无数个别的买和卖，而这种货币在任何情况下都必须来自这些资本家，因为由工人投入流通的货币量，我们已经计算过了。或者是，第Ⅱ部类的一个资本家可以用他的和生产资本并存的货币资本，向第Ⅰ部类的资本家购买生产资料；或者是相反，第Ⅰ部类的一个资本家把用于个人支出而非资本支出的货币基金，向第II部类的资本家购买消费资料。正如前面第一篇和第二篇中已经指出的，前提是：在任何情况下，资本家手中除生产资本外，必须要有一定的货币储备——或者作为资本预付，或者作为收入花掉。我们假定——比例如何，对我们这里的目的是完全没有关系的——，货币的一半由第II部类的资本家预付来购买生产资料，以补偿他们的不变资本，另一半则由第Ⅰ部类的资本家为消费而支出。这样，第II部类预付500镑，向第Ⅰ部类购买生产资料，从而（连同上述来自第Ⅰ部类的工人的1 000镑）用实物补偿它的不变资本的$\frac{3}{4}$；然后第Ⅰ部类拿由此得到的500镑向第II部类购买消费资料，从而使第Ⅰ部类由m构成的那部分商品资本的一半，完成w—g—w流通，这就使第Ⅰ部类的这部分产品实现为消费基金。通过这第二个过程，500镑也就作为货币资本回到第II部类资本家手中，而同他的生产资本并存。另一方面，第Ⅰ部类预期到它的商品资本中还作为库存产品的m部分的一半要出售，因而，在此以前，就支出货币500镑，来购买第II部类的消费资料。第II部类又用这500镑向第Ⅰ部类购买生产资料，从而用实物补偿了自己的全部不变资本（1 000+500+500=2 000），而第Ⅰ部类则使自己的全部剩余价值在消费资料中实现。总计起来，价值4 000镑的商品的交换就可以通过2 000镑的货币流通来进行。其所以是2 000镑，只是因为按照我们的叙述，全部年产品是作为几大部分一次进行交换的。在这里，重要的只是这一情况：第II部类不仅已经把它以消费资料形式再生产的不变资本再转化为生产资料的形式，而且，除此以外，还使它为购买生产资料而预付到流通中去的500镑也回到它那里；同样，第Ⅰ部类不仅再一次以货币形式得到它以生产资料形式再生产的可变资本，即可以再直接转化为劳动力的货币资本，而且，除此以外，第Ⅰ部类在它的资本中的剩余价值部分出售以前先用来购买消费资料的500镑也流回到它那里。但是，这500镑流回到它那里，不是由于已经用掉，而是由于它的商品产品中承担着一半剩余价值的那一部分在以后售出。

在这两个场合，不仅第Ⅱ部类的不变资本由产品形式再转化为生产资料的实物形式，即它唯一能作为资本执行职能的形式；同样，不仅第Ⅰ部类的可变资本部分转化为货币形式，第Ⅰ部类的生产资料的剩余价值部分转化为可以消费的形式，即可以作为收入来消费的形式。而且，除此以外，第Ⅱ部类为购买生产资料而预付的500镑货币资本——它是在相应的、补偿这500镑的不变资本价值部分（以消费资料形式存在）出售以前预付的——，也流回到第Ⅱ部类那里；其次，第Ⅰ部类为购买消费资料而预先用掉的500镑也流回到它那里。如果第Ⅱ部类因预计到它的商品产品中的不变部分要出售而预付的货币以及第Ⅰ部类因预计到它的商品产品中的剩余价值部分要出售而预付的货币，会分别流回到它们那里，那么，这只是因为一个部类的资本家除了把以第Ⅱ部类的商品形式存在的不变资本投入流通以外，另一部类的资本家除了把以第Ⅰ部类的商品形式存在的剩余价值投入流通以外，各以500镑货币投入了流通。最后，他们通过各自的商品等价物的交换，彼此付清了各自的款项。他们在自己商品的价值额以外作为这种商品交换的手段投入流通的货币，按照他们各自投入流通的货币数量的比例，从流通中回到他们手里。他们并不因此增加分文。第Ⅱ部类原来有不变资本＝消费资料2 000＋货币500；它现在和以前一样，有生产资料2 000和货币500。

同样，第Ⅰ部类也和以前一样，有剩余价值1 000（以前由商品，生产资料构成，现在已转化为消费基金）+货币500。——总的结论是：产业资本家为了促成他们自己的商品流通而投入流通的货币，无论是记在商品的不变价值部分的账上，还是记在存在于商品中的剩余价值（在它作为收入花掉的时候）的账上，总是按照各个资本家为货币流通而预付的数额回到他们手中。

至于第Ⅰ部类的可变资本再转化为货币形式问题，那么，对第Ⅰ部类的资本家来说，在他们把可变资本用在工资上以后，可变资本首先以工人向他们提供的商品的形式存在。资本家已经以货币形式把可变资本作为工人劳动力的价格支付给工人。就这一点来说，资本家对他们商品产品中等于以货币形式支出的可变资本的价值组成部分，已经支付了报酬。因此，他们也是这部分商品产品的所有者。但是，他们使用的那部分工人阶级，不是那部分工人阶级自己所生产的生产资料的买者；那部分工人阶级是第Ⅱ部类所生产的消费资料的买者。因此，为支付劳动力报酬而以货币形式预付的可变资本，不是直接回到第Ⅰ部类的资本家手中。它要通过工人的购买，转到工人所必需的而又买得起的商品的资本主义生产者手中，即转到第Ⅱ部类的资本家手中。只有当第Ⅱ部类的资本家用这种货币来购买生产资料的时候，它才通过这种迂回的道路回到第Ⅰ部类的资本家手中。

由此得出结论：在简单再生产中，第Ⅰ部类的商品资本中的v+m价值额（也就是第Ⅰ部类的总商品产品中与此相应的比例部分），必须等于不变资本Ⅱc，也就是第Ⅱ部类的总商品产品中分出来的与此相应的部分；或者说，Ⅰ(v+m)=Ⅱc。

IV. 第II部类内部的交换。必要生活资料和奢侈品

在第II部类商品产品的价值中，v＋m这一组成部分还要加以研究。考察这个组成部分，同我们在这里研究的最重要的问题无关。我们研究的问题是：每个单个资本主义商品产品的价值分为c＋v＋m的这种分割，即使以不同的表现形式作为中介，在什么程度内同样也适用于全部年产品的价值。这个问题，一方面通过I(v＋m)和IIc的交换来解决，另一方面通过我们以后对第I部类年商品产品中Ic的再生产的研究来解决。既然II(v＋m)以消费品的实物形式存在，既然第II部类为支付劳动力报酬而预付给工人的可变资本，总的来说要由工人用于消费资料，既然在简单再生产的前提下，商品价值的m部分实际上作为收入用于消费资料，那么，显而易见，第II部类的工人用他们从第II部类的资本家那里得到的工资，买回他们自己产品中与他们以工资形式得到的货币价值的数量相当的一部分。因此，第II部类的资本家阶级就把他们为支付劳动力报酬而预付的货币资本再转化为货币形式；这完全好像他们付给工人的只不过是一种价值符号。一旦工人通过购买他们自己生产的、但属于资本家的商品产品的一部分，来实现这种价值符号，这种价值符号就会回到资本家手中，不过，这种符号在这里不仅代表价值，而且也在它自己的金身或银身中具有这种价值。以货币形式预付的可变资本，是通过工人阶级作为买者和资本家阶级作为卖者出现的过程而流回的，关于这种回流，我们以后还要更详细地研究。这里要考察

的，是另外一点，这在涉及可变资本怎样流回到它的起点时，必须加以说明。

年商品生产的第II部类是由种类繁多的产业部门构成的，但是，按它们的产品来说，可分成两大分部类：

(a)消费资料。它们进入工人阶级的消费，但因为它们是必要生活资料，所以也构成资本家阶级的消费的一部分，虽然就其质量和价值来说，往往和工人的必要生活资料不同。为了这里研究的目的，我们可以把这整个分部类概括为**必要**消费资料这个项目。至于像烟草这一类产品，从生理学观点来看，是不是必要消费资料，在这里是完全没有关系的，只要习惯上认为它是必要消费资料就行了。

(b)**奢侈**消费资料。它们只进入资本家阶级的消费，所以只能和花费的剩余价值交换，而剩余价值是绝对到不了工人手中的。就前一个项目来说，很明显，为了生产该项目的种种商品而预付的可变资本，一定以货币形式直接流回到第II部类中生产这些必要生活资料的那部分资本家阶级（即IIa的资本家）手中。他们按照支付工人工资的可变资本的数额，把必要生活资料卖给他们自己的工人。尽管各有关产业部门的资本家之间的交易是很频繁的，并且通过这种交易流回的可变资本是按比例分配的，但对第II部类资本家阶级的整个分部类a来说，这种回流是**直接**进行的。这是靠工人支出的货币直接提供流通手段的流通过程。而分部类IIb的情况却不同。我们这里考察的价值产品的整个部分，即IIb(v＋m)，是以奢侈品的实物形式存在的，就是说，这种奢侈品，同以生产资料形式存在的商品价值Iv一样，工人阶级是无法购买的，尽管这种奢侈品和那种生产资料都是这些工人的产品。因此，这一分部类预付的可变资本以它的货币形式再回到资本主义生产者手中的那种回流，不能直接进行，而是像Iv一样，必须间接进行。

例如，就像前面我们对整个第II部类所作的假定那样，假定：v＝500，m＝500；但可变资本和与之相应的剩余价值的分配如下：

分部类a：必要生活资料：v＝400，m＝400；这样，一个由必要消费资料构成的商品量的价值是400v＋400m＝800，或者是IIa（400v＋400m）。

分部类b：奢侈品，它的价值是100v＋100m＝200，或者是IIb（100v＋100m）。

IIb的工人得到了他们劳动力的报酬100货币，比如说，100镑。他们用这些货币向IIa的资本家购买数额100的消费资料。IIa的资本家阶级再用这些货币，向IIb购买商品100。从而，IIb的资本家的可变资本，以货币形式流回到他们手中。

在IIa，通过资本家和他们自己的工人的交换，已经有400v又以货币形式存在于资本家手中；此外，他们的产品中代表剩余价值的部分有$\frac{1}{4}$转到了IIb的工人手中，以此换取了以奢侈品形式存在的IIb（100v）。

现在，如果我们假定，IIa的资本家和IIb的资本家，把他们的收入按相同的比例，分别用于必要生活资料和奢侈品，——假定二者各以收入的$\frac{3}{5}$用于必要生活资料，$\frac{2}{5}$用于奢侈品，那么，分部类IIa的资本家以其剩余价值收入400m的$\frac{3}{5}$，就是说240，用于他们自己的产品即必要生活资料；以$\frac{2}{5}$＝160用于奢侈品。分部类IIb的资本家也按同样的比例，来分配他们的剩余价值＝100m，以$\frac{3}{5}$＝60用于必要生活资料，以$\frac{2}{5}$＝40用于奢侈品。后者是在他们自己的分部类内部生产和交换的。

用（IIa）m得到的奢侈品160是这样流到IIa的资本家手中的：

我们上面已经看到，在(IIa)400m中，以必要生活资料形式存在的100，和以奢侈品形式存在的等额的(IIb)v相交换，此外，以必要生活资料形式存在的60，和以奢侈品形式存在的(IIb)60m相交换。总计如下：

IIa：400v＋400m；IIb：100v＋100m。

1. 400v(a)由IIa的工人消费掉，它们就是IIa工人的产品(必要生活资料)的一部分；工人从他们自己那个部类的资本主义生产者那里购买这些产品。因此，货币400镑，即资本主义生产者作为工资付给自己的工人的可变资本价值400，回到他们手中。他们可以用这些货币重新购买劳动力。

2. 400m(a)中与100v(b)相等的部分，即剩余价值(a)的$\frac{1}{4}$，是这样在奢侈品中实现的：(b)的工人从他们那个部类(b)的资本家那里得到工资100镑，他们用这100镑购买m(a)的$\frac{1}{4}$，即购买由必要生活资料构成的商品；a的资本家用这些货币购买同等价值额的奢侈品＝100v(b)，即所生产的全部奢侈品的一半。这样，b的资本家的可变资本就以货币形式回到这些资本家手中。他们可以重新购买劳动力，并由此重新开始他们的再生产，因为整个第II部类的全部不变资本已经通过I(v＋m)和IIc的交换而得到了补偿。生产奢侈品的工人的劳动力所以能够重新出卖，只是因为他们作为自己工资的等价物创造出来的那部分产品，会被IIa的资本家取走，列入自己的消费基金，也就是变成了货币。(这同样适用于第I部类劳动力的出卖；因为和I(v＋m)交换的IIc，既由必要生活资料构成，也由奢侈品构成；通过I(v＋m)而更新的东西，既包括必要生活资料的生产资料，也包括奢侈品的生产资料。)

3. 我们现在来谈a和b之间的交换，这里只是指两个分部类资本家之间的交换。通过上面的叙述，我们已经解决了a的可变资本(400v)和一部分剩余价值(100m)，以及b的可变资本(100v)的问题。我们进一步假定，这两个分部类资本家在花费他们的收入时的平均比例，是$\frac{2}{5}$用于奢侈品，$\frac{3}{5}$用于必要的生活必需品。因此，除了已经用于奢侈品的100，整个分部类a还有60要用于奢侈品，按照同一比例，b也有40要用于奢侈品。

因此，(IIa)m是这样分配的：240用于生活资料和160用于奢侈品＝240＋160＝400m(IIa)。

(IIb)m是这样分配的：60用于生活资料和40用于奢侈品：60＋40＝100m(IIb)。后面的40，是这个分部类的资本家从他们自己的产品(他们的剩余价值的$\frac{2}{5}$)中拿出来消费的；用于生活资料的60，是这个分部类的资本家把他们的剩余产品60和60m(a)相交换而得到的。

因此，我们为第II部类的整个资本家阶级得出以下公式(其中分部类a的v＋m以必要生活资料形式存在，分部类b的v＋m以奢侈品形式存在)：

IIa(400v＋400m)＋IIb(100v＋100m)＝1 000；通过运动，按下列公式实现：500v(a＋b)〔在400v(a)和100m(a)中实现〕＋500m(a＋b)〔在300m(a)＋100v(b)＋100m(b)中实现〕＝1 000。

我们对a和b的实现，分别进行考察，就会得出：

$$(a)\ \frac{v}{400v(a)} + \frac{m}{240m(a)+100v(b)+60m(b)} = 800$$

$$(b)\ \frac{v}{100m(a)} + \frac{m}{60m(a)+40m(b)} \cdots\cdots\cdots\cdots = 200$$

$$\overline{\quad 1\,000 \quad}$$

为了简单起见，假定可变资本和不变资本的比例相同（顺便提一下，这并不是必要的）。这样，在v(a)＝400时，不变资本＝1 600，在v(b)＝100时，不变资本＝400。因此，关于第II部类的两个分部类a和b，我们得出下列公式：

(IIa) 1 600c＋400v＋400m＝2 400

(IIb)　400c＋100v＋100m＝　600

总计：

2 000c＋500v＋500m＝3 000。

与此相适应，以消费资料形式存在的、要和2 000I(v＋m)交换的2 000IIc，其中有1 600用来交换必要生活资料的生产资料，有400用来交换奢侈品的生产资料。

因此，2 000 I(v＋m)本身也会这样分割：(800v＋800m)I作为a的必要生活资料的生产资料＝1 600；(200v＋200m)I作为b的奢侈品的生产资料＝400。

不仅真正的劳动资料，而且原料和辅助材料等等，在两个分部类中，有很大部分是相同的。至于I(v＋m)全部产品的不同价值部分的交换，那么，这种划分似乎是毫无意义的。无论是上述800 Iv还是200 Iv，都由于工资用在消费资料1 000 IIc上而实现。因此，为支付工资而预付的货币资本在流回时，也会在第I部类各资本主义生产者之间均衡地分配，即按照相应的比例再以货币形式补偿他们各自预付的可变资本。另一方面，至于1 000 Im的实现，那么，在这里，资本家也会均衡地（按照他们的m的大小比例）从IIc的整个后一半＝1 000取出具有消费资料形式的600 IIa和400 IIb；因此，为IIa补偿不变资本的资本家：

从600c（IIa）取出480$\left(\frac{3}{5}\right)$并从400c（IIb）取出320$\left(\frac{2}{5}\right)$=800；为IIb补偿不变资本的资本家：

从600c（IIa）取出120$\left(\frac{3}{5}\right)$并从400c（IIb）取出80$\left(\frac{2}{5}\right)$=200。总计=1 000。

在这里，无论对于第Ⅰ部类还是第II部类，可变资本和不变资本的比例，都是随便假定的。这个比例在第Ⅰ部类和第II部类以及它们的分部类之间相同，也是随便假定的。只是为了简单起见，这里假定比例相同。即使假定比例不同，对问题的条件和它的解决方法，也绝不会有任何影响。但是，在简单再生产的前提下，会得出以下必然的结论：

1. 年劳动以生产资料的实物形式创造的新价值产品（分成v+m），等于年劳动的另一部分生产的产品价值所包含的以消费资料形式再生产的不变资本价值c。假如前者小于IIc，第II部类的不变资本就不能全部得到补偿；假如前者大于IIc，余额就不能利用。在这两个场合，简单再生产这个前提都会被违反。

2. 在以消费资料形式再生产的年产品中，以货币形式预付的可变资本v，在它的获得者是生产奢侈品的工人时，只能在一开始体现着必要生活资料的资本主义生产者的剩余价值的那部分必要生活资料中实现。因此，投入奢侈品生产的v，必须等于以必要生活资料形式生产的m中和它的价值量相适应的部分，因而就必然小于这整个m，即小于（IIa）m。只是由于这个v在这一部分m中实现，奢侈品的资本主义生产者所预付的可变资本才能以货币形式回到他们手中。这个现象和Ⅰ（v+m）在IIc中的实现是完全类似的；只是在这里，（IIb）v是在和它价值量相等的**那一部分**（IIa）m中实现的。既然全年总产品实际进入以流通为中介的年再生产过程，所以这些比例关系在全年总产品的每一次分配中，都具有质的决定意义。I(v+m)只能在IIc中实现，而作为生产资本组成部分执行职能的IIc也只有通过这种实现才能得到更新；同样，(IIb)v只能在(IIa)m的一部分中实现，而(IIb)v也只有通过这种实现，才能再转化为它的货币资本的形式。不言而喻，只有在这一切实际上都是再生产过程本身的结果时，也就是说，只有在例如IIb的资本家不是靠信用从别处取得用于v的货币资本时，上述情况才适用。相反地，从量的方面说，年产品各部分之间的交换，只有在生产规模和价值关系保持静止状态，并且这些严格的比例关系不会由于对外贸易而有所改变的情况下，才能按上述比例进行。

如果有人按照亚·斯密的说法，说什么I(v+m)分解为IIc，而IIc分解为I(v+m)，或者用他的更常见也更荒谬的说法，说什么I(v+m)形成IIc的价格（或价值，他称为“交换价值”）的组成部分，而IIc形成I(v+m)价值的整个组成部分，那么，同样也可以说并且必须说，(IIb)v分解为(IIa)m，或者(IIa)m分解为(IIb)v，或者说(IIb)v形成IIa剩余价值的一个组成部分；反过来也是一样：剩余价值分解为工资，即可变资本，而可变资本形成剩余价值的一个“组成部分”。这种谬论确实可以在亚·斯密那里看到，因为在他看来，工资是由必要生活资料的价值决定的，而这种商品价值又是由它所包含的工资（可变资本）和剩余价值的价值决定的。他专心注意资本主义基础上一个工作日的价值产品所分成的部分，即v+m，以致完全忘记了，以不同实物形式存在的等价物，无论由有酬劳动还是由无酬劳动构成，对于简单的商品交换来说，是完全没有关系的，因为在这两种场合，为生产它们而花费的劳动是一样多的；他还忘记了，尽管A的商品是一种生产资料，B的商品是一种消费资料，尽管这些商品出售以后，一个是作为资本组成部分执行职能，而另一个则进入消费基金，按照亚当·斯密的说法，即作为收入来消费，但这对简单的商品交换来说，同样是没有关系的。各个买者如何使用他的商品，这不是商品交换的问题，不是流通领域的问题，也不涉及商品的价值。在分析全年社会总产品的流通时，必须研究该产品各个组成部分的确定用途，即消费因素，但上述情况绝不会由此而改变。

在上面所考察的（IIb）v和（IIa）m的一个等价部分的交换中，以及（IIa）m和（IIb）m之间的进一步的交换中，完全不必假定，资本家——不管他们是IIa和IIb的单个资本家，还是作为各分部类的资本家整体——是按同一比例在必要消费品和奢侈品之间分配他们的剩余价值。一个可以在这种消费上多用一些，另一个可以在那种消费上多用一些。在简单再生产的基础上，前提只是：一个和全部剩余价值相等的价值额在消费基金中实现。因此，界限是已定的。在每一部类之内，有的人在a上多用一些，有的人在b上多用一些；但是他们可以互相补偿，以致a和b这两个分部类的资本家阶级作为一个整体，按同一比例参加这两类物品的消费。价值关系——a和b这两类生产者在第II部类的产品总价值中各自所占的比例部分，从而提供上述产品的各生产部门间一定的量的关系——在每一具体场合，都必须是已定的。只有为举例而规定的比例，才是一种假定的比例。如果作另一种假定，也不会使各种质的因素发生变化，只有量的规定会改变。但如果由于某种情况，a和b的比例量发生了现实变化，那么，简单再生产的条件也会相应地改变。

———

从(IIb)v在(IIa)m的一个等价部分中实现这一点可以得出如下结论：年产品中的奢侈品部分越是增大，从而奢侈品生产中吸收的劳动力的数量越是增加，预付在(IIb)v上的可变资本要再转化为可以重新作为可变资本的货币形式来执行职能的货币资本，因而在IIb中就业的那部分工人阶级要生存和再生产——他们的必要消费资料的供给——，也就越是要取决于资本家阶级的挥霍，越是要取决于这个阶级的剩余价值的很大一部分转化为奢侈品。

每一次危机都会暂时减少奢侈品的消费。危机使(IIb)v到货币资本的再转化延缓和停滞，使这种再转化只能部分地进行，从而有一部分生产奢侈品的工人被解雇；另一方面，必要消费资料的出售也会因此停滞和减少。这里完全撇开不说那些同时被解雇的非生产工人，他们由于为资本家服务而得到资本家奢侈支出的一部分(这些工人本身相应地也是奢侈品)，特别是这些工人在必要生活资料等等的消费方面也占了很大一部分。在繁荣时期，特别是在欺诈盛行期间，情况正好相反。在这个时期，货币的表现在商品中的相对价值已由于其他原因(并不是由于现实的价值革命)而降低，所以，商品的价格不以商品本身的价值为转移而提高。不仅是必要生活资料的消费增加了；工人阶级(他们的全部后备军现在都积极参加进来)也暂时参加了他们通常买不起的各种奢侈品的消费，此外，他们还会参加这类必要消费品的消费，其中绝大部分通常只对资本家阶级来说才是“必要”消费资料；而这些又会引起价格的提高。

认为危机是由于缺少有支付能力的消费或缺少有支付能力的消费者引起的，这纯粹是同义反复。除了需要救济的贫民的消费或“盗贼”的消费以外，资本主义制度只知道进行支付的消费。商品卖不出去，无非是找不到有支付能力的买者，也就是找不到消费者（因为购买商品归根结底是为了生产消费或个人消费）。但是，如果有人想使这个同义反复具有更深刻的论据的假象，说什么工人阶级从他们自己的产品中得到的那一部分太小了，只要他们从中得到较大的部分，即提高他们的工资，弊端就可以消除，那么，我们只须指出，危机每一次都恰好有这样一个时期做准备，在这个时期，工资会普遍提高，工人阶级实际上也会从供消费用的那部分年产品中得到较大的一份。按照这些具有健全而“简单”（！）的人类常识的骑士们的观点，这个时期反而把危机消除了。因此，看起来，资本主义生产包含着各种和善意或恶意无关的条件，这些条件只不过让工人阶级暂时享受一下相对的繁荣，而这种繁荣往往只是危机风暴的预兆。(46)

我们在上面已经看到，必要消费资料的生产和奢侈品的生产之间的比例关系，是以II(v＋m)在IIa和IIb之间的分割为条件的，从而也是以IIc在(IIa)c和(IIb)c之间的分割为条件的。因此，这种分割从根本上影响着生产的性质和数量关系，对生产的总形态来说，是一个本质的决定因素。

简单再生产实质上是以消费为目的的，虽然攫取剩余价值表现为单个资本家的动机；但是，剩余价值——不管它的比例量如何——在这里最终只是用于资本家的个人消费。

既然简单再生产是每个规模扩大的年再生产的一部分，并且还是它最重要的一部分，所以，这种个人消费的动机总是和发财致富的动机本身相伴而生，同时又和它相对立。实际上，问题表现得更复

(46)供可能出现的洛贝尔图斯危机学说的信徒们参考。——弗·恩·

杂，因为掠夺物——资本家的剩余价值——的分享者，会作为独立于资本家以外的消费者出现。

V. 货币流通在交换中的中介作用

根据上面的阐述，不同部类的生产者之间的流通，按下列公式进行：

1. 第I部类和第II部类之间：

I. 4 000c ＋ 1 000v＋1 000m

II.……… 2 000c…… ＋500v＋500m。

IIc＝2 000的流通已经完成，它已经和I(1 000v＋1 000m)相交换。

暂且把4 000Ic撇开不说，这样，在第II部类内部还有v＋m的流通。现在，II(v＋m)在IIa和IIb两个分部类之间的分割如下：

2. II 500v＋500m＝a(400v＋400m)＋b(100v＋100m)。

400v(a)的流通在它自己的分部类内部进行；由此得到报酬的工人，用这些报酬向他们的雇主即IIa的资本家，购买他们自己所生产的必要生活资料。

因为两个分部类的资本家都把他们的剩余价值的$\frac{3}{5}$用于IIa的产品(必要生活资料)，$\frac{2}{5}$用于IIb的产品(奢侈品)，所以，a的剩余价值的$\frac{3}{5}$，即240，在分部类IIa内部消费；同样，b的剩余价值的$\frac{2}{5}$(以奢侈品形式生产和存在)，也在分部类IIb内部消费。

因此，在IIa和IIb之间有待交换的是：

在IIa方面：160m，

在IIb方面：100v＋60m。它们正好彼此相抵。IIb的工人，用他们得到的货币工资100向IIa购买数额100的必要生活资料。IIb的资本家，也用他们的剩余价值的$\frac{3}{5}=60$，向IIa购买他们的必要生活资料。IIa的资本家因此也得到了必要的货币，以便像上面假定的那样，把他们的剩余价值的$\frac{2}{5}=160m$，用于IIb所生产的奢侈品（100v和60m；100v是作为补偿所付工资的产品留在IIb的资本家手中的）。其公式如下：

3. IIa.（400v）＋（240m）＋160m

b.…………………100v＋60m＋（40m），

括号内的数额，只在各分部类内部流通和消费。

预付在可变资本上的货币资本，只有对生产必要生活资料的IIa的资本家来说，才是直接流回的，这种情况不过是前面提到的那个一般规律由某些特殊条件而引起变化的一种表现，按照这个规律，商品生产者预付在流通中的货币，在商品流通正常进行的情况下，会回到他自己手里。由此顺便可以得出：如果站在商品生产者背后的是一个货币资本家，这个货币资本家又把货币资本（这个字最精确的含义就是货币形式的资本价值）预付给产业资本家，那么，这种货币的真正复归点就是这个货币资本家的钱袋。这样，虽然货币在流通中或多或少地要经过各种人之手，但大量的流通货币却属于以银行等形式组织和积聚的货币资本部门。这个部门预付资本的方法，规定资本要不断以货币形式最后流回到它那里，虽然这种回流还要以产业资本再转化为货币资本作为中介。

对商品流通来说，有两样东西始终是必要的：投入流通的商品和投入流通的货币。"与直接的产品交换不同，流通过程在使用价值换位和转手之后并没有结束。货币并不因为它最终从一个商品的形态

变化系列中退出来而消失。它不断地沉淀在商品空出来的流通位置上。”（第一册第三章第92页[82]）

例如，在IIc和I（v+m）之间的流通中，我们假定，第II部类为这个流通预付了500镑货币。大的社会的生产者群之间的流通，分解为无数的流通过程，其中，时而这一生产者群的某个人，时而那一生产者群的某个人，首先作为买者出现，从而把货币投入流通。把个别情况完全撇开不说，这已经由生产期间的差别，从而由不同商品资本的周转的差别决定了。现在，第II部类用500镑向第I部类购买同等价值额的生产资料，第I部类再向第II部类购买500镑消费资料；这些货币因此又流回到第II部类那里；后者绝不会因为这种回流而更富有。它首先把500镑货币投入流通，并从流通中取出同等价值额的商品，然后又出售500镑商品，并从流通中取出同等价值额的货币；这样，500镑又流回来。事实上，第II部类投入流通的是500镑货币和500镑商品=1000镑；它也从流通中取出了500镑商品和500镑货币。为了使500镑商品（I）和500镑商品（II）相交换，流通所需要的只是500镑货币。这样，谁预付货币来购买别人的商品，谁就会在出售自己的商品时，重新得到货币。所以，假如第I部类首先向第II部类购买500镑商品，然后再向第II部类出售500镑商品，那么这500镑将回到第I部类那里，而不是回到第II部类那里。

第I部类投在工资上的货币，即以货币形式预付的可变资本并不是在货币形式上直接地返回的，而是间接地、通过迂回的道路返回的。相反，在第II部类，500镑工资却直接从工人那里回到资本家手中，就像在同一些人彼此交替地作为商品的买者和卖者不断对立，反复进行买和卖时货币总是直接返回一样。第II部类的资本家以货币支付劳动力的报酬；他由此就把劳动力并入他的资本，并且只是通过这种流通行为，即对资本家来说仅仅是货币资本转化为生产资本的流通行为，才作为产业资本家而和作为他的雇佣工人的工人相对立。但是，起先作为自己劳动力的卖者、出售者出现的工人，后来会作为买者，作为货币所有者，而和作为商品的卖者的资本家相对立；因此，投在工资上的货币，也流回到资本家手中。只要这些商品的出售不包含欺诈等等，而是商品和货币进行等价交换，那么，这就不会是资本家借以发财致富的过程。资本家并不是支付给工人两次：先用货币，后用商品；一旦工人把货币换成资本家的商品，资本家的货币就回到自己手中。

然而，转化为可变资本的货币资本，即预付在工资上的货币，在货币流通本身中，起着主要的作用，这是因为工人阶级不得不挣一文吃一文，不能给产业资本家提供任何长期的信贷，这样，各个产业部门的资本周转期间尽管有差别，可变资本却要在某一短期内，例如一周，即在比较迅速地反复的期限内，同时在社会的无数不同地点，以货币形式预付（这个期限越短，通过这个渠道一次投入流通的货币总额相对地说也就越小）。在每个进行资本主义生产的国家，这样预付的货币资本在总流通中都占有一个在比例上有决定意义的部分，这尤其是因为，同一些货币在流回起点之前要流过各种渠道，作为无数其他的营业的流通手段来执行职能。

———

现在，我们从另一个观点来考察Ⅰ(v＋m)和Ⅱc之间的流通。

第Ⅰ部类的资本家预付1 000镑来支付工资，工人就用这1 000镑向第Ⅱ部类的资本家购买生活资料，第Ⅱ部类的资本家用同一些货币再向第Ⅰ部类的资本家购买生产资料。于是第Ⅰ部类的资本家的可变资本以货币形式回到他们手中；同时，第Ⅱ部类的资本家把他们的不变资本的一半，由商品资本的形式再转化为生产资本。第II部类的资本家再预付500镑货币，以便在第I部类的资本家那里取得生产资料；第I部类的资本家把这些货币用于第II部类的消费资料；从而这500镑流回到第II部类的资本家手中；第II部类的资本家重新把这些货币预付，以便使他的已经转化为商品的不变资本的最后$\frac{1}{4}$，再转化为它的生产的实物形式。这些货币再流回到第I部类那里，并重新用来向第II部类取得同等数额的消费资料；500镑因此又流回到第II部类那里。现在，第II部类的资本家和以前一样，拥有500镑货币和2 000镑不变资本，但是，后者已经由商品资本形式重新转化为生产资本。5 000镑商品量的流通是用1 500镑货币来完成的；就是说，1. 第I部类付给工人1 000镑，购买同等价值额的劳动力；2. 工人用这1 000镑向第II部类购买生活资料；3. 第II部类再用这同一些货币向第I部类购买生产资料，因此，第I部类又重新得到1 000镑货币形式的可变资本；4. 第II部类用500镑向第I部类购买生产资料；5. 第I部类用这500镑向第II部类购买消费资料；6. 第II部类用这500镑向第I部类购买生产资料；7. 第I部类用这500镑向第II部类购买生活资料。因此，500镑流回到第II部类那里，这500镑是第II部类在商品形式的2 000镑以外另行投入流通的，而它没有为这500镑从流通中取出任何商品形式的等价物。(47)

(47)这里的叙述，和前面(第374页①)的叙述，略有不同。前面，第I部类也把一个独立的数额500镑投入流通。在这里，却只有第II部类为流通提供追加货币材料。但是，这并不改变最后的结论。——弗·恩·

①见本卷第444页。——编者注

因此,交换是这样进行的:

1. 第Ⅰ部类支付1 000镑货币购买劳动力,即购买商品＝1 000镑。

2. 工人用他们的货币额1 000镑的工资,向第Ⅱ部类购买消费资料,即商品＝1 000镑。

3. 第Ⅱ部类用它从工人那里得到的1 000镑,向第Ⅰ部类购买同等价值的生产资料,即商品＝1 000镑。

因此,1 000镑货币作为可变资本的货币形式,流回到第Ⅰ部类那里。

4. 第Ⅱ部类用500镑向第Ⅰ部类购买生产资料,即商品＝500镑。

5. 第Ⅰ部类用这500镑向第Ⅱ部类购买消费资料,即商品＝500镑。

6. 第Ⅱ部类用这500镑向第Ⅰ部类购买生产资料,即商品＝500镑。

7. 第Ⅰ部类用这500镑向第Ⅱ部类购买消费资料,即商品＝500镑。

所交换的商品价值总额＝5 000镑。

第Ⅱ部类在购买时预付的500镑,流回到第Ⅱ部类那里。

结果是:

1. 第Ⅰ部类的资本家拥有货币形式的可变资本1 000镑,这是他最初预付到流通中去的;此外,他还为他个人的消费,以他自己的商品产品的形式支出了1 000镑;就是说,他所支出的是由于出售价值额1 000镑的生产资料而得到的货币。

另一方面,货币形式的可变资本所必须转化的实物形式,即劳动力，通过消费得到了维持，进行了再生产，并再作为它的所有者唯一的商品而存在，如果他想活下去，他就必须出卖这种商品。因此，也就再生产了雇佣工人和资本家的关系。

2. 第II部类的不变资本得到了实物补偿；同一个第II部类预付在流通中的500镑，也回到它那里。

对第Ⅰ部类的工人来说，流通是简单流通W—G—W：$\frac{1}{W}$（劳动力）—$\frac{2}{G}$（1 000镑，第Ⅰ部类可变资本的货币形式）—$\frac{3}{W}$（价值1 000镑的必要生活资料）；这1 000镑把以商品形式，即以生活资料形式存在的第II部类的不变资本转化为具有同等价值额的货币。

对第II部类的资本家来说，过程是W—G，是他的一部分商品产品转化为货币形式，由货币形式再转化为生产资本的组成部分，即再转化为他们所必需的一部分生产资料。

当第II部类的资本家为购买其他部分生产资料而预付G（500镑）时，他们已经预期到在IIc中还以商品（消费资料）形式存在的那一部分将转化为货币形式；在第II部类用G购买、W被第Ⅰ部类出售这样一个G—W行为中，货币（II）转化为生产资本的一部分，W（I）通过W—G行为，转化为货币。但是，这些货币并不代表第Ⅰ部类的资本价值的任何组成部分，而代表只是用在消费资料上的货币化的剩余价值。

在流通G—W…P…W′—G′中，一个资本家的第一个行为G—W，是另一个资本家的最后一个行为W′—G′（或其中一部分）。使G借以转化为生产资本的W，对W的卖者（他要把这个W转化为货币）来说，究竟是代表不变资本组成部分，还是代表可变资本组成部分，还是代表剩余价值，是和商品流通本身完全无关的。

至于第Ⅰ部类商品产品的组成部分v＋m，那么，第Ⅰ部类从流通中取出的货币多于它投入的货币。第一，它的1 000镑可变资本回到它那里；第二，它出售价值500镑的生产资料（见上述第4项交换），从而它的剩余价值的一半转化为货币；然后（第6项交换）再出售价值500镑的生产资料，即它的剩余价值的另一半，从而把剩余价值全部以货币形式从流通中取出。因此，相继进行的是：1. 可变资本再转化为货币＝1 000镑；2. 剩余价值的一半转化为货币＝500镑；3. 剩余价值的另一半转化为货币＝500镑；所以总计有1 000v＋1 000m转化为货币＝2 000镑。尽管第Ⅰ部类（我们以后还要考察的作为Ⅰc的再生产中介的各种交换除外）只把1 000镑投入流通，它从流通中却取出了多一倍的货币。当然，货币化的（即转化为G的）m一旦用在消费资料上，就立即再转入别人（Ⅱ）手中。第Ⅰ部类的资本家以**货币**形式取出的价值，只等于他以**商品**形式投入的价值；这个价值是剩余价值，就是说，资本家没有为它付出分文，这一点绝不会使这种商品价值本身有任何改变；因此，只要我们说的是商品流通中的价值交换，那么，这一点就是毫无意义的。剩余价值转化成的货币形式，当然和预付资本在它的转化过程中所通过的其他一切形式一样，是会消失的。它所持续的时间，仅仅是第Ⅰ部类的商品转化为货币和接着发生的第Ⅰ部类的货币转化为第Ⅱ部类的商品这二者之间的间歇时间。

假定周转期较短，或者，从简单商品流通的观点来看，投入流通的货币流通较快，为了使交换的商品价值流通，只要有较少的货币就够了。如果相继进行的交换的次数已定，这个货币额总是由流通商品的价格总额或价值总额决定。这个价值总额由剩余价值和资本价值构成的比例如何，在这里是完全没有关系的。

用我们的例子来说，假如第Ⅰ部类的工资每年支付4次，就是4 × 250 = 1 000。因此，有250镑货币，就足以完成Iv—$\frac{1}{2}$IIc之间的流通，以及可变资本Iv和第Ⅰ部类的劳动力之间的流通。同样，假如Im和IIc之间的流通用4次周转来完成，那也就只需要250镑；所以，总起来说，要完成价值5 000镑的商品的流通，只需要一个500镑的货币额或货币资本。这时，剩余价值不是分2次，每次有一半转化为货币，而是分4次，每次有$\frac{1}{4}$转化为货币。

假如在第4项交换中，不是第II部类，而是第Ⅰ部类作为买者出现，把500镑货币用于同等价值量的消费资料，那么，在这种场合就是：第II部类在第5项交换中用这500镑购买生产资料；第Ⅰ部类在第6项交换中则用这500镑购买消费资料；第II部类在第7项交换中再用这500镑购买生产资料；最后，这500镑回到第Ⅰ部类那里，就和在前一种情况下回到第II部类那里一样。在这里，剩余价值的货币化是通过它的资本主义生产者本身在私人消费上支出的货币而实现的。这个货币代表了预期的收入，即预期从待售的商品所包含的剩余价值中得到的收入。这个剩余价值的货币化，不是由于这500镑流回而实现的；因为，除了具有Iv商品形式的1 000镑以外，在第4项交换结束时，第Ⅰ部类还把500镑货币投入流通。我们知道，这是追加的货币，不是出售商品所得的货款。如果这个货币流回到第Ⅰ部类那里，那么，第Ⅰ部类只不过因此再得到它的追加货币，并没有把它的剩余价值转化为货币。第Ⅰ部类的剩余价值的货币化，只是通过包含剩余价值的商品Im的出售而实现的，而这个剩余价值转化成的货币形式每次持续的时间有多长，要看出售商品所得的货币经过多久才被重新用于消费资料。

第Ⅰ部类用追加的货币（500镑）向第Ⅱ部类购买消费资料；这个货币被第Ⅰ部类用掉了，为此它得到了第Ⅱ部类的商品形式的等价物；这个货币因第Ⅱ部类向第Ⅰ部类购买500镑商品而第一次流回；因此，这个货币是作为第Ⅰ部类所出售的商品的等价物流回的，但是，第Ⅰ部类没有为这种商品付出分文，它构成了第Ⅰ部类的剩余价值，这样，**该部类自己投入流通的货币，使它自己的剩余价值转化为货币**。同样，第Ⅰ部类第二次（第6项交换）购买时，得到了第Ⅱ部类的商品形式的等价物。假如第Ⅱ部类（在第7项交换中）不向第Ⅰ部类购买生产资料，那第Ⅰ部类实际上就是为消费资料支出了1 000镑——把它的全部剩余价值作为收入消费掉了——，也就是500镑以第Ⅰ部类的商品（生产资料）形式，500镑以货币形式消费掉；不过，它还有以第Ⅰ部类的商品（生产资料）形式库存的500镑，而另一方面货币形式的500镑则用掉了。

反过来，第Ⅱ部类就会把它的不变资本的$\frac{3}{4}$由商品资本形式再转化为生产资本形式；其余$\frac{1}{4}$则处在货币资本形式（500镑）上，事实上就是处在闲置货币的形式上，或者说处在职能中断的和待用的货币的形式上。如果这种状态长期持续下去，第Ⅱ部类就必须把再生产的规模缩小$\frac{1}{4}$。——但是，成为第Ⅰ部类的负担的生产资料形式的500，并不是以商品形式存在的剩余价值；它是代替500镑预付货币——即第Ⅰ部类在它的1 000镑商品形式的剩余价值之外所拥有的货币——而留在那里的。作为货币，它们处于随时可以实现的形式；作为商品，它们却一时卖不出去。由此可见，在这里，简单再生产——在这种情况下，第Ⅰ部类和第Ⅱ部类的生产资本的每一个要素都必须得到补偿——只有在第Ⅰ部类最初放走的500只金鸟飞回的时候，才是可能的。

当一个资本家(在这里,我们指的仍然只是产业资本家,他们同时是其他所有资本家的代表)把货币用于消费资料时,对他来说,这些货币已经完结,已经走尽了尘世的道路。如果它再流回到他手中,这仅仅是因为他借助于商品,即靠他的商品资本,从流通中取出了货币。全部年商品产品的每一个要素的价值,即每个单个商品的价值,对他来说,和他的全部年商品产品(对他来说=商品资本)的价值一样,都可以分成不变资本价值、可变资本价值和剩余价值。因此,每个单个商品(形成全部商品产品的各个要素)的货币化,同时也就是全部商品产品所包含的剩余价值的一定部分的货币化。所以,在这个场合,说资本家自己把货币投入流通(在他把货币用于消费资料的时候),由此使他的剩余价值货币化即得到实现,这是完全正确的。当然,这里所说的并不是同一些货币,而是和资本家为了满足个人需要而投入流通的货币额相等(或和其中的一部分相等)的一定的现金额。

实际上,这是以两种方式进行的:如果企业是在当年开办的,资本家就必须经过相当长的时间,在最好的情况下,也要几个月,才能从自己的企业收入中取得货币供他个人消费。但他不会因此而使他的消费停止片刻。他预期到剩余价值会到手而自己预付货币(不管这些货币是从他自己的钱袋,还是通过贷款从别人的钱袋取得的,在这里是完全没有关系的),但是,他因此也就为以后将实现的剩余价值的实现,预付了流通手段。相反地,如果营业早已正常进行,那么支出和收入就会分配在一年的不同期间。但是,有一点,即资本家的消费,是不间断地进行的。这种消费是因预期到收入会到手而进行的,而消费量也要按照通常的或估计的收入的一定比例来计算。商品每出售一部分,当年生产的剩余价值也就实现一部分。如果在全年内，所生产商品的销售量只够补偿其中包含的不变资本价值和可变资本价值，或者，如果价格下跌，以致在出售全部年商品产品时，只能实现其中包含的预付资本的价值，那么就会明显地暴露出，上述货币是因预期到未来的剩余价值会到手而预先用掉的。如果我们的资本家破产了，他的债权人和法庭就会调查他预先进行的私人支出，是否和他的企业规模，是否和这种企业一般的或正常的剩余价值收入保持适当的比例。

但是，对整个资本家阶级来说，它必须自己把实现它的剩余价值(同时也为了使他们的资本即不变资本和可变资本流通)的货币投入流通这样一种说法，不仅不是奇谈怪论，而且还是整个机制的必要条件，因为在这里只有两个阶级：只能支配自己劳动力的工人阶级；对社会生产资料和货币拥有垄断权的资本家阶级。如果说，为实现商品所包含的剩余价值而必需的货币，首先要工人阶级自己出资预付，那才是奇谈怪论。但是，单个资本家总是以下列形式实行这种预付：起买者的作用，**支出**货币来购买消费资料，或者**预付**货币来购买他的生产资本的各种要素——或者是劳动力，或者是生产资料。他付出货币，总只是为了换取一个等价物。他把货币预付到流通中，只不过是采取和预付商品到流通中一样的方法。在这两个场合，他都是起流通的起点的作用。

现实的过程被两种情况所掩盖：

1. **商业资本**(它最初的形式总是货币，因为商人本身不生产任何“产品”或“商品”)和**货币资本**，会在产业资本的流通过程中作为特殊类型的资本家的经营对象出现。

2. 剩余价值——必然总是首先在产业资本家手中——分成不同的范畴。作为这些范畴的承担者出现的，除产业资本家以外，还有土地所有者（地租的承担者）、高利贷者（利息的承担者）等等，同时还有政府和它的官吏，食利者等等。这些家伙在产业资本家面前是作为买者出现的，而他们作为买者使产业资本家的商品转化为货币。他们各自也把“货币”投入流通，产业资本家则从他们手中得到这些货币。这时，人们总是忘记，他们最初得到并不断地重新得到的货币的来源是什么。

VI. 第Ⅰ部类的不变资本(48)

现在留下还要研究的是第Ⅰ部类的不变资本＝4 000Ⅰc。这个价值等于第Ⅰ部类的商品产品中再现的价值，即在这个商品量的生产上所消费的生产资料的价值。这个再现的价值并不是在第Ⅰ部类的生产过程中生产的，而是在这一年以前作为不变的价值，作为第Ⅰ部类生产过程的生产资料既定的价值，进入这个生产过程的。它现在存在于第Ⅰ部类的整个那部分没有被第Ⅱ部类吸收的商品量中。因而，仍然保留在第Ⅰ部类的资本家手中的这个商品量的价值＝他们的全部年商品产品价值的$\frac{2}{3}$。关于生产一种特殊生产资料的单个资本家，我们可以说：他出售他的商品产品，把它转化为货币。当他把商品产品转化为货币时，他也就把他产品中的不变价值部分再转化为货币了。然后，他用这个已经转化为货币的价值部分，再向别的商品的卖者购买自己的生产资料，或是把他的产品的不变价值部分转化为一种可以重新作为不变生产资本来执行职能的实物形式。而

(48)以下采自第Ⅱ稿。

现在，这样假定就不行了。第Ⅰ部类的资本家阶级包括生产生产资料的全体资本家。此外，留在他们手中的商品产品4 000，是社会产品的一部分；这部分社会产品不能和任何别的部分交换，因为年产品中已经不存在可以和它交换的任何别的部分。除了这4 000以外，年产品的其余部分已经全部作了安排；一部分为社会的消费基金所吸收，另一部分用来补偿第Ⅱ部类的不变资本。第Ⅱ部类所有能够用来和第Ⅰ部类交换的东西已经全部交换完毕。

只要我们注意到，第Ⅰ部类的全部商品产品，按其实物形式来说，是由生产资料即不变资本本身的物质要素构成的，困难就很容易解决。这里出现的现象和上述第Ⅱ部类出现的现象相同，只是方面有所不同。在第Ⅱ部类，全部商品产品由消费资料构成，因此，其中由这种商品产品所包含的工资和剩余价值来计量的部分，可以由它本部类的生产者消费。在第Ⅰ部类，全部商品产品由生产资料，即由建筑物、机器、容器、原料和辅助材料等等构成。因此，其中用来补偿这个部门所使用的不变资本的那一部分，能够以它的实物形式立即重新作为生产资本的组成部分执行职能。如果它进入流通，那也是在第Ⅰ部类内部流通。在第Ⅱ部类，一部分实物形式的商品产品由该部类的生产者个人消费掉，而在第Ⅰ部类，一部分实物形式的产品却由它的资本主义生产者在生产上消费掉。

第Ⅰ部类消费的不变资本价值，是在第Ⅰ部类的一部分商品产品＝4 000c中再现的，而且是以能立即再作为不变生产资本执行职能的实物形式再现的。在第Ⅱ部类，3 000商品产品中价值等于工资和剩余价值的那一部分（＝1 000），直接进入第Ⅱ部类的资本家和工人的个人消费；另一方面，这个商品产品的不变资本价值（＝2 000），不能再进入第Ⅱ部类的资本家的生产消费，而要通过和第Ⅰ

部类的交换来进行补偿。

相反地，第Ⅰ部类的6 000商品产品中价值等于工资和剩余价值的那一部分（＝2 000），不会进入而且按它的实物形式来说也不能进入它的生产者的个人消费。它倒是必须首先和第Ⅱ部类交换。另一方面，这个产品的不变价值部分＝4 000，却处在这样一种实物形式上，这种形式的不变价值部分——就第Ⅰ部类的整个资本家阶级来考察——能够直接再作为第Ⅰ部类的不变资本执行职能。换句话说，第Ⅰ部类的全部产品是由这样一些使用价值构成的，这种使用价值按照它们的实物形式来说——在资本主义生产方式下——，只能作为不变资本的要素发生作用。因此，在这个价值6 000的产品中，$\frac{1}{3}$（即2 000）补偿第Ⅱ部类的不变资本，其余$\frac{2}{3}$则补偿第Ⅰ部类的不变资本。

第Ⅰ部类的不变资本，由大量的不同的资本群构成。它们被分别投入不同的生产资料生产部门，有若干被投入铸铁厂，有若干被投入煤矿，等等。每个这种资本群或每个这种社会的群资本，又由数量或多或少的独立执行职能的单个资本构成。首先，社会资本，比如说7 500（可以用百万等等来表示），分成不同的资本群；价值7 500的社会资本分成各个特殊的部分，其中每个部分都被分别投入一个特殊的生产部门；投入每个特殊生产部门的那部分社会资本价值，按照它的实物形式，部分地由各特殊生产部门的生产资料构成，部分地由它们的经营所必需的、具有相应的熟练程度的劳动力构成，这种劳动力由于分工，并按照它在每个个别生产部门所完成的劳动的特殊种类，而各不相同。投入每个特殊生产部门的那部分社会资本，又由投入该生产部门的独立执行职能的单个资本的总和构成。不言而喻，这里所说的，既适用于第Ⅰ部类，也适用于第Ⅱ部类。

至于说第I部类中以它的商品产品形式再现的不变资本价值，那么，它有一部分作为生产资料再进入把它当做产品生产出来的特殊生产部门（或者，甚至就是它那一个企业）。例如，谷物进入谷物的生产，煤炭进入煤炭的生产，铁以机器形式进入铁的生产，等等。

当构成第I部类的不变资本价值的部分产品不再直接进入自己的特殊生产部门或自己那个生产部门的时候，这些产品只是变换了位置。它们以实物形式进入第I部类的另一个生产部门，而第I部类其他生产部门的产品则对它们进行实物补偿。这只不过是这些产品的换位。它们全部作为补偿第I部类的不变资本的因素再进入第I部类，不过不是进入第I部类这一个群，而是进入这个部类的另一个群。在这里，只要交换是在第I部类的各个资本家之间进行的，这种交换就是一种实物形式的不变资本和另一种实物形式的不变资本的交换，就是一种生产资料和其他生产资料的交换。这是第I部类的不同的单个不变资本部分的互相交换。只要产品不是直接在本生产部门作为生产资料使用，这些产品就离开它们自己的生产场所，进入另一个生产场所，因而，互相得到补偿。换句话说（和第II部类剩余价值的情况相似），第I部类的每个资本家按照他作为这4 000不变资本的共有者所占的比例，从这个商品总量中取出他所需要的相应的生产资料。如果生产是社会的，而不是资本主义的，那么很明显，为了进行再生产，第I部类的这些产品同样会不断地再作为生产资料在这个部类的各个生产部门之间进行分配，一部分直接留在这些产品的生产部门，另一部分则转入其他生产场所，因此，在这个部类的不同生产场所之间发生一种不断往返的运动。

VII. 两个部类的可变资本和剩余价值

每年生产的消费资料的总价值，等于当年再生产的第II部类的可变资本价值和新生产的第II部类的剩余价值（即等于第II部类当年生产的价值），加上当年再生产的第I部类的可变资本价值和新生产的第I部类的剩余价值（也就是加上第I部类当年生产的价值）。

因此，在简单再生产的前提下，每年生产的消费资料的总价值，等于年价值产品，即等于社会劳动在当年生产的全部价值。其所以必然如此，因为在简单再生产中，这全部价值将被消费掉。

社会总工作日分为两部分：1. 必要劳动，它在一年中创造1 500v的价值；2. 剩余劳动，它创造1 500m的追加价值或剩余价值。这两个价值之和＝3 000，等于这一年生产的3 000消费资料的价值。因此，一年生产的消费资料的总价值，等于社会总工作日在当年生产的总价值，等于社会可变资本的价值加上社会剩余价值，等于当年的全部新产品。

但是我们知道，虽然这两个价值量是一致的，第II部类的商品即消费资料的总价值，绝不因此就是在社会生产的这个部类内生产出来的。这两个价值量一致，是因为在第II部类再现的不变资本价值等于第I部类新生产的价值（可变资本价值加上剩余价值）；因此，I（v＋m）能够购买第II部类的产品中对（第II部类）产品的生产者来说代表着不变资本价值的那一部分产品。这就表明，为什么尽管对第II部类的资本家来说，他们的产品价值分成c＋v＋m，但是从社会的角度来考察，这些产品的价值却可以分成v＋m。其所以如此，只是因为IIc在这里等于I(v+m)，社会产品的这两个组成部分通过交换来互相交换它们的实物形式。在这样交换以后，IIc就再以生产资料的形式存在，而I(v+m)则再以消费资料的形式存在。

正是这种情况，使亚·斯密断言，年产品的价值分解为v+m。这种看法，第一，只适用于由消费资料构成的那部分年产品；第二，其所以适用，并不是指这全部价值都是第II部类生产的，因而它的产品价值等于第II部类预付的可变资本价值加上第II部类生产的剩余价值，而只是指：II(c+v+m)=II(v+m)+I(v+m)，或者说，因为IIc=I(v+m)。

由此进一步得出如下结论：

虽然社会工作日（即整个工人阶级全年耗费的劳动）和每个单个工作日一样，只分成两部分，也就是分成必要劳动和剩余劳动，因而，虽然这种工作日所生产的价值同样也只分成两部分，也就是分成可变资本价值即工人用来购买他自身再生产的资料的那部分价值，和剩余价值即资本家可以用于他自己的个人消费的那部分价值，但是从社会的角度来考察，社会工作日的一部分是专门用来**生产新的不变资本**的，也就是用来生产那种专门供在劳动过程中作为生产资料，从而在伴随而来的价值增殖过程中作为不变资本执行职能的产品的。按照我们的假定，整个社会工作日表现为一个3 000的货币价值，其中只有$\frac{1}{3}$=1 000是第II部类生产的，这个部类生产消费资料，即生产那些最终实现社会全部可变资本价值和全部剩余价值的商品。因此，按照这个假定，社会工作日的$\frac{2}{3}$是用来生产新的不变资本的。虽然，从第I部类的单个资本家和工人的观点来看，社会工作日的这$\frac{2}{3}$，完全像社会工作日的其余的$\frac{1}{3}$在第II部类那样，仅仅用来生产可变资本价值和剩余价值；但是，从社会的角度来考察——从产品的使用价值来考察也一样——，社会工作日的这$\frac{2}{3}$，只是生产那种正处于生产消费过程中的或已经耗费掉的不变资本的补偿物。个别地进行考察，虽然工作日的这$\frac{2}{3}$生产的总价值对它的生产者来说只等于可变资本价值加上剩余价值，但工作日的这$\frac{2}{3}$不生产可以使工资或剩余价值花费掉的那种使用价值；它生产的产品是生产资料。

首先必须指出，无论在第Ⅰ部类还是在第Ⅱ部类，社会工作日没有任何部分是用来生产这两大生产部门所使用的并在其中执行职能的不变资本的价值的。它生产的只是追加的价值2 000Ⅰ(v+m)+1 000Ⅱ(v+m)，这个价值是追加到不变资本价值=4 000Ⅰc+2 000Ⅱc中去的。以生产资料形式生产的新价值，还不是不变资本。它不过要在将来作为这种不变资本执行职能。

第Ⅱ部类的全部产品，即消费资料，就它的使用价值来考察，具体地说，就它的实物形式来考察，是第Ⅱ部类所提供的$\frac{1}{3}$社会工作日的产品。它是这个部类所使用的具体形式的劳动，如织布劳动、烤面包劳动等等的产品，也就是这种劳动作为劳动过程的主观因素执行职能时所生产的产品。相反，第Ⅱ部类的产品的不变价值部分，只是再现在新的使用价值上，再现在新的实物形式即消费资料的形式上，而以前它是以生产资料的形式存在的。它的价值通过劳动过程，从它的旧的实物形式转移到它的新的实物形式上。但是，产品价值的这$\frac{2}{3}$的**价值**=2 000，并不是在第Ⅱ部类当年的价值增殖过程中产生的。

从劳动过程的观点来看，第Ⅱ部类的产品是新执行职能的活劳动和现有的、作为这种劳动的前提的生产资料（劳动把它们作为自己的对象化条件而在其中实现）的结果。从价值增殖过程的观点来看也完全一样，第II部类的产品价值＝3 000，是由社会工作日新追加的$\frac{1}{3}$所生产的新价值（500v＋500m＝1 000）和一个不变的价值构成的。在这个不变的价值中，对象化着一个已经过去的、在我们所考察的第II部类的生产过程开始以前就已经完结的社会工作日的$\frac{2}{3}$。第II部类的产品的这部分价值，在这个产品的一部分中表现出来。它存在于一定量的消费资料中，其价值为2 000＝$\frac{2}{3}$社会工作日。消费资料是这部分价值借以再现的新的使用形式。消费资料的一部分＝2 000 IIc，同第I部类的生产资料＝I（1 000v＋1 000m）相交换，事实上也就是并不形成当年劳动的任何部分而在本年以前已经完结的$\frac{2}{3}$总工作日，同本年新追加的$\frac{2}{3}$工作日相交换。当年社会工作日的$\frac{2}{3}$，不能既用于不变资本的生产，同时又为它们自己的生产者形成可变资本价值加上剩余价值，除非把它们同每年消费的消费资料中一个包含着本年以前而不是本年耗费和实现的工作日的$\frac{2}{3}$的那部分价值相交换。这是当年的$\frac{2}{3}$工作日同在本年以前耗费的$\frac{2}{3}$的工作日的交换，是当年的劳动时间同本年以前的劳动时间的交换。这样，下面这个谜就可以得到解释：尽管整个社会工作日的$\frac{2}{3}$不是用来生产那些实现可变资本或剩余价值的物品，而相反地是用来生产生产资料，以补偿当年所消费的资本，但为什么整个社会工作日的价值产品却可以分解为可变资本价值加上剩余价值。简单说来就是：第I部类的资本家和工人借以实现他们所生产的可变资本价值加上剩余价值的第II部类产品价值的$\frac{2}{3}$（构成全部年产品价值的$\frac{2}{9}$），从价值方面考察，是本年以前已经过去的一个社会工作日的$\frac{2}{3}$的产物。

第I部类和第II部类的社会产品之和，即生产资料和消费资料，就它们的使用价值来考察，具体地说，就它们的实物形式来考察，固然是当年劳动的产物，但是，只有当这种劳动本身被看做有效的、具体的劳动，而不是被看做劳动力的耗费，不是被看做形成价值的劳动时，才是这样。前面讲的一点，也只能从这个意义上去理解：生产资料只有通过加到它上面的、用它来进行操作的活劳动，才能转化为新的产品，转化为当年的产品。但是，反过来，如果当年的劳动没有那种在它之外独立存在的生产资料，没有劳动资料和生产材料，它也不可能转化为产品。

VIII. 两个部类的不变资本

就总产品价值9 000和它分成的各个范畴来说，对它们的分析不会比对一个单个资本产品价值的分析遇到更多的困难，不如说困难是一样的。

在这里，全部社会年产品包含三个以一年为期的社会工作日。每一个这种工作日的价值表现都＝3 000；因此，总产品的价值表现＝3×3 000＝9 000。

其次，**在**一年的生产过程（我们分析的就是这个过程的产品）开始**以前**，在这个劳动时间中已经结束的：在第Ⅰ部类，有$\frac{4}{3}$工作日（价值产品4 000），在第Ⅱ部类，有$\frac{2}{3}$工作日（价值产品2 000）。总计是两个社会工作日，其价值产品＝6 000。因此，4 000Ⅰc＋2 000Ⅱc＝6 000c是表示在全部社会产品价值中再现的生产资料的价值或不变资本价值。

再次，第Ⅰ部类新追加的社会年工作日的$\frac{1}{3}$，是必要劳动，或者说，是这样一种劳动，它补偿可变资本的价值1 000 Ⅰv，并支付第Ⅰ部类使用的劳动的价格。同样，第II部类的社会工作日的$\frac{1}{6}$是价值额为500的必要劳动。所以，1 000 Iv＋500 IIv＝1 500v，半个社会工作日的价值表现，是当年追加的总工作日的前一半即由必要劳动构成的那一半的价值表现。

最后，在第I部类，总工作日的$\frac{1}{3}$（价值产品＝1 000）是剩余劳动；在第II部类，工作日的$\frac{1}{6}$（价值产品＝500）是剩余劳动。二者合起来构成追加的总工作日的另一半。因而，所生产的全部剩余价值为1 000 Im＋500 IIm＝1 500m。

因此：

社会产品价值的不变资本部分（c）：

生产过程开始以前耗费的两个工作日，价值表现＝6 000。

当年耗费的必要劳动（v）：

年生产所耗费的工作日的一半，价值表现＝1 500。

当年耗费的剩余劳动（m）：

年生产所耗费的工作日的一半，价值表现＝1 500。

年劳动的价值产品（v＋m）＝3 000。

总产品价值（c＋v＋m）＝9 000。

所以，困难不在于社会产品价值本身的分析。困难是在于把社会产品的**价值**组成部分和它的**物质**组成部分作比较时产生的。

不变的、仅仅再现的那部分价值，等于由**生产**资料构成的那部分产品的价值，并在该部分产品中体现出来。

当年的新的价值产品即v＋m，等于由**消费资料**构成的那部分产品的价值，并在该部分产品中体现出来。

但是，除了一些在这里没有意义的例外，生产资料和消费资料是完全不同的两类商品，是具有完全不同的实物形式或使用形式的产品，从而也是完全不同种类的具体劳动的产品。使用机器生产生活资料的劳动，是和制造机器的劳动完全不同的。年总工作日（其价值表现＝3 000）好像全部耗费在消费资料＝3 000的生产上，其中没有任何不变的价值部分再现出来，因为这3 000＝1 500v＋1 500m，只分解为可变资本价值＋剩余价值。另一方面，不变资本价值＝6 000则以一种和消费资料完全不同的产品形式，以生产资料形式再现出来，社会工作日好像没有任何部分耗费在这种新产品的生产上；相反，这整个工作日好像只是由以消费资料而不是以生产资料作为结果的劳动方式构成。秘密已经揭穿。年劳动的价值产品，等于第II部类的产品价值，等于新生产的消费资料的总价值。但是，这个产品价值，比耗费在消费资料生产（第II部类）上的那部分年劳动大$\frac{2}{3}$。年劳动只有$\frac{1}{3}$耗费在消费资料的生产上。这个年劳动的$\frac{2}{3}$耗费在生产资料的生产上，也就是耗费在第Ⅰ部类。第Ⅰ部类在这期间生产的价值产品，等于第Ⅰ部类所生产的可变资本价值加上剩余价值，等于第II部类以消费资料形式再现的第II部类的不变资本价值。所以，它们可以互相交换和互相用实物补偿。因而，第II部类的消费资料的总价值，也等于第Ⅰ部类＋第II部类的新价值产品之和，或者II（c＋v＋m）＝Ⅰ（v＋m）＋II（v＋m），所以等于年劳动以v＋m形式生产的新价值之和。

另一方面，生产资料（Ⅰ）的总价值，等于以生产资料（Ⅰ）形式再现的不变资本价值同以消费资料（II）形式再现的不变资本价值之和，所以，等于在社会总产品中再现的不变资本价值之和。这个总价值，等于第Ⅰ部类生产过程开始以前已经过去的工作日的$\frac{4}{3}$和第II部类生产过程开始以前已经过去的工作日的$\frac{2}{3}$的价值表现，也就是总共等于两个总工作日的价值表现。

因此，就社会年产品来说，困难在于：加到不变价值部分中去的新价值v + m是以消费资料形式来表现的，而这个不变价值部分却以一种完全不同的产品形式——生产资料——来表现。因此，就出现了一种假象，就价值方面来考察，好像所消费的产品量的$\frac{2}{3}$，会以新的形式，作为新的产品重新出现，而不需要有任何社会劳动耗费在它们的生产上。就单个资本来说，这种情况是不会发生的。每个单个资本家都使用一定种类的具体劳动，这种劳动把它特有的生产资料转化为产品。例如，某个资本家是机器制造业主，他在当年耗费的不变资本＝6 000c，可变资本＝1 500v，剩余价值＝1 500m；产品＝9 000，我们假定，这个产品是18台机器，每台＝500。在这里，全部产品是由相同的形式，由机器构成。（如果是生产多种产品，那就要分别计算。）全部商品产品，是当年在机器制造上耗费的劳动的产物，是同一种具体劳动和同一些生产资料相结合的产物。因此，产品价值的不同部分表现为相同的实物形式：12台机器包含6 000c，3台机器包含1 500v，3台机器包含1 500m。这里很明显，12台机器的价值＝6 000c，并不是因为这12台机器只体现那种在机器制造开始以前已经耗费掉的劳动，而不体现在机器制造中耗费的劳动。为生产18台机器所使用的生产资料的价值，不会自行转化为12台机器；但是，这12台机器的价值（它本身由4 000c＋1 000v＋1 000m构成），等于18台机器包含的不变资本价值的总价值。因此，机器制造业主必须从18台机器中出售12台，以便补偿他已经耗费的不变资本，这些资本是再生产18台新机器所必需的。相反地，虽然所使用的劳动只是用来制造机器，但劳动的结果却说成是：一方面有6台机器＝1 500v＋1 500m，另一方面有价值额6 000c的铁、铜、螺旋、皮带等等，即机器的实物形式的生产资料，而这些东西，大家知道，制造机器的单个资本家本人是不生产的，他要通过流通过程来进行补偿。如果这样说，问题就说不清楚了。但是初看起来，社会年产品的再生产好像就是按照这种不合理的方式进行的。

单个资本——即社会资本中独立执行职能、赋有自己生命的任何一个部分——的产品，可以有任何一种实物形式。唯一的条件是，这个产品必须实际具有一种使用形式，一种使用价值，使它有资格在商品世界成为可以流通的一环。它是否作为生产资料再进入把它作为产品生产出来的那个生产过程，也就是说，它的产品中代表不变资本部分的那部分价值，是否具有那种使它可以实际再作为不变资本执行职能的实物形式，这是一件毫无关系的偶然的事情。如果不是这样，产品的这部分价值就会通过买和卖，再转化为它的物质生产要素的形式，不变资本就由此以它的能够执行职能的实物形式再生产出来。

社会总资本的产品却不是这样。再生产的一切物质要素，都必须以它们的实物形式形成这个产品本身的各个部分。已经消耗的不变资本部分，只有当全部再现的不变资本部分以能够实际作为不变资本执行职能的新生产资料的实物形式在产品中再现的时候，才能由总生产来进行补偿。因此，在简单再生产的前提下，由生产资料构成的那部分产品的价值，必须等于社会资本的不变价值部分。

其次，个别地考察，资本家通过新追加的劳动，只是生产他的产品价值中的可变资本加上剩余价值，而不变价值部分是由于新追加劳动的具体性质转移到产品中去的。

从社会的角度来考察，生产生产资料的社会工作日部分，也就是说，既把新价值加到生产资料中去，又把在它们的生产上所消费的生产资料的价值转移到生产资料中去的社会工作日部分，不外是生产新的**不变资本**，用来补偿第Ⅰ部类和第Ⅱ部类以旧生产资料形式消费的不变资本。它只生产用于生产消费的产品。所以，这个产品的全部价值是这样的价值，这种价值能够重新作为不变资本执行职能，只能够买回实物形式的不变资本，因而，从社会的角度来考察，它既不分解为可变资本，也不分解为剩余价值。——另一方面，生产消费资料的社会工作日部分，不生产社会的补偿资本的任何部分。它只生产这样的产品，这些产品按其实物形式来说，要用来实现第Ⅰ部类和第Ⅱ部类的可变资本价值和剩余价值。

当我们讲到社会的考察方法，也就是考察社会总产品——既包括社会资本的再生产也包括个人消费——的时候，绝不可陷入蒲鲁东从资产阶级经济学那里抄袭来的方法，把问题看成是，好像一个具有资本主义生产方式的社会，只要作为一个整体来考察，便会失掉它这种独特的历史的经济的性质。正好相反，在这里，我们要研究总体资本家。总资本表现为所有单个资本家的股份资本的总和。这个股份公司和其他许多股份公司有一个共同点：每个人都知道自己投入什么，但是**不**知道自己取出什么。

IX. 对于亚·斯密、施托尔希和拉姆赛的回顾

社会产品的总价值为9 000＝6 000c＋1 500v＋1 500m，换句

话说，6 000再生产出生产资料的价值，3 000再生产出消费资料的价值。所以，社会收入(v+m)的价值，只是总产品价值的$\frac{1}{3}$，全体消费者即工人和资本家能够从社会总产品中取出和并入他们的消费基金的，也只是具有这$\frac{1}{3}$的价值额的商品，产品。另一方面，6 000=$\frac{2}{3}$产品价值，却是必须用实物来补偿的不变资本的价值。因此，这个数额的生产资料必须再并入生产基金。施托尔希看到了这一点的必要性，但是不能够证明它：

> “很明显，年产品的价值分成资本和利润两部分。年产品价值的这两部分中，每一部分都要有规则地用来购买国民所需要的产品，以便维持该国的资本和更新它的消费基金……　构成一个国家的**资本**的产品，**是不能消费的**。”(施托尔希《论国民收入的性质》1824年巴黎版第134、135、150页)

但是，亚·斯密在提出这种直到现在还有人信以为真的荒谬教条时，不仅采用了前面已经说过的形式，似乎全部社会产品的价值分解为收入，分解为工资加剩余价值，或者按他的说法，分解为工资加利润(利息)加地租。他还采用了一种更通俗的形式：**消费者**“最终地”必须把**全部产品价值**支付给生产者。直到现在，这还是政治经济学这门所谓科学的一种公认的常识，甚至是一个永恒真理。这个教条是按照下面这样一个似乎言之有理的方式说明的。随便举一种商品为例，如亚麻衬衫。首先，亚麻纺纱业主必须向亚麻种植业主支付亚麻的全部价值：亚麻籽、肥料、役畜饲料等等的价值，加上由亚麻种植业主的固定资本(如建筑物、农具等等)转移到产品中去的那部分价值，加上在亚麻生产上支付的工资，再加上亚麻所包含的剩余价值(利润、地租)，最后还加上亚麻由产地运往纺纱厂的运输费用。然后，织布业主不仅要把亚麻的这个价格偿还亚麻纺纱业主，而且要把由机器、建筑物等等，总之，由固定资本转移到亚麻中去的那部分价值，以及在纺纱过程中消费的一切辅助材料、纺纱工人的工资、剩余价值等等，偿还给亚麻纺纱业主；其次，漂白业主也是这样，他还要加上织成的麻布的运费；最后，衬衫厂主，要把全部价格支付给所有那些以前只向他提供原料的生产者。而在衬衫厂主那里，又继续追加价值：一部分是在衬衫缝制过程中以劳动资料、辅助材料等形式消费的不变资本的价值，一部分是其中耗费的劳动加进的衬衫缝制工的工资的价值和衬衫厂主的剩余价值。现在，假定这全部产品，衬衫，最后值100镑，并且假定这是社会在全部年产品价值中在衬衫上耗费的部分。衬衫的消费者支付这100镑，也就是支付衬衫中包含的一切生产资料的价值和亚麻种植业主、纺纱业主、织布业主、漂白业主、衬衫厂主以及全部运输业主的工资和剩余价值。这是完全正确的。实际上这是每个儿童都懂得的道理。但是往下又说：一切其他商品的价值都是如此。应当说：**一切消费资料**的价值，即进入消费基金的那部分社会产品的价值，也就是可以作为收入花费的那部分社会产品的价值，都是如此。所有这些商品的价值额，确实等于在商品中消费的全部生产资料（不变资本部分）的价值加上最后追加的劳动所创造的价值（工资加上剩余价值）。全体消费者能够支付这个价值额的全部，因为尽管每个单个商品的价值是由c＋v＋m构成的，但是，一切进入消费基金的商品的价值总额，最大限度也只能等于分解为v＋m的那部分社会产品价值，也就是等于由当年耗费的劳动加到原有生产资料——不变资本价值——中去的价值。但是，说到不变资本价值，那么，我们看到，它是按照两种方式由社会产品量来补偿的。第一，是通过生产消费资料的第II部类的资本家和为他们生产生产资料的第I部类的资本家之间的交换。由此就产生了一种说法，似乎对一个人是资本的东西，对另一个人就是收入。[94]但是，事情并不是这样。以价值2 000的消费资料形式存在的2 000 IIc，对第II部类的资本家阶级来说，形成不变资本价值。因此，虽然这种产品，按照它的实物形式来说，是要用于消费的，但是，第II部类的资本家自己却不能消费它。另一方面，2 000 I(v+m)是第I部类的资本家阶级和工人阶级所生产的工资加上剩余价值。它们以生产资料的实物形式存在，它们本身的价值在这些物品的形式上是不能消费的。因此，在这里，我们有一个4 000的价值额，而在交换之后和在交换之前一样，其中的一半只补偿不变资本，另一半只形成收入。——第二，第I部类的不变资本用实物来补偿，一部分是通过第I部类的资本家之间的交换，一部分是通过每个单个企业中的实物补偿。

关于全部年产品价值最终必须由消费者支付的说法，只有把消费者理解为包括两种完全不同的消费者即个人消费者和生产消费者，才是正确的。但是，说产品的一部分必须**生产地**消费，那无非是说，这一部分必须作为**资本来执行职能**，不能作为**收入来消费**。

如果我们把总产品的价值9 000分为6 000c+1 500v+1 500m，并把3 000(v+m)只作为收入来考察，那相反就会觉得，似乎可变资本消失了，从社会的角度来考察，似乎资本只是由不变资本构成的了。这是因为，原来表现为1 500v的东西，现在已经分解为社会收入的一部分，分解为工资即工人阶级的收入，它的资本性质因此也就消失了。实际上，拉姆赛曾经得出这个结论。在他看来，资本，从社会的角度来考察，只由固定资本构成，但是，他所说的固定资本是指不变资本，是指一个由生产资料构成的价值量，而不论这些生产资料是劳动资料，还是劳动材料如原料、半成品、辅助材料等等。

他把可变资本叫做流动资本：

“流动资本只由在工人完成他们的劳动产品以前已经预付给工人的生活资料和其他必需品构成……　严格地说，只有固定资本，而不是流动资本，才是国民财富的源泉……　流动资本不是在生产上直接起作用的，对于生产也毫无重要意义，它只是由于人民群众可悲的贫困而成为必要的一个条件……　从国民的观点来看，只有固定资本才是生产费用的要素。”（拉姆赛，同上，散见第23—26页）

拉姆赛还对固定资本（他是指不变资本）进一步说明如下：

“这种劳动〈即生产任何一种商品所使用的劳动〉的产品的一部分作为固定资本存在的持续时间，也就是以这样一种形式存在的持续时间，在这种形式上，它虽然有助于制造未来的商品，但**不用来维持工人的生活**。”（第59页）

在这里，我们再次看见了亚·斯密把不变资本和可变资本的区别淹没在固定资本和流动资本的区别之中所造成的恶果。拉姆赛所说的不变资本是由劳动资料构成的，他所说的流动资本是由生活资料构成的；二者都是有一定价值的商品；其中一个和另一个一样，都不能生产剩余价值。

X. 资本和收入：可变资本和工资(49)

全部年再生产，当年的全部产品，是这一年有用劳动的产品。但是，这个总产品的价值大于这个总产品中年劳动即当年耗费的劳动力借以体现的那部分价值。当年的**价值产品**，即当年以商品形式新

(49)以下是第VIII稿。

创造的价值，小于**产品价值**即全年生产的商品量的总价值。如果从年产品总价值中减去当年劳动所追加的价值，我们得到的差额不是实际再生产的价值，而只是以新的存在形式再现的价值；这个价值是由在它以前就已经存在的价值转移到年产品中去的，由于在当年社会劳动过程中发挥作用的不变资本组成部分的持续时间有长有短，这个价值形成的日期可以有早有晚，它可以来源于去年生产出来的或前几年就已生产出来的生产资料的价值。无论如何，它是由本年以前生产的生产资料转移到当年产品中去的价值。

如果用我们的公式来说明，那么，前面所考察的各种要素在第Ⅰ部类和第II部类之间以及在第II部类内部进行交换以后，就得出：

I. 4 000c＋1 000v＋1 000m（后面这2 000在消费资料IIc中实现）＝6 000。

Ⅱ. 2 000c（通过和Ⅰ(v+m)的交换而再生产）＋500v＋500m＝3 000。

价值额＝9 000。

当年新生产的价值仅仅包含在v和m之中。所以，当年价值产品之和等于v＋m之和＝2 000 I(v＋m)＋1 000II(v＋m)＝3 000。当年产品价值中其余的一切价值部分都只是转移的价值，是从年生产所消费掉的原有生产资料的价值转移来的。除了这3 000价值，当年劳动没有生产任何其他价值；这3 000就是当年劳动的全部年价值产品。

但是，正如我们所看到的，2 000I(v＋m)将以生产资料的实物形式为第II部类补偿2 000IIc。在第Ⅰ部类耗费的那$\frac{2}{3}$年劳动，就重新生产出第II部类的不变资本，重新生产出这个不变资本的全部价值和它的实物形式。因此，从社会的角度来考察，当年耗费的劳动的$\frac{2}{3}$，创造了在和第II部类相适应的实物形式上实现的新的不变资本价值。所以，社会的年劳动大部分用来生产新的不变资本（以生产资料形式存在的资本价值），以便补偿在生产消费资料上所花费的不变资本价值。在这里，资本主义社会和野蛮人的区别，并不像西尼耳(50)所认为的那样，仿佛野蛮人的特权和特性是有时耗费自己的劳动而不能使他获得任何可以分解为（转化为）收入即消费资料的果实。区别在于：

（a）资本主义社会把它所支配的年劳动的较大部分用来生产生产资料（即不变资本），而生产资料既不能以工资形式也不能以剩余价值形式分解为收入，而只能作为资本执行职能。

（b）野蛮人在制作弓、箭、石槌、斧子、筐子等等的时候，非常明确地知道，他所花的时间不是用来生产消费资料的，也就是说，是用来满足他对生产资料的需要的，仅此而已。此外，野蛮人由于对时间的浪费漠不关心，还犯了一个严重的经济上的罪行。例如，像泰勒(51)所说的，他往往用整整一个月的时间来制造一支箭。

一部分政治经济学家为了摆脱理论上的困难，即对现实联系的理解，提出了一种流行的看法：对一个人是资本的东西，对另一个人就是收入；反过来说也一样。这种看法部分地说是正确的，如果使它

(50)“野蛮人造弓就是从事工业，但他没有实行节欲。”（西尼耳《政治经济学基本原理》，阿里瓦本译，1836年巴黎版第342—343页）——“社会越进步，就越要求节欲。”（同上，第342页）[95]——参看《资本论》第1卷第22章第3节第619页[96]。

(51)爱·伯·泰勒《人类原始历史》，亨·弥勒译，莱比锡版（无出版日期）第240页。

具有普遍意义，那就是完全错误的。（所以，这种看法包括对在年再生产中进行的全部交换过程的根本误解，也就是对这种部分正确的东西的事实根据的误解。）

现在我们把这种看法的部分正确的东西所依据的实际关系概述一下。这样，我们同时也就揭示了对这些关系的错误的看法。

1. 可变资本在资本家手中作为资本执行职能；在雇佣工人手中则作为收入执行职能。

可变资本首先作为**货币资本**存在于资本家手中；当资本家用它来购买劳动力时，它作为**货币资本**执行职能。只要它以货币形式保留在资本家手中，它就只能是以货币形式存在的既定价值，所以它是一个不变量，而不是一个可变量。它只是可能的可变资本——这正是因为它可能转化为劳动力。它在抛弃货币形式以后，在转化为劳动力以后，并且这种劳动力作为生产资本的组成部分在资本主义过程中执行职能，才成为现实的可变资本。

在资本家那里最初作为可变资本的货币形式执行职能的**货币**，现在在工人手中作为他的工资的货币形式执行职能，工人又把工资转化为生活资料；所以，这些货币是作为**收入**的货币形式执行职能的。这种收入是工人靠不断反复出卖他的劳动力得到的。

这里我们看到的只是这一简单事实：买者（这里指资本家）的**货币**从买者手中转到卖者（这里指劳动力的卖者，即工人）手中。这并不是可变**资本**执行双重职能，既作为资本家的资本，又作为工人的收入；而是同一个**货币**先在资本家手中作为他的可变资本的货币形式，从而作为可能的可变资本；当资本家把它转化为劳动力时，它就在工人手中充当所出卖的劳动力的等价物。同一个货币在买者手中有一种用途，在卖者手中有另一种用途，这是一切商品买卖都有的现象。

经济学辩护士们把这个问题歪曲了。如果我们仅仅注意流通行为G—A（=G—W），即从买者资本家方面把货币转化为劳动力，仅仅注意A—G（=W—G），即从卖者工人方面把商品劳动力转化为货币，而暂时不考虑以后发生的事情，这一点就会很明显地暴露出来。他们说：同一个货币在这里实现了两个资本；买者即资本家把他的货币资本转化为活的劳动力，并把这个劳动力并入他的生产资本；另一方面，卖者即工人把他的商品——劳动力——转化为货币，并把货币作为收入来花费，正因为如此，他才能够不断地重新出卖他的劳动力，以便维持他的劳动力；因此，他的劳动力本身就是他的商品形式的资本，并且是他的收入的经常来源。其实，劳动力只是劳动者的财产（它将不断自行更新，自行再生产），而不是他的资本。劳动力是他为了生存而能够不断出卖和必须不断出卖的唯一商品，它只有到了买者即资本家手中，才作为资本（可变资本）起作用。在那些经济学家看来，一个人经常被迫不断重新把自己的劳动力，即把自己出卖给第三者，这就证明他是一个资本家，因为他必须不断出卖"商品"（出卖自己）。从这个意义上说，尽管奴隶由第三者把他作为商品一次永远地卖出去，但奴隶也是资本家，因为这种商品——劳动奴隶——的性质是，它的买者不仅每天迫使它重新劳动，而且每天还要给它生活资料，使它能够不断地重新再劳动。——（关于这一点，可以参看西斯蒙第和萨伊给马尔萨斯的信[97]。）

2. 这样，在1 000Iv＋1 000Im和2 000IIc的交换中，对一方是不变资本的东西（2 000IIc），对另一方就是可变资本和剩余价值，从而就是收入；对一方是可变资本和剩余价值（2 000I（v＋m）），从而也就是收入的东西，对另一方就是不变资本。

我们首先来考察Iv和IIc的交换，并首先从工人的角度加以考察。

第Ⅰ部类的总体工人把自己的劳动力卖给第Ⅰ部类的总体资本家，价值1 000；这个价值是由资本家以工资形式用货币支付给工人的。工人用这些货币向第II部类购买具有同等价值额的消费资料。第II部类的资本家对工人来说仅仅是商品的卖者，而不是别的什么人，即使工人是向本部类资本家购买，例如在上述（第380页[①]）500IIv的交换中，情形也是这样。工人的商品即劳动力所完成的流通形式，是单纯以满足需要、以消费为目的的简单的商品流通：W（劳动力）—G—W（消费资料，第II部类的商品）。这个流通过程的结果是：工人把自己作为供第Ⅰ部类的资本家使用的劳动力来维持，并且为了继续把自己作为劳动力来维持，他必须不断地重新反复这一过程A（W）—G—W。他的工资在消费资料中实现，会作为收入花掉；并且对全体工人阶级来说，它会不断再作为收入花掉。

现在，我们再从资本家的角度来考察Iv和IIc这同一个交换。第II部类的全部商品产品是由消费资料构成的，因而是由那些供每年消费的物品构成的，也就是由那些用来实现某些人（在当前考察的场合，就是第Ⅰ部类的总体工人）的收入的物品构成的。但是，对第II部类的总体资本家来说，他的商品产品的一部分（＝2 000），现在是他的生产资本的不变资本价值所转化的商品形式，这个生产资本必须从这个商品形式再转化为它能够借以重新作为生产资本的不变部分来发挥作用的实物形式。到目前为止，第II部类的资本家所完成的是，他把以商品形式（消费资料）再生产的不变资本价值的一半（＝1 000）卖给第Ⅰ部类的工人，从而使它再转化为货币形式。所

---

① 见本卷第450页。——编者注

以，转化为不变资本价值IIc的前一半的，不是可变资本Iv，而是货币，这个货币在和劳动力交换时，对第I部类来说是作为货币资本执行职能，因而它落到劳动力的卖者手中，对后者来说它不是资本，而是货币形式的收入，也就是要作为消费资料的购买手段花费掉。另一方面，从第I部类的工人手中流入第II部类的资本家手中的货币＝1 000，也不能作为第II部类的生产资本的不变要素执行职能。它仍然只是第II部类的商品资本的货币形式，它还要转化为不变资本的固定组成部分或流动组成部分。因此，第II部类用它从第I部类的工人，即它的商品的买者那里得到的货币，向第I部类购买1 000生产资料。这样，第II部类的不变资本价值的总额有一半在它可以再作为第II部类的生产资本要素来执行职能的实物形式上得到了更新。在这里，流通形式是W—G—W：价值1 000的消费资料—货币1 000—价值1 000的生产资料。

但是，W—G—W在这里是资本的运动。W卖给工人，就转化为G，这个G转化为生产资料；这是从商品再转化为这个商品的物质形成要素。另一方面，就像第II部类的资本家对第I部类的资本家来说仅仅充当商品的买者一样，在这里，第I部类的资本家对第II部类的资本家来说也仅仅充当商品的卖者。第I部类最初是用要作为可变资本执行职能的1 000货币去购买价值1 000的劳动力；因此，第I部类得到了它以货币形式付出的1 000v的等价物；这个货币现在属于工人，工人用它向第II部类购买消费品；第I部类要能够把这样流入第II部类的钱柜中的货币收回，就只有通过出售具有同等价值额的商品，再把这个货币捞回来。

最初第I部类有一个要作为可变资本部分执行职能的货币额＝1 000；这个货币额由于转化为具有同等价值额的劳动力，执行可变资本部分的职能。但是，工人为第Ⅰ部类提供的，是作为生产过程结果的价值6 000的商品量（生产资料），其中$\frac{1}{6}$或1 000（按价值来说），是以货币形式预付的可变资本部分的等价物。和以前在货币形式上一样，现在在商品形式上，可变资本价值也不是执行可变资本的职能；它只有在后来转化为活的劳动力之后，并且只有当这个劳动力在生产过程中发生作用的时候，才能执行这种职能。作为货币，可变资本价值只是可能的可变资本。但是，它是处于一种可以直接转化为劳动力的形式。作为商品，这同一个可变资本价值也只是可能的货币价值；只有通过商品出售，而在这里，也就是通过第II部类向第Ⅰ部类购买价值1 000的商品，它才能再恢复原来的货币形式。在这里，流通运动是：1 000v（货币）—价值1 000的劳动力—价值1 000的商品（可变资本的等价物）—1 000v（货币）；即G—W…W—G（＝G—A…W—G）。插入W…W中间的生产过程本身不属于流通领域。它不会在年再生产的不同要素的互相交换中出现，虽然这种交换包含着生产资本的一切要素的再生产，既包含着不变要素的再生产，也包含着可变要素即劳动力的再生产。这种交换的一切当事人都只作为买者或卖者出现，或者既作为买者又作为卖者出现；在这种交换中，工人只是作为商品的买者出现；资本家则交替地作为买者和卖者出现，而在一定界限内，只作为商品的买者，或只作为商品的卖者出现。

结果是：第Ⅰ部类再以货币形式拥有它的资本的可变价值部分，这个价值部分只有从这个形式才可以直接转化为劳动力，也就是说，第Ⅰ部类再在唯一可以实际作为它的生产资本的可变要素来预付的形式上，拥有它的资本的可变价值部分。另一方面，工人为了能够再作为商品的买者出现，他现在必须先再作为商品的卖者，即作为自己劳动力的卖者出现。

说到第II部类的可变资本(500IIv),那么,只要我们把该生产部类的资本家和工人之间的流通过程,看做是在第II部类的总体资本家和第II部类的总体工人之间进行的流通过程,这个流通过程就是直接进行的。

第II部类的总体资本家预付500v来购买具有同等价值额的劳动力;在这里,总体资本家是买者,总体工人是卖者。然后,工人用他出卖劳动力所得的货币作为买者去购买他自己所生产的商品的一部分。因此,资本家在这里是卖者。工人用所生产的第II部类的商品资本的一部分,即商品形式的500v为资本家补偿了他在购买工人劳动力时付给工人的货币。现在,资本家以商品形式拥有了原来在转化为劳动力之前以货币形式拥有的同一个v。另一方面,工人在货币上实现了他的劳动力的价值,现在,当他为了自己的消费而把这些货币作为收入来购买自己生产的消费资料的一部分时,他就再把这些货币实现了。这是工人的货币形式的收入同工人自己以商品形式再生产的资本家的商品组成部分500v的交换。因此,这些货币作为第II部类的资本家的可变资本的货币形式,回到第II部类的资本家手中。在这里,等价的货币形式的收入价值,补偿了商品形式的可变资本价值。

资本家不会因为他把等价的商品量卖给工人以重新取走他在购买劳动力时付给工人的货币而增加自己的财富。如果资本家在购买劳动力时先付给工人500,此外又把他迫使工人生产的价值500的商品量无代价地付给工人,那他实际上是支付给工人两次。反过来说,如果工人只为资本家生产价值500的商品,作为他的劳动力价格500的等价物,那么,资本家在这种交易之后所处的情况,就完全和在这种交易之前一样。但是，工人再生产了一个价值3 000的产品；由于他把在产品中消费的生产资料的价值转化为新的产品，他保存了产品的不变价值部分，即保存了在产品中消费的生产资料的价值＝2 000；此外，他又把1 000（v＋m）的价值加到这个既定价值中去。（德斯杜特·德·特拉西阐述了这样一种看法[98]，似乎资本家发财致富，是指他由于500货币的回流而取得了剩余价值。本章第XIII节将进一步论述这种看法。）

由于第II部类的工人购买了价值500的消费资料，因此，第II部类的资本家刚才还以商品形式拥有的价值500IIv，就再以货币形式，即原来预付的形式回到第II部类的资本家手中。这种交易的直接结果，同任何其他商品的出售一样，都是既定价值由商品形式转化为货币形式。货币通过这种交易流回到它的起点，也并不是什么特殊现象。如果第II部类的资本家用这500货币向第Ⅰ部类的资本家购买商品，然后又以价值500的商品卖给第Ⅰ部类，那么，同样也会有500货币流回到他手中。这500货币就只是用来交换价值1 000的商品量，并且根据前面说过的一般规律，会流回到为交换这个商品量而把这笔货币投入流通的人的手中。

但是，流回到第II部类的资本家手中的500货币，同时也是已经更新的货币形式的可能的可变资本。为什么是这样呢？货币从而货币资本之所以是可能的可变资本，只是因为它可以转化为劳动力；而且只有在它可以转化为劳动力的限度内，才是可能的可变资本。500镑货币回到第II部类的资本家手中，与此同时，第II部类的劳动力也回到市场。二者回到对立的两极——从而500货币不仅作为货币，而且作为货币形式的可变资本再现——，是由同一过程决定的。货币＝500流回到第II部类的资本家手中，是因为资本家把价值500的消费资料卖给了第II部类的工人，也就是，因为工人用他的工资维持了他本人和他的家属的生活，从而维持了他的劳动力。工人为了能够继续生存和继续作为商品的买者出现，必须重新出卖他的劳动力。因此，这500货币流回到第II部类的资本家手中，同时也就是劳动力作为可以用这500货币购买的商品流回来或者保留下来，从而也就是这500货币作为可能的可变资本流回来。

说到生产奢侈品的部类IIb，它的v即(IIb)v的情况是和Iv的情况相同的。为IIb的资本家更新货币形式的可变资本的那些货币，经过IIa的资本家之手，迂回地流回到IIb的资本家手中。但是，工人是直接向购买他们的劳动力的资本主义生产者购买生活资料，还是向另一类资本家购买生活资料，以致货币要经过后一类资本家之手，才迂回地流回到前一类资本家手中，这毕竟是有区别的。因为工人阶级是挣一文吃一文的，他们在能买的时候才买。而资本家，例如在1 000IIc和1 000Iv的交换中，就不是这样。资本家不是挣一文吃一文的。最大限度地增殖他的资本就是他的动机。因此，如果出现某些情况，使第II部类的资本家感到更为有利的，不是立即更新他的不变资本，而是在较长的时间内至少能部分地把他的不变资本保持在货币形式上，那么，1 000IIc(货币形式)流回到第I部类那里的时间就会延迟；因此，1 000v恢复货币形式的时间也会延迟，而第I部类的资本家只有当他还拥有准备货币的时候，才能够按原有规模继续经营，而一般地说，要使营业能够继续不断地进行，不管货币形式的可变资本价值流回得快还是慢，货币形式的准备资本都是必需的。

如果要研究当年再生产的各种要素之间的交换，那么，也要研究已经过去的年劳动的结果，即已经结束的那一年的劳动的结果。以这个年产品作为结果的生产过程已经完成，已经过去，已经化为它的产品，因此，在这个生产过程之前进行的或同时进行的流通过程，可能的可变资本到现实的可变资本的转化，即劳动力的买和卖，就更是这样了。劳动市场已经不是我们看到的商品市场的一部分。在这里，工人已经不仅出卖了他的劳动力，而且在剩余价值以外，还以商品形式提供了他的劳动力价格的等价物；此外，他也把他的工资装进了钱袋，并且在交换中，他只是作为商品（消费资料）的买者出现。但是，另一方面，年产品必须包含再生产的一切要素，必须再形成生产资本的一切要素，特别是它的最重要的要素即可变资本。事实上我们已经看到，就可变资本来说，这个交换的结果是：工人作为商品的买者，通过花费他的工资和消费他购买的商品，来维持和再生产他不得不出卖的唯一商品——他的劳动力；就像资本家为购买这个劳动力而预付的货币回到资本家手中一样，劳动力作为可以和货币交换的商品也回到劳动市场上来。在这里，特别就1 000Iv来说，我们得到的结果是：在第I部类的资本家方面有货币形式的1 000v，相反地，在第I部类的工人方面则有价值1 000的劳动力，这样，第I部类的整个再生产过程可以重新开始。这就是交换过程的一个结果。

另一方面，第I部类的工人花费掉工资，从第II部类那里取得价值1 000c的消费资料，从而这1 000c从商品形式转化为货币形式；第II部类向第I部类购买商品＝1 000v，使这1 000c从货币形式再转化为他的不变资本的实物形式，因此，第I部类的可变资本价值以货币形式再流回到第I部类那里。

第I部类的可变资本经过了三次转化。这些转化在年产品的交换中，或者根本不表现出来，或者只是隐约地表现出来。

1. 第一个形式，是货币形式1 000Iv，它转化为具有同等价值额的劳动力。这种转化本身在第Ⅰ部类和第Ⅱ部类之间的商品交换中并不表现出来，但是，它的结果却在下面的事实中表现出来：第Ⅰ部类的持有1 000货币的工人，和第Ⅱ部类的商品的卖者相对立，就像第Ⅱ部类的持有500货币的工人，和处在商品形式上的价值500Ⅱv的商品的卖者相对立完全一样。

2. 第二个形式，是可变资本实际发生变化，作为可变资本执行职能的唯一形式，在这种形式上，创造价值的力代替了和它交换的既定价值，这第二个形式完全属于已经完成的生产过程。

3. 第三个形式，即可变资本通过生产过程的结果证实了自己是可变资本那种形式，是年价值产品，所以，在第Ⅰ部类那里＝1 000v＋1 000m＝2 000Ⅰ(v＋m)。它原来的价值＝1 000货币，现在代替它的是一个两倍于它的价值＝2 000商品。因此，商品形式的可变资本价值＝1 000，也只是可变资本作为生产资本要素所创造的价值产品的一半。商品形式的1 000Ⅰv，正好是第Ⅰ部类原来以货币1 000v的形式预付的、在总资本中用做可变资本的那部分的等价物。但是，它们以商品形式存在时，只是可能的货币（只有通过出售才变为现实的货币），所以，它们还不是直接的可变的货币资本。它们最后会通过商品1 000Ⅰv卖给Ⅱc，并且通过劳动力作为可购买的商品、作为货币1 000v可以交换的材料及时再现出来，而成为这样的可变资本。

在这一切转化中，第Ⅰ部类的资本家手中始终持有可变资本。1. 开始是作为货币资本；2. 然后是作为他的生产资本的要素；3. 再后是作为他的商品资本的价值部分，也就是以商品价值的形式存在；4. 最后是再以货币形式存在，这些货币所要交换的劳动力再同这些货币相对立。在劳动过程中，资本家手中的可变资本是发挥作用的、创造价值的劳动力，而不是既定量的价值；但是，因为资本家总是在工人的劳动力已经在或长或短的一定时间发挥作用之后才把报酬支付给工人，所以在他支付报酬以前，他在自己手中已经有了劳动力所创造的它本身的补偿价值加上剩余价值。

因为可变资本总是以某种形式保留在资本家手中，所以无论如何也不能说，它会转化为某人的收入。相反地，商品形式的1 000Iv，在卖给第II部类的时候会转化为货币，同时也就用实物补偿了第II部类的不变资本的一半。

分解为收入的东西，不是第I部类的可变资本，不是货币形式的1 000v。这种货币一经转化为劳动力，就不再作为第I部类的可变资本的货币形式执行职能。这和任何另一个商品购买者[①]的货币一样，这种货币一经转化为某一个出售者的商品，就不再代表任何一种属于他的东西。工人阶级以工资形式得到的货币在他们手中进行的交换，不是可变资本的交换，而是转化成货币的劳动力价值的交换；同样，工人所创造的价值产品(2 000I(v+m))的交换只是属于资本家所有的商品的交换，与工人无关。但是，资本家——特别是他的理论解释者，即政治经济学家——却难以摆脱这一幻想：已经支付给工人的货币仍然是他的即资本家的货币。如果资本家是金的生产者，那么，可变价值部分——即为他补偿劳动的购买价格的商品形式等价物——本身直接以货币形式出现，所以，不需要通过迂回的道路流回，就可以重新作为可变的货币资本执行职能。但是，说到第II部类的工人——如果我们把生产奢侈品的工人撇开不说——，那么，

---

①在1893年的德文版中是“出售者”，根据马克思的手稿改正。——编者注

500v本身是以那种供工人消费的商品形式存在的，这种商品是由作为总体工人来看的工人直接向购买他们劳动力的总体资本家再购买的。第II部类的资本的可变价值部分，按它的实物形式来说，是由绝大部分供工人阶级消费的消费资料构成的。但是，工人以这种形式花费掉的，不是可变资本，而是工资，是工人的货币，这些货币正是由于在这些消费资料中实现而为资本家恢复了可变资本500IIv的货币形式。可变资本IIv和不变资本2 000IIc一样，是以消费资料形式再生产出来的，二者同样不会分解为收入。在这两个场合，分解为收入的都是工资。

但是，由于工资作为收入花掉，所以一方面是1 000IIc恢复了货币资本形式，而通过这种迂回道路恢复货币资本形式的还有1 000Iv，另一方面是500IIv恢复了货币资本形式，也就是说，不变资本和可变资本（就后者来说，部分是直接流回，部分是间接流回）恢复了货币资本形式，这在年产品的交换中是一个重要的事实。

XI. 固定资本的补偿

在阐述年再生产的各种交换时，遇到如下的巨大困难。如果我们以问题的最简单的表现形式来说明，就会得到：

（I） 4 000c + 1 000v + 1 000m +

（II） 2 000c + 500v + 500m = 9 000，

最后分解为：

4 000Ic + 2 000IIc + 1 000Iv + 500IIv + 1 000Im + 500IIm = 6 000c + 1 500v + 1 500m = 9 000。不变资本的价值部分，只要是

由真正的劳动资料(生产资料的一个特殊种类)构成的,就由劳动资料转移到劳动产品(商品)中去;这些劳动资料继续作为生产资本的要素执行职能,而且是以它们的旧的实物形式继续执行职能。只是劳动资料的损耗,即它们在一定期间持续执行职能时逐渐损失的价值,才作为借助于劳动资料生产出来的商品的价值要素再现,才由劳动工具转移到劳动产品中去。因此,就年再生产来说,在这里我们从一开始要考察的只是固定资本中那些寿命在一年以上的组成部分。如果它们在一年之内就不能使用了,它们就要全部由年再生产来补偿和更新;因而这里研究的问题从一开始也就和它们无关了。至于机器以及其他具有比较耐久形式的固定资本,则会发生而且会经常发生这样的情况:尽管整个建筑物或机器的躯体寿命很长,但是,其中有一些部分却必须在这一年内全部进行补偿。这些部分,与那些必须在一年内补偿的固定资本要素属于同一个范畴。

商品的这个价值要素决不能和各种修理费用混为一谈。如果商品出售了,这个价值要素就会和别的要素一样货币化,即转化为货币;但是,在转化为货币以后,它和其他价值要素的区别就出现了。为了开始商品的再生产(总之,就是为了使商品生产过程成为持续的过程),在商品生产上消费的原料和辅助材料,必须用实物来补偿;在商品上消耗的劳动力,同样也必须用新的劳动力来补偿。因此,通过出售商品得到的货币,必须不断再转化为生产资本的这些要素,不断由货币形式转化为商品形式。即使比如说在一定期限内购买较大数量的原料和辅助材料,形成了生产储备,以致在一定期间不需要重新购买这些生产资料,因而,在这种储备用完以前,出售商品所得到的、用于上述目的的货币可以积累起来,这部分不变资本会暂时成为已经停止执行能动职能的货币资本,那这种情况也不会使问题发生任何变化。这不是收入资本；这是停留在货币形式上的生产资本。生产资料必须不断更新，虽然这种更新的形式，就流通来说，可以是各种各样的。重新购买，即生产资料借以更新、补偿的流通行为，可以在间隔较长的时期进行，这时是一次投入大量货币，而且由相应的生产储备来补偿；或者这种流通行为可以在依次间隔较短的时期进行，这时是迅速地连续地支出少量货币，而生产储备也较少。这一切都不会使事情本身发生任何变化。劳动力也是这样。凡是生产在一年内以相同规模连续进行的地方，已经消耗的劳动力就要不断由新的劳动力补偿；凡是劳动带有季节性或在不同期间需要不同劳动量的地方，例如在农业中，那就要相应地有时购买大量劳动力，有时购买少量劳动力。相反地，出售商品所得到的货币，就它是与固定资本损耗相等的那部分商品价值的货币化而言，是不会再转化为生产资本的组成部分的，虽然它是补偿这种生产资本的价值损失的。它在生产资本旁边沉淀下来，保留它的货币形式。这种货币沉淀反复发生，直到年数不等的再生产时期结束为止，在这个再生产时期，不变资本的固定要素以它的旧的实物形式在生产过程中继续执行职能。一旦这种固定要素如建筑物、机器等等的寿命已经完结，不能再在生产过程中执行职能，它的价值就在它旁边存在着，全部由货币来补偿，即由货币沉淀的总和，由固定资本逐渐转移到它参与生产的商品中去的、已经通过商品出售而转化为货币形式的价值的总和来补偿。接着，这些货币就用来对固定资本（或固定资本的要素，因为固定资本的不同要素有不同的寿命）进行实物补偿，从而对生产资本的这个组成部分进行实际更新。可见，这些货币是不变资本价值的一部分即固定部分的货币形式。因此，这种货币贮藏本身是资本主义再生产过程的一个要素，是在固定资本的寿命还没有完结，从而还没有把它的全部价值转移到所生产的商品中去，还不必用实物进行补偿之前，固定资本价值或它的个别要素的价值在货币形式上的再生产和贮存。只有在这种货币再转化为固定资本的新的要素，以便补偿它的寿命已经完结的要素的时候，它才失去货币贮藏的形式，从而再能动地进入以流通为中介的资本再生产过程。

就像简单的商品流通决不只是产品交换一样，年商品产品的交换也决不能只分解为它的不同组成部分的直接的互相交换。货币在其中起一种独特的作用，这种作用尤其会在固定资本价值再生产的方式上表现出来。（假如生产是共同的生产，不具有商品生产的形式，情况又会有哪些不同，这是以后要研究的问题。）

现在，我们再回到基本公式。第II部类是：2 000c + 500v + 500m。在这里，一年内所生产的全部消费资料等于价值3 000；在构成这个商品总额的不同商品要素中，就价值而言，每一个要素都分解为$\frac{2}{3}$c + $\frac{1}{6}$v + $\frac{1}{6}$m；或者用百分率表示，分解为 66$\frac{2}{3}$c + 16$\frac{2}{3}$v + 16$\frac{2}{3}$m。第II部类的各种不同商品所包含的不变资本，可以有不同的比例；在这些商品中，不变资本的固定部分也可以有所不同；固定资本部分的寿命，从而它逐年的损耗，或者说，由它按比例地转移到它参与生产的商品中去的那部分价值，也可以是不同的。但是，这些都是和这里的问题无关的。说到社会的再生产过程，问题只是涉及第II部类和第Ⅰ部类之间的交换。在这里，第II部类和第Ⅰ部类只是在它们的社会的、大量的关系中互相对立。因此，如果对第II部类的一切生产部门进行综合考察，第II部类的商品产品中c这一部分价值的比例量（这对我们现在考察的问题是唯一有决定意义的）就是平均比例。

总价值由2 000c + 500v + 500m这几个部分构成的各种商品

（它们大部分是同一商品种类）中的每一种商品，其价值都是＝ $66\frac{2}{3}\%c + 16\frac{2}{3}\%v + 16\frac{2}{3}\%m$。这里所说的，适用于每100单位的商品，无论它是属于c，还是v，还是m。

2 000c借以体现的商品，其价值可以再分为：

1. $1\,333\frac{1}{3}c + 333\frac{1}{3}v + 333\frac{1}{3}m = 2\,000c$，

同样，500v可以再分为：

2. $333\frac{1}{3}c + 83\frac{1}{3}v + 83\frac{1}{3}m = 500v$，

最后，500m可以再分为：

3. $333\frac{1}{3}c + 83\frac{1}{3}v + 83\frac{1}{3}m = 500m$。

把1、2、3的c相加，就会得到 $1\,333\frac{1}{3}c + 333\frac{1}{3}c + 333\frac{1}{3}c = 2\,000$。同样，$333\frac{1}{3}v + 83\frac{1}{3}v + 83\frac{1}{3}v = 500$，把m相加，也是这样。全部相加，就会和上面所说的一样，得到3 000总价值。

因此，第II部类的价值3 000的商品量所包含的全部不变资本价值，都包含在2 000c中；而500v和500m却连它的一个原子都不包含。这对于v和m来说也是同样适用的。

换句话说，第II部类的商品量中整个代表不变资本价值，从而能够再转化为不变资本的实物形式或不变资本的货币形式的那一部分，都存在于2 000c中。因此，一切和第II部类的商品的不变价值的交换有关的事情，都不超出2 000IIc运动的范围；并且这种交换只能在它和I（1 000v＋1 000m）之间进行。

同样，对第I部类来说，一切和它的不变资本价值的交换有关的事情，也不超出对4 000Ic的考察范围。

1. 损耗的价值部分在货币形式上的补偿

如果我们现在从下列公式开始：

$$\text{I.}\quad 4\,000c+\underbrace{1\,000v+1\,000m}$$

$$\text{II.}\quad \cdots\cdots\cdots\cdots\cdots\quad 2\,000c\qquad +500v+500m,$$

那么，商品2 000IIc和同等价值的商品I（1 000v＋1 000m）交换的前提是：2 000IIc全部以实物形式再转化为第I部类所生产的第II部类的不变资本的实物组成部分；但是，后者借以存在的商品价值2 000包含着补偿固定资本的价值损失的要素，这个要素不需要立即用实物来补偿，而要转化为货币，这个货币逐渐积累成一个总额，直到固定资本需要以实物形式更新的时候为止。每一年都是固定资本的终年，固定资本时而需要在这个或那个单个企业，时而需要在这个或那个产业部门进行补偿；对同一个单个资本来说，总会有这一部分或那一部分固定资本需要补偿（因为固定资本各部分的寿命不同）。如果我们考察年再生产——即使是原有规模的年再生产，也就是说，把一切积累撇开不说——，我们也不是从头开始。我们考察的是许多年中的一年，而不是资本主义生产刚诞生的一年。因此，投入第II部类的各种各样的生产部门的不同资本也会有不同的年龄。就像在这些生产部门从事生产的人每年都有死亡一样，每年也有许多固定资本在当年到达寿命的终点，必须用积累的货币基金实行实物更新。所以，在2 000IIc和2 000I（v＋m）的交换中就包含着2 000IIc由它的商品形式（消费资料）到它的实物要素的转化，这些实物要素不仅由原料和辅助材料构成，而且也由固定资本的实物要素，如机器、工具、建筑物等等构成。因此，2 000IIc的价值中要用

货币来补偿的损耗和正在执行职能的固定资本的数量，是完全不一致的，因为固定资本每年都有一部分必须**用实物**来补偿，但这要有一个前提，即第II部类资本家在前几年内已经积累了这种转化所必需的货币。不过，这一个前提既适用于前几年，同样也适用于当年。

在I(1 000v＋1 000m)和2 000IIc的交换中，首先要指出，价值额I(v＋m)不包含任何不变的价值要素，因而也不包含任何用以补偿损耗的价值要素，即不包含由不变资本的固定组成部分转移到v＋m借以存在的实物形式的商品中去的价值的要素。相反地，这种要素却存在于IIc中，并且正是这种因固定资本而存在的价值要素的一部分，不需要立即由货币形式转化为实物形式，而是首先要保留在货币形式上。因此，当I(1 000v＋1 000m)和2 000IIc交换时，立即遇到了困难：第I部类的2 000(v＋m)借以存在的实物形式的生产资料，要用它的全部价值额2 000和以第II部类的消费资料存在的等价物进行交换，而另一方面，消费资料2 000IIc却不能以它的全部价值额来和生产资料I(1 000v＋1 000m)交换，因为它的价值的一部分——等于固定资本中有待补偿的损耗或价值损失——必须首先以货币形式沉淀下来，而在我们仅仅考察的当年再生产期间，不再作为流通手段执行职能。但是，使商品价值2 000IIc所包含的损耗要素借以货币化的货币，只能从第I部类取得，因为第II部类不可能自己给自己支付报酬，而是要通过出售自己的商品才能得到报酬；因为按照前提，I(v＋m)要购买2 000IIc的全部商品额；所以第I部类必须通过这种购买，使第II部类的那个损耗部分转化为货币。但是，按照以前阐明的规律，预付到流通中去的货币，将回到后来把等量商品投入流通的资本主义生产者手中。第I部类在购买IIc时，显然不会既把商品2 000付给第II部类，此外又把一个额外的货币额一次永久地(不再通过交换的行为回到自己手中)付给第II部类。否则,对商品量IIc的购买就会高于它的价值。如果第II部类用它的2 000c实际上交换到了I(1 000v+1 000m),那么,它对第I部类也就不再有所要求,而在这个交换中流通的货币将回到第I部类那里还是第II部类那里,要看二者当中是谁把货币投入流通的,也就是说,是谁首先作为买者出现的。在这个场合,第II部类应该同时把它的商品资本按其全部价值额再转化为生产资料的实物形式,而我们的前提却是,商品出售以后,这个商品资本的一部分不会在当年的再生产期间由货币再转化为第II部类的不变资本的固定组成部分的实物形式。因此,只要第II部类把价值2 000的商品卖给第I部类,而向第I部类购买的商品却不到2 000,比如说,只有1 800,第II部类就会得到一个货币差额。这样,第I部类就只好用货币200来补足这个差额,这些货币不会再流回到它那里,因为它已经不能用那种把商品=200投入流通的办法,再取出它预付到流通中去的货币。在这种情况下,在第II部类方面有一个用来补偿它的固定资本损耗的货币基金;在另一方面,即在第I部类方面,却有价值200的生产资料的生产过剩。这样,公式的全部基础,即以不同生产体系之间保持完全的比例性为前提的规模不变的再生产,也就遭到彻底破坏。这样,我们克服一个困难就只是创造出另一个更麻烦得多的困难。

因为这个问题提出了特殊困难,而且直到现在还没有为政治经济学家研究过,所以我们要逐个考察一切可能的(至少看起来是可能的)解决问题的办法,更确切地说,一切可能的提出问题的办法。

我们首先像前面一样,假定II把2 000卖给第I部类,但是,只向第I部类购买商品1 800。在商品价值2 000IIc中,包含着为补偿损耗而以货币形式贮藏的200。所以，2 000IIc的价值分成两部分：1 800要和第I部类的生产资料相交换，200为了补偿损耗而要（在2 000c卖给第I部类之后）保持货币形式。或者，按其价值来说，2 000IIc＝1 800c＋200c(d)。在这里，d＝déchet〔损耗〕。

在这种情况下，我们要考察下列的交换：

$$\begin{array}{ll} \text{I.} & \underbrace{1\,000v + 1\,000m} \\ \text{II.} & \quad 1\,800c + 200c(d)。\end{array}$$

第I部类用为支付工人劳动力报酬而以工资形式付给工人的1 000镑购买消费资料1 000IIc；第II部类用同一个1 000镑购买生产资料1 000Iv。因此，第I部类的资本家的可变资本以货币形式流回到他们手中；他们可以用这个货币在下一年购买同等价值额的劳动力，即用实物补偿他们的生产资本的可变部分。——其次，第II部类用预付的400镑购买生产资料Im；Im用同一个400镑购买消费资料IIc。这样，第II部类预付在流通中的400镑回到了第II部类的资本家手中，但只是作为已售商品的等价物回到他们手中。第I部类预付400镑来购买消费资料；第II部类再向第I部类购买400镑的生产资料，从而这400镑流回第I部类那里。到此为止，计算如下：

第I部类把1 000v＋800m以商品形式投入流通；此外，它以货币形式投入流通的是：作为工资的1 000镑以及用来和II交换的400镑。交换完成以后，第I部类有：货币形式的1 000v，800m转化为800IIc（消费资料），还有400镑货币。

第II部类把商品（消费资料）1 800c和货币400镑投入流通；交换完成以后，它有：第I部类的商品（生产资料）1 800和货币400镑。

现在，我们在第I部类方面还有200m（以生产资料形式存在），在第II部类方面有200c(d)(以消费资料形式存在)。

按照假定,第I部类用200镑购买价值200的消费资料c(d);但是第II部类把这200镑抓住不放,因为200c(d)代表损耗,所以不必立即再转化为生产资料。因此,就有200Im不能出售;第I部类的有待补偿的剩余价值,就有$\frac{1}{5}$不能实现,不能由它的生产资料的实物形式转化为消费资料的实物形式。

这不仅和原有规模的再生产的前提相矛盾;这本身就不是一种可以说明200c(d)怎样转化为货币的假设;相反地,这表示这种转化是无法说明的。由于无法论证200c(d)怎样转化为货币,所以假定,正是因为第I部类不能把自己剩下的200m转化为货币,第I部类才切望把它转化为货币。如果把这一点理解为交换机制的正常活动,那就等于假定,为了使200c(d)按时转化为货币,每年都要有200镑从天上掉下来。

如果Im不像在这里那样,以它原来的存在方式出现,即不是作为生产资料的价值组成部分出现,从而不是作为它的资本主义生产者必须通过出售才能在货币上实现的商品价值的组成部分出现,而是在同资本家一起分享剩余价值的人手中,例如,在土地所有者手中作为地租或在货币贷放者手中作为利息出现,这种假设的荒谬性就不那么明显了。但是,如果产业资本家不得不作为地租或利息转让给剩余价值的其他共有者的那部分商品剩余价值,长期不能通过商品本身的出售而实现,那么,地租或利息的支付也就终止,因而土地所有者或食利者也就不能作为解围之神[99],通过花费地租或利息来使年再生产的一定部分任意转化为货币了。全体所谓非生产劳动者,如官吏、医生、律师等等的支出,以及其他以"公众"的身份"帮助"政治经济学家说明这些政治经济学家所不能说明的问题的那些人的支出，也具有同样的情况。

如果在第Ⅰ部类和第Ⅱ部类之间，在资本主义生产者本身的两大部类之间，不是直接进行交换，而是有商人做中间人，靠商人的“货币”去克服一切困难，那也是无济于事的。例如，在当前的场合，200Im归根结底要卖给第Ⅱ部类的产业资本家。它可以通过一系列商人之手，但是最后一个商人，就其和第Ⅱ部类的关系来说，他的处境——按照假设——是和第Ⅰ部类的资本主义生产者最初的处境相同的，也就是说，商人同样不能把200Im卖给第Ⅱ部类；而这个购买额的停滞，使第Ⅰ部类不能更新同样的过程。

由此可见，即使撇开我们真正的目的不说，也完全有必要考察再生产过程的基本形式（排除一切插在中间使事情模糊不清的障碍），以便摆脱各种虚伪的遁词，因为当我们直接把社会再生产过程的复杂具体的形式作为分析对象时，这些虚伪的遁词就会造成一种似乎它们是“科学的”说明的假象。

当再生产（无论是简单的，还是规模扩大的）正常进行时，由资本主义生产者预付到流通中去的货币，必须流回到它的起点（无论这些货币是他们自己的，还是借来的）。这是一个规律，它永远排除了关于200IIc（d）是靠第Ⅰ部类预付的货币来实现货币化的这一假设。

2. 固定资本的实物补偿

上面考察的假设否定以后，就只剩下这样的可能性：除了用货币补偿损耗部分以外，还用实物补偿寿命全部完结的固定资本。

我们在前面已经假定：

（a）第Ⅰ部类用来支付工资的1 000镑，被工人花费在同等价值额的IIc上，即用来购买消费资料。

至于在这里1 000镑是第Ⅰ部类以货币形式预付的，这只是说明有这个事实。有关的资本主义生产者必须用货币支付工资；然后这些货币被工人花费在生活资料上，而对生活资料的卖者来说，当他们的不变资本由商品资本转化为生产资本时，这些货币又当做流通手段来使用。当然，这些货币可以经过许多渠道（小商人、房主、收税人以及工人本身所需要的医生等等非生产劳动者），因此只有一部分直接从第Ⅰ部类的工人手中流到第II部类的资本家阶级手中。这种流动可能或多或少发生停滞，所以资本家方面必须有新的货币准备。在研究基本形式时，这一切将不予考察。

（b）前面假定，在一个场合第Ⅰ部类还预付400镑货币，向第II部类购买物品，这些货币流回到第Ⅰ部类那里；在另一个场合第II部类又预付400镑，向第Ⅰ部类购买物品，这些货币流回到第II部类那里。这样假定是必要的，否则，假定第Ⅰ部类的资本家阶级或第II部类的资本家阶级都只是单方面地把商品交换所需的货币预付到流通中去，那就未免专断了。因为前一小节已经指出，必须抛弃这样一种荒谬的假设，即第Ⅰ部类会把追加货币投入流通，使200IIc（d）转化为货币，所以，显然只剩下一个看起来更荒谬的假设：第II部类自己把货币投入流通，以便商品中补偿固定资本损耗的价值组成部分得以转化为货币。例如X先生的纺纱机在生产中失去的价值部分将作为棉线的价值部分再现；他的纺纱机一方面在价值或损耗中失去的东西，应该在另一方面作为货币在他手中积累起来。现在假定，X向Y购买比如说价值200镑的棉花，这样就把200镑货币预付到流通中去，Y用同一个200镑向X购买棉纱，这200镑在X手中则成为补偿纺纱机的磨损的基金。这无非是说，不管X的生产情况如何，不管生产的产品和产品的出售情况如何，他还要有200镑留在身边，以便自己偿付纺纱机的价值损失，也就是说，除了他的纺纱机损失的200镑价值以外，他每年还必须另外从自己钱袋中拿出200镑货币加进去，以便最后能够购买一台新的纺纱机。

但是，这种假设的荒谬性仅仅是表面的。第II部类是由许多资本家构成的，他们的固定资本处在再生产的完全不同的期限中。对一些资本家来说，固定资本已经到了必须全部用实物更新的期限。对另一些资本家来说，它和这个阶段多少还有些距离。对后一类资本家的全体成员来说，有一点是共同的：他们的固定资本并没有实际再生产，即并没有用实物来更新，或者说，并没有用同一种新的物品来补偿，它的价值则相继以货币形式积累起来。前一类资本家则完全处于企业开办时的那种情况（或部分地处于那种情况，这一点和这里的问题无关）。那时，他们带着货币资本来到市场，一方面要把它转化为（固定的和流动的）不变资本，另一方面则要把它转化为劳动力，即可变资本。他们现在也和当初一样，要把货币资本再预付到流通中去，因此，既要预付流动资本和可变资本的价值，也要预付不变的固定资本的价值。

因此，假定第II部类的资本家为了和第Ⅰ部类进行交换而投入流通的400镑有一半是来自第II部类的这样一部分资本家，他们不仅必须用自己的商品来更新他们的属于流动资本范围的生产资料，而且必须用他们的货币以实物来更新他们的固定资本，而第II部类的另一半资本家却只要用他们的货币以实物来补偿自己的不变资本的流动部分，无须以实物来更新他们的固定资本。那么，认为流回的400镑（只要第Ⅰ部类用它来购买消费资料，它就会流回）在第II部类的这两部分资本家之间有不同的分配，是完全没有什么矛盾的。

这400镑流回到第II部类，但不是流回到原来那些资本家手中，而是在该部类内部进行不同的分配，即由该部类的一部分人手中转入该部类的另一部分人手中。

第II部类的一部分资本家，除了最后用他们的商品来补偿的这部分生产资料外，还把200镑货币转化为实物形式的新的固定资本要素。他们这样花掉的货币，就像企业开办时一样，只是要在许多年内才作为这个固定资本所生产的商品中相当于损耗的价值组成部分，相继从流通中流回到他们手里。

而第II部类的另一部分资本家，并没有用200镑从第Ⅰ部类取走任何商品，第Ⅰ部类却把第II部类的第一部分资本家为购买固定资本要素所用的货币支付给他们。第II部类的一部分资本家在已经更新的实物形式上再拥有他们的固定资本价值，另一部分资本家则还要在货币形式上积累固定资本价值，以便将来用实物来补偿他们的固定资本。

在前面的各种交换完成以后，要作为我们研究的出发点的，就是有待双方互相交换的商品余额了：在第Ⅰ部类那里是400m，在第II部类那里是400c。[52]我们假定，第II部类为这个价值800的商品的交换预付400货币。400的一半（＝200），无论如何必须由曾经把200货币作为损耗价值积累起来，而现在要把它再转化为它的固定资本的实物形式的那一部分IIc支出。

正如第II部类和第Ⅰ部类的商品资本的价值所分解的不变资本价值、可变资本价值和剩余价值，可以用第II部类或第Ⅰ部类的商品

(52)这里的数字又和前面假定的不一致。但这不要紧，因为这里只涉及比例关系。——弗·恩·

本身的特殊的比例部分来表现完全一样，不变资本价值中还无须转化为固定资本的实物形式，而暂时还要以货币形式逐渐积攒起来的那部分价值，也可以这样表现。在这里，第II部类的一定量商品(在我们的例子中就是余额的一半＝200)，只是通过交换而以货币形式沉淀下来的这个损耗价值的承担者。(第II部类的第一部分资本家，即用实物来更新固定资本的那部分资本家，可能已经用商品量——这里只表现为它的余额——中代表损耗的部分来实现它的损耗价值的一部分；但是对他们来说，仍然有200货币要实现。)

至于在这个余额的交换中由第II部类投入流通的400镑的另一半(＝200)，则用来向第I部类购买不变资本的流动组成部分。这200镑的一部分可能由第II部类的这两部分资本家投入流通，也可能只由那部分没有用实物更新固定价值组成部分的资本家投入流通。

因此，用这400镑从第I部类取走：1. 仅仅由固定资本要素构成的价值200镑的商品；2. 仅仅补偿第II部类的不变资本流动部分的实物要素的价值200镑的商品。这样，第I部类卖掉了它的应卖给第II部类的全部年商品产品。但是，其中$\frac{1}{5}$的价值，即400镑，现在是以货币形式留在第I部类那里。而这个货币是货币化的剩余价值，这个剩余价值必须作为收入用于消费资料。因此，第I部类用这400购买第II部类的全部商品价值＝400。从而这个货币在它取出第II部类的商品时流回到第II部类那里。

现在，我们假定有三种情况。我们把第II部类中用实物补偿固定资本的那部分资本家叫做“第1部分”；把第II部类中以货币形式贮存固定资本损耗价值的那部分资本家叫做“第2部分”。这三种情况分述如下：(a)仍然作为余额以第II部类的商品形式存在的400，有一个份额为第1部分和第2部分(假定各占$\frac{1}{2}$)补偿不变资本的一定量的流动部分;(b)第1部分已经把他的全部商品出售,所以,第2部分还有400要出售;(c)除了承担损耗价值的200外,第2部分已经把全部商品出售。

这样,我们就会得出以下几种分配情况:

(a)第II部类还有商品价值=400c在手中,第1部分有100,第2部分有300;而在这300中有200代表损耗。在这个场合,第I部类为了取出第II部类的商品而现在送回第II部类那里的400镑货币中,就有第1部分原来投入的300,也就是说,其中200货币用来从第I部类取得实物形式的固定资本要素,100货币作为它和第I部类进行商品交换的中介;而第2部分在这400中只预付$\frac{1}{4}$即100,这同样是作为它和第I部类进行商品交换的中介。

因此,在这400货币中,第1部分预付了300,第2部分预付了100。

但是,这400是这样流回的:

流回到第1部分的,是100,即只等于它预付货币的$\frac{1}{3}$。但它获得了价值200的更新了的固定资本来代替其余的$\frac{2}{3}$。为了购买这个价值200的固定资本要素,它已经把货币付给了第I部类,但是以后没有出售任何商品。就这个货币来说,第1部分和第I部类相对立,只是作为买者,以后没有再作为卖者。因此,这个货币不能流回到第1部分;不然,它得到的固定资本要素就是第I部类赠送的了。——就第1部分预付的货币的最后$\frac{1}{3}$来说,它是先作为买者来购买它的不变资本的流动组成部分。第I部类再用这同一个货币向它购买它的价值100的商品余额。所以,这个货币流回到它(第II部类的第1

部分）手中，因为它作为商品的买者出现以后，立即又作为卖者出现。如果这个货币不流回来，那第II部类（第1部分）要得到价值100的商品，就得先把100货币，然后又把100商品付给第I部类，也就是把它的商品赠送给第I部类了。

而流回到投入100货币的第2部分的，是300货币。100流回来，是因为它先作为买者把100货币投入流通，现在又作为卖者把这些货币收回；200流回来，是因为它只作为价值200的商品的卖者执行职能，而没有作为买者执行职能。就是说，这个货币不能流回到第I部类那里。所以，固定资本的损耗是用第II部类（第1部分）购买固定资本要素时投入流通的货币来补偿的；但是，这个货币不是作为第1部分的货币，而是作为属于第I部类的货币来到第2部分手中的。

(b)按照这一假定，IIc的余额是这样分配的：第1部分拥有200货币，第2部分拥有400商品。

第1部分已经把自己的全部商品出售，但是200货币是它的不变资本中必须用实物更新的固定组成部分的转化形式。所以，在这里它只作为买者出现；它所得到的不是自己的货币，而是第I部类的具有固定资本实物要素形式的同等价值额的商品。第2部分最大限度（如果第I部类没有为第I部类和第II部类之间的商品交换预付任何货币）只需要把200镑投入流通，因为就它的商品价值的一半来说，它只作为卖者向第I部类出售，而不是作为买者向第I部类购买。

400镑从流通回到第2部分手里；其中200回到它手里，是因为它作为买者预付了200，当它作为200商品的卖者时，又把这200镑收回。还有200回到它手里，是因为它曾经把价值200的商品卖给

第I部类，但没有因此再从第I部类取得商品等价物。——

(c)第1部分有200货币和200c商品；第2部分有200c(d)商品。

按照这一假定，第2部分无须预付任何货币，因为它和第I部类相对立，不是作为买者执行职能，而是仅仅作为卖者执行职能，从而它必须等待人家向它购买。

第1部分预付400镑货币，其中200是为了和第I部类互相交换商品，其余200则是它作为单纯的买者向第I部类购买时预付的。它用后面这200镑货币购买固定资本要素。

第I部类用200镑货币向第1部分购买200商品；第1部分为这个商品交换而预付的200镑货币因此就流回到它那里；第I部类再用另外200镑（也是从第1部分得到的）向第2部分购买200商品；第2部分的固定资本损耗因此就以货币形式在它自己那里沉淀下来。

假定在(c)这个场合，为交换现有商品所必需的200货币，不是由第II部类（第1部分）预付，而是由第I部类预付，那也不会使事情有任何变化。如果是第I部类先向第II部类的第2部分购买200商品——假定后者也只有这个商品余额要出售——，这200镑就不会流回到第I部类那里，因为第II部类的第2部分不再作为买者出现。但是，在这里，第II部类的第1部分有200镑货币要用来购买，此外还有200商品要用来交换，所以总计有400要用来和第I部类进行交换。于是，有200镑货币从第II部类的第1部分回到第I部类。如果第I部类再用这个货币向第II部类的第1部分购买200商品，那么当第II部类的第1部分向第I部类购买400商品的后一半时，这个货币就回到第I部类。第1部分(II)只是作为固定资本要素的买者花了200镑货币；因此，这个货币不再回到它那里，而是用来使第II部类的第2部分的商品余额200c转化为货币；第I部类用于商品交换的200镑货币，并不是通过第II部类的第2部分，而是通过第II部类的第1部分流回到第I部类那里。回到第I部类那里的有代替它的400商品的价值400的商品等价物；回到第I部类那里的还有为交换800商品而由它预付的200镑货币。这样，一切都安排妥当了。

$$\begin{array}{ll}\text{I.} & \underbrace{1\,000v+1\,000m}\\ \text{II.} & \quad 2\,000c\end{array}$$

，这种交换所遇到的困难，可归结为如下的余额交换所遇到的困难：

I. …………400m

II. (1)200货币＋200c商品＋(2)200c商品，说得更清楚些，这种余额交换就是：

I. 200m＋200m。

II. (1)200货币＋200c商品＋(2)200c商品。

因为第II部类第1部分的商品200c和200Im（商品）交换，并且因为在第I部类和第II部类之间的这400商品的交换中流通的一切货币都流回到预付者手中，流回到第I部类或第II部类手中，所以，这个货币作为第I部类和第II部类之间的交换的要素，实际上并不是我们这里所研究的问题的要素。或者换一种说法：假定在200Im（商品）和200IIc（第II部类第1部分的商品）的交换中，货币作为支付手段，而不是作为购买手段执行职能，因此它也不是作为狭义的“流通手段”执行职能，那么很清楚，因为商品200Im和商品200IIc

（第1部分）价值额相等，价值200的生产资料就和价值200的消费资料相交换，货币在这里只是观念地执行职能，任何一方都无须为支付差额而实际把货币投入流通。因此，只有当我们把商品200Im和它的等价物即商品200IIc（第1部分）从第I部类和第II部类双方去掉时，问题才会以纯粹的形式表现出来。

把第I部类和第II部类的这两个彼此相抵的具有同等价值的商品额去掉后，就只需要交换一个余额了。在这种情况下，问题就以纯粹的形式表现出来，即：

I. 200m商品。

II.（1）200c货币 ＋ （2）200c商品。

这里很清楚：第II部类的第1部分用200货币购买它的固定资本组成部分200Im；因此，第II部类的第1部分的固定资本得到实物更新，第I部类的200剩余价值也由商品形式（由生产资料，即固定资本的要素）转化为货币形式。第I部类用这些货币向第II部类的第2部分购买消费资料；对第II部类来说，结果是：第1部分用实物更新了它的不变资本的固定组成部分；第2部分则有另一个组成部分（补偿固定资本损耗的组成部分）以货币形式沉淀下来；每年都这样继续下去，直到这个组成部分也得到实物更新。

在这里先决条件显然是：第II部类不变资本的这个固定组成部分，即按自己的全部价值再转化为货币，因而每年要用实物更新的固定组成部分（第1部分），应该等于第II部类不变资本中另一个固定组成部分的年损耗，也就是等于以旧的实物形式继续执行职能，而其损耗（即转移到所参与生产的商品中去的价值损失）先要用货币来补偿的那个固定组成部分的年损耗。因此，这样一种平衡，好像就是规模不变的再生产的规律了；换句话说，因为生产生产资料的第I部类一方面要提供第II部类不变资本的流动组成部分，另一方面要提供它的固定组成部分，所以，劳动在第I部类的分配比例必须保持不变。

我们在进一步研究这个问题以前，要先考察一下，当IIc(1)的余额和IIc(2)的余额不相等时，情况会怎样。可以是前者大于后者，也可以是前者小于后者。让我们依次考察这两种情况：

第一种情况：

I. 200m。

II. (1)220c(货币形式)+(2)200c(商品形式)。

在这里，IIc(1)用200镑货币购买商品200Im；第I部类用同一些货币购买200IIc(2)，即必须以货币形式沉淀下来的固定资本组成部分；这个固定资本组成部分因此转化为货币。但是，货币形式的20IIc(1)不能再转化为实物形式的固定资本。

只要我们不是把Im的余额定为200，而是定为220，从而2 000I中通过以前的交换已经解决的不是1 800，而只是1 780，看来这种弊端就可以消除。这样，我们就得到：

I. 220m。

II. (1)220c(货币形式)+(2)200c(商品形式)。

IIc第1部分用220镑货币购买220Im，然后第I部类用200镑购买200IIc(2)商品。但是这时在第I部类方面就剩下了20镑货币，这是它只能以货币形式保持而不能用于消费资料的一部分剩余价值。这样一来，只是使困难由IIc(第1部分)转到了Im。

另一方面，我们假定IIc第1部分小于IIc(第2部分)；这样，我们就得到：

第二种情况：

I. 200m（商品形式）。

II.（1）180c（货币形式）+（2）200c（商品形式）。

第II部类（第1部分）用180镑货币购买商品180Im；第I部类用这些货币向第II部类（第2部分）购买同等价值的商品，即180IIc（2）；因此，一方面，有20Im不能出售，另一方面也有20IIc（2）不能出售；总计有价值40的商品不能转化为货币。

假定第I部类的余额=180，也无济于事；这样，第I部类固然没有剩下余额，但IIc（第2部分）却仍然有余额20不能出售，不能转化为货币。

在第一种情况下，IIc（1）大于IIc（2），从而IIc（1）方面有一个货币余额不能再转化为固定资本；如果假定Im的余额=IIc（1），在Im方面就会有同等数量的货币余额不能转化为消费资料。

在第二种情况下，IIc（1）小于IIc（2），从而在200Im和IIc（2）两方面都出现货币不足，都出现同样的商品过剩；如果假定Im的余额=IIc（1），在IIc（2）方面就会出现货币不足和商品过剩。

我们假定Im的余额总是等于IIc（1）——因为生产是由订货决定的，并且再生产也不会因为第I部类今年多生产一些第II部类的[①]不变资本固定组成部分，明年又多生产一些它的不变资本流动组成部分，而有所改变，——那么，在第一种情况下，只有当第I部类用Im来购买第II部类的一部分剩余价值时，Im才能再转化为消费

① 第一版和第二版中是：第II部类和第I部类的；按恩格斯的校样改正。——编者注

资料；在这种场合，第II部类不是消费掉这部分剩余价值，而是把它以货币形式积累起来；在第二种情况下，就只有靠第I部类自己付出货币来解决，但这个假定已经被我们抛弃了。

如果IIc(1)大于IIc(2)，那么，为了使Im中的货币余额实现，那就要有外国商品输入。如果IIc(1)小于IIc(2)，那相反地就要把第II部类的商品(消费资料)输出，以便IIc的损耗部分在生产资料中实现。因此，在这两个场合，都必须有对外贸易。

在考察规模不变的再生产时，虽然假定一切产业部门的生产率不变，从而，这些部门商品产品价值的比例关系都保持不变，但是，刚刚讲到的这两种情况，即IIc(1)大于IIc(2)或者小于IIc(2)，对规模扩大的生产来说，总是值得注意的，因为在规模扩大的生产的条件下这两种情况毫无疑问都会出现。

3. 结　　论

关于固定资本的补偿，一般应当指出：

在其他一切条件不变的前提下，也就是说，在不仅生产规模不变，而且特别是劳动生产率也不变的前提下，如果IIc的固定要素比去年有更大一部分已经寿命完结，从而有更大一部分要用实物更新，那么，还在死亡途中的、在死亡期到来以前暂时要以货币形式补偿的那部分固定资本，必然会按照同一比例减少，因为按照这个前提，在第II部类执行职能的固定资本部分的总量(以及价值总量)是保持不变的。但是，这会引起下列情况。**第一**，如果第I部类的商品资本中的较大部分由IIc的固定资本要素构成，那么它的相应的较小部分就由IIc的流动组成部分构成，因为第I部类为IIc生产的总额保持不变。如果其中一部分增加了，另一部分就减少；反过来也是一样。而另一方面，第II部类的生产总额也保持不变。但是，在第II部类原料、半成品、辅助材料（即第II部类的不变资本的流动要素）减少时，这又怎么可能呢？**第二**，恢复货币形式的固定资本IIc中有较大一部分流到第I部类，以便从货币形式再转化为实物形式。所以，除去第I部类和第II部类之间为了单纯的商品交换而流通的货币，还会有更多的货币流到第I部类；这些货币，不成为相互间的商品交换的中介，而只是单方面地执行购买手段的职能。但同时IIc中承担补偿损耗价值的商品量将会按比例减少，从而第II部类中无须和第I部类的商品交换而只须和第I部类的货币交换的商品量也会按比例减少。所以，会有更多的货币作为单纯购买手段从第II部类流到第I部类；而对第II部类来说，第I部类单纯作为买者向它购买的商品则较少。因此，Im——因为Iv已经和第II部类的商品交换——会有较大的部分不能转化为第II部类的商品，而是要保留在货币形式上。

有了以上的阐述，对于相反的情况，即对于一年内第II部类的固定资本中寿命完结而要再生产的部分较小，损耗部分较大的情况，就无须再进一步考察了。

因此，尽管是规模不变的再生产，但危机——生产危机——还是会发生。

一句话：如果在简单再生产和各种条件不变，特别是劳动生产力、劳动总量、劳动强度不变的情况下，假定在寿命完结的（有待更新的）固定资本和以旧的实物形式继续起作用的（只是为了补偿其损耗而把价值加到产品中去的）固定资本之间的比例不是不变，那么，在一个场合，需要再生产的流动组成部分的量保持不变，而需要再生产的固定组成部分的量就会增加；因此，第Ⅰ部类的生产总额必须增加，不然，即使把货币关系撇开不说，也会出现再生产不足的现象。

在另一个场合，如果需要在实物形式上再生产的第Ⅱ部类的固定资本的比例量减少，从而还只是要用货币进行补偿的第Ⅱ部类的固定资本组成部分会按同一比例增加，那么，在需要由第Ⅰ部类再生产的第Ⅱ部类不变资本的流动组成部分的量保持不变的同时，需要再生产的固定组成部分的量却会减少。因此，或者是第Ⅰ部类的生产总额减少，或者是出现过剩(就像前面出现不足一样)，而且是不能转化成货币的过剩。

诚然，在第一个场合，同一劳动可以靠提高劳动生产率、增加劳动量或增加劳动强度提供更多的产品，这样就可以弥补第一个场合的不足；但是发生这种变化的时候，总不免会有劳动和资本从第Ⅰ部类的某个生产部门移动到另一个生产部门；并且，每一次这样的移动，都会引起暂时的紊乱。其次，第Ⅰ部类(由于增加劳动量和劳动强度)不得不用较多的价值来交换第Ⅱ部类的较少的价值，因而第Ⅰ部类的产品就要跌价。

在第二个场合则相反，第Ⅰ部类必须压缩自己的生产，这对该部类的工人和资本家来说，意味着危机；或者第Ⅰ部类提供的产品过剩，这对他们来说，又是危机。这种过剩本身并不是什么祸害，而是利益；但在资本主义生产下，它却是祸害。

在两个场合，对外贸易都能起补救作用；在第一个场合，是使第Ⅰ部类保留货币形式的商品转化为消费资料；在第二个场合，是把过剩的商品销售掉。但是，对外贸易既然不是单纯补偿各种要素(按价值说也是这样)，它就只会把矛盾推入更广的范围，为这些矛盾开辟更广阔的活动场所。

再生产的资本主义形式一旦废除，问题就归结如下：寿命已经完结因而要用实物补偿的那部分固定资本（这里是指在消费资料生产中执行职能的固定资本）的数量大小，是逐年不同的。如果在某一年数量很大（像人一样，超过平均死亡率），那在下一年就一定会很小。在其他条件不变的前提下，消费资料年生产所需的原料、半成品和辅助材料的数量不会因此而减少；因此，生产资料的生产总额在一个场合必须增加，在另一个场合必须减少。这种情况，只有用不断的相对的生产过剩来补救；一方面要生产出超过直接需要的一定量固定资本；另一方面，特别是原料等等的储备也要超过每年的直接需要（这一点特别适用于生活资料）。这种生产过剩等于社会对它本身的再生产所必需的各种物质资料的控制。但是，在资本主义社会内部，这种生产过剩却是一个无政府状态的要素。

这个关于固定资本的例子，在再生产规模不变的情况下，是很能说明问题的。固定资本生产和流动资本生产的不平衡，是经济学家在说明危机时惯用的根据之一。但是，如果说这种不平衡在固定资本甚至仅仅**维持原状**的情况下也能够发生并且必然会发生，也就是说，在理想的正常生产的前提下、在已经执行职能的社会资本的简单再生产的情况下也能够发生并且必然会发生，那在他们看来倒是有点新奇的。

XII. 货币材料的再生产

到目前为止，有一个要素我们完全没有考虑，那就是金和银的年再生产。金和银如果仅仅作为制造奢侈品或镀金等等的材料，那也和任何其他产品一样，不必在这里专门提起。但是，它们作为货币材料，从而作为可能的货币，是起重要作用的。为了简单起见，我们在这里只是把金当做货币材料。

根据较早的统计资料，每年金的总产量等于80万—90万磅，价值约110 000万到125 000万马克。而根据泽特贝尔的统计(53)，从1871年到1875年，每年平均只生产金170 675公斤，价值约47 600万马克。其中澳大利亚约提供16 700万马克，美国提供16 600万马克，俄国提供9 300万马克。余额则分别由不同国家提供，其中每个国家提供的数额都在1 000万马克以下。同时期，银的年产量将近200万公斤，价值35 450万马克。其中墨西哥约提供10 800万，美国10 200万，南美6 700万，德国2 600万，等等。

在资本主义生产占统治地位的国家，只有美国是金和银的生产者。欧洲各资本主义国家几乎所有的金以及绝大部分银都是从澳大利亚、美国、墨西哥、南美和俄国得到的。

但是，我们要把这些金矿移到我们现在要分析年再生产的这个进行资本主义生产的国家，我们这样做的原因如下：

资本主义生产离开对外贸易是根本不行的。但是，假定正常的年再生产规模已定，那也就是假定，对外贸易仅仅是以使用形式或实物形式不同的物品来替换本国的物品，而不影响价值关系，也就是不影响生产资料和消费资料这两个部类互相交换的价值关系，同样也不影响每一部类的产品价值所能分解成的不变资本、可变资本

(53)阿·泽特贝尔《贵金属的生产》1879年哥达版[第112页]。

和剩余价值的关系。因而，在分析年再生产的产品价值时，把对外贸易引进来，只能把问题搅乱，而对问题本身和问题的解决不会提供任何新的因素。因此，我们把它完全撇开，也就是在这里要把金看做年再生产的直接要素，而不是看做通过交换从外国输入的商品要素。

金的生产和一般金属生产一样，属于第Ⅰ部类，属于包括生产资料生产的部类。我们假定，每年生产的金＝30（这是为了简便起见；和我们公式中的数字比较，这个数字实际是过高了）；这个价值可分解为20c＋5v＋5m。20c要和Ⅰc的其他要素交换（这一点以后再考察[①]）；但是，5v＋5m（Ⅰ）则要和Ⅱc的要素即消费资料交换。

至于5v，每一个生产金的企业，首先都要从购买劳动力开始；但不是用自己生产的金来购买，而是用国内的一部分储备货币来购买。工人用这5v从第Ⅱ部类那里取得消费资料；然后第Ⅱ部类用这些货币向第Ⅰ部类购买生产资料。比如说，第Ⅱ部类向第Ⅰ部类购买价值2的金作为商品材料等等（第Ⅱ部类的不变资本的组成部分），因此，2v以在此之前属于流通的货币的形式流回到第Ⅰ部类的金生产者那里。如果第Ⅱ部类不再向第Ⅰ部类购买材料，那么第Ⅰ部类就把它的金作为货币投入流通，来向第Ⅱ部类购买商品，因为金可以购买任何一种商品。差别仅仅是，第Ⅰ部类在这里不作为卖者，而只作为买者出现。第Ⅰ部类的金开采者总是能够把他们的商品卖掉的；他们的商品总是处于可以直接交换的形式。

假定一个纺纱业主把5v支付给他的工人，为此，这些工人——撇开剩余价值不说——向他提供产品纱＝5。这些工人向Ⅱc购买

①见本卷第531页注（55）。——编者注

价值5的商品；IIc用货币形式的5向第Ⅰ部类购买纱，因此，5v以货币形式流回到纺纱业主手中。相反，在前面假定的场合，Ig（我们用它表示金生产者）用已经属于流通的货币把5v预付给他的工人；后者把这些货币用于生活资料；而在这个5中，只有2从第II部类回到Ig手中。但是，Ig还是像纺纱业主一样，能够重新开始再生产过程；因为他的工人已经向他提供了价值5的金，他把其中的2卖掉，把3仍然保留金的形式，所以他只要把它铸成铸币(54)或把它换成银行券，就可以无须再由第II部类中介，直接再以货币形式拥有他的全部可变资本。

但是，就在年再生产的这个最初的过程中，实际属于或者可能属于流通的货币量，已经发生了变化。我们曾经假定，IIc购买2v（Ig）作为材料；3则由Ig作为可变资本的货币形式又在第II部类的范围内支出。所以，新的金生产①所提供的货币量中，3留在第II部类那里，没有流回到第Ⅰ部类那里。按照假定，第II部类对金这种材料的需要已经满足。3是作为金的贮藏而保留在第II部类手中的。因为3不能构成第II部类的不变资本的要素，因为第II部类早已有足够的货币资本购买劳动力，还因为这个追加的、和IIc的一部分进行交换的3g，除了作为补偿损耗的要素外，在IIc之内不执行任何职能（它只能在IIc（1）偶尔小于IIc（2）的时候，按它们之间相差的程度，补偿损耗的要素），另一方面，商品产品IIc

(54)“大量的金块……由金开采者直接送到圣弗朗西斯科的铸币厂。”——《女王陛下驻外使馆秘书的报告》1879年版第3部分第337页。

①第一版和第二版中是：货币生产；按恩格斯的校样改正。——编者注

也是除了补偿损耗的要素外，全部要和生产资料Ⅰ(v＋m)交换，——所以，这些货币必须全部由Ⅱc转移到Ⅱm，无论后者是以必要生活资料的形式存在，还是以奢侈品的形式存在。反过来，就要有相应的商品价值由Ⅱm转移到Ⅱc。结果是：一部分剩余价值将作为贮藏货币贮存起来。

如果每年生产的金按同一比例继续作为材料使用，在第二再生产年度，就会再有2流回到Ig那里，再有3用实物进行补偿，即再在第Ⅱ部类作为贮藏货币游离出来，如此等等。

说到可变资本，则资本家Ig和任何其他资本家一样，要不断预付货币形式的可变资本，以便购买劳动。就这个v来说，要向第Ⅱ部类购买商品的，不是资本家Ig，而是他的工人；因此，绝不会发生这种情况：资本家Ig会作为买者出现，即没有第Ⅱ部类的主动就把金投入第Ⅱ部类。但是，当第Ⅱ部类向他购买材料，并且必须把它的不变资本Ⅱc转化为金这种材料时，(Ig)v的一部分，就按流回到第Ⅰ部类的其他资本家手中的同一方式，由第Ⅱ部类流回到Ig手中。如果情况不是这样，他就会直接用他的产品，也就是用金来补偿他的v。但是，以货币形式预付的v有多大部分没有从第Ⅱ部类流回到他那里，已在流通的货币(即从第Ⅰ部类流到第Ⅱ部类但没有流回第Ⅰ部类的货币)就会有多大部分在第Ⅱ部类那里转化为贮藏货币，为此，第Ⅱ部类的剩余价值也就会有多大部分没有用于消费资料。因为不断在开发新的金矿或重新开采旧的金矿，所以，Ig以v形式投入的货币中总有一定比例是新的金生产以前已有的货币量的一部分，Ig通过自己的工人把这些货币投入第Ⅱ部类，而且，只要这些货币没有从第Ⅱ部类流回到Ig那里，它们就会在第Ⅱ部类那里形成贮藏货币的要素。

但是，说到(Ig)m，那么，Ig在这里却能够不断作为买者出现；他把自己的m以金的形式投入流通，为此从流通中取出消费资料IIc。在第II部类那里，有一部分金用做材料，因此它是作为第II部类的生产资本的不变组成部分C的现实要素执行职能的；如果情况不是这样，它就作为IIm中保留货币形式的部分，再形成货币贮藏的要素。由此可见——这里把以后将要考察的Ic撇开不说(55)——，简单再生产虽然不包括本来意义上的积累，即规模扩大的再生产，但是还必须包括货币贮存或货币贮藏。并且因为这种现象每年不断重复，所以，我们考察资本主义生产时作为出发点的前提也就得到了说明：再生产开始时，就有一个在数量上和商品交换相适应的货币资料存在于第I部类和第II部类的资本家阶级手中。即使扣除了由于流通货币的磨损而损失的金，这样的贮存也还是会发生的。

不言而喻，资本主义生产的年代越久，所有资本家积累的货币总量也就越大，从而每年新生产的金加进这个总量中去的比例也就越小，虽然加进这个总量中去的金按它的绝对量来说可能是很大的。现在我们再一次回过来概括地讲一下对于图克的责难①：既然归根结底必须把资本家阶级本身看做是投入流通的全部货币的源泉，每个资本家怎么能够从年产品中取出货币形式的剩余价值，也就是说，他从流通中取出的货币怎么能够比他投入的货币多呢？

我们把前面的阐述（第十七章）归纳一下，来对这个问题加以

(55)手稿中没有关于新生产的金如何在第I部类不变资本范围内进行交换的研究。——弗·恩·

①见本卷第364—365页。——编者注

说明：

1. 这里唯一必要的前提是：总要有足够的货币使年再生产量的不同要素进行交换。这个前提不会因为一部分商品价值由剩余价值构成而受影响。假如全部生产归工人自己所有，从而他们的剩余劳动只是为自己的而不是为资本家的剩余劳动，那么，流通的商品价值量也还是那么多，并且在其他条件不变的情况下，这个商品价值量的流通所需的货币量也还是那么多。所以，在这两个场合，问题只是：这全部商品价值借以进行交换的货币从何而来？——而绝不是：剩余价值借以货币化的货币从何而来？

我们再一次回过来说一下，当然，每个单个商品都是由c＋v＋m构成的，所以，对于全部商品量的流通来说，一方面需要有一定的货币额使资本c＋v流通，另一方面需要有另一个货币额使资本家的收入即剩余价值m流通。无论对单个资本家来说，还是对整个资本家阶级来说，他们的作为资本来预付的货币，和他们的作为收入来花费的货币是不同的。后一货币是从哪里来的呢？简单地说就是，资本家阶级手中现有的货币量中，从而总的来说，社会现有的货币总量中，有一部分货币是为了使资本家的收入流通的。我们在上面已经说过，每一个开办新企业的资本家，在营业开始以后，都能把他为维持生活而用于消费资料的货币再捞回来，作为使他的剩余价值货币化的货币。但是一般说来，全部困难有下面两个来源：

第一，如果我们只考察资本的流通和周转，从而把资本家也只是看做资本的人格化，不是看做资本主义的消费者和享受者，那么，我们固然看见他不断把剩余价值作为他的商品资本的组成部分投入流通，但从来看不见有货币作为收入的形式存在于他的手中，从来看不见他为了剩余价值的消费而把货币投入流通。

第二，如果资本家阶级以收入的形态把一定货币额投入流通，那就好像他们为全部年产品的这一部分支付了一个等价物，因此，这一部分就好像不再代表剩余价值了。但是，代表剩余价值的剩余产品，不需要资本家阶级花费分文。作为一个阶级，他们白白地占有和享受了这些剩余产品，而货币流通也不能使这件事有所改变。由货币流通引起的变化，简单地说就是，每个资本家都不是消费自己的实物形式的剩余产品(这在多数场合是不可能的)，而是从每年的社会剩余产品总额中取出相当于他占有的剩余价值额的各种商品，并把它们据为己有。但是，流通的机制已经表明：当资本家阶级把作为收入来花费的货币投入流通的时候，他们也会从流通中再把这个货币取出，从而能够不断重新开始同一过程；因此，作为资本家阶级来看，他们始终占有为剩余价值的货币化所必需的这个货币额。因此，如果资本家不仅从商品市场取出商品形式的剩余价值作为他的消费基金，而且他用来购买这些商品的货币也同时流回到他手里，那就很明显，他从流通中取出这些商品时没有付出等价物。虽然他为这些商品支付了货币，但这些商品并不需要他花费分文。如果我用一镑购买商品，商品的卖者为了取得不需要我花费分文的剩余产品，又把这一镑还给我，那就很明显，我就是白白地取得了这个商品。这种交易的不断反复，也改变不了下列事实：我不断取出商品，并且不断占有这一镑，虽然为了取得商品，我会暂时和这一镑分手。资本家不断把这些货币作为不需要他花费分文的剩余价值转化成的货币来收回。

我们已经讲过，按照亚·斯密的说法，社会总产品价值分解为收入，分解为v＋m，就是说，不变资本价值等于零。由此必然得出结论，年收入流通所需要的货币，也足以使全部年产品流通；因此，用我们的例子来说，就是价值3 000的消费资料的流通所需要的货币，也足以使价值9 000的全部年产品流通。实际上这是亚·斯密的见解，而由托·图克加以重复。这种关于收入的货币化所需要的货币量与全部社会产品流通所需要的货币量之间的关系的错误看法，是对全部年产品的不同物质要素和价值要素进行再生产的方法和每年进行补偿的方法不理解或者不加思考的必然结果。所以，它已经被驳倒了。

让我们听一听斯密和图克自己是怎样说的。

斯密在第二篇第二章说：

"每一个国家的流通都可以分成两个部分：商人之间的流通，商人和消费者之间的流通。即使同一些货币，纸币或者金属货币，可以时而用于这个流通，时而用于那个流通，但这两个流通是不断同时进行的，因此，要使流通进行下去，各自需要有一定量的这种或那种货币。各种商人之间流通的商品的价值，绝不能超过商人和消费者之间流通的商品的价值，因为无论商人购买什么，最终必然会卖给消费者。由于商人之间的流通都是成批进行的，一般地说，每笔交易都需要数额相当大的货币。而商人和消费者之间的流通，多半是零星进行的，往往只需要很小的货币额，常常一先令甚至半便士就够了。但小额流通比大额流通快得多…… 因此，虽然全体消费者每年的购买至少〔这个"至少"真妙!〕和全体商人每年的购买在价值上是相等的，但是，照例可以用一个小得多的货币量来解决"，如此等等。

对亚当的这一段话，托·图克评论说（散见《通货原理研究》1844年伦敦版[100]第34—36页）：

"毫无疑问，这里描述的这种区别实质上是正确的…… 商人和消费者之间的交换也包括工资的支付，而工资是消费者的主要收入…… 商人和商人之间的一切交换，也就是从生产者或进口商起，通过加工制造等中间过程的各个阶段，直到零售商或出口商为止的一切出售，都可以归结为资本转移的运动。资本的转移不必有这样的前提，而实际上也不会造成这样的情况：在大多数交换中，在转移的时候，要有银行券或铸币的实际转让——我指的是物质的而不是虚拟的转让……　商人和商人之间的交换总额，归根结底必须由商人和消费者之间的交换额决定，并受它的限制。”

如果孤立地来看最后一句话，可能会认为，图克只是断言，在商人和商人的交换与商人和消费者的交换之间存在某种比率关系，换句话说，在每年总收入的价值和用来生产这个收入的资本的价值之间存在某种比率关系。但是，情况并不是这样。他明确宣称接受亚·斯密的观点。因此，对他的流通理论专门进行批判，就是多余的了。

2. 每一个产业资本在开始的时候，都把用来购买全部固定资本组成部分的货币一次投入流通，但只是在若干年内逐渐通过出售其年产品再把它收回。所以，它最初投入流通的货币多于它从流通中取出的货币。总资本每一次要用实物更新时，这种现象都重复发生；对要用实物更新自己的固定资本的一定数量的企业来说，这种现象每年都重复发生；每当固定资本进行维修或者部分更新时，这种现象则部分地重复发生。可见，一方面是从流通中取出的货币多于投入的货币，另一方面则相反。

在生产期间（和劳动期间不同）较长的一切产业部门，资本主义生产者在生产期间不断把货币投入流通，这些货币一部分用来支付所使用的劳动力的报酬，一部分用来购买要消费的生产资料；所以，生产资料是直接从商品市场取走的，消费资料是一部分由花费自己工资的工人间接从商品市场取走的，一部分由决不停止消费的资本家自己直接从商品市场取走的，而这些资本家起初并没有同时把商品形式的等价物投入市场。在这期间，他们投入流通的货币就会使商品价值（包括其中所包含的剩余价值）转化为货币。在发达的资本主义生产中，当股份公司等等进行为期很长的工程事业时，如铺设铁路、开凿运河、建筑船坞、大的城市建设、建造铁船、大规模农田排水工程等等，这个要素将是十分重要的。

3. 当其他资本家（撇开固定资本的支出不说）从流通中取出的货币多于他们为购买劳动力和流动要素而投入流通的货币时，生产金银的资本家（撇开作为原料使用的贵金属不说）只是把货币投入流通，而只从流通中取出商品。不变资本（损耗部分除外）、大部分可变资本和全部剩余价值（资本家自己手中积累的贮藏货币除外），都作为货币投入了流通。

4. 一方面，固然有不是在当年生产的各种东西如地皮、房屋等等，其次，还有生产期间不止一年的各种产品如牲畜、木材、葡萄酒等等，都作为商品来流通。对于这种现象和其他现象，重要的是掌握住一点：除了直接流通所需要的货币额外，总有一定量货币处于潜在的、不执行职能的状态，一旦遇到某种推动就可以执行职能。这类产品的价值，往往也是一部分一部分地逐渐流通的，如同房屋的价值是在若干年内以租金的形式来流通的一样。

另一方面，并不是再生产过程的一切运动都以货币流通作为中介的。总生产过程的要素一旦购齐，总生产过程就会脱离流通。其次，生产者本人直接再消费的一切产品，不管是个人消费还是生产消费，也是如此。农业工人的实物报酬，也属于这一类。

可见，年产品借以流通的货币量，是社会原有的，是逐渐积累起来的。这个货币量不是当年的价值产品，但是，用来补偿已经磨损的铸币的金是例外。

虽然在单纯金属流通的基础上，货币也能作为支付手段执行职能，而且历史地看，它实际也是这样执行职能的，虽然在这个基础上信用制度及其机制的某些方面得到了发展，但是，我们在阐述时假定只有贵金属货币的流通，假定在这个流通中又只有现金买卖这一最简单的形式。

这样假定，不单单是出于方法上的考虑，尽管这种考虑的重要性已经为下述事实所证明：图克及其学派以及他们的反对派，就银行券流通问题进行论战时，不断被迫再回到单纯金属流通这一假定上来。他们不得不事后这样去做，而且做得很肤浅，这是必然的，因为这样一来这个出发点在这一分析中就只起次要的作用了。

但是，对于这种以**自然**形式表现的货币流通——它在这里是年再生产过程的内在因素——的最简单的考察，就已经表明：

(a)在发达的资本主义生产的前提下，从而在雇佣劳动制度占统治地位的前提下，货币资本显然起着主要的作用，因为它是可变资本借以预付的形式。雇佣劳动制度越发展，一切产品就越要转化为商品，因此，除了几个重要的例外，产品全都必须经过转化为货币这样一个产品运动的阶段。流通货币量必须足以使商品转化为货币；并且，这个货币量的大部分是以工资形式提供的，是以这样一种货币形式提供的，这种货币作为可变资本的货币形式由产业资本家为支付劳动力报酬来预付，而在工人手中多半只是作为流通手段(购买手段)执行职能。这和自然经济完全相反，自然经济在任何一种依附农制(包括农奴制)的基础上，都占优势，在带有或多或少原始性的公社(不管是否掺杂着依附农制关系或奴隶制关系)的基础上，更是占优势。

在奴隶制度下，用于购买劳动力的货币资本，起着固定资本的货币形式的作用，它只是随着奴隶一生的能动期间的消逝，逐渐得到补偿。所以，在雅典人那里，奴隶主通过在产业上使用他的奴隶而直接取得的利益，或者通过把奴隶租给别人在产业上使用(例如开矿)而间接取得的利益，只是被看做预付货币资本的利息（和折旧费），这同资本主义生产中产业资本家把一部分剩余价值和固定资本的损耗看做他的固定资本的利息和补偿完全一样。对出租固定资本（房屋、机器等等）的资本家来说，通常也是这样。单纯的家庭奴隶，不管是从事必要的劳役，还是仅仅用于显示排场，这里我们都不予以考察，他们相当于现在的仆役阶级。但是奴隶制度，只要它在农业、制造业、航运业等等方面是生产劳动的统治形式（就像在希腊各发达国家和罗马那样），也保存着自然经济的要素。奴隶市场本身是靠战争、海上掠夺等等才不断得到劳动力这一商品的，而这种掠夺又不是以流通过程作为中介，而是要通过直接的肉体强制，对他人的劳动力实行实物占有。甚至在美国，在实行雇佣劳动制的北部各州和实行奴隶劳动制的南部各州之间的中间地带已经变成替南部各州豢养奴隶的地带，因而在那里投入奴隶市场的奴隶本身成为年再生产的要素以后，时间一长就感到这不能满足需要，还要把非洲的奴隶贸易尽可能长期地维持下来，以便充实市场。

（b）在资本主义生产的基础上，货币在年产品交换中自发地流出和流回；固定资本按其全部价值量一次预付，它们的价值在多年期间相继从流通中取出，因而它们通过每年的货币贮藏（这种货币贮藏在本质上完全不同于和它并行的、以每年新的金生产为基础的货币贮藏）而逐渐地再以货币形式构成；由于商品的生产期间有长有短，货币预付的时间也长短不等，因而在货币可以通过商品出售而从流通中取出以前，总是必须事先重新把货币贮藏起来；仅仅由于生产地点到销售市场的距离不同，预付时间也会长短不等；同样，按照各个企业以及同一生产部门的各单个资本家的生产储备的状况或相对量，流回的数量和期间各不相同，从而不变资本要素的购买期限也各不相同——在再生产年度发生的这一切，即自发运动中所有这些不同的要素，只有通过经验才会被人察觉、引人注意，以便有计划地既用来采取信用制度的各种机械性的辅助手段，又用来实际捞取现有的可贷资本。

此外，还要加上在其他条件正常的情况下按原有规模连续进行生产的企业和在一年的不同期间使用数量不等的劳动力的企业(如农业)之间的区别。

XIII. 德斯杜特·德·特拉西的再生产理论(56)

关于政治经济学家在考察社会再生产时那种思想混乱而又狂妄到不假思索的特点，我们可以用大逻辑学家德斯杜特·德·特拉西为例来说明(参看第一册第147页注30[101])。这个人，甚至李嘉图也要认真对待，称他是“一位非常卓越的著作家”(《原理》第333页)。

这位卓越的著作家关于社会再生产和流通的总过程作了如下说明：

> “有人问我，这些产业主怎么能赚取这样大的利润，他们能够从谁手里取得这样大的利润。我回答说：那是因为他们按高于生产成本的价格出卖他们生产的一切产品。这些产业主像下面这样出卖产品：
>
> 1. 他们彼此售卖用来满足他们需要的全部消费品；他们用自己的一部分利润来支付这些消费品。
>
> 2. 卖给雇佣工人，包括他们雇用的和有闲资本家雇用的雇佣工人；通过这

(56)采自第II稿。

种途径，他们从雇佣工人那里收回工人的全部工资，或许只有工人的少量积蓄除外。

3. 卖给有闲资本家；有闲资本家把自己的收入中还没有付给自己直接雇用的雇佣工人的那一部分支付给他们。他们每年付给那些资本家的全部租金，就是通过这种途径或别种途径，再流回到他们手里的。”（德斯杜特·德·特拉西《论意志及其作用》1826年巴黎版第239页）

这就是说，资本家所以发财致富，第一，是因为他们在交换供他们私人消费的或者作为收入来消费的那部分剩余价值时，互相欺诈。所以，如果他们的这部分剩余价值或者利润＝400镑，那么，这400镑比方说就会由于每一个分享这400镑的人把自己那一部分卖给别人时贵25%而变成500镑。但是，由于他们人人都这样做，所以结果就和互相按实际价值出售一样。他们不过是用500镑的货币量来使400镑的商品价值流通。这种方法与其说是致富的方法，不如说是变穷的方法，因为他们必须使总财产的一大部分非生产地保持无效的流通手段的形式。全部问题归结为：资本家阶级虽然把商品的价格在名义上全都提高了，但是仍然只有价值400镑的商品在他们之间分配，供他们私人消费；不过他们彼此都情愿借助于价值500镑的商品流通所需要的货币量来使价值400镑的商品流通。

我们把这里已经有“他们的一部分利润”，从而一般来说，已经有代表利润的商品储备这一假定完全撇开不说。而德斯杜特恰恰要向我们说明，这个利润是从哪里来的。这个利润流通所必需的货币量，是一个非常次要的问题。在他看来，这个代表利润的商品量之所以产生，似乎是因为资本家不仅彼此出售这个商品量（这已经够美妙、够深刻的了），而且还因为彼此以过高的价格出售给对方。这样，我们现在就知道了资本家发财致富的一个源泉。它不外就是“检察官布雷西希”[102]的秘密——大贫穷的原因就是大pauvreté［贫穷］。

2. 这些资本家还把商品卖给

“雇佣工人，包括他们雇用的和有闲资本家雇用的雇佣工人；通过这种途径，他们从雇佣工人那里收回工人的全部工资，或许只有工人的少量积蓄除外”。

按照德斯杜特先生的说法，货币资本——资本家以这种形式把工资预付给工人——流回到资本家手里，就成了这些资本家发财致富的第二个源泉。

因此，如果资本家阶级把比如说100镑作为工资付给工人，然后这些工人向同一个资本家阶级购买具有同等价值的100镑的商品，从而，当资本家把价值100镑的商品卖给自己的工人时，他们作为劳动力的买者所预付的100镑货币额，流回到他们手里，那么，资本家就是这样**发财致富**的。从普通常识的观点来看，资本家显然是通过这个程序，再占有他在此以前已经拥有的100镑。在这个程序开始时，他们有100镑货币，他们用这100镑购买劳动力。他们所购买的劳动，为这100镑货币生产了我们迄今所知道的价值100镑的商品。资本家通过把这100镑商品卖给工人，收回了100镑货币。因此，资本家再占有100镑货币，而工人则占有他们自己生产的100镑商品。这里看不出资本家怎么会因此发财致富。如果这100镑货币不流回到他们手中，那么，他们首先想必是为工人的劳动把100镑货币支付给工人，其次就要把这个劳动的产物，即价值100镑的消费资料，无代价地给予工人。因此，这些货币流回，最多只能说明为什么资本家不会由于这种交易变得更穷，但是绝不能说明为什么他们会由此变得更富。

当然，资本家是怎样占有这100镑货币的，工人为什么不自己出钱生产商品，而被迫用他们的劳动力来换取这100镑，这是另外一个问题。但是这个问题，对于像德斯杜特这样的有才华的思想家来说，是不言而喻的。

德斯杜特自己也不完全满意这样的解答。他也没有对我们说，一个人会由于先支出100镑货币额，然后再收进这100镑货币额而致富，也就是说，一个人会由于这100镑货币的回流而致富。这个回流，只是说明为什么这100镑货币没有丢失。他对我们说，资本家所以发财致富，是

"因为他们按高于购买的价格出卖他们生产的一切产品"。

因此，资本家在他们和工人的交易中也一定会由于他们按过高的价格把产品卖给工人而致富。妙极了！

"他们支付工资……而这一切会通过所有这些人的支出而流回到他们手中。这些人〔为购买产品〕支付给他们的比他们〔资本家〕为生产这些产品在工资上所花费的要多。"（第240页）

这样一来，是资本家把100镑工资支付给工人，然后他们按120镑的价格把工人自己的产品卖给工人，以致流回他们手中的不仅是100镑，而且还有赚得的20镑？这是不可能的。工人只能用他们以工资形式得到的货币来支付。如果他们从资本家那里得到100镑工资，那么，他们就只能用100镑购买，而不能用120镑购买。这就是说，情况不是这样的。但是，还有另外的途径。工人用100镑向资本家购买商品，而实际只得到价值80镑的商品。因此，他们无疑被骗去了20镑。资本家也无疑增加了20镑财富，因为实际上他支付的劳动力报酬比它的价值低20%，或者说，是迂回地从名义工资中扣除了20%。

如果资本家阶级最初只付给工人80镑工资，然后，为交换这80

镑货币，实际向他们提供了价值80镑的商品，资本家阶级也会达到同样的目的。就整个阶级来说，这似乎是正常的途径，因为德斯杜特先生自己也说，工人阶级必须得到“足够的工资”（第219页），因为这个工资至少要足够维持他们的生存和劳动能力，要足够“维持最节俭的生活”（第180页）。如果工人不能得到足够的工资，用同一个德斯杜特的话来说，这就是“产业的死亡”（第208页），所以，看来这不像是资本家发财致富的手段。但是，不管资本家阶级支付给工人阶级的工资是多是少，它总有一定的价值，比如说，80镑。如果资本家阶级付给工人80镑，他们为交换这80镑，就要向工人提供价值80镑的商品。所以这80镑的回流并不能使资本家发财致富。如果资本家阶级付给工人100镑货币，但是为交换这100镑，却将价值80镑的商品卖给工人，那么，他们支付给工人的货币比工人的正常工资要多25%，但为交换这些货币而向工人提供的商品却少25%。

换句话说，资本家阶级从中取得自己的利润的基金，好像就是由于扣除正常工资，由于所支付的劳动力的报酬低于它的价值而形成的，也就是说，由于所支付的劳动力的报酬低于它作为雇佣工人的正常再生产所必需的生活资料的价值而形成的。因此，只要支付正常工资（照德斯杜特看来，应该这样），那么，无论对产业资本家来说，还是对有闲资本家来说，就都不存在什么利润基金了。

这样，德斯杜特先生就必然会把资本家阶级怎样发财致富的全部秘密归结为：由于扣除工资。在这种情况下，他在第一项和第三项说到的剩余价值的其他基金，也就不存在了。

因此，任何一个国家，如果把工人的货币工资降低到他们作为一个阶级生存所必需的消费资料的价值，那里也就不存在资本家的消费基金和积累基金，从而也就不存在资本家阶级的生活基金，也就不

存在资本家阶级了。而在德斯杜特看来，一切文化悠久而富裕发达的国家，情形正是这样，因为在这里，

“在我们的古老的社会内，用来支付工资的基金……几乎是一个常数”（第202页）。

即使在工资削减的情况下，资本家的发财致富，也不是由于他们先付给工人100镑货币，然后为交换这100镑货币而向工人提供80镑的商品——这实际上是多用25%的货币额即用100镑使80镑的商品流通——，而是由于资本家除了从工人的产品中攫取剩余价值即代表剩余价值的那部分产品外，还攫取了工人应当以工资形式得到的那部分产品的25%。按照德斯杜特设想的这种荒谬的方法，资本家阶级是绝对得不到任何利益的。他们支付100镑作为工资，然后为交换这100镑，从工人自己的产品中，还给工人80镑的商品价值。但是，在下一个交易中资本家阶级必须为同一程序再预付100镑。因此，他们只是做无益的游戏，即预付100镑货币，为交换这100镑却提供80镑的商品，而不是预付80镑货币，并为交换这80镑提供80镑的商品。这就是说，他们为了使自己的可变资本流通，不断地、无益地多预付25%的货币资本。这是一种非常独特的发财致富的方法。

3. 最后，资本家阶级把产品卖给

“有闲资本家；有闲资本家把自己的收入中还没有付给自己直接雇用的雇佣工人的那一部分支付给他们。他们每年付给那些资本家〈有闲者〉的全部租金，就是通过这种途径或别种途径，再流回到他们手里的”。

前面我们已经看到，产业资本家

“用自己的一部分利润来支付用来满足他们需要的全部消费品”。

这样，假定他们的利润＝200镑。他们把比如说100镑用于他们的个人消费。但是其余的一半＝100镑，不属于他们，而属于有闲资本家，即地租所得者和放债取息的资本家。因此，他们必须把100镑货币支付给这一伙人。我们现在假定，这一伙人从这一笔钱中要用80镑供他们个人消费，用20镑来购买仆役等等。他们用这80镑向产业资本家购买消费资料。因此，当产业资本家有价值80镑的产品脱手时，这80镑货币，或他们以地租、利息等名义支付给有闲资本家的100镑的$\frac{4}{5}$，流回到他们手中。其次，仆役阶级，即有闲资本家直接雇用的雇佣工人，从他们的主人那里得到20镑。他们也用这些货币向产业资本家购买20镑的消费资料。因此，当产业资本家有价值20镑的产品脱手时，就有20镑货币，或他们作为地租、利息等等支付给有闲资本家的100镑货币的最后$\frac{1}{5}$，流回到他们手中。

交易结束时，产业资本家为了支付地租、利息等等而转让给有闲资本家的100镑货币，流回到他们手中；而他们的剩余产品的一半＝100镑，却从他们手中转移到有闲资本家的消费基金中去。

因此，设法把如何在有闲资本家和他们直接使用的雇佣工人之间分配这100镑的问题引进来，对于我们这里讨论的问题，显然是完全多余的。事情很简单：他们的地租和利息，总之，剩余价值=200镑中归他们所有的部分，是由产业资本家以100镑货币的形式支付给他们的。他们用这100镑直接地或间接地向产业资本家购买消费资料。因此，他们就把100镑货币还给产业资本家，并从产业资本家那里取走100镑的消费资料。

这样，产业资本家支付给有闲资本家的100镑货币，就又流回来。这种货币回流，真的像德斯杜特幻想的那样，是产业资本家发财致富的手段吗？在交易之前，他们有价值额200镑；其中100镑是货币形式，100镑是消费资料形式。在交易之后，他们只有原价值额的一半。他们又有了100镑货币，但却失去了100镑消费资料，这些消费资料已经转移到有闲资本家手中。所以，他们是失掉了100镑财富，而不是增加了100镑财富。如果他们不是迂回地先付出100镑货币，然后用100镑消费资料去交换而再收回这100镑货币，而是直接以他们产品的实物形式来支付地租、利息等等，那么，就不会有100镑货币从流通中流回到他们手中，因为他们没有把100镑货币投入流通。如果是用实物支付，事情就简单地表现为：在价值200镑的剩余产品中，他们自己保留一半，其余一半则毫无代价地支付给有闲资本家。甚至德斯杜特恐怕也不想把这说成是发财致富的手段。

产业资本家向有闲资本家借用土地和资本，为此要把一部分剩余价值以地租、利息等形式支付给他们。这样借的土地和资本，对产业资本家自然是有利可图的，因为这是一般产品的生产条件之一，也是构成剩余产品或代表剩余价值的那部分产品的生产条件之一。这种利润所以产生，是由于对所借土地和资本的使用，而不是由于为使用而支付的价格。相反地，这种价格是利润的扣除。否则，就必须断言，如果产业资本家能够把剩余价值的另一半为自己保留下来，不给别人，他们将不是变富了，而是变穷了。但是，如果把流通现象，如货币的回流，同仅仅以这种流通现象为中介的产品分配混为一谈，那就会造成这样的混乱。

但是，同一个德斯杜特曾狡黠地指出：

“这些有闲者的收入是从哪里来的呢？不是来自租金吗？而租金是由那些使有闲者的资本发挥作用的人，也就是由那些用有闲者的基金雇用一种能生产出比自身的费用更多产品的劳动的人，一句话，由产业家从自己的利润中支付

给有闲者的。所以，要寻找一切财富的源泉，总是要追溯到这种人。实际上正是他们养活有闲者所雇用的雇佣工人。"（第246页）

所以，租金等等的支付，现在是对产业家利润的削减。而在此之前，这却是产业家发财致富的手段。

但是，我们的德斯杜特总算还得到一种安慰。这些勇敢的产业家对待那些有闲产业家，也和他们彼此相待或对待工人一样。他们卖给有闲资本家的一切商品，都要贵比如说20%。在这里，有两种可能。有闲者除了每年从产业家那里得到的100镑，或者还有别的货币资金，或者没有。在前一个场合，产业家就会把价值100镑的商品按照比如说120镑的价格出售给他们。所以，当出售商品时，流回到产业家那里的，不仅有他们支付给有闲者的100镑，而且还有对他们来说实际上是新价值的20镑。这时，又怎样计算呢？他们白白付出了100镑的商品，因为作为商品的一部分代价而支付给他们的100镑货币，本来就是他们自己的货币。所以，他们自己的商品，是用他们自己的货币来支付的。这样，100镑是损失。但是，由于价格高于价值，他们此外多得了20镑。这20镑是收益。在100镑的损失中，除去这20镑收益，仍然有80镑的损失，所以绝不是盈余，而总是亏损。对有闲者的欺骗减少了产业家的损失，但是并不能因此而使他们财富的损失变为他们发财致富的手段。而这个方法也不能长期使用，因为当有闲者每年只收入100镑货币时，他们不可能每年都付出120镑货币。

还有另外一种方法：产业家出售价值80镑的商品，来换取他们支付给有闲者的100镑。在这个场合，他们像以前一样，仍然要以地租、利息等形式白白付出80镑。他们采取这种欺骗的方法，减轻了对有闲者的贡赋，但是贡赋依然存在。并且，按照价格取决于卖者的善良愿望这一理论，有闲者将来能为他们的土地和资本要求120镑的地租、利息等等，而不是像到目前为止那样只要求100镑。

这个光辉的阐述和这位深刻的思想家是十分相称的。他一方面抄袭亚·斯密说

"劳动是一切财富的源泉"（第242页），

说产业资本家

"用他们的资本来支付劳动的报酬，而劳动把他们的资本再生产出来，同时带来利润"（第246页），

而另一方面，又得出结论说，这些产业资本家

"养活其他一切人，只有他们能够增加公共财富，创造我们的全部享受资料"（第242页），

不是工人养活资本家，而是资本家养活工人，而这是由于下面这个冠冕堂皇的理由，即支付给工人的货币，没有留在工人手中，而是当工人对自己所生产的商品进行支付时，不断回到资本家手中。

"工人只不过是这只手拿进来，那只手还回去。因此，必须把他们的消费看做是由雇用他们的那些人引起的消费。"（第235页）

德斯杜特对于社会再生产和消费如何通过货币流通作中介这个问题作了这样详细的叙述以后，接着又说：

"这就是财富这个永动机所完成的事情。虽然人们对这种运动很不理解〔mal connu——确实如此！〕，但是把它称为流通是恰当的；因为它实际上是一种循环，并且总是回到它的起点。这个起点就是进行生产的地方。"（第239、240页）

德斯杜特，这位“非常卓越的著作家”，法兰西研究院[103]院士，费城哲学协会[104]会员，并且在某种程度上其实是庸俗经济学家的一颗明星，最后要求读者赞赏他在说明社会过程的进程时那种惊人的清晰，赞赏他在这个问题上倾注的光辉。他甚至还这样谦虚地告诉读者，这全部光辉是从哪里来的。这就必须读一读他的原文：

“On remarquera, j'espère, combien cette manière de considérer la consommation de nos richesses est concordante avec tout ce que nous avons dit à propos de leur production et de leur distribution, et en même temps *quelle clarté elle répand sur toute la marche de la société.D'où* viennent cet accord et cette *lucidité*? De ce que nous avons rencontré la vérité. Cela rappelle l'effet de ces miroirs où les objets se peignent nettement et dans leurs justes proportions, quand on est placé dans leur vrai point-de-vue, et où tout paraît confus et désuni, quand on en est trop près ou trop loin.”①(p.242,243)

资产阶级的呆痴，在这里暴露得淋漓尽致了！

①“我希望，人们注意到，对我们财富的消费的这种考察和我们关于财富生产和分配所说的是多么一致；同时，这种考察**把社会整个运动解释得多么清晰**。这种一致和这种**清晰**是从哪里来的呢？来自我们遇到了真理。这使人想起了镜子的作用。如果我们站在适当的角度，事物就会清楚地并按照它们的正确比例反映出来。如果离得太近或太远，一切事物就会显得是混乱的和歪曲的。”——编者注

第二十一章
积累和扩大再生产(57)

第一册已经指出,单个资本家的积累是怎样进行的。由于商品资本转化为货币,代表剩余价值的剩余产品也转化为货币。资本家把这样转化为货币的剩余价值,再转化为他的生产资本的追加的实物要素。这个增大的资本,在生产的下一个循环内,会提供更多的产品。但是,在单个资本上发生的情况,也必然会在全年的总再生产上出现,正像在考察简单再生产时我们已经看到,在单个资本的场合,单个资本的已经损耗的固定组成部分相继沉淀为贮藏货币的现象,也会在社会的年再生产上表现出来。

假定一个单个资本＝400c＋100v,年剩余价值＝100,那么,商品产品＝400c＋100v＋100m。这600转化为货币。在这个货币中,400c重新转化为不变资本的实物形式,100v重新转化为劳动力,此外——假定全部剩余价值都积累——100m通过和生产资本的实物要素相交换,转化为追加的不变资本。这里要假定:1. 在一定的技术条件下,这个货币额或者足以增加正在执行职能的不变资本,或者足以开办一个新的工业企业。但是,情况也可能是这样:在开始这个

(57)从这里到本卷末,采自第VIII稿。

过程以前，即进行实际积累和扩大生产以前，剩余价值向货币的转化和这个货币的贮藏需要一个很长的时间。2. 假定事实上生产在以前已经按扩大的规模进行；因为要使货币（即以货币形式贮藏的剩余价值）能够转化为生产资本的要素，这些要素必须是在市场上可以买到的商品；即使这些要素不是作为成品来买，而是按订货制造，在这里也不会有什么差别。只有在它们存在以后，并且无论如何只有在对它们实际进行了规模扩大的再生产以后，也就是说，在它们原来正常的生产已经扩大以后，才会对它们进行支付。它们必须是可能存在的，也就是在它们的要素中存在的，因为，只要有订货的刺激，即在商品存在以前预先购买，预先出售，它们的生产就可以实际进行。于是，一方面的货币就能引起另一方面的扩大再生产，这是由于再生产扩大的可能性在**没有**货币的情况下就已经存在；因为货币本身不是实际再生产的要素。

例如，资本家A在一年内或多年内把他相继生产的那些商品产品卖掉时，就把作为剩余价值承担者的那部分商品产品即剩余产品相继转化为货币，也把他以商品形式生产的剩余价值本身相继转化为货币，这种货币逐渐贮存起来，就形成一种可能的新的货币资本。其所以是可能的，是因为它可以并且要用来转化为生产资本的要素。但是，事实上他只是进行了简单的货币贮藏，这种货币贮藏并不是实际再生产的要素。所以，他的活动起先只是从流通中相继取出流通的货币。当然，这并不排除这种情况：他这样妥善保藏起来的流通货币本身，在进入流通之前，曾经是另一个货币贮藏的一部分。资本家A的这个货币贮藏，即可能的新的货币资本，如同花费在消费资料上的货币一样，不是追加的社会财富。但是，从流通中取出的、因而以前处在流通中的货币，可以是以前的贮藏货币的组成部分，或者可以是工资的货币形式，它可以曾经使生产资料或其他商品转化为货币，或者曾经使某一个资本家的不变资本部分或收入进行流通。这些货币同样不是新的财富，就像从简单商品流通的观点来看，货币不会因为它每天周转10次，实现10个不同的商品价值，就不只是它原有的价值的承担者，而是它的10倍价值的承担者一样。没有货币，这些商品还是存在，并且，无论货币周转一次或周转10次，货币总是货币（或者还由于磨损而减少）。只有在金的生产中，在金产品包含剩余产品，即剩余价值的承担者的时候，新的财富（可能的货币）才会被创造出来；并且，只有全部新的金产品①进入流通，它才会增加新的可能的货币资本的货币材料。

虽然这个以货币形式贮藏的剩余价值不代表追加的新的社会财富，但是由于它贮存后所要执行的职能，它还是代表着新的可能的货币资本。（以后我们会知道，除了由于剩余价值的逐渐货币化外，新的货币资本还可以由其他方法产生。）

货币所以会从流通中取出，并且作为贮藏货币贮存起来，是因为商品在出售以后，没有接着进行购买。因此，如果把这种做法看成是普遍进行的，那就似乎难于看出，买者应该从哪儿来，因为在这个过程中——这个过程必须看成是普遍的，因为每一个单个资本都能够处于积累过程——，每一个人都想为贮藏货币而卖，但是没有人要买。

假定年再生产的各个不同部分之间的流通过程是直线进行的——这是不对的，因为除了少数例外，这个流通过程总是由许多

① 第一版和第二版中是：货币产品；按恩格斯的付印稿改正。——编者注

互相对流的运动构成的——,那么,就必须从只买不卖的金(或银)生产者开始,并且假定所有其他的人都卖给他。这样,全年的社会总剩余产品(全部剩余价值的承担者)就会转到他手中,而所有其他的资本家则在自己中间按比例地分配他那种天然以货币形式存在的剩余产品,即他的剩余价值的天然的金的化身;因为金生产者的产品中要用来补偿他的执行职能的资本的那部分已经被束缚了,已经被使用了。在这种场合,金生产者以金的形式生产的剩余价值,就是唯一的基金,所有其余的资本家都要从中取出他们的年剩余产品借以转化为货币的材料。因此,这个剩余价值,就价值量而言,必须和先要蛹化为货币贮藏形式的全部社会年剩余价值相等。这种假定如此荒谬,最多有助于说明普遍同时形成货币贮藏的可能性,但是对于说明再生产本身——金生产者方面的再生产除外——并不能前进一步。

我们在解决这个表面的困难以前,要把第I部类(生产资料的生产)的积累和第II部类(消费资料的生产)的积累区别开来。我们从第I部类开始。

I. 第I部类的积累

1. 货 币 贮 藏

显然,投在构成第I部类的许多产业部门的资本,和投在每一个这样的产业部门内的不同的单个资本,都会由于它们的年龄不同,也就是由于已经经历的执行职能的时间不同——完全撇开它们的规模、技术条件、市场关系等等不说——,处于剩余价值相继转化为可能的货币资本这个过程的不同阶段,而无论这种货币资本是要用来扩充它们的正在执行职能的资本，还是要用来创立新的工业企业（这是扩大生产的两种形式）。因此，一部分资本家不断地把他们的已经增加到相应数量的可能的货币资本转化为生产资本，也就是用通过剩余价值的货币化而贮藏起来的货币来购买生产资料，即追加的不变资本要素；而另一部分资本家则仍然从事可能的货币资本的贮藏。因此，这两类资本家是互相对立的：一方作为买者，另一方作为卖者，并且每一方在这两种作用中都只起一种作用。

例如，A卖给B（可以代表一个以上的买者）600（＝400c＋100v＋100m）。他已经卖掉商品600，换成货币600，其中100代表剩余价值，他把这100从流通中取出，以货币形式贮藏起来；但是这100货币不过是剩余产品即价值100的承担者的货币形式。货币贮藏根本不是生产，因此从一开始也就不是生产的增长。在这里，资本家的活动不过是把出售剩余产品100所得的货币从流通中取出，抓住它，把它扣留下来。不仅A这样做，而且在流通领域的许多点上，其他资本家A′、A″、A‴也这样做，他们都同样热衷于这种货币贮藏。在这许多点上，货币被从流通中取出，并积累成无数单个的贮藏货币或可能的货币资本。这许多点也就像是流通的许多障碍，因为它们使货币的运动停止，使货币在一个或长或短的时间内失去流通能力。但是必须注意，远在商品流通建立在资本主义商品生产的基础上以前，在简单的商品流通中已经产生了货币贮藏；社会现有的货币量，总是大于它处于实际流通中的部分，虽然这一部分会由于情况的变化而增加或减少。我们在这里又遇到了同样的贮藏货币和同样的货币贮藏，不过现在它是资本主义生产过程的一个内在因素。

在信用制度下，所有这些可能的资本，由于它们积聚在银行等等的手中，而成为可供支配的资本、“可贷资本”、货币资本，而且不再是被动的东西，不再是未来的音乐[105]，而是能动的，生利的东西（在这里，生利的[wuchernd]意思就是增长），这样我们就可以理解，为什么人们对此感到心满意足。

但是，A所以能进行这种货币贮藏，仅仅是因为就他的剩余产品来说，他只作为卖者，而不接着作为买者出现。所以，他的剩余产品——要转化为货币的剩余价值的承担者——的连续生产，就是这种货币贮藏的前提。在只考察第Ⅰ部类内部的流通这种场合，作为总产品的一部分的剩余产品的实物形式，和总产品的实物形式一样，是第Ⅰ部类的不变资本的一个要素的实物形式，也就是说，属于生产资料的生产资料的范畴。我们马上就会知道，在B、B′、B″等等买者手中，它将会变成什么，将会执行什么样的职能。

在这里，首先要记住一点：尽管A从流通中取出相当于他的剩余价值的货币，把它贮藏起来，但另一方面，他也把商品投入流通，而没有以此从流通中取出其他商品，因此，B、B′、B″等等就能够把货币投入流通而只取出商品。在这个场合，这种商品，按照它的实物形式和它的用途来说，是要加入到B、B′等的不变资本的固定要素或流动要素中去的。关于这一点，等我们涉及剩余产品的买者B、B′等时再谈。

———

我们在这里附带指出：和以前考察简单再生产时一样，我们在这里又看到，年产品的不同组成部分的交换，也就是这些组成部分之间的流通（这种流通必须同时包括资本的再生产，以及资本重新恢复它的不同规定性：不变资本、可变资本、固定资本、流动资本、货币资本、商品资本），其前提决不是接着以卖为补充的商品的单纯的买，或者接着以买为补充的商品的卖，以致像政治经济学，尤其是重农学派和亚当·斯密以来的自由贸易派所认为的那样，在事实上只有商品和商品进行交换。我们知道，固定资本一经投入，在它执行职能的全部时间内就不用更新，而是以它的原有形式继续发挥作用，它的价值则逐渐地以货币形式沉淀下来。我们又已经知道，IIc的固定资本(IIc的全部资本价值转化为在价值上与I(v+m)相等的要素)的周期更新的前提，一方面是IIc中要由货币形式再转化为实物形式的固定部分的**单纯的买**，与此相适应的是Im的单纯的卖；另一方面是IIc中要沉淀为货币的固定(损耗)价值部分的**单纯的卖**，与此相适应的是Im的单纯的买。在这里，交换正常进行必须具有的前提是，IIc的单纯的买，按价值量来说，和IIc的单纯的卖相等；同样，Im对IIc第1部分的单纯的卖，也和它向IIc第2部分的单纯的买相等(第440页①)。不然，简单再生产就会遭到破坏。一方面的单纯的卖，必须由另一方面的单纯的买来抵消。同样，这里必须具有的前提是，Im中A、A′、A″的形成货币贮藏的部分的单纯的卖，和Im中B、B′、B″把自己的贮藏货币转化为追加生产资本要素的部分的单纯的买保持平衡。

既然平衡的形成是由于买者后来作为出售同等价值额的卖者出现，卖者后来作为购买同等价值额的买者出现，所以，货币会流回到在购买时预付货币的、在重新购买之前先已出售的那一方。但是就商品交换本身、就年产品的不同部分的交换而言，实际平衡要取决于互相交换的商品具有同等的价值额。

但是，既然发生的只是单方面的交易，一方面是大量的单纯的买，另一方面是大量的单纯的卖——并且我们已经知道，资本主义

①见本卷第519—520页。——编者注

基础上的年产品的正常交易决定了这种单方面的形态变化——，所以，这种平衡只有在如下的前提下才能保持：单方面的买的价值额要和单方面的卖的价值额互相抵消。商品生产是资本主义生产的一般形式这个事实，已经包含着在资本主义生产中货币不仅起流通手段的作用，而且也起货币资本的作用，同时又会产生这种生产方式所特有的、使交换从而也使再生产（或者是简单再生产，或者是扩大再生产）得以正常进行的某些条件，而这些条件转变为同样多的造成过程失常的条件，转变为同样多的危机的可能性；因为在这种生产的自发形式中，平衡本身就是一种偶然现象。

我们还知道，在Iv和IIc的相应价值额交换时，正是对IIc来说，第II部类的商品最后由第I部类的同等价值额的商品所补偿，所以在第II部类的总体资本家方面，他的商品的出售是事后以第I部类的同等价值额的商品的购买作为补充的。这种补偿是会发生的；但是在第I部类和第II部类的资本家相互之间的这种商品交易中，发生的不是第I部类资本家和第II部类资本家之间的交换。IIc把他的商品出售给第I部类的工人阶级；第I部类的工人阶级是单方面作为商品的买者和IIc相对立，而IIc则是单方面作为商品的卖者和第I部类的工人阶级相对立；IIc用他这样得到的货币，单方面作为商品的买者和第I部类的总体资本家相对立，而第I部类的总体资本家则用Iv的数额单方面作为商品的卖者和IIc相对立。只是由于出售这种商品，第I部类最后以货币资本的形式重新再生产出它的可变资本。如果第I部类的资本用Iv的数额单方面作为商品的卖者和第II部类的资本相对立，那么，第I部类的资本在购买本部类工人阶级的劳动力时就作为商品的买者和本部类的工人阶级相对立。如果第I部类的工人阶级单方面作为商品的买者（即生活资料的买者)和第II部类的资本家相对立,那么,第I部类的工人阶级就单方面作为商品的卖者,即自己的劳动力的卖者,和第I部类的资本家相对立。

第I部类的工人阶级要不断地提供劳动力,第I部类的商品资本有一部分要再转化为可变资本的货币形式,第II部类的商品资本有一部分要用不变资本IIc的实物要素来补偿——这一切必要的前提是互为条件的,但是,它们是通过一个极为复杂的过程作为中介的。这个过程,包括三个彼此独立进行但又互相交错在一起的流通过程。过程本身的复杂性,呈现出同样多的造成过程失常的原因。

2. 追加的不变资本

剩余产品,剩余价值的承担者,对于它的占有者,第I部类的资本家,是不费分文的。他们用不着预付任何货币或商品,就可以得到它。预付(avance),在重农学派看来,就已经是在生产资本的要素上实现的价值的一般形式。因此,第I部类资本家预付的,不外是他们的不变资本和可变资本。工人不仅通过自己的劳动,为他们保存了不变资本;不仅用一个新创造的具有商品形式的相应的价值部分,为他们补偿了可变资本价值;而且,工人还用自己的剩余劳动,向他们提供了一个以剩余产品形式存在的剩余价值。他们通过相继出售这种剩余产品,形成了货币贮藏,形成了追加的可能的货币资本。在这里考察的场合,这个剩余产品从一开始就是由生产资料的生产资料构成的。这个剩余产品,只有在B、B′、B″等等(I)的手中,才执行追加的不变资本的职能。但是,它在出售以前,在货币贮藏者A、A′、A″(I)的手中已经是潜在的追加的不变资本了。如果我们只考察

第Ⅰ部类方面的再生产的价值量，那么，我们就仍然处在简单再生产的范围内，因为没有使用追加资本来创造这个潜在的追加的不变资本（剩余产品），也没有使用比在简单再生产基础上耗费的更多的剩余劳动。在这里，区别只在于所使用的剩余劳动的形式，只在于它的特殊的有用方式的具体性质。它是用来生产Ⅰc的生产资料，而不是用来生产Ⅱc的生产资料的，是用来生产生产资料的生产资料，而不是用来生产消费资料的生产资料的。在简单再生产的情况下，前提是第Ⅰ部类的全部剩余价值作为收入花掉，即用在第Ⅱ部类的商品上；所以，它只不过是由那种以自己的实物形式重新补偿不变资本Ⅱc的生产资料构成的。因此，为了从简单再生产过渡到扩大再生产，第Ⅰ部类的生产要能够少为第Ⅱ部类制造不变资本的要素，而相应地多为第Ⅰ部类制造不变资本的要素。完成这种过渡往往不是没有困难的，但是，由于第Ⅰ部类的有些产品可以作为生产资料在两个部类起作用这一事实，完成这种过渡就容易些。

由此得出结论：如果只考察价值量，扩大再生产的物质基础是在简单再生产内部生产出来的。简单说来，这种物质基础就是直接用在第Ⅰ部类生产资料的生产上的、用在第Ⅰ部类潜在的追加资本的创造上的第Ⅰ部类工人阶级的剩余劳动。因此，A、A′、A″（Ⅰ）方面潜在的追加货币资本的形成——通过相继出售他们的在没有任何资本主义货币支出的情况下形成的剩余产品——，在这里也就只是追加地生产出来的第Ⅰ部类的生产资料的货币形式。

潜在的追加资本的生产，在当前的场合（因为我们将会知道，这种追加资本还可以按完全不同的方法形成），不外是生产过程本身的现象，即生产资本的要素在一定形式上的生产。

因此，追加的潜在货币资本在流通领域许多点上的大规模生产，不外是潜在的追加生产资本的多方面的生产的结果和表现，这种生产资本的形成本身并不是以产业资本家方面的任何追加货币支出为前提的。

A、A′、A″等等（I）方面的这个潜在的追加生产资本向潜在的货币资本（贮藏货币）的相继转化，是由他们的剩余产品的相继出售引起的，因而是由没有购买作为补充的反复进行的单方面的商品出售引起的，这种转化是靠反复从流通中取出货币以及形成与此相应的货币贮藏来完成的。这种货币贮藏——金生产者是买者的场合除外——，决不包含贵金属财富的增加，而只包含到目前为止处于流通中的货币的职能的改变。以前，它作为流通手段执行职能，现在则作为贮藏手段，作为正在形成的、潜在的新货币资本执行职能。因此，追加货币资本的形成和一个国家现有贵金属的数量彼此之间是没有任何因果关系的。

由此还可以得出结论：已经在一个国家执行职能的生产资本（包括并入生产资本的劳动力，即剩余产品的创造者）越多，劳动的生产力，从而生产资料生产迅速扩大的技术手段越发展，因而，剩余产品的量无论在价值方面或在价值借以体现的使用价值量方面越大，那么，下列二者也就越大：

1. A、A′、A″等等手中的剩余产品形式的潜在的追加生产资本也就越大，和

2. A、A′、A″手中的转化为货币的剩余产品的量，即潜在的追加货币资本的量也就越大。因此，如果说，像富拉顿这样的人，不想知道普通意义上的生产过剩，而只知道资本即货币资本的生产过剩，那就再一次证明，甚至最优秀的资产阶级经济学家也根本不了解他们的制度的机制。

如果由资本家A、A′、A″(I)直接生产和占有的剩余产品是资本积累即扩大再生产的现实基础——虽然它要到B、B′、B″等等(I)手中,才实际以这种资格执行职能——,那么,当它还处于蛹化成的货币的形式,作为贮藏货币,作为只是逐渐形成的潜在货币资本时,它是绝对非生产的,它在这个形式上虽然和生产过程平行进行,但却处在生产过程之外。它是资本主义生产的一个死荷重(dead weight)。渴望利用这种作为潜在货币资本贮藏起来的剩余价值来取得利润和收入的企图,在信用制度和有价证券上找到了努力的目标。货币资本由此又以另一个形式对资本主义生产体系的进程和巨大的发展,产生了极大的影响。

已经执行职能的资本(剩余产品就是由于它执行职能而产生)的总额越大,转化为潜在货币资本的剩余产品的量也就越大。但是,当每年再生产的潜在货币资本的量绝对增大时,这种资本的分裂也就会更容易,因此,这种资本可以更迅速地被投入一个特殊的企业,不论这个企业是在同一个资本家手中,还是在另一些人(例如参加遗产分割的家庭成员,等等)手中。在这里,货币资本的分裂是指:完全离开原有的资本,以便作为新的货币资本投入一个新的独立的企业。

剩余产品的卖者A、A′、A″等等(I)取得的剩余产品是生产过程的直接结果,这个生产过程除了在简单再生产上也需要预付不变资本和可变资本以外,并不以进一步的流通行为作为前提,其次,他们因此为规模扩大的再生产提供了现实基础,并实际生产了潜在的追加资本,相反地,B、B′、B″等等(I)的情况却不同。1. A、A′、A″等等的剩余产品,只有在B、B′、B″等等手中才实际作为追加的不变资本执行职能(我们暂且把生产资本的另一个要素,追加的劳动力,即追加的可变资本撇开不说);2. 这种剩余产品要到达B、B′、B″等等手中，还需要一种流通行为，即他们必须购买这种剩余产品。

关于第一点，这里应当指出，A、A′、A″（I）的大部分剩余产品（潜在的追加不变资本）虽然是在当年生产的，但是要到下一年，甚至更晚的时候，才能够实际在B、B′、B″（I）手中作为产业资本执行职能；关于第二点，会产生这样一个问题：流通过程所必需的货币是从哪里来的？

既然B、B′、B″等等（I）生产的产品本身重新以实物形式进入同一个生产过程，不言而喻，他们自己的一部分剩余产品，就会相应地直接（没有流通作为中介）转化为他们的生产资本，并且作为不变资本的追加要素进入这个过程。但是，与此相适应，他们也没有把A、A′等等（I）的剩余产品转化为货币。撇开这些不说，那么货币又是从哪里来的？我们知道，他们曾经和A、A′等等一样，通过出售各自的剩余产品，形成了他们的货币贮藏，而现在他们已经达到了目标：现在他们以贮藏货币积累的、还仅仅是潜在的货币资本，应当实际作为追加的货币资本来执行职能。但是这样一来，我们就只是在这里兜圈子了。问题仍然是：B等等（I）以前从流通中取出并积累的货币是从哪里来的？

然而，我们从考察简单再生产中已经知道，第I部类和第II部类的资本家手中必须有一定量货币，以便交换他们的剩余产品。在简单再生产中，仅仅作为收入用于消费资料的货币，会按照各该资本家为交换各自商品所预付的货币的多少，回到各该资本家手中；在扩大再生产中，同样的货币会再出现，但是它们的职能改变了。A等等和B等等（I）将交替地提供货币，以便使剩余产品转化为追加的潜在的货币资本，并且交替地把新形成的货币资本作为购买手段再投入流通。

这里唯一的前提是：国内现有的货币量（假定流通速度等等不

变），既要足以适应现实流通的需要，也要足以适应贮藏货币的储备的需要。因此，正如我们所知道的，这个前提在简单的商品流通中也是必须具备的。不过贮藏货币的职能在这里是不同的。现有的货币量也必须更大，1. 因为在资本主义生产中，一切产品（新生产的贵金属和生产者自己消费的少量产品除外）都是作为商品生产的，所以必须通过蛹化为货币的阶段；2. 因为在资本主义基础上，商品资本的量及其价值量，不仅绝对地增大，而且无比迅速地增大；3. 因为日益增大的可变资本必须不断转化为货币资本；4. 因为新货币资本的形成和生产的扩大同时并进，因而它们的货币贮藏的材料必须是现成的。——以上所述，如果对于资本主义生产的最初阶段，即金属流通占主要地位，而兼有信用制度的阶段，是完全适用的，那么，对于仍然以金属流通为基础的信用制度的最发达阶段，也是适用的。一方面，贵金属的追加生产，只要时而增加、时而减少，就会不仅在比较长的时期内，而且在极短的时期内扰乱商品价格。另一方面，整个信用机制不断地通过各种操作、方法和技术设施，把现实的金属流通限制在一个相对地日益缩小的最小限度，这样，整个机制的人为性质以及扰乱正常的进程的机会也会相应地增加。

把潜在的新的货币资本用做现实资本的B、B′、B″等等（I），可能彼此购买和出售他们的产品（他们的部分剩余产品）。在正常的情况下，为剩余产品的流通而预付的货币，按照B等等为他们各自的商品的流通而预付的货币的同一比例流回到他们各自手中。如果货币是作为支付手段流通的，那么，在这里只是当彼此的买和卖不能相抵时才支付差额。但是重要的是，各处都像这里一样，首先要假定最简单最原始形式的金属流通，因为，这样一来，流出和流回，差额的抵消，总之，在信用制度内表现为有意识的调节过程的一切因素，才会表现为独立于信用制度之外而存在的东西，事物才会以自然形式，而不是以后来所反映的形式表现出来。

3. 追加的可变资本

因为以上我们只考察了追加的不变资本，所以现在要转入考察追加的可变资本。

在第一册，我们已经详细地论述过，在资本主义生产的基础上，劳动力总是准备好的；在必要时，不用增加所雇用工人的人数，即不用增加劳动力的量，就可以推动更多的劳动。因此，这里暂时没有必要进一步加以论述，而只要假定，新形成的货币资本中可以转化为可变资本的部分，在应该转化时总会找到劳动力。我们在第一册还论述过，一定的资本，没有积累，还是能够在一定界限之内扩大它的生产规模。但是，这里要讲的是特定意义上的资本积累，因此，生产的扩大以剩余价值转化为追加资本作为条件，也就是以扩大作为生产基础的资本为条件。

金生产者能够把他的一部分金剩余价值，作为潜在的货币资本来积累；只要达到必要的数量，他就能够把它直接转化为新的可变资本，而不必为此先出售他的剩余产品；同样地，他能够直接把它转化为不变资本的要素。但是在后一种场合，他就必须找到他的不变资本的这些物质要素；或者像以上说明的那样，假定每个生产者都是为存货而生产，然后把他的成品送往市场，或者假定每个生产者都是为订货而生产。在这两个场合，都是以生产的实际扩大为前提的，也就是以剩余产品为前提的；在前一个场合，剩余产品是实际存在的，在后一个场合，剩余产品是潜在地存在的，是能够供应的。

II. 第II部类的积累

以上我们假定，A、A′、A″（I）是把他们的剩余产品卖给也是属于第I部类的B、B′、B″等等。现在我们假定，A（I）把他的剩余产品卖给第II部类的B，从而把他的剩余产品转化为货币。这种情况所以能够发生，只是因为A（I）把生产资料卖给B（II）以后，不接着购买消费资料，也就是说，只是因为他这方面进行的是单方面的卖。IIc所以能够由商品资本的形式转化为不变生产资本的实物形式，只是因为不仅Iv，而且至少Im的一部分，和以消费资料形式存在的IIc的一部分相交换；而现在，A把他的Im转化为货币，是由于这种交换没有进行，相反地，A把通过出售他的Im而从第II部类得到的货币从流通中取出，不用它来购买消费资料IIc。因此，在A（I）方面虽然形成追加的潜在货币资本；但是另一方面，B（II）却有同等价值量的一部分不变资本，被凝结在商品资本的形式上，不能够转化为不变生产资本的实物形式。换句话说，B（II）的一部分商品卖不出去，而且首先是他的这样一部分商品卖不出去，由于这部分商品卖不出去，他就不能把他的不变资本全部再转化为生产形式；因此，就这部分商品来说，发生了生产过剩，这种过剩阻碍着这部分商品的再生产，甚至是规模不变的再生产。

因此，在这个场合，A（I）方面的追加的潜在货币资本，虽然是剩余产品（剩余价值）的转化成货币的形式，但是，就剩余产品（剩余价值）本身来看，它在这里是简单再生产的现象，还不是规模扩大的再生产的现象。I（v+m）——无论如何，m的一部分——最终必须和IIc交换，以便IIc的再生产能够按不变的规模进行。A（I）把他的剩余产品卖给B（II）时，虽然已经以实物形式向B（II）提供了不变资本的相应的价值部分，但是同时，由于他从流通中取出了货币，没有接着以买补充他的卖，他就使B（II）的具有同等价值的商品部分卖不出去。因此，如果我们考虑的是整个社会再生产——第I部类和第II部类的资本家都同样包括在内——，那么，A（I）把剩余产品转化为潜在货币资本，就是表示，B（II）的具有同等价值量的商品资本不能再转化为生产（不变）资本；这不是表示潜在的规模扩大的生产，而是表示简单再生产受到阻碍，也就是简单再生产不足。因为A（I）的剩余产品的形成和出售本来是简单再生产的正常现象，所以就是在简单再生产的基础上，我们在这里也看到了下述各种互为条件的现象：第I部类形成潜在的追加货币资本（所以从第II部类的观点来看，就是消费不足）；第II部类的商品储备搁置起来，不能再转化为生产资本（所以在第II部类出现相对的生产过剩）；第I部类的货币资本过剩，第II部类的再生产不足。

关于这一点，不必多谈。我们只要指出，在说明简单再生产的时候，我们的前提是，第I部类和第II部类的全部剩余价值是作为收入花掉的。但是，事实上，剩余价值的一部分作为收入花掉，另一部分则转化为资本。只有在这个前提下，才有实际的积累。积累是靠牺牲消费来进行的这种一般的说法，不过是和资本主义生产的本质相矛盾的一种幻想，因为这种幻想假定，资本主义生产的目的和动机是消费，而不是剩余价值的攫取和资本化，即积累。

现在，我们要比较详细地考察一下第II部类的积累。

IIc方面的第一个困难，即怎样由第II部类的商品资本的一个组成部分转化为第II部类的不变资本的实物形式，是与简单再生产有关的。让我们采用以前的公式：

（1 000v＋1 000m）I 和

2 000IIc交换。

假如第I部类的剩余产品的一半，即$\frac{1\ 000}{2}$ m或500Im，再作为不变资本并入第I部类，留在第I部类的这部分剩余产品，就不能补偿IIc的任何部分。它不转化为消费资料（在转化为消费资料的场合，在第I部类和第II部类之间的这部分流通中发生的，是商品的实际的互相的交换，也就是双方的商品换位，这不同于以第I部类的工人作为中介的1 000IIc由1 000Iv进行的补偿），而要在第I部类本身内作为追加的生产资料来用。它不能同时在第I部类和第II部类完成这个职能。资本家不能既把他的剩余产品的价值花费在消费资料上，同时又对这个剩余产品本身进行生产消费，即把它并入他的生产资本。因此，能转化为2 000IIc的，已不是2 000I（v＋m），而只是1 500，即（1 000v＋500m）I。这样，500IIc就不能从它的商品形式再转化为第II部类的生产（不变）资本。于是第II部类就会发生生产过剩，过剩的程度恰好与第I部类生产已经扩大的程度相适应。第II部类的生产过剩也许会这样反应到第I部类上，以致第I部类的工人用在第II部类消费资料上的1 000，也仅仅是部分地流回，因而这1 000也不是以可变的货币资本的形式回到第I部类的资本家手中。第I部类的资本家将会发觉，仅仅因为他们有扩大再生产的企图，就连规模不变的再生产也会受到阻碍。这里还要注意，第I部类事实上只有简单再生产，公式中列举的要素只不过为将来的扩大，比如说下一年的扩大，进行不同的组合罢了。

有人可能企图回避这个困难，认为放在资本家仓库中、不能直接转化为生产资本的500IIc，远远不是生产过剩，相反地，它代表再生产的一个必要的要素，这个要素一直被我们忽视了。我们已经知道，货币储备必须在许多点上积累起来，因此，必须从流通中取出，这部分地是为了有可能形成第I部类的新货币资本，部分地是为了使逐渐消耗的固定资本的价值暂时保留在货币形式上。但是，因为在公式的表述中假定，一切货币和一切商品从一开始就只是处在第I部类和第II部类的资本家手中，不存在商人、货币经营者、银行家，也不存在只消费而不直接参加商品生产的阶级，所以，在这里，必须在各该生产者本人手中不断形成商品库存，以便使再生产这个机器继续运转。因此，第II部类的资本家仓库中的500IIc代表的，是消费资料的商品储备，有了这种商品储备，就能使再生产中包含的消费过程连续进行，在这里也就是从一年过渡到下一年。在这里，还处在卖者同时也是生产者手中的消费基金，不能在今年用光，以致明年从零开始；即使是从今天到明天，这样做也是不可能的。因为这样的商品库存——虽然它的数量会有变动——必须不断地重新形成，所以我们第II部类的资本主义生产者必须拥有货币准备资本，使他们有可能继续进行他们的生产过程，尽管他们的生产资本一部分暂时要凝结在商品形式上。按照假定，他们是把全部商人业务和生产业务结合在一起的，所以，他们也必须拥有追加的货币资本，这种资本在再生产过程的各项职能成为各种资本家的独立职能时是处在商人手中的。

我们对于上面这种说法的反驳是：1. 这样的商品储备及其必要性，对第I部类和第II部类所有的资本家来说，都是适用的。把他们作为单纯的商品卖者来看，他们的区别只是在于，他们卖的是不同种类的商品。第II部类的商品的储备，是以第I部类的商品先有储备为前提的。如果我们忽视了一方面的这种储备，也就必定忽视另一方面的储备。但是，如果我们把两方面都考虑到，问题就不会发生任何变化。——2. 如果在第II部类方面，今年结束时给下一年留下了商品储备，那么，同样在第II部类方面，今年开始时也从上一年得到了商品储备。因此，在分析年再生产时，即把再生产还原为它的最抽象的表现时，我们必须把这二者都扣除。我们既然把全部生产列入今年的生产，那也就把今年转到下一年的商品储备包括在内，但是，也就在另一方面把今年从去年得到的商品储备扣除，因此事实上是以一个平均年度的总产品作为我们分析的对象。——3. 我们在考察简单再生产时并没有碰到这里所要回避的困难，这一简单事实就证明，我们在这里涉及的是一种特殊的现象，这种现象之所以发生，只是由于第I部类的各要素之间(就再生产来说)有了不同的组合，没有这种组合的变化，就根本不可能发生规模扩大的再生产。

III. 用公式来说明积累

现在我们按照下列公式来考察再生产：

$$\text{公式(a)}\left.\begin{array}{l}\text{I. } 4\,000c + 1\,000v + 1\,000m = 6\,000 \\ \text{II. } 1\,500c + \quad 376v + \quad 376m = 2\,252\end{array}\right\}\text{合计} = 8\,252。$$

首先要指出，年社会产品的总额8 252，小于第一个公式的总额9 000。我们尽可以假定一个大得多的总额，比如说，一个增大10倍的总额。但这里选择一个小于第一个公式的总额，正是为了要清楚地说明，规模扩大的再生产(在这里，这种再生产只是指用较大的投资来进行的生产)与产品的绝对量无关，也正是为了要清楚地说明，对一定量商品来说，规模扩大的再生产所需要的前提只是，既定产品的各种要素已经有了不同的组合，或不同的职能规定，因此，按价值量来说，这种再生产首先只是简单再生产。所改变的，不是简单再生产的各种既定要素的量，而是它们的质的规定，并且这种改变是以后随着发生的规模扩大的再生产的物质前提。(58)

在可变资本和不变资本之间的比例不同时，我们对公式的表述可以不同，例如：

$$\text{公式(b)}\left.\begin{array}{l}\text{I. } 4\,000c+875v+875m=5\,750\\ \text{II. } 1\,750c+376v+376m=2\,502\end{array}\right\}\text{合计}=8\,252\text{。}$$

这样，这个公式似乎是为简单再生产而列出的，以至于剩余价值全都作为收入花掉，而没有积累起来。在(a)和(b)这两个场合，年产品的价值量是相同的，只是在(b)的场合，它的各种要素在职能上的组合使再生产按照相同的规模再开始，而在(a)的场合，年产品各要素在职能上的组合却形成规模扩大的再生产的物质基础。在(b)的场合，(875v＋875m)I＝1 750I(v＋m)，它和1 750IIc交换时，没有余额，而在(a)的场合，(1 000v＋1 000m)I＝2 000I(v＋m)，它和1 500IIc交换时，却留下一个余额500Im，供第I部类进行积累。

现在让我们更仔细地分析公式(a)。假定第I部类和第II部类都把剩余价值的一半积累起来，即把它转化为追加资本的要素，而不是作为收入花掉。因为1 000Im的一半＝500要以这种或那种形式积累起来，作为追加的货币资本投入，也就是说，要转化为追加的生

(58)这一点永远结束了詹姆斯·穆勒和赛·贝利之间关于资本积累的争论，这个争论在第一册(第二十二章第5节第634页注(65)[106])已经从另一个观点加以论述，这就是在产业资本量不变的情况下产业资本的作用有无扩大的可能。我们以后还要谈到这一点。

产资本，所以，只有（1 000v＋500m）I作为收入花掉。因此，IIc的正常的量在这里也只有1 500。对1 500I（v＋m）和1 500IIc之间的交换，无须再研究，因为它作为简单再生产的过程已经阐明了；对4 000Ic，也无须再考察，因为4 000Ic为重新开始的再生产（这一次要按扩大的规模进行）而进行的再组合，同样也作为简单再生产的过程阐明了。

在这里唯一要研究的，是500Im和（376v＋376m）II。一方面要考察第I部类和第II部类各自的内部关系，另一方面要考察两个部类之间的运动。因为我们假定第II部类的剩余价值也有一半要积累，所以在这里应该有188转化为资本，其中有$\frac{1}{4}=47$要转化为可变资本，以整数计，可以说有48要转化为可变资本；而剩下140要转化为不变资本。

我们在这里碰上了一个新问题，这个问题的存在本身，对通常的见解来说，必然显得奇怪，因为按照通常的见解，一种商品总是要和另一种商品交换，或者说，商品总是要和货币交换，而这个货币又总是要和另一种商品交换。140IIm所以能够转化为生产资本，只是因为它们由商品Im中具有同等价值额的部分来补偿。不言而喻，Im中要同IIm交换的部分，必须由生产资料构成，这种生产资料或者既能进入第I部类的生产，也能进入第II部类的生产，或者只能进入第II部类的生产。这种补偿之所以能够进行，只是由于第II部类方面的单方面的买，因为全部有待我们考察的剩余产品500Im，都要用在第I部类的积累上，因此，不能用来同第II部类的商品交换；换句话说，第I部类的这些剩余产品不能同时既用来积累，又用来消费。因此，第II部类必须用现金购买140Im，但是这样用掉的货币，不会因为以后第II部类把它的商品卖给第I部类而流回到它那里。

并且，在每年的新生产中，只要这种生产是规模扩大的再生产，这种过程就是不断反复发生的。对第II部类来说，为这个目的所需要的货币源泉，是从哪里来的呢？

但是，第II部类对于新货币资本的形成——这种形成伴随着实际的积累，在资本主义生产中是实际积累的条件，实际上首先表现为简单的货币贮藏——好像是一块不毛之地。

首先，我们有376IIv；这个预付在劳动力上的货币资本376，会由于第II部类的商品被人购买而不断地作为货币形式的可变资本回到第II部类的资本家手中。不过，这样不断反复离开起点又回到起点(资本家的钱袋)的现象，无论如何不会增加在这个循环里面流转的货币。因此，这不是货币积累的源泉；这个货币也不能从这个流通中取出，以便形成贮藏起来的、潜在的新的货币资本。

但是且慢!这里就没有什么利润可图吗？

我们不要忘记，和第I部类相比，第II部类具有这样一个优点：第II部类所使用的工人，必须再向第II部类购买他们自己所生产的商品。第II部类是劳动力的买者，同时又是向自己所使用的劳动力的所有者出售商品的卖者。因此，第II部类资本家能够：

1. 简单地把工资压低到它的平均正常水平以下——这是他们与第I部类资本家的共同之处。因此，作为可变资本的货币形式来执行职能的货币，就有一部分游离出来，并在同一个过程的不断反复中成为第II部类的货币贮藏的一个正常的源泉，从而形成潜在的追加货币资本的一个正常的源泉。偶然靠欺诈取得的利润，当然和我们这里考察的正常的资本形成的问题无关。但不要忘记，实际支付的正常工资(它在其他条件不变的情况下决定可变资本的量)，根本不是由于资本家的好心肠才支付的，而是在既定关系下不得不支付的。

因此，这种说明方法就被排除了。如果我们假定376v是第II部类所耗费的可变资本，我们就不应该为了说明一个新碰到的问题，而突然偷偷地改变我们的假设，说他们只预付350v，而不是376v。

2. 另一方面，第II部类作为总体来看，如上所述，比第I部类还有一个优点：它是劳动力的买者，同时又是再向自己的工人出售商品的卖者。每一个工业国家都提供了十分明显的实例，证明可以怎样利用这个优点，可以怎样在名义上支付正常的工资，事实上却一部分用实物工资制，一部分用伪造通货的办法（也许还不受法律的处罚），把其中的一部分在不付相应的商品等价物的情况下再夺回来，换句话说，再偷回来。例如，在英国和美国就是这样。（关于这一点，要列举若干恰当的例子来加以说明。）但是，这种做法，正好是第1点所讲的同样的做法，只不过伪装了一下，而且是迂回曲折地进行的。因此，这种做法要和前一种做法一样被排除。这里讲的，是实际上支付的而不是名义上支付的工资。

我们知道，在对资本主义机制进行客观分析时，不能利用这个机制所具有的某些特别的污点作为借口，来排除理论上的困难。但奇怪的是，攻击我的大多数资产阶级批评家竟大喊大叫，似乎我比如说在《资本论》第一册中假定资本家支付劳动力的实际价值（他们大都不是这样做的），这就冤枉了这些资本家！（在这里不妨用谢夫莱赐给我的慷慨，[107]来引用他的一些话。）

因此，要达到上述目的，用376IIv是不行的。

但是，用376IIm，似乎更不行。在这里，只有同一部类的资本家互相对立。他们彼此出售和彼此购买他们所生产的消费资料。这种交换所必需的货币，只是作为流通手段执行职能；在正常的进程中，这种货币必须按照各有关当事人预付到流通中的数量，流回到他们各人手里，这样才能始终不断地重新通过同一轨道。

要从流通中取出这种货币以形成潜在的追加的货币资本，看来只可能通过两种途径。或者是，第II部类的一部分资本家欺骗另一部分资本家，用这种方法夺取他们手中的货币。我们知道，新货币资本的形成，不需要先增加通货，而只需要把某些方面的货币从流通中取出，作为贮藏货币贮存起来。即使可以把货币偷来，以致第II部类的一部分资本家的追加货币资本的形成，可以和另一部分资本家的直接的货币损失结合在一起，那也不会改变事情的本质。不过第II部类中受骗的那一部分资本家会生活得差一些，如此而已。

或者是，必要生活资料所代表的IIm的一部分，直接在第II部类转化为新的可变资本。这又是怎样发生的，我们将在本章的结尾（第IV节）加以研究。

1. 第　一　例

（A）简单再生产的公式

$$\left.\begin{array}{l}\text{I. } 4\,000c + 1\,000v + 1\,000m = 6\,000 \\ \text{II. } 2\,000c + 500v + 500m = 3\,000\end{array}\right\}\text{总额} = 9\,000$$

（B）规模扩大的再生产的开端公式

$$\left.\begin{array}{l}\text{I. } 4\,000c + 1\,000v + 1\,000m = 6\,000 \\ \text{II. } 1\,500c + 750v + 750m = 3\,000\end{array}\right\}\text{总额} = 9\,000$$

假定在公式（B）中，第I部类的剩余价值的一半即500被积累。因此，首先，（1 000v＋500m）I或1 500I（v＋m）要由1 500 IIc补偿；这样，第Ⅰ部类留下的是4 000c＋500m，后者要用于积累。(1 000v＋500m)Ⅰ由1 500Ⅱc来补偿，是简单再生产的一个过程，这在考察简单再生产时已经阐明了。

我们假定，500Ⅰm中有400要转化为不变资本，100要转化为可变资本。要在第Ⅰ部类内部资本化的400m的交换已经阐明了；它们能够直接并入Ⅰc；这样，第Ⅰ部类是：

4 400c＋1 000v＋100m(最后一项要转化为100v)。

第Ⅱ部类方面为了积累的目的，要向第Ⅰ部类购买100Ⅰm(以生产资料的形式存在)，于是这100Ⅰm形成第Ⅱ部类的追加不变资本；而第Ⅱ部类为这个目的而支付的100货币，就转化为第Ⅰ部类的追加可变资本的货币形式。这样，第Ⅰ部类的资本是4 400c＋1 100v(后者以货币形式存在)＝5 500。

第Ⅱ部类的不变资本现在是1 600c；第Ⅱ部类要运用这个资本，就必须再投入50v的货币来购买新的劳动力，从而使他的可变资本由750增加到800。第Ⅱ部类这样增加的不变资本和可变资本，共计150，要由该部类的剩余价值来偿付；因此，在750Ⅱm中，只剩下600m作为第Ⅱ部类资本家的消费基金，他们的年产品现在划分如下：

Ⅱ. 1 600c＋800v＋600m(消费基金)＝3 000。

在消费资料上生产的150m，在这里已经转化为(100c＋50v)Ⅱ。它将以它的实物形式，全部进入工人的消费：如上所述，100为第Ⅰ部类的工人(100Ⅰv)所消费，50为第Ⅱ部类的工人(50Ⅱv)所消费。事实上，因为第Ⅱ部类的总产品要以积累所必需的形式制造出来，所以增大了100的剩余价值部分要以**必要**消费资料的形式再生产出来。如果再生产实际是按扩大的规模开始的，第Ⅰ部类的可变货币资本100，就会通过他们的工人阶级的手，流回到第II部类；第II部类则把商品储备中的100m转给第I部类，同时又把商品储备中的50转给本部类的工人阶级。

为积累的目的而改变的组合，现在表述如下：

I. 4 400c＋1 100v＋500消费基金＝6 000

II. 1 600c＋ 800v＋600消费基金＝3 000

总计同上＝9 000。

其中，资本是：

$$\left.\begin{array}{l}\text{I. } 4\,400c+1\,100v(\text{货币})=5\,500\\ \text{II. } 1\,600c+\quad 800v(\text{货币})=2\,400\end{array}\right\}=7\,900,$$

在开始生产时则是：

$$\left.\begin{array}{l}\text{I. } 4\,000c+1\,000v=5\,000\\ \text{II. } 1\,500c+\quad 750v=2\,250\end{array}\right\}=7\,250。$$

如果实际积累现在是在这个基础上进行的，这就是说，如果用这个已经增加的资本实际进行生产，在第二年结束时，我们就得出：

$$\left.\begin{array}{l}\text{I. } 4\,400c+1\,100v+1\,100m=6\,600\\ \text{II. } 1\,600c+\quad 800v+\quad 800m=3\,200\end{array}\right\}=9\,800。$$

假定第I部类继续按同一比例进行积累，550m作为收入花掉，550m积累起来。这样，首先1 100Iv要由1 100 IIc补偿，其次，550 Im也要实现为同等数额的第II部类的商品，合计是1 650I(v＋m)。但是，第II部类需要补偿的不变资本只＝1 600；因此，其余的50，必须从800IIm中补充。如果我们在这里首先撇开货币不说，那么，这个交易的结果如下：

I. 4 400c＋550m(要资本化的剩余价值)；此外还有资本家和工人的消费基金1 650(v＋m)，在商品IIc上实现。

II. 1 650c（如上所述，其中的50是从IIm中取出来追加的）+800v+750m（资本家的消费基金）。

但是，如果第II部类的v和c保持原有的比例，那么，投入50c，就还要投入25v；这又必须从750m中取出。因此，我们得出：

II. 1 650c + 825v + 725m。

第I部类的550m要资本化；如果保持以前的比例，其中440就形成不变资本，110就形成可变资本。这110势必要从725 IIm中取出，就是说，价值110的消费资料将由第I部类的工人消费，而不是由第II部类的资本家消费，因此，后者也只好把他们不能消费的110m转化为资本。因此，725IIm就只剩下615IIm。但是，第II部类把110这样转化为追加不变资本时，他们还需要有追加的可变资本55；这就必须再从他们的剩余价值中取出；从615IIm中减去这个数额，就只剩下560，供第II部类的资本家消费。所以，在完成一切现实的和可能的转移以后，现在的资本价值是：

I. (4 400c + 440c) + (1 100v + 110v)

= 4 840c + 1 210v = 6 050

II. (1 600c + 50c + 110c) + (800v + 25v + 55v)

= 1 760c + 880v = 2 640

8 690。

如果要使事情正常地进行，第II部类就必须比第I部类积累得快，因为如果不是这样，I (v + m) 中要与商品IIc交换的部分，就会比它唯一能与之交换的IIc增加得快。

如果再生产是在这个基础上并且在其他条件不变的情况下继续进行，下一年结束时，我们就得出：

$$\left.\begin{array}{l}\text{I. } 4\,840c + 1\,210v + 1\,210m = 7\,260 \\ \text{II. } 1\,760c + 880v + 880m = 3\,520\end{array}\right\} = 10\,780\text{。}$$

如果剩余价值划分率不变，第I部类首先就会把1 210v和剩余价值的一半＝605，合计＝1 815，作为收入花掉。这个消费基金，又比IIc大55。这55要从880m中取出，这样就剩下825。55IIm转化为IIc时，又要从IIm中扣除相应的可变资本＝$27\frac{1}{2}$。留下消费的是$797\frac{1}{2}$IIm。

第I部类中现在要资本化的是605m，其中484转化为不变资本，121转化为可变资本，后者要从IIm中扣除，IIm现在是＝$797\frac{1}{2}$，扣除后剩下的是$676\frac{1}{2}$。因此，第II部类会把121再转化为不变资本；为此，还需要有可变资本$60\frac{1}{2}$；这同样要从$676\frac{1}{2}$中扣除，剩下用于消费的只是616。

这时的资本是：

I. 不变资本4 840＋484＝5 324。

可变资本1 210＋121＝1 331。

II. 不变资本1 760＋55＋121＝1 936。

可变资本$880+27\frac{1}{2}+60\frac{1}{2}=968$。

合计：$\left.\begin{array}{l}\text{I. } 5\,324c+1\,331v=6\,655\\ \text{II. } 1\,936c+\ \ 968v=2\,904\end{array}\right\}=9\,559$

年终时的产品是：

$$\left.\begin{array}{l}\text{I. } 5\,324c+1\,331v+1\,331m=7\,986\\ \text{II. } 1\,936c+\ \ 968v+\ \ 968m=3\,872\end{array}\right\}=11\,858。$$

我们重复这种计算，把分数去掉，就得出下一年结束时的产品：

$$\left.\begin{array}{l}\text{I. } 5\,856c+1\,464v+1\,464m=8\,784\\ \text{II. } 2\,129c+1\,065v+1\,065m=4\,259\end{array}\right\}=13\,043。$$

再下一年结束时的产品是：

$$\left.\begin{array}{l}\text{I. } 6\,442c+1\,610v+1\,610m=9\,662\\ \text{II. } 2\,342c+1\,172v+1\,172m=4\,686\end{array}\right\}=14\,348。$$

在五年规模扩大的再生产期间，第I部类和第II部类的总资本，已经由5 500c + 1 750v = 7 250，增加到8 784c + 2 782v = 11 566，也就是按100∶160之比增加了。总剩余价值原来是1 750，现在是2 782。已经消费的剩余价值，原来在第I部类是500，在第II部类是600，合计 = 1 100；但是在最后一年，在第I部类是732，在第II部类是745，合计 = 1 477，因此，是按100∶134之比增加了。[108]

2. 第　二　例

现在假定有年产品9 000，这个年产品完全是处在产业资本家阶级手中的商品资本，其中可变资本和不变资本的一般平均比例是1∶5。这种情况的前提是：资本主义生产已经有了显著的发展；与此相应，社会劳动的生产力也已经有了显著的发展；生产规模在此以前已经有了显著的扩大；最后，在工人阶级中造成相对人口过剩的所有条件也已经有了发展。这时，把分数去掉，年产品就会划分如下：

$$\left.\begin{array}{l}\text{I. } 5\,000c+1\,000v+1\,000m=7\,000\\ \text{II. } 1\,430c+\quad 285v+\quad 285m=2\,000\end{array}\right\}=9\,000。$$

现在假定，第I部类的资本家阶级只消费剩余价值的一半 = 500，而把其余一半积累起来。这样，(1 000v + 500m)I = 1 500要转化为1 500IIc。但是因为在这里IIc只 = 1 430，所以要从剩余价值那里补进70。285IIm减去这个数额，还留下215IIm。于是我们得出：

I. 5 000c + 500m（待资本化的剩余价值）+ 资本家和工人的消费基金1 500（v + m）。

II. 1 430c + 70m（待资本化的剩余价值）+ 285v + 215m。

因为在这里70IIm直接并入IIc，所以，为了推动这个追加的不变资本，就要有一个可变资本$\frac{70}{5}=14$。这14也要从215IIm中扣除；剩下的是201IIm，因此我们得出：

II. （1 430c + 70c）+（285v + 14v）+ 201m。

1 500I（v + $\frac{1}{2}$m）和1 500IIc的交换，是简单再生产的过程，关于这一点已经讲过了。不过，在这里还必须指出某些特征，这些特征所以会发生，是由于在有积累的再生产中，I（v + $\frac{1}{2}$m）不是单单由IIc来补偿，而是由IIc加IIm的一部分来补偿。

不言而喻，既然把积累作为前提，I（v + m）就大于IIc，而不像简单再生产那样，和IIc相等；因为1. 第I部类已经把它的一部分剩余产品并入自己的生产资本，并把其中的$\frac{5}{6}$转化为不变资本，所以，它不能同时又用第II部类的消费资料来补偿这$\frac{5}{6}$；2. 第I部类要用它的剩余产品，为第II部类进行积累时所必需的不变资本提供材料，就像第II部类必须为第I部类的可变资本提供材料完全一样，这个可变资本应当推动第I部类的剩余产品中由第I部类自己用做追加不变资本的部分。我们知道，实际的可变资本是由劳动力构成的，因此，追加的可变资本也是由劳动力构成的。第I部类的资本家不必为了他们将要使用的追加劳动力，向第II部类购买必要生活资料，把它们储备起来，或积累这种必要生活资料，而奴隶主却不得不这样做。工人自己会和第II部类进行交易。但是，不妨说，从资本家的观点看来，追加劳动力的消费资料只是生产和维持他们势必要有的追加劳动力的手段，因而是他们的可变资本的实物形式。他们（这里指第Ⅰ部类资本家）自己的直接活动，只是贮存为购买追加劳动力所必需的新的货币资本。一旦他们把这个劳动力并入他们的资本，货币对于这种劳动力来说，就成为第Ⅱ部类商品的购买手段，因此必须找到劳动力的消费资料。

附带说一下，资本家先生和他们的报刊，对劳动力花费自己的货币的方式，对劳动力借以实现这种货币的第Ⅱ部类商品，总是感到不满意。于是，他们来推敲哲理、谈论文化和侈谈博爱，例如，英国驻华盛顿大使馆秘书德拉蒙德先生就是这样做的。据他说，《民族》〔一种刊物〕在1879年10月底发表了一篇很有意思的文章，其中写道：

> “工人在文化方面跟不上发明的进步。许多物品他们已经买得起，可是他们不知道怎样使用它们，所以他们没有为这些物品创造任何市场。〔每个资本家当然都愿意工人购买他的商品。〕没有任何理由说明，为什么工人不应该像那些赚钱同他一样多的牧师、律师和医师一样，希望得到同样多的舒适品。〔这种律师、牧师和医师确实可以按照自己的愿望得到许多舒适品！〕可是工人不这样做。问题始终在于，怎样用合理的、有益健康的方法来提高他们作为消费者的地位。这不是容易的问题，因为他的全部奢望没有超出缩短劳动时间的范围。蛊惑者总是煽动他去争取这种事情，而不诱导他借助自己智力和德性的完善来提高自己的地位。”（《女王陛下驻外使馆秘书关于驻在国的工商业等情况的报告》1879年伦敦版第404页）

延长劳动时间，好像就是使工人借助自己智力和德性的完善来提高自己的地位并成为一个合理消费者的那种合理的、有益健康的方法的秘密。为了要成为资本家商品的一个合理的消费者，工人首先——但是蛊惑者阻止他这样做！——就要让他的资本家用不合理的、有损健康的方法消费他的劳动力。不过，资本家又是怎样理解合理的消费呢？这表现在他不惜降低身价，在消费品贸易上直接和他的工人打交道，实行“实物工资制”，而且在各式各样的实物工资中还包括供给工人住房。这样一来，资本家同时又是工人的房主了。

正是这位热衷于通过种种资本主义尝试来提高工人阶级地位的心地善良的德拉蒙德，在同一个报告中还谈到洛厄尔—劳伦斯公司的模范棉纺织厂。工厂女工的供膳宿舍和宿舍，属于拥有工厂的股份公司所有；这些宿舍的女管理员是为该股份公司服务的。股份公司制定了女工管理规则，任何女工均须在晚上10点以前回宿舍。但是这个制度的精华是：公司所设的特别警察在附近巡逻，以防有人违反宿舍规则。晚上10点以后，任何女工都不准出入宿舍。任何女工都不准在股份公司所属地区以外的地方住宿。地区内的每一所房屋，每周给公司带来10美元左右的租金。现在，我们就来看一看这种合理消费者是何等幸福：

> “在许多设备最好的女工宿舍里，都备有钢琴。在织机上连续劳动10小时的女工，与其说需要真正的休息，不如说需要调剂单调的生活，因此，至少在她们中间，音乐、唱歌和舞蹈起着重要的作用。”（第412页）

但是，使工人成为一个合理消费者的主要秘密，还在下面这一点。德拉蒙德先生曾经访问过特纳·福尔斯（康涅狄格河畔）的制刀工厂。股份公司的主任会计欧克曼先生告诉他，美国的餐刀制品已在质量上胜过英国制品，接着又告诉他：

> “在价格上，我们也要胜过英国；现在我们已经在质量上领先了，这是公认的；但是我们必须有较低的价格；只要我们的钢的价格便宜了，我们的劳动也便宜了，我们就会有较低的价格！”（第427页）

降低工资和延长劳动时间，这就是提高工人地位，使他成为合理的消费者的那种合理的、有益健康的方法的实质，只有这样，工人才可以为一批由于文化和发明的进步而使他买得起的物品创造一个市场。

———

因此，就像第Ⅰ部类必须用它的剩余产品为第Ⅱ部类提供追加的不变资本一样，第Ⅱ部类也要同样为第Ⅰ部类提供追加的可变资本。就可变资本来说，当第Ⅱ部类以必要消费资料的形式再生产它的总产品的更大部分，特别是它的剩余产品的更大部分时，它就既为第Ⅰ部类又为它自己进行积累了。

在以资本的增加为基础的生产中，Ⅰ(v＋m)必须＝Ⅱc加上再并入资本的那部分剩余产品，加上第Ⅱ部类扩大生产所必需的不变资本的追加部分；而第Ⅱ部类扩大生产的最低限度，就是第Ⅰ部类本身进行实际积累，即实际扩大生产所不可缺少的最低限度。

我们回过来讲刚才考察的情况，这种情况有这样一个特点：Ⅱc小于Ⅰ$(v+\frac{1}{2}m)$，即小于第Ⅰ部类产品中作为收入用于消费资料的部分，因此，在和1 500 Ⅰ(v＋m)交换时，第Ⅱ部类的一部分剩余产品＝70，会立即由此实现。至于1 430 Ⅱc，在其他条件不变的情况下，它总是要由同等价值额的Ⅰ(v＋m)来补偿，这样，第Ⅱ部类的简单再生产才有可能进行，关于这一点，我们在这里不需要进一步考察。但是补充的70 Ⅱm就不是这样。那种对第Ⅰ部类来说仅仅是以消费资料补偿收入，仅仅是为消费而进行商品交换的事情，对第Ⅱ部类来说，就不像在简单再生产中那样，仅仅是它的不变资本由商品资本形式再转化为它的实物形式，而是直接的积累过程，是它的一部分剩余产品由消费资料的形式转化为不变资本的形式。如果第Ⅰ部类用70镑货币（为了剩余价值的转化而保留的货币准备金）来购买

70 IIm，如果第II部类不用这个货币购买70 Im，而把这70镑作为货币资本积累起来，那么，这70镑虽然不是再进入生产的产品的表现，但总是追加产品的表现（正是第II部类的剩余产品的表现，追加产品是这个剩余产品的一部分）。但是，这样一来，第II部类方面的这种货币积累，同时就是生产资料形式的卖不出去的70 Im的表现了。因此，第I部类会发生相对的生产过剩，这是同第II部类方面的再生产不同时扩大相适应的。

但是，我们把上面这点撇开不说。在从第I部类出来的货币70，还没有通过第II部类方面购买70 Im，而回到或者只是部分地回到第I部类的期间，货币70会在第II部类全部地或者部分地充当追加的潜在货币资本。在第I部类和第II部类之间商品的互相补偿使货币再流回到它的起点以前，这对双方的任何交换来说，都是适用的。但是，在事情正常进行的情况下，货币在这里所起的这种作用只是暂时的。在一切暂时游离的追加货币都立即能动地作为追加货币资本执行职能的信用制度下，这种仅仅暂时游离的货币资本可以被束缚起来，例如，可以用在第I部类的新的企业上，而它本来应该实现停滞在第I部类的其他企业中的追加产品。其次，应该指出：70 Im并入第II部类的不变资本，同时要求第II部类的可变资本增加14。这种增加——像第I部类剩余产品Im直接并入资本Ic一样——是以第II部类的再生产已经具有进一步资本化的趋势为前提的，也就是说，是以第II部类再生产包含着由必要生活资料构成的那部分剩余产品的增加为前提的。

———

我们说过，在第二例中，如果500 Im要资本化，9 000产品为了再生产的目的，必须按照下面的方法来划分。我们在这里只考察商品，而把货币流通撇开不管。

I. 5 000c＋500m（待资本化的剩余价值）＋1 500（v＋m）消费基金＝7 000商品。

II. 1 500c＋299v＋201m＝2 000商品。总额为9 000商品产品。

资本化的过程如下：

第I部类中要资本化的500m，分成$\frac{5}{6}$＝417c＋$\frac{1}{6}$＝83v。这个83v会从IIm中取出一个同等数额，用来购买不变资本的要素，并且加到IIc中去。IIc增加83，就要求IIv也增加83的$\frac{1}{5}$＝17。因此，在交换之后我们得出：

I. （5 000c＋417m）c＋（1 000v＋83m）v

＝5 417c＋1 083v＝6 500

II. （1 500c＋83m）c＋（299v＋17m）v

＝1 583c＋ 316v＝1 899

合计：8 399。

第I部类的资本已经由6 000增加到6 500，即增加$\frac{1}{12}$。第II部类的资本已经由1 715增加到1 899，即增加近$\frac{1}{9}$。

在这个基础上，第二年的再生产在年终得到的资本是：

I. （5 417c＋452m）c＋（1 083v＋90m）v

＝5 869c＋1 173v＝7 042。

II. （1 583c＋42m＋90m）c＋（316v＋8m＋18m）v

＝1 715c＋ 342v＝2 057

第三年结束时得到的产品是：

I. 5 869c＋1 173v＋1 173m。

II. 1 715c＋ 342v＋ 342m。

如果第I部类和以前一样，把剩余价值的一半积累起来，那么，$I(v+\frac{1}{2}m)=1\ 173v+587(\frac{1}{2}m)=1\ 760$，大于1 715 IIc的总数，多了45。因此，这个差额必须通过同额的生产资料转给IIc来抵消。这样，IIc就会增加45，从而也要求IIv增加$\frac{1}{5}=9$。其次，资本化的587 Im，也是分为$\frac{5}{6}$和$\frac{1}{6}$，即分为489c和98v；这98要求第II部类的不变资本再增加98，这又要求第II部类的可变资本再增加$\frac{1}{5}=20$。因此，我们得出：

I. $(5\ 869c+489m)c+(1\ 173v+98m)v$
$=6\ 358c+1\ 271v=7\ 629$

II. $(1\ 715c+45m+98m)c+(342v+9m+20m)v$
$=1\ 858c+\quad 371v=2\ 229$

总资本$=9\ 858$。

因此，三年的扩大再生产，使第I部类的总资本由6 000增加到7 629，第II部类的总资本由1 715增加到2 229，社会的总资本则由7 715增加到9 858。

3. 积累时IIc的交换

可见，在I(v+m)和IIc的交换上有不同的情况。

在简单再生产时，二者必须相等，必须互相补偿；因为如果不是这样，正像前面说过的，简单再生产就不可能不受到干扰。

在积累时，首先要考察的是积累率。在以上各个场合，我们都假定第I部类的积累率$=\frac{1}{2}mI$，并且每年保持不变。我们只是假定这个积累资本分成可变资本和不变资本的比例会发生变化。这里有三种情形：

1. $\mathrm{I}(v+\frac{1}{2}m)=\mathrm{IIc}$。因此，IIc小于I(v+m)。必须总是这样，否则第I部类就无法积累了。

2. $\mathrm{I}(v+\frac{1}{2}m)$大于IIc。在这个场合，要完成这一补偿，就要把IIm的一个相应部分加进IIc，使IIc的总额$=\mathrm{I}(v+\frac{1}{2}m)$。这里的交换，对第II部类来说，不是它的不变资本的简单再生产，而已经是积累，即它的不变资本已经增加了用以交换第I部类的生产资料的那部分剩余产品。这种增加同时包括第II部类还从它本身的剩余产品中取出一部分相应地增加它的可变资本。

3. $\mathrm{I}(v+\frac{1}{2}m)$小于IIc。在这个场合，第II部类没有通过这种交换而全部再生产它的不变资本，所以必须通过向第I部类购买，才能补偿这种不足。但是，这种情况并不需要第II部类可变资本的进一步积累，因为它的不变资本只是通过这种购买在原有数量上全部再生产出来。另一方面，第I部类中仅仅积累追加货币资本的那一部分资本家，却已经通过这种交换完成了这种积累的一部分。

简单再生产的前提是I(v+m)=IIc。这个前提同资本主义生产是不相容的，虽然这并不排斥在10—11年的产业周期中某一年的生产总额往往小于前一年的生产总额，以致和前一年比较，连简单再生产也没有。不仅如此，在人口每年自然增殖的情况下，只有在人数相应地增加的不从事生产的仆役参与代表全部剩余价值的1 500的消费时，简单再生产才会发生。而在这种情况下，就不可能有资本的积累，即实际的资本主义生产。因此，资本主义积累的事实排斥了IIc=I(v+m)这一可能性。不过，甚至在资本主义积累中，仍然可能发生这样的情况：由于过去的一系列生产期间进行积累的结果，IIc不仅与I(v+m)相等，而且甚至大于I(v+m)。这就是说，第II

部类的生产过剩了，而这只有通过一次大崩溃才能恢复平衡，其结果是资本由第II部类转移到第I部类。——如果第II部类自己再生产一部分不变资本，例如在农业中使用自己生产的种子，那也不会改变I(v+m)和IIc的关系。在第I部类和第II部类之间的交换中，IIc的这个部分和Ic一样，无须加以考察。如果第II部类的产品有一部分可以作为生产资料进入第I部类，那也不会改变问题的实质。这部分产品就会和第I部类提供的一部分生产资料互相抵消，如果我们愿意对社会生产的两大部类(生产资料的生产者和消费资料的生产者)之间的交换进行纯粹的、不受干扰的考察，那么应该从一开始就把这个部分从双方都扣除。

因此，在资本主义生产中，I(v+m)不能与IIc相等；或者说，二者不能在交换时互相抵消。如果I$\frac{m}{x}$是Im中第I部类资本家作为收入花掉的部分，那么，I$(v+\frac{m}{x})$就可以等于、大于或小于IIc；但是，I$(v+\frac{m}{x})$必须总是小于II(c+m)，其差额就是第II部类的资本家阶级在IIm中无论如何必须由自己消费的部分。

应该指出，在关于积累的这个阐述中，就不变资本是在它参与下生产的商品资本的一部分价值来说，不变资本的价值没有得到精确的说明。新积累的不变资本的固定部分，只是逐渐地、周期地、按照这些固定要素的不同性质而以不同的程度加入商品资本的；因此，在原料和半成品等等大量进入商品生产时，商品资本的较大的部分是由流动的不变组成部分和可变资本这二者的补偿构成的。(鉴于流动组成部分的周转，像以上这样阐述是可以的；因此，可以假定，在一年之内，流动部分以及由固定资本转给它的那部分价值周转十分频繁，以致所提供的商品的总额，在价值上和进入年生产的总资本相等。)但是当用机器进行生产时，在只用辅助材料而不用原料的地方，劳动要素v就必然会作为商品资本的较大的组成部分再现。在计算利润率时,剩余价值是按总资本计算的,与固定组成部分周期地转移到产品中去的价值的多少无关。但是,对周期地生产的每个商品资本的价值来说,只是按照不变资本的固定部分由于消耗而把价值平均转移到产品本身中去的程度,把不变资本的固定部分计算在内。

———

IV. 补 充 说 明

对第II部类来说,原始的货币源泉是第I部类金生产者用来和IIc的一部分进行交换的v+m。只有在金生产者积累剩余价值或把它转化为第I部类的生产资料,从而扩大他的生产时,他的v+m才不会进入第II部类。另一方面,只有金生产者自己这方面的货币积累最终导致扩大再生产,金生产中不是用做收入而是用做金生产者的追加可变资本的那部分剩余价值,才进入第II部类,在那里形成新的贮藏货币,或提供新的手段,使它能向第I部类购买,而不需要直接再向第I部类出售。从来源于金生产的I(v+m)的货币中,要扣除一部分金,用做第II部类的某些生产部门所需要的原料等等,总之,用做它们的不变资本的补偿要素。为了将来扩大再生产,在第I部类和第II部类之间的交换中,会在以下场合出现暂时形成的货币贮藏的要素:对第I部类来说,只是在这种场合,即Im的一部分单方面地、没有相应的购买而卖给第II部类,并且在那里作为第II部类的追加不变资本发挥作用;对第II部类来说,是在这种场合,即当第I部类方面为了取得追加的可变资本时,第II部类做了第I

部类所做的上述同样的事情；其次，是在这种场合，即第Ⅰ部类作为收入花掉的那部分剩余价值没有和IIc互相抵消，以致IIm有一部分被人买去，转化为货币。如果Ⅰ$(v+\frac{m}{x})$大于IIc，IIc为了它的简单再生产，就不需要再用第Ⅰ部类的商品，来补偿IIm中已经被第Ⅰ部类消费的部分。问题在于，在第II部类各个资本家之间的交换中——这种交换只能是IIm的互相交换——，在多大程度上能够形成货币贮藏？我们知道，第II部类内部之所以有直接的积累，是由于IIm的一部分直接转化为可变资本（正如第Ⅰ部类内部之所以有直接的积累，是由于Im的一部分直接转化为不变资本）。只要指出，第II部类的不同生产部门内部的积累，以及每个单个生产部门中的每个单个资本家的积累，都是处于不同的阶段，这个问题就已经可以得到说明了，如果作相应的变动，这也完全适用于第Ⅰ部类。一方面还处在货币贮藏、只卖不买的阶段，另一方面却已经处在实际扩大再生产、只买不卖的阶段。诚然，追加的可变货币资本首先是投在追加的劳动力上；但是这种劳动力向那些从事货币贮藏，持有追加的、供工人消费的消费资料的人购买生活资料。同这些人的货币贮藏相适应，货币不会从他们手里回到它的起点，他们会把货币积累起来。

注　释
索　引

注　　释

1　《资本论》第二卷系统地阐述了资本的流通过程，对资本的循环、资本的周转、社会总资本的再生产问题，进行了深入分析，论述了社会生产中生产资料生产和生活资料生产两大部类之间按比例生产的客观规律性和资本主义条件下生产无政府状态的不可避免性。本卷论述的资本流通过程是《资本论》第一卷论述的资本生产过程的继续和补充，资本的整个运动过程是资本生产过程和资本流通过程的统一。

早在《资本论》的第一个手稿即1857—1858年手稿中，马克思在论述“资本的生产过程”之后，接着写了“资本的流通过程”的内容。马克思结合资本积累理论，初步探讨了各生产部门的产品实现问题，研究了资本周转问题以及周转时间和周转速度对剩余价值的影响，并着重对固定资本和流动资本作出了科学的规定。在《资本论》的第二个手稿即1861—1863年手稿中，马克思结合对亚·斯密观点的批判，吸收弗·魁奈“经济表”的思想精华，第一次提出并初步论述了社会资本再生产理论的基本原理。但是，在这两部手稿中，关于资本流通过程的各个理论要素还没有系统化。在1863—1865年《资本论》的第三个手稿中，马克思才形成了关于资本流通过程的系统论述和第二册的正式结构。

在1863—1865年期间，马克思分别写了《资本论》三册的手稿。马克思先写的是第一册的手稿，接着写的是第三册的手稿，第三册手稿只写到前半部分，就转入了第二册（第I稿）手稿的写作，第二册第I稿写完后才补写了第三册的后半部分。因此第二册第I稿和第三册手稿是交叉着写的。第二册第I稿写于1865年上半年，标题为《第二册。资本的流通过程》，“第I稿”是马克思的编号，这个稿本包含了后来《资本论》第二卷的所有三个部分。1868年初—1870年中，马克思写了第二册的第II稿，理论论述比第I稿更加完善。恩格斯称它“是第二册的唯一相当完整的文稿”（见本卷第7页）。马克思生前也提示，在以后编辑出版《资本论》第二册时，“第二个文稿必须作为基础"(见本卷第7页)。除了这两个全卷手稿之外,马克思还写有一些片断稿,主要有:第III稿(1868年)、第IV稿(1868年)、第V稿(1876年10月底或11月初—1877年1月底,1877年4月23日—7月底)、第VI稿(1877年10月26日—11月中)、第VII稿(1878年7月初—1880年初或年中)和第VIII稿(1877年2月—1881年初)。马克思在生前最后两年没有再从事第二册的手稿写作。马克思逝世后,编辑出版第二册和第三册的任务落到恩格斯的肩上。

马克思原来设想,《资本论》将以三卷四册的形式出版。他在《资本论》第一卷《序言》中曾预告,《资本论》第一卷是第一册,第二卷包括第二、三册,第三卷是第四册(理论史)。恩格斯在研究了马克思留下的手稿的内容并考虑手稿的篇幅后,决定改变马克思原来的设想,把第二册编成第二卷,第三册编成第三卷。恩格斯在编辑工作中极其慎重地对待马克思的手稿。他遵照马克思的提示,以第二册第II稿为基础并吸收其他片断稿的成果,经过两年多的辛勤劳动,最后编成了《资本论》第二卷,第二册第I稿未被采用。恩格斯编辑的《资本论》第二卷共分三篇二十一章,于1885年7月在汉堡出版。恩格斯为第二卷写了《序言》,对编辑工作和各个手稿的采用情况作了说明,并驳斥了资产阶级对马克思的指责。1893年出版了《资本论》第二卷第二版。

本卷的中译文与《马克思恩格斯全集》中文第2版第45卷一致,是在《马克思恩格斯全集》中文第1版第24卷译文的基础上,根据民主德国统一社会党中央马列主义研究院编辑出版的《马克思恩格斯全集》德文版第24卷并参考《马克思恩格斯全集》历史考证版第2部分第13卷重新校订的。——3。

2　指马克思的《政治经济学批判。第一分册》,该书于1859年6月在柏林出版(见《马克思恩格斯全集》中文第2版第31卷第411—582页)。——4。

3　恩格斯本来打算把马克思关于《剩余价值理论》的手稿作为《资本论》第四卷出版,但他未能实现这一计划。1905—1910年卡·考茨基编辑出版了《剩余价值理论》,他对马克思的手稿做了删改和变动。1954—1961年苏共中央马列主义研究院出版了《剩余价值理论》俄文版。德国统一社会党中央马列主义研究院于1956—1962年以俄文版为依据出版了德文新版本。《剩余价值理论》的第一个中文译本是郭大力根据考茨基的版本翻译的,书名为《剩余价值学说史》(共三卷),1949年6月在长春由新中国书局出版发行。以《剩余价值理论》著称的这部分手稿现收入《马克思恩格斯全集》中文第二版第33—35卷。——4。

4 讲坛社会主义是19世纪70—90年代一个资产阶级思想流派。该派的代表人物主要是德国的大学教授，他们在大学的讲坛上宣扬资产阶级改良主义。讲坛社会主义的代表古·施穆勒、路·布伦坦诺、阿·瓦格纳、卡·毕歇尔、韦·桑巴特等人认为国家是超阶级的组织，因而鼓吹资产阶级和无产阶级之间的阶级和平，主张不触动资本家的利益，逐步实行"社会主义"。因此，讲坛社会主义的纲领仅局限于提出一些社会改良措施，如设立工人疾病和伤亡事故保险等，其目的在于削弱阶级斗争，消除革命的社会民主党人的影响，并使工人同反动的普鲁士国家和解。他们把普鲁士政府实施的铁路国有化和由奥·俾斯麦策划而实行的国家对烟草和烧酒的垄断叫做"国家社会主义"。马克思和恩格斯对讲坛社会主义进行了坚持不懈的斗争，揭露了它反动和反科学的性质。——9。

5 马克思的《哲学的贫困。答蒲鲁东先生的〈贫困的哲学〉》是1847年用法文写成并出版的。马克思生前没有全文再版过。由爱·伯恩施坦和卡·考茨基翻译的第一个德文版于1885年1月出版。恩格斯为这个版本校订了译文，写了许多注释，并且写了序言。该序言于1884年10月23日写成，用《马克思和洛贝尔图斯》（见《马克思恩格斯文集》第4卷）的标题，发表在1885年1月的《新时代》杂志第3年卷第1期上。——10、23。

6 洛贝尔图斯污蔑马克思进行剽窃的信是1875年3月14日写给J.采勒的。洛贝尔图斯于当年去世，恩格斯说1879年，洛贝尔图斯亲自出场了，是指该信于1879年第一次在《一般政治学杂志》（蒂宾根）上发表。——10。

7 马克思的私人藏书中存有洛贝尔图斯博士的《书信和社会政治论文集》，该书上有恩格斯写的评语。——10。

8 《新莱茵报》1848年对洛贝尔图斯作为柏林议员的演说和充任大臣的活动的批判，见《新莱茵报》1848年6月24日第24号的《汉泽曼内阁》；1848年7月4日第34号的《妥协辩论》；1848年7月26日第56号的《关于区级会议的妥协辩论》；1848年9月10日第99号的《办事内阁的垮台》、《丹麦和普鲁士的休战》；1848年9月12日第100号的《危机和反革命》；1848年11月9日第138号的《柏林的危机》。——12。

9　洛贝尔图斯《给冯·基尔希曼的社会问题书简。第三封：驳李嘉图的地租学说，并论证新的租的理论》1851年柏林版第87页。——13。

10　恩格斯在本卷中所说的"《批判》手稿"均指《政治经济学批判(1861—1863年手稿)》。这是一部篇幅很大的手稿。在该手稿的《剩余价值理论》部分中，马克思围绕剩余价值理论这个政治经济学的核心问题，对各派资产阶级经济学家的理论进行了系统的、历史的分析批判，同时以论战的形式阐述了自己的政治经济学理论的许多重要方面。马克思曾计划在这部分手稿的基础上写出他称之为历史部分，历史批判部分或历史文献部分的《资本论》第四卷。《资本论》前三卷则称为理论部分。——13。

11　重商主义(Merkantilismus)是15—16世纪流行于欧洲各国的一个经济学派，反映了那个时期商业资本的利益和要求。重商主义者认为货币是财富的基本形式，主张国家干预经济生活，采取措施在对外贸易上实现出超，使货币流入本国，并严禁货币输出国外，对进口实行保护关税政策。

早期重商主义的形式是货币主义，主张货币差额论，即禁止货币输出，增加金银收入。晚期重商主义盛行于17世纪，主张贸易差额论，即发展工业，扩大对外贸易出超，保证大量货币的输入。——13、70。

12　亚·斯密《国民财富的性质和原因的研究》(新四卷集)1843年伦敦版第1卷第131—132页。——14。

13　亚·斯密《国民财富的性质和原因的研究》(新四卷集)1843年伦敦版第1卷第134页。——14。

14　亚·斯密《国民财富的性质和原因的研究》(新四卷集)1843年伦敦版第1卷第172—173页。

马克思曾对该书1828年爱丁堡—伦敦版(附麦克库洛赫写的作者传记、序言、注释和补充论述)作过摘录，见《伦敦笔记》(1850—1853年)第VII笔记本和第VIII笔记本(《马克思恩格斯全集》历史考证版第4部分第8卷第272、279、284—286页)。——14。

15　见马克思《政治经济学批判(1861—1863年手稿)》第VI笔记本第254页。——15。

16 见本书第1卷第594—598页。——16。

17 见本书第1卷第678页脚注(26)。——16。

18 “不可相信的修鞋匠”出自《对麦克库洛赫先生的〈政治经济学原理〉的若干说明》1826年爱丁堡版。这本小册子出版时用了莫·马利昂这一笔名,它的作者是约·威尔逊。他在小册子中把麦克库洛赫称做“不可相信的修鞋匠”。——17。

19 欧文的共产主义,指他在《新道德世界书》等著作中阐述的空想社会主义理论。欧文认为,社会主义是环境的产物,因此只有实现社会主义才能克服社会一切罪恶。1824年,他前往美国试办共产主义的“新协和村”,实行生产资料公有和集体劳动,最后破产失败。1829年返回英国后,他先在伦敦建立全国公平劳动交换商场,试图靠这类商场避免中间剥削,后又发起建立全国产业大联合,但最后全部宣告失败。晚年他提出共产主义的主张,但反对工人进行政治斗争,认为靠知识传播可消除社会弊病,克服社会矛盾,把希望寄托在仁慈的统治者身上。欧文是19世纪初最有影响的空想社会主义者之一。恩格斯在《反杜林论》中写道:“当时英国的有利于工人的一切社会运动、一切实际进步,都是和欧文的名字联在一起的”(见《马克思恩格斯文集》第9卷第280页)。——18。

20 见马克思《哲学的贫困。答蒲鲁东先生的〈贫困的哲学〉》第1章第2节《构成价值或综合价值》。——18。

21 洛贝尔图斯《书信和社会政治论文集》,鲁·迈耶尔编,1881年柏林版第1卷第111页。——22。

22 指马克思《剩余价值理论》中关于洛贝尔图斯的租的理论部分,见《政治经济学批判(1861—1863年手稿)》第X笔记本第445—459页。——23。

23 见马克思《政治经济学批判(1861—1863年手稿)》第X笔记本第449、469—473、第XI笔记本第528—569页、第XIII笔记本第666—694页。——24。

24 见本书第3卷第29—233页。——24。

25 见马克思《资本论》第1卷第7篇《资本的积累过程》(本书第1卷第651—

887页)。——40。

26　指俄国1861年农奴制度的改革。19世纪中叶,农奴制严重地阻碍资本主义的发展,1853—1856年克里木战争失败后,革命形势发展,农民运动日益高涨。亚历山大二世政府被迫颁布《关于农民脱离农奴依附关系的一八六一年二月十九日法令》。该法令规定农民有人身自由,地主不得买卖或赠送农奴;农民有权支配自己的财产、进行诉讼和从事工商业;但土地仍归地主所有,农奴要获得上述自由必须支付高额赎金。这次改革虽维护了地主阶级的利益,但仍为资本主义发展创造了条件。——40。

27　见本书第1卷第696—697页。——48。

28　货币主义或货币体系(Monetarsystem)是重商主义(见注11)的早期形式。——72。

29　见赛·贝利《对价值的本质、尺度和原因的批判研究,主要是论李嘉图先生及其信徒的著作》1825年伦敦版第72页。——123。

30　马克思曾对西斯蒙第的《政治经济学新原理》作过摘录。见他的1845年《布鲁塞尔笔记》(《马克思恩格斯全集》历史考证版第4部分第3卷)。——129。

31　印加国是南美洲西南部的古国。其君主称印加,国民称印加人。11世纪以后,艾马拉和克丘亚西两大部落在秘鲁库斯科谷地陆续兼并邻近地区,15世纪中叶形成强大的奴隶制国家。印加国保存了很多原始社会残余。印加社会有严密的行政制度,分为三个阶级:贵族、平民和奴隶。社会基本单位是有共同祖先的一些家庭组成的氏族公社或村社(Aylla),共同占有土地和牲畜。16世纪,印加国最盛时期曾扩展到现在的秘鲁、厄瓜多尔、玻利维亚和智利北部,1533年被西班牙殖民者消灭。——133、167。

32　“希腊人遇到希腊人就发生激战”(when Greek meets Greek then comes the tug of war)是套用纳撒内尔·李《王后的情敌》中的话。见他的《戏剧著作集》1734年伦敦版第3卷第266页。——147。

33　马克思曾对弗·魁奈的《经济表分析》和《关于商业和手工业者劳动的问答》作过摘录。见第VII笔记本中1859—1862年在伦敦作的摘录笔记及补充笔记本C。——148。

34　见本书第1卷第413—414页。——151。

35　马克思曾对托·柯贝特的《个人致富的原因和方法的研究》作过摘录。见《伦敦笔记》(1850—1853年)第VII笔记本(《马克思恩格斯全集》历史考证版第4部分第8卷)。——156。

36　亚·斯密《国民财富的性质和原因的研究》(新四卷集)1843年伦敦版第2卷第249—252页。——157。

37　约·莱勒《货币和道德:献给时代的一本书》1852年伦敦版第43、44页。——157。

38　西斯蒙第《政治经济学概论》1837年布鲁塞尔版第1卷第49页及以下几页。马克思1845年《布鲁塞尔笔记》中有对该书作的摘录。见《马克思恩格斯全集》历史考证版第4部分第3卷。——157。

39　美国南北战争即1861—1865年的美国内战。19世纪中叶,美国南部种植园主奴隶制与北部资产阶级雇佣劳动制的矛盾日益尖锐。1860年11月,主张限制奴隶制的共和党候选人林肯当选为总统,美国南部的奴隶主发动了维护奴隶制的叛乱。1861年2月,南部先后宣布脱离联邦的各州在蒙哥马利大会上成立南部同盟,公开分裂国家,并于当年4月12日炮轰萨姆特要塞(南卡罗来纳州),挑起内战。1865年4月,南部同盟的首都里士满被攻克,南部同盟的联军投降,战争结束。北部各州在南北战争中取得了胜利,维护了国家的统一,并为资本主义的发展扫清了道路。——158。

40　见本书第1卷第717—724页。——159。

41　让·巴·萨伊《论政治经济学》1817年巴黎第3版第2卷第433页。马克思的私人藏书中不仅有萨伊这一著作,而且还有李嘉图的《政治经济学和赋税原理》1821年伦敦版。马克思对萨伊《论政治经济学》作的摘录见1844年的《巴黎笔记》(《马克思恩格斯全集》历史考证版第4部分第2卷第301—327页)。——168。

42　见本书第1卷第653页。——172。

43　马克思曾对赛·纽曼的《政治经济学原理》作过摘录,见《伦敦笔记》(1850—

1853年）第XV笔记本和第XVI笔记本。——173。

44　马克思曾对托·查默斯《论政治经济学》作过摘录，见《伦敦笔记》（1850—1853年）第IX笔记本（《马克思恩格斯全集》历史考证版第4部分第8卷第572—589页）。——173。

45　见本书第1卷第236页。——176。

46　关于乔·拉姆赛的错误观点，见他的《论财富的分配》1836年爱丁堡版。马克思对该书作的摘录，见《伦敦笔记》（1850—1853年）第IX和第X笔记本（《马克思恩格斯全集》历史考证版第4部分第8卷）；以及马克思《政治经济学批判（1861—1863年手稿）》第XVIII笔记本第1086页。——178。

47　见本书第1卷第212—213页。——178。

48　见本书第1卷第212页。——179。

49　见本书第1卷第207—213页。——180。

50　见本书第1卷第194—205页。——185。

51　理·普·威廉斯的报告《铁路的保养》发表在1867年12月21日《货币市场评论》上。——190、201。

52　在迪·拉德纳《铁路经济：论交通运输的新形式》中是：大约8%。如果整整8%，在正文中就应当是$12\frac{1}{2}$。——191。

53　见本书第1卷第240、465页。——193。

54　见本书第1卷第490—491页注（190a）。——194。

55　这篇论文发表在1868年1月25日《货币市场评论》上。——199。

56　马克思在《资本论》第三卷中阐述了资本主义信用制度，见本书第3卷第297—692页。——202。

57　在马克思的第VII笔记本中1859—1862年在伦敦作的摘录笔记中有对亚·弥勒《治国艺术原理》作的摘录笔记。——207。

58 引自阿·波特尔的《政治经济学：它的对象、应用和原理。以美国人的生活状况来加以说明》1841年纽约版。从导言可以看出，该书的大部分基本上是1833年在英国发表的乔·斯克罗普《政治经济学原理》一书前十章的翻版（阿·波特尔作了一些修改）。

下面的引文采自马克思第VII笔记本中1859—1862年在伦敦作的摘录笔记。在此之前，马克思于1851年曾经对斯克罗普的《政治经济学原理》作过摘录。见《马克思恩格斯全集》历史考证版第4部分第8卷第592—596页。——207。

59 马克思在手稿中指出，这种计算资本周转时间的方法是错误的。引文中的周转的平均时间（16个月）是把全部资本5万美元的$7\frac{1}{2}$%的利润计算在内的。如果不算利润，这些资本的周转时间就是18个月。——207。

60 见本书第1卷第166页。——209。

61 马克思对雅·杜尔哥的《关于财富的形成和分配的考察》的摘录，见第VII笔记本中1859—1862年在伦敦作的摘录笔记；对弗·魁奈《经济表分析》的摘录和对杜邦·德奈穆尔的《魁奈医生的学说》的摘录，见补充笔记本C；对吉·勒特罗纳的《就价值、流通、工业、国内外贸易论社会利益》的摘录，见补充笔记本D和E。——212。

62 见本书第1卷第236页。——225。

63 见本书第1卷第207—217页。——227。

64 见本书第1卷第703—706页。——239。

65 见本书第3卷第222—226页。——240。

66 见本书第1卷第717—718页。——241。

67 在马克思第VII笔记本中1859—1862年在伦敦作的摘录笔记中，有对弗·威兰德《政治经济学原理》的摘录。马克思在写《资本论》第一卷时援引了威兰德的引文，见本书第1卷第241页脚注(25)。——251。

68 在马克思的《伦敦笔记》（1850—1853年）第IX笔记本中有对约·巴顿《论影响社会上劳动阶级状况的环境》的摘录，见《马克思恩格斯全集》历史考证版第4部分第8卷第518—521页。马克思在写《资本论》第一卷时援引了巴顿的一段引文，见本书第1卷第728页。——252。

69　见本书第3卷第29—82页。——253。

70　约·斯·穆勒《略论政治经济学的某些有待解决的问题》1844年伦敦版第164页。

在马克思1845年《曼彻斯特笔记》中有对穆勒这部著作的摘录，见《马克思恩格斯全集》历史考证版第4部分第4卷。——254。

71　乔·拉姆赛《论财富的分配》1836年爱丁堡版第21—24页。

在马克思1845年《曼彻斯特笔记》中有对拉姆赛这部著作的摘录，见《马克思恩格斯全集》历史考证版第4部分第4卷。——254。

72　亨·邓·麦克劳德《政治经济学原理》1858年伦敦版第76—80页。

在马克思1845年《曼彻斯特笔记》中有对麦克劳德这部著作的摘录，见《马克思恩格斯全集》历史考证版第4部分第4卷。——254。

73　罗·霍·帕特森《财政学。实用教程》1868年爱丁堡—伦敦版第129—144页。

在马克思1845年《曼彻斯特笔记》中有对帕特森这部著作的摘录，见《马克思恩格斯全集》历史考证版第4部分第4卷。——254。

74　《*摩奴法典*》是古印度的一部关于宗教、法律和礼仪的戒律集成，是按照印度奴隶制国家的需要和婆罗门教的教义编纂的早期习惯法法典之一。它规定了每个印度人按照婆罗门教义应尽的义务。据传这部法典出自神话中的人类始祖摩奴（梵文中的"人"）之手。这部法典的材料是历经许多世纪逐渐积累起来的，在将近公元开始时初具规模。《摩奴法典》反映了带有许多原始公社制残余的印度奴隶制社会发展的特点。

马克思在这里引用的这句话，见《马纳瓦·德哈马·萨斯特拉，或根据库卢克的解释称摩奴法典，记述印度的关税、宗教和民政制度》1863年马德拉斯第3版第281页。——264。

75　见马克思《资本论》第1卷第8章第4节《日工和夜工。换班制度》（本书第1卷第297—304页）。——266。

76 在马克思第VII笔记本中1859—1862年在伦敦作的摘录笔记中有对库尔塞尔-塞讷伊《工商企业、农业企业的理论和实践概论》作的摘录。——267。

77 在马克思的《伦敦笔记》(1850—1853年)第IX笔记本中有对托·霍吉斯金《通俗政治经济学》的摘录,见《马克思恩格斯全集》历史考证版第4部分第8卷第549—562页。——270。

78 马克思在《剩余价值理论》中分析批判了麦克库洛赫和詹·穆勒等人的错误观点,见《政治经济学批判(1861—1863年手稿)》第XIV笔记本第845页及以下几页。——274。

79 见马克思《资本论》第1卷第9章《剩余价值率和剩余价值量》(本书第1卷第351—361页)。——331。

80 见本书第1卷第653—654页。——342。

81 见本书第1卷第163—166页。——360。

82 见本书第1卷第134页。——378、460。

83 见本书第1卷第137—138页。——379。

84 见《马克思恩格斯全集》中文第2版第31卷第520页。——382。

85 见本书第1卷第721—724、873—874页。——395。

86 马克思在《剩余价值理论》中更详细地分析了弗·魁奈《经济表》,见《政治经济学批判(1861—1863年手稿)》第X笔记本第422—436页。

恩格斯在19世纪70年代中写的《反杜林论》中,根据马克思的手稿又详细分析了魁奈的《经济表》,见《反杜林论》第2编第10章《〈批判史〉论述》(《马克思恩格斯文集》第9卷)。——398。

87 尼·兰盖反对资本主义的观点,见他的《民法论,或社会的基本原理》1767年伦敦版第1—2卷。马克思对兰盖这部著作的摘录和评价,见《政治经济学批判(1861—1863年手稿)》第X笔记本第438—440页。——399。

88 见本书第1卷第682页。——399。

89　在《资本论》第二卷第一版中，接下去还有下面一段话："关于斯密对固定资本的解释，可以归结为这样一种主张，即固定资本是投入生产过程中的预付的工业资本的一部分，正如斯密在第187页所说的，'其特性是不必经过流通，不必更换主人，即可提供收入或利润'，或者如斯密在第185页所说，它'留在所有者手中或保持原状'。"——404。

90　威·罗雪尔《国民经济体系》第1卷《国民经济学原理》1858年斯图加特—奥格斯堡增订第3版。马克思在第VII笔记本中1859—1862年在伦敦作的摘录笔记中有对《国民经济学原理》作的摘录。——413。

91　马克思在1845年《布鲁塞尔笔记》中，对施托尔希这部著作作了摘录，见《马克思恩格斯全集》历史考证版第4部分第3卷。——433。

92　安·舍尔比利埃的错误观点，见他的《富或贫》1841年巴黎版。马克思对舍尔比利埃这部著作的摘录和评价，见《政治经济学批判(1861—1863年手稿)》第XVIII笔记本第1102—1121页。——434。

93　见本书第1卷第235—237页。——440。

94　"似乎对一个人是资本的东西，对另一个人就是收入"，这句话是指斯密的主张：资本家为维持生产劳动所使用的那部分资本形成工人的收入。对斯密这种主张的批判，见本卷第401—402页。——486。

95　马克思在1845年《布鲁塞尔笔记》中对西尼耳《政治经济学基本原理》作了摘录，见《马克思恩格斯全集》历史考证版第4部分第3卷。——489。

96　见本书第1卷第689页。——489。

97　让·巴·萨伊《关于政治经济学各方面的问题，特别是商业普遍萧条的原因，给马尔萨斯先生的信》1820年巴黎版。——491。

98　德斯杜特·德·特拉西的看法，见他的《意识形态原理》第4、5部分。马克思的私人藏书中有这部著作，在1845年《巴黎笔记》中有对此书的摘录，见《马克思恩格斯全集》历史考证版第4部分第3卷。——496。

99　*解围之神*的原文是：deus ex machina，直译是："从机器里出来的神"(在古代剧院中，扮演神的演员是借助于特别的机械装置而出现在舞台上的）；转义是：突然出现的挽救危局的人。——510。

100　在马克思《伦敦笔记》（1850—1853年）第VII笔记本中有对托·图克这部著作的摘录，见《马克思恩格斯全集》历史考证版第4部分第8卷第199—211页。——534。

101　见本书第1卷第190页。——539。

102　“检察官布雷西希”（Entspektor Bräsig）是德国幽默作家弗·罗伊特一些作品中的人物。——540。

103　法兰西研究院是1795年成立的法国的最高科学机构，由若干部分即若干学院组成。1806年前称国立科学和艺术研究院。德斯杜特·德·特拉西是伦理学和政治学学院院士。——549。

104　费城哲学协会是美国最古老的科学协会之一，成立于1740年。——549。

105　“未来的音乐”一语出自1850年出版的德国作曲家理·瓦格纳《未来的艺术作品》一书；反对瓦格纳的音乐创作观点的人赋予这个用语以讽刺的含义。——555。

106　见本书第1卷第704页脚注（64）。——570。

107　阿·谢夫莱在他的著作《资本主义和社会主义》1870年蒂宾根版中说，马克思断言资本家如实地支付劳动力的价值，是“慷慨”行为。马克思在《评阿·瓦格纳的〈政治经济学教科书〉》一文中，在旁注中谈到了这一点。——573。

108　在《资本论》第二卷第一版（1885年）和第二版（1893年）中，这段话是这样的：“在四年规模扩大的再生产期间，第I部类和第II部类的总资本，已经由5 400c＋1 750v＝7 250增加到8 784c＋2 782v＝11 566，也就是按100∶160之比增加了。总剩余价值原来是1 750，现在是2 782。已经消费的剩余价值，原来在第I部类是500，在第II部类是535，合计＝1 035；但是在最后一年，在第I部类是732，在第II部类是958，合计＝1 690。因此，是按100∶163之比增加了。”

本版对这一段进行了更正。——579。

人名索引

A

B

C

D

F

G

H

J

K

L

M

N

O

P

S

T

W

X

Y

Z

文 献 索 引

卡·马克思的著作

其他作者的著作

B

巴顿,约·《论影响社会上劳动阶级状况的环境》1817年伦敦版(Barton, J.: Observations on the circumstances which influence the condition of the labouring classes of society. London 1817)。——252。

贝利,赛·《对价值的本质、尺度和原因的批判研究,主要是论李嘉图先生及其信徒的著作》,《略论意见的形成和发表》一书的作者著,1825年伦敦版(Bailey, S.: A critical dissertation on the nature, measures, and causes of value; chiefly in reference to the writings of Mr. Ricardo and his followers. By the author of essays on the formation and publication of opinions. London 1825)。——123。

波特尔,阿·《政治经济学:它的对象、应用和原理。以美国人的生活状况来加以说明》1841年纽约版(Potter, A.: Political economy: its objects, uses, and principles: considered with reference to the condition of the American people. New York 1841)。——207、208。

C

查默斯,托·《论政治经济学同社会的道德状况和道德远景的关系》1832年格拉斯哥第2版(Chalmers, Th.: On political economy in connection with the moral state and moral prospects of society. 2. ed. Glasgow 1832)。——173。

楚普罗夫,亚·《铁路业务》第1卷《它的经济特点及它和国家利益的关系》1875年莫斯科版(Чупров, А.: Железнодорожное хозяйство. Том 1: Его экономические особенности и его отношения к интересам страны. Москва 1875)。——65。

D

德斯杜特·德·特拉西,安·路·克·《意识形态原理》第4、5部分《论意志及其作用》1826年巴黎版(Destutt de Tracy, A. -L.-C.: Élémens d'idéologie. Pt. 4. 5: Traité de la volonté et de ses effets. Paris 1826)。——540—549。

迪尔克,查·温·《根据政治经济学原理得出的国民困难的原因及其解决办法。

给约翰·罗素勋爵的一封信》1821年伦敦版(Dilke, Ch.W.: The source and remedy of the national difficulties, deduced from principles of political economy, in a letter to Lord John Russell. London 1821)。——16、17。

杜邦·德奈穆尔,皮·赛·《魁奈医生的学说,或他的社会经济学原理概述》,载于《重农学派》,附欧·德尔的绪论和评注,1846年巴黎版第1部(Dupont de Nemours, P. -S.: Maximes du Docteur Quesnay, ou résumé de ses principes d'économie sociale. In: Physiocrates. Quesnay, Dupont de Nemours, Mercier de la Rivière, L'Abbé Baudeau, Le Trosne, avec une introd. sur la doctrine des physiocrates, des comm. et des notices historiques, par E. Daire. Pt. 1. Paris 1846)。——212。

杜尔哥,安·罗·雅·《关于财富的形成和分配的考察》,载于《杜尔哥全集》,欧·德尔新编,1844年巴黎版第1卷(Turgot, A. R. J.: Réflexions sur la formation et la distribution des richesses. In: Œuvres. Nouv. éd. par E. Daire. T. 1. Paris 1844)。——212、378、400。

G

古德,威·瓦·《政治、农业和商业上的各种谬论,或20年"自由贸易"后国家的前途》1866年伦敦版(Good, W. W.: Political, agricultural and commercial fallacies; or, the prospect of the nation after twenty years "free-trade". London 1866)。——262、263。

H

霍尔兹沃思,威·安·《关于地主和租户的法律。附大量的实例》1857年伦敦版(Holdsworth, W. A.: The Law of landlord and tenant, with a copious collection of useful forms. London 1857)。——193、197。

霍吉斯金,托·《通俗政治经济学。在伦敦技术学校的四次演讲》1827年伦敦版(Hodgskin, Th.: Popular political economy. Four lectures delivered at the London Mechanics' Institution. London 1827)。——19、270。

J

基尔霍夫,弗·《农业经营学手册。实际农学家合理组织和管理庄园指南》1852年德绍—德累斯顿版(Kirchhof, F.: Handbuch der landwirtschaftlichen

Betriebslehre. Ein Leitfaden für praktische Landwirthe zur zweckmäßigen Einrichtung und Verwaltung der Landgüter. Dessau, Dresden 1852)。——199、268、271—275、282—283。

K

柯贝特，托·《个人致富的原因和方法的研究，或贸易和投机原理的解释》（两卷集）1841年伦敦版（Corbet, Th.: An inquiry into the causes and modes of the wealth of individuals; or the principles of trade and speculation explained. Pt. 1.2. London 1841）。——156。

库尔塞尔-塞讷伊，让·古·《工商企业、农业企业的理论和实践概论，或业务手册》1857年巴黎增订第2版（Courcelle-Seneuil, J. -G.: Traité théorétique et pratique des entreprises industrielles, commerciales et agricoles, ou manuel des affaires. 2. éd. rev. et augm. Paris 1857）。——267。

魁奈，弗·《关于商业和手工业者劳动的问答》，载于《重农学派》，附欧·德尔的绪论和评注，1846年巴黎版第1部（Quesnay, F.: Dialogues sur le commerce et sur les travaux des artisans. In: Physiocrates. Quesnay, Dupont de Nemours, Mercier de la Rivière, L'Abbé Baudeau, Le Trosne, avec une introd. sur la doctrine des physiocrates, des comm. et des notices historiques, par E. Daire. Pt. 1. Paris 1846）。——148、378。

魁奈，弗·《经济表》1758年凡尔赛版（Quesnay, F.: Tableau économique. Versailles 1758）。——115、249、378、398、410。

魁奈，弗·《经济表分析》，载于《重农学派》，附欧·德尔的绪论和评注，1846年巴黎版第1部（Quesnay, F.: Analyse du tableau économique. In: Physiocrates. Quesnay, Dupont de Nemours, Mercier de la Rivière, L'Abbé Baudeau, Le Trosne, avec une introd. sur la doctrine des physiocrates, des comm. et des notices historiques, par E. Daire. Pt. 1. Paris 1846）。——148、212。

L

拉德纳，迪·《铁路经济：论交通运输的新形式，它的经营、前途及其与商业、财政、社会的关系》1850年伦敦版（Lardner, D.: Railway economy: a treatise on the new art of transport, its management, prospects, and relations, commercial, financial, and social. London 1850）。——190、199—201。

staatswirtschaftlichen Zustände. Neubrandenburg, Friedland 1842)。——10、16、24。

洛贝尔图斯–亚格措夫，约·卡·《书信和社会政治论文集》，鲁·迈耶尔编，1881年柏林版第1卷（Rodbertus-Jagetzow, J. K.: Briefe und socialpolitische Aufsätze. Hrsg. von R. Meyer. B. 1. Berlin 1881）。——10、11、12、22。

洛贝尔图斯–亚格措夫，约·卡·《给冯·基尔希曼的社会问题书简。第三封：驳李嘉图的地租学说，并论证新的租的理论》1851年柏林版（Rodbertus-Jagetzow, J. K.: Sociale Briefe an von Kirchmann. Dritter Brief: Widerlegung der Ricardo'schen Lehre von der Grundrente und Begründung einer neuen Rententheorie. Berlin 1851）。——12—13。

洛贝尔图斯–亚格措夫，约·卡·《资本。给冯·基尔希曼的社会问题书简。第四封》，泰·科扎克编并作序，1884年柏林版（Rodbertus-Jagetzow, J. K.: Das Kapital. Vierter socialer Brief an von Kirchmann. Herausgegeben und eingeleitet von Th. Kozak. Berlin 1884）。——10。

M

《马纳瓦·德哈马·萨斯特拉，或根据库卢克的解释称摩奴法典，记述印度的关税、宗教和民政制度》1863年马德拉斯第3版（Manava Dharma Sastra, or the Institutes of Manu according to the gloss of Kulluka, comprising the indian system of duties, religions and civil. 3. ed. Madras 1863）。——264。

迈耶尔，鲁·《第四等级的解放斗争》1874年柏林版（Meyer, R.: Der Emancipationskampf des vierten Standes. Berlin 1874）。——10、11。

麦克劳德，亨·邓·《政治经济学原理》1858年伦敦版（Macleod, H. D.: The elements of political economy. London 1858）。——254。

弥勒，亚·亨·《治国艺术原理》1809年柏林版第3册（Müller, A. H.: Die Elemente der Staatskunst. Oeffentliche Vorlesung vor Sr. Durchlaucht dem Prinzen Bernhard von Sachsen-Weimar und einer Versammlung von Staatsmännern und Diplomaten, im Winter von 1808 auf 1809, zu Dresden, gehalten, Th. 3. Berlin 1809）。——207。

《摩奴法典》（Gesetze des Manu）——见《马纳瓦·德哈马·萨斯特拉，或根据库卢克的解释称摩奴法典，记述印度的关税、宗教和民政制度》。

穆勒，约·斯·《略论政治经济学的某些有待解决的问题》1844年伦敦版（Mill, J.

N

P

S

T

泰勒，爱·伯·《人类原始历史和文明的产生的研究》，亨·弥勒译自英文，莱比锡版（Tyler [Tylor], E. B.: Forschungen über die Urgeschichte der Menschheit und die Entwicklung der Civilisation. Aus dem Englischen von H. Müller. Leipzig o. J.）。——489。

汤普森，威·托·《最能促进人类幸福的财富分配原理的研究》1850年伦敦新版（Thompson, W. Th.: An inquiry into the principles of the distribution of wealth most conducive to human happiness. A new ed. London 1850）。——18、19、357—359。

图克，托·《通货原理研究，通货与价格的关系》1844年伦敦第2版（Tooke, Th.: An inquiry into the currency principle; the connection of the currency with prices, and the expediency of a separation of issue from banking. 2. ed. London 1844）。——534—535。

W

威兰德，弗·《政治经济学原理》1843年波士顿版（Wayland, F.: The elements of political economy. Boston 1843）。——251。

威廉斯，理·普·《铁路的保养。在土木工程师协会的报告》。引自《铁路危机》，载于1867年12月21日《货币市场评论》（伦敦）第394期（Williams, R. P.: On the maintenance and the renewal of permanent way. Paper, read recently at the Institutions of Civil Engineers. Nach: The railway crisis. In: The Money Market Review. London. Nr. 394, 21 December 1867）。——190、201。

X

西尼耳，纳·威·《政治经济学基本原理》，让·阿里瓦本选自纳·威·西尼耳先生已出版和未出版的讲义，1836年巴黎版（Senior, N. W.: Principes fondamentaux de l'économie politique, tirés de leçons éd. et inéd. de Mr. N. W. Senior, par J. Arrivabene. Paris 1836）。——489。

西斯蒙第，让·沙·莱·西蒙德·德·《政治经济学概论》（两卷集）1837—1838年布鲁塞尔版第1卷（Sismondi, J. -Ch. -L. Simonde de: Études sur l'économie politique. T. 1. 2. T. 1. Bruxelles 1837—1838）。——157。

西斯蒙第，让·沙·莱·西蒙德·德·《政治经济学新原理，或论财富同人口的关系》1819年巴黎版第1卷（Sismondi, J. -Ch. -L. Simonde de: Nouveaux principes d'économie politique, ou de la richesse dans ses rapports avec la population. T. 1. Paris 1819）。——23、128—129、434。

Y

亚当斯，威·布·《公路和铁路及其有形磨损和无形磨损》1862年伦敦版（Adams, W. B.: Roads and rails and their sequences physical and moral. London 1862）。——190、192。

Z

泽特贝尔，阿·《从发现美洲到现在的贵金属的生产和金银比值》1879年哥达版（Soetbeer, A.: Edelmetall-Produktion und Werthverhältniss zwischen Gold und Silber seit der Entdeckung Amerikas bis zur Gegenwart. Gotha 1879）。——527。

议会报告和其他官方文件

D

《东印度（马德拉斯和奥里萨的饥荒）。答可尊敬的下院1867年7月4日的质询》，根据下院决定于1867年7月30日刊印，1867年伦敦版（East India. Madras and Orissa famine. Return to an address of the Honourable The House of Commons, dated 4 July 1867. Ordered, by the House of Commons, to be printed, 30 July 1867. London 1867）。——264。

《东印度（孟加拉和奥里萨的饥荒）。关于比哈尔饥荒的文件，包括弗·科克雷尔先生的报告。第三部分》，根据下院决定于1867年5月31日刊印，1867年伦敦版（East India. Bengal and Orissa famine. Papers relating to the famine in Behar, including Mr. F. Cockerell's report. Pt. 3. Ordered, by the House of Commons, to be printed, 31 May 1867. London 1867）。——158。

《东印度（孟加拉和奥里萨的饥荒）。关于孟加拉和奥里萨饥荒的文件和通讯，包括救灾委员会的报告以及孟加拉副省长和印度总督的备忘录》，根据下院决定于1867年5月31日刊印，1867年伦敦版(East India. Bengal and Orissa famine. Papers and correspondence relative to the famine in Bengal and Orissa, including the report of the Famine Commission and the minutes of the Lieutenant Governor of Bengal and the Governor General of India. Ordered, by the House of Commons, to be printed, 31 May 1867. London 1867)。——158。

H

《皇家铁道委员会。委员们听取的证词记录。1865年3月—1866年5月》，奉女王陛下令提交议会两院，1867年伦敦版(Royal commission on railways. Minutes of evidence taken before the commissioners, March 1865 to May 1866. Presented to both Houses of Parliament by command of Her Majesty. London 1867)。——156、169、189、194、199—200、279。

N

《女王陛下驻外使馆秘书关于驻在国的工商业等情况的报告》1865年伦敦版第8号(Reports by Her Majesty's secretaries of embassy and legation on the manufactures, commerce, &c., of the countries in which they reside. No. 8. London 1865)。——269。

《女王陛下驻外使馆秘书关于驻在国的工商业等情况的报告》1879年伦敦版第3部分(Reports by Her Majesty's secretaries of embassy and legation on the manufactures, commerce, &c., of the countries in which they reside. P. 3. London 1879)。——529、581、582。

Y

《银行法特别委员会的报告。委员会会议记录、证词、附件和索引》，根据下院决定于1857年7月30日刊印，1857年伦敦版(Report from the select committee on bank acts; together with the proceedings of the committee, minutes of evidence, app. and index. Ordered, by the House of Commons, to be printed, 30 July 1857. Pt. 1: Report and evidence. London 1857)。——260、261。

报刊索引

H

J

X

Y

名 目 索 引

C

D

M

N

P

Q

T

W

X

Z

计量单位和货币名称表

重　量

1吨(Ton英国)	=20英担	1016.050公斤
1英担(Hundredweight英国)	=112磅	50.802公斤
1英担(Hundredweight美国)	=100磅	45.360公斤
1夸特(Quart)	=28磅	12.700公斤
1英石(Stone)	=14磅	6.350公斤
1磅(Pound)	=16盎司	453.592　克
1盎司(Ounce)		28.349　克
金药衡		
1磅(Troy pound)	=12盎司	372.242　克
1盎司(Troy ounce)		31.103　克
1格令(Grain)		0.065　克

长　度

1英里(Mile)	=5280英尺	1609.329　米
1码(Yard英国)	=3英尺	91.439厘米
1码(Elle德国)		66.690厘米
1英尺(Foot)	=12英寸	30.480厘米
1英寸(Inch)		2.540厘米

面　积

1英亩(Acre)	=4路得	6.0703市亩
		40.47　公亩
		4047.0 平方米

1路得(Rood)		1011.7平方米
1公亩(Are)		100.0平方米
1摩尔根(Morgen)		2523.0平方米

容　量

1蒲式耳(Bushel)	=8加仑	36.349升
1加仑(Gallon)	=8品脱	4.546升
1品脱(Pint)		0.568升

货　币

1镑(英国金币)	=20先令
1先令(英国银币)	=12便士
1便士(英国铜币)	=4法寻
1法寻(英国铜币)	$=\frac{1}{4}$便士
1基尼(英国金币)	=21先令
1索维林(英国金币)	=1镑
1法郎(法国铸币)	=100生丁
1利弗尔(法国银币)	=1法郎
1生丁(法国辅币)	$=\frac{1}{100}$法郎
1塔勒(德国银币)	=3马克
1马克(德国银币)	=100分尼
1格罗申(德国银币)	=12分尼
1分尼(德国铜币)	$=\frac{1}{100}$马克
古尔登(德国和荷兰金币)	
德拉马(希腊银币)	
瑞斯(葡萄牙铸币)	
马拉维第(西班牙金币)	
杜卡特(欧洲金币,起源于意大利)	

第二卷编审人员

译文校订

冯文光

题注和说明

韦建桦　顾锦屏　冯文光　王学东

李其庆

资料审核和修订

蒋仁祥　章　林　章丽莉　王栋华

胡永钦　刘洪涛　沈　延　刘　英

朱　羿　黄文前　李　楠　闫月梅

程雨凡　姜　颖　孙晓迪

全卷译文和资料审定

王锡君　张钟朴

责任编辑：曹　歌
艺术顾问：宁成春
封面设计：肖　辉　林芝玉
版式设计：汪　莹

图书在版编目（CIP）数据

资本论（纪念版）第二卷／马克思著；中共中央马克思恩格斯列宁斯大林著作编译局编译．—北京：人民出版社，2018．3（2021．12重印）

ISBN 978-7-01-018988-8

Ⅰ．资…　Ⅱ．①马…②中…　Ⅲ．马克思著作-马克思主义政治经济学　Ⅳ．①A123

中国版本图书馆CIP数据核字（2018）第035879号

书　　名　资本论（纪念版）
　　　　　ZIBENLUN JINIANBAN
　　　　　第二卷
编 译 者　中共中央马克思恩格斯列宁斯大林著作编译局
出版发行　人民出版社
　　　　　（北京市东城区隆福寺街99号　邮编 100706）
邮购电话　（010）65250042　65289539
经　　销　新华书店
印　　刷　北京盛通印刷股份有限公司
版　　次　2018年3月第1版　2021年12月第5次印刷
开　　本　787毫米×1092毫米 1/16
印　　张　43
字　　数　534千字
书　　号　ISBN 978-7-01-018988-8
定　　价　88.00元